21 世纪经管核心课程规划教材

经济法

（第三版）

张炳达　俞春英　主　编
杜庆波　钱方圆　副主编

上海财经大学出版社

图书在版编目(CIP)数据

经济法/张炳达,俞春英主编. —3 版. —上海:上海财经大学出版社,2022.2

21 世纪经管核心课程规划教材

ISBN 978-7-5642-3932-9/F·3932

Ⅰ.①经… Ⅱ.①张… ②俞… Ⅲ.①经济法-中国-高等学校-教材

Ⅳ.①D922.294

中国版本图书馆 CIP 数据核字(2021)第 280788 号

□ 责任编辑　李成军
□ 封面设计　张克瑶

经 济 法

(第三版)

张炳达　俞春英　主　编

杜庆波　钱方圆　副主编

上海财经大学出版社出版发行

(上海市中山北一路 369 号　邮编 200083)

网　址:http://www.sufep.com

电子邮箱:webmaster@sufep.com

全国新华书店经销

上海新文印刷厂有限公司印刷装订

2022 年 2 月第 3 版　2022 年 2 月第 1 次印刷

787mm×1092mm　1/16　19.25 印张　493 千字

印数:18 601—21 600　　定价:56.00 元

第三版前言

我国的经济法可以说是伴随着改革开放的发展而发展的，随着改革开放的不断深入，经济法律的作用和地位日益凸显。从 1978 年党的十一届三中全会将党的工作重心转移到以经济建设为中心，提出“加强社会主义法制”建设；到 1997 年党的十五大提出“依法治国，建设社会主义法治国家”，确立依法治国基本方略；2012 年党的十八大提出“建设法治中国”；2014 年党的十八届四中全会提出“建设中国特色社会主义法治体系，建设社会主义法治国家”这一全面依法治国的总目标；再到 2017 年党的十九大把坚持全面依法治国上升为新时代坚持和发展中国特色社会主义的基本方略，从“加强社会主义法制”到“全面依法治国”，我国社会主义市场经济体制在不断建立和完善，与之配套的经济法律体系也必然处于不断修正和规范的过程。因此，在我国经济形势、经济法律体系不断变革的时代，为了让学生能够接受现行法律制度，能够更好地运用书本中的法律知识维护合法权益，有必要对《经济法》再次改版。

本书参考了最新的法律法规和研究成果，主要做了以下几个方面的修订工作：

其一，原有章节相关法律条文的更新。近年来国家发布了多部法律法规与司法解释，本书涉及的法律法规基本都有修正修订，特别是新中国第一部以法典命名的法律《中华人民共和国民法典》（下称《民法典》）的颁布，原先的《中华人民共和国民法总则》《中华人民共和国合同法》《中华人民共和国担保法》等法律都废止，第二章、第三章相关内容都有了不同程度的变动；又如，近年来我国的财税体制不断优化，营改增试点的全面推开；个人所得税起征点、税距以及专项附加扣除等方面的改革等，税法章节内容也有了很大程度的变动。因此，本书吸收了截至 2021 年 6 月的最新相关法律信息并予以更新。

其二，相关案例的更新。案例能够帮助学生更好地理解法律规定、掌握法律条文，因此本书在阐述重要知识点时沿用了原先大量的案例，但同时根据新条款和市场中出现的典型行为新增了部分案例。例如，《民法典》中明确规定禁止高利放贷，本书中相应地列举了此类行为阐述无效民事法律行为；又如中小学生打赏网红等类似的热门案例也进行了引用。

其三，部分章节的增减，新增第十二章电子商务法，删除原第六章第三节外商投资企业法。近几年，我国电子商务市场发展迅猛，电子商务产业具有强大的发展潜力，也具有很强的市场竞争力，我国于 2018 年通过了《中华人民共和国电子商务法》，并从 2019 年 1 月 1 日起施行。该部法律明确了电子商务市场中各当事人的权利义务，规范了电商市场行为，引导电商市场健康发展。据了解，部分大学生已经是微商或者有志于成为微商或从事电商平台相关工作，那么了解此部法律是必不可少的，这将有助于学生的就业、创业。

其四，课程思政元素的融入。经济法作为经管类专业学生必修的专业基础课程，可以有机融合法律思政元素，充分利用课堂阵地，积极有效开展“课程思政”，提升学生的法治观念和法律意识，增强学生的社会责任感和爱国主义等民族精神。因此，在本书每个章节的学习目标中明确思政教育目标。

参与本书修订工作的人员有张炳达、俞春英和钱方圆。其中：第一章至第六章、第十一章第一节由俞春英负责修订，重点补充和完善第二章、第三章、第五章、第十一章第一节的理论部分，增加了最新的实际典型案例；第七章至第十三章主要由钱方圆负责修订，重点对第七章、第九章、第十章做了调整，增加了第十二章。本书由俞春英拟定大纲，由张炳达、俞春英负责全书的总纂统稿。

由于作者水平所限，本书难免有所不妥与疏漏之处，敬请广大读者不吝指正。最后，在此衷心感谢各级领导的大力支持和相关参考资料的提供者。

编者

2022年1月

目　录

第一章　经济法概述

学习目标

掌握经济法的概念及调整对象；了解经济法的地位；把握经济法律关系的构成要素；掌握经济法律事实的概念及分类。增强中国特色社会主义道路自信、理论自信、制度自信、文化自信，厚植爱国主义情怀，树立对中国特色社会主义法律体系的崇高信仰。

第一节　经济法的概念及调整对象

一、经济法的概念

经济法是调整在市场经济运行过程中，现代民主政治国家及其政府为了修正市场缺陷、实现社会整体效益的可持续发展而履行各种现代经济管理职能时与各种市场主体发生的社会经济关系的法律规范的总称。经济法内涵包括以下四点：(1)经济法是由一系列经济法律规范组成的；(2)经济法是国家干预经济的法律规范的总称；(3)经济法调整的是特定的经济关系，并非所有的经济关系；(4)经济法调整的目的是修正市场缺陷，实现社会整体效益的可持续发展。

经济法作为一个独立的法律部门，是在资本主义从自由竞争发展到垄断阶段，特别是第一次世界大战后才形成的。市场经济虽然是很有效率的资源配置方式，但同时也存在缺陷。例如，它完全让"看不见的手"来调节，不能保证社会公正和协调发展。这就需要国家干预，经济法应运而生。

【资料卡 1—1】　经济法的产生

"经济法"一词最早出现于 1755 年法国空想社会主义者莫莱里(Morely)的著作《自然法典》中，但莫莱里仅仅提出了经济法概念，并未给予明确的解说。

通常认为，现代民法源于古罗马市民法。古罗马法包括市民法和万民法。市民法是适用于罗马市民的法律，调整罗马市民相互之间的关系，而万民法是调整罗马市民以外的人的相互间及其与罗马人之间的关系的法律。

在古罗马时期，商品交换频繁，从事商品交换的人们逐渐需要一些共同遵守的交易规则来维护交易秩序。于是商品交换的习惯应运而生，进而习惯发展为法，这就是最初的民法。民法主要是为了保护从事交易的人们的权益和利益，保障商品的正常流通，保证交易秩序的井然有序。因而，为适应商品交换的要求，保证人格的独立性，保证商品交换者实现利益的最大化，也就形成了近代民法的三大基本原则：私有财产神圣不可侵犯、意思自治原则、过错责任原则。民法的这三大原则在法学领域中确立了权利本位主义，可以说都是自由精神的体现。近代民法在一段时间内大大地推动了自由商品经济的发展，但是随着商品经济的发展，民法的一些局限性也就逐渐显露出来了。

自由资本主义发展到一定阶段，单纯以私法手段对市场经济进行法律调整已不能适应现代市场经济的需要，完全由民法对市场经济进行法律调整遇到了许多无法克服的障碍。为了弥补民法的各种不足，经济法应运而生。经济法突破了经济是市民的私事，国家不干预的观念，认为应在尊重市场主体私权利的前提下，以适度公权力手段对市场经济进行必要的法律调整。它是社会化生产与社会关系矛盾运动的产物；是生产力要求国家干预市场和政府参与经济的反映；是经济管理的现代化与现代国家介入经济生活的必然产物。

【资料卡 1—2】 我国经济法的形成轨迹

我国经济法的发展历程主要分为两个阶段，即 1979—1992 年、1992 年至今。1979 年改革开放后，我国实行计划经济与市场调节相结合的体制，政府颁布了多部管理经济的法律法规，《中外合资经营企业法》是改革开放以来我国颁布的首部经济法。1992 年后，我国经济蓬勃发展，我国又颁布了《中华人民共和国税收征收管理办法》《中华人民共和国公司法》《中华人民共和国反不正当竞争法》《中华人民共和国消费者权益保护法》《中华人民共和国劳动法》《中华人民共和国民法典》等多部法律法规。

二、经济法的调整对象

所谓法律调整，是指国家根据自己的价值取向，以法的形式对人的行为进行规范。法律的调整对象是指法律对哪些社会关系进行规范，即法律对哪些人的哪些行为进行规范。经济法的调整对象是需要由国家干预的具有全局性和社会公共性的经济关系。主要包括以下几类：

1. 宏观调控关系。它是国家对国民经济和社会发展运行进行规划、调节和控制过程中发生的经济关系的法律规范的总称。即调整宏观调控关系的法律规范的总称，是国家管理宏观经济的主要法律手段之一。

2. 微观规制关系。市场主体是市场经济活动的参与者，具体包括各类企业、政府或国家、个人等，他们在市场交易中，应当遵循自愿、平等、公平、诚实信用的原则，遵守公认的商业道德。微观市场规制通过制止不正当竞争、限制垄断，保护消费者合法权益，规范社会经济秩序。

3. 国有参与关系。国有经济由全民所有制经济、集体所有制经济等形式组成，是国民经济的领导力量。当今中国，随着国有经济的快速发展，如何促进国有经济更快更好地为人民服务，已成为经济法需要研究的重要问题之一。

4. 市场监管关系。市场监管不是对某一行业、某一具体市场、某一区域的管理，而是具有普遍性的监督管理，过去大多数工商行政管理部门只涉及一些人身安全、假冒伪劣、市场等有形市场的管理而忽视一些市场本身行为和范围(即无形市场)的管理，更不用说电子商务、网上购物、邮购等交易行为的管理，总之，只局限于具体交易行为的管理，没有充分认识市场交易关系，从抽象行为进行监管，因此，市场监管要随经济的发展而发展。

5. 涉外管制关系。广义的涉外经济法是指一国调整涉及本国与别国主体之间在经济交往中产生的特定的经济关系的法律规范的总称。我国的涉外经济法是调整在对外经济贸易和技术合作中所产生的涉外经济管理关系和涉外经济合作关系的法律规范的总称。

三、经济法的渊源

法的渊源也称法的来源，是指法的表现形式，即法由何种国家机关，依照什么方式或程序创制出来，并表现为何种形式的法律文件。经济法的渊源简单地说就是经济法律在哪些规范性文件之中有规定。经济法的渊源包括以下几个方面。

（一）宪法

宪法是国家的根本大法，由全国人民代表大会制订和修改，具有最高的法律效力，是经济法的基本渊源，是经济立法的基础。经济法以宪法为渊源，主要是从中汲取有关精神。

（二）法律

法律是由全国人民代表大会及其常务委员会制订的规范性文件，其效力仅次于宪法，是经济法的主要渊源，它规定的多是基本经济关系。以法律形式表现的经济法律规范是经济法的主体组成部分。例如《中华人民共和国公司法》《中华人民共和国票据法》即属于法律。

（三）法规

法规包括行政法规、地方性法规，其效力次于宪法和法律。行政法规是由国务院制订的规范性文件，如《中华人民共和国外汇管理条例》；地方性法规是由省、自治区、直辖市以及较大的市的人民代表大会及其常务委员会制订的规范性文件，如《上海市房屋租赁条例》。经济法大量以法规的形式存在，法规是经济法的重要渊源。

（四）规章

规章包括部委规章和地方政府规章。部委规章由国务院部委及具有行政管理职能的直属机构依据法律、行政法规制订，如中国证券监督管理委员会于 2020 年 3 月 6 日通过的《证券期货规章制定程序规定》；地方政府规章由省、自治区、直辖市和较大的市的人民政府根据法律、法规制订（多数是通知的形式）。

（五）自治条例、单行条例

自治条例和单行条例是民族自治地方的人民代表大会制订或批准的规范性文件，如《新疆维吾尔自治区自治条例》等。

（六）特别行政区法律

特别行政区法律包括特别行政区基本法以及由特别行政区立法机关制订的规范性文件，如《中华人民共和国香港特别行政区基本法》等。

（七）法律解释

由全国人民代表大会及其常务委员会、国务院及其下属和直属机构、最高人民法院和最高人民检察院、地方人大及人民政府等，对宪法、法律、法规等具有法律效力的解释也是经济法的形式之一，如《最高人民法院关于审理票据纠纷案件若干问题的规定》等。

（八）国际条约、协定

国际条约、协定是指我国同外国缔结或者我国批准加入的确定相互间权利和义务关系的协议。国际条约、协定不属于国内法的范畴，但国际条约、协定在我国生效后，对我国国家机关、公民、法人或者其他组织具有法律约束力。因此，它也是我国经济法的形式之一。

【资料卡 1—3】 新冠肺炎疫情期间发布的若干经济法律法规

2020 年新冠肺炎疫情来势汹汹，对全球各国的市场经济造成了巨大影响，供求关系失衡，市场失灵。为了稳定社会和市场秩序，实现社会整体效益的可持续发展，我国中央及各地方政府纷纷出台了经济法律法规。如财政部、税务总局发布《关于支持新型冠状病毒感染的肺炎疫情有关税收政策的公告》，国家税务总局发布《新冠肺炎疫情防控税收优惠政策指引》《关于支持新型冠状病毒感染的肺炎疫情防控有关税收征收管理事项的公告》《关于进一步延长 2020 年 2 月份纳税申报期限有关事项的通知》，人力资源和社会保障部、财政部、税务总局发布《关于阶段性减免企业社会保险费的通知》；广东省人民政府发布《关于应对新型冠状病毒感染的肺炎疫情支持企业复工复产的若干政策措施》，海南省人民政府发布《关于印发海南省应对新型冠状病毒感染的肺炎疫情支持中小企业共渡难关八条措施的通知》，上海市国有资产监督管理委员会发布《关于本市国有企业减免中小企业房屋租金的实施细则》，上海市财政局发布《关于做好疫情防控期间市级行政事业单位减免中小企业房屋租金相关工作的通知》……

第二节 经济法的地位

一、经济法的地位含义

经济法的地位问题就是经济法在整个法律体系中是不是一个独立的法的部门，以及其重要性如何的问题。判断经济法是不是独立的法的部门，主要看其有没有特定的调整对象。从上文的论述中我们发现，经济法有特定的调整对象，因此，经济法是一个独立的法律部门(但也有些法学家认为它不是独立的法律部门，只是法律学科)。

二、经济法与相关法律的关系

为更好地理解和把握经济法的地位，我们将比较经济法和民法、商法以及行政法。

(一)经济法与民商法的区别

民法是调整作为民事主体的自然人、法人及其他非法人组织之间人身关系和财产关系的法律规范的总称。商法是调整市场经济关系中商人及其商事活动的法律规范的总称。商法是民法的特别法。本书属于民法范畴的章节有第二章民法、第三章合同法、第四章知识产权法。属于商法范畴的章节有第五章公司法、第六章企业法。属于经济法范畴的章节有第七章证券法、第八章票据法、第九章劳动法、第十章税法、第十一章市场管理法、第十二章电子商务法。

1. 性质不同。民商法调整平等主体之间在经济活动中所产生的社会关系，是规范市场主体的组织与行为、保障市场主体独立与意思自治的法律，属于私法范畴；而经济法则调整需要由国家干预的具有全局性和社会公共性的经济关系，是维护公平竞争秩序、实现有效宏观调控的重要法律，属于公法范畴。

2. 主体不同。民商法的主体是自然人、法人及其他非法人组织；而经济法的主体则包括国家机关、企事业单位、社会团体、企业的内部组织和有关人员、农户以及公民等。

3. 所运用原则不同。民商法遵循的主要是平等、自愿的原则；而经济法所运用的主要是宏观经济意志化原则。

4. 调整方法不同。民商法对违法行为采取民事责任方式,即补偿性的财产责任方式,惩罚性的非财产责任方式只起辅助作用;而经济法对违法行为则是采用奖励和惩罚相结合的方法,应用民法、行政法、刑法等多种手段,实行综合性的调整,相比较而言,其制裁性相对明显。

(二)经济法与行政法的区别

行政法是调整行政主体行使行政权过程中所产生的社会关系以及对行政权进行规范和控制的法律规范的总称。

1. 调整对象不同。行政法调整的是有关国家机关的设置和组成、行政权限的划分、行政程序等方面不含物质利益内容的管理关系;而经济法调整需要由国家干预的经济关系。

2. 主体不同。行政法的主体不包括企业的内部组织;而经济法的主体则包括国家机关、企事业单位、社会团体、企业的内部组织和有关人员、农户以及公民等。

3. 规范的内容不同。行政法的规范内容包括以下几个方面:国家机关的组成、职责和权限范围的规范;国家行政机关干部的任免、提拔、考核、培养、监督的规范;国家机关的活动原则、方式和程序的规范;国家机关和其他社会组织以及公民的相互关系的规范。而经济法的规范内容主要是关于国民经济管理体制以及国家利用各种经济杠杆调节市场运行机制,引导各个部门的企业微观经济行为,从而建立合理的国民经济比例、格局、结构等方面的规范。

4. 调整方法不同。除了实行奖励外,行政法还采取了行政制裁的形式;而经济法则采取追究经济责任、行政责任以及刑事责任相结合的制裁方式。

第三节　经济法律关系

一、经济法律关系的含义

法律关系是法律规范在调整人们的行为过程中所形成的一种特殊社会关系,即法律上的权利与义务的关系。社会关系是多种多样的,并非所有的社会关系都是法律关系,只有那些由某种法律规范调整的关系才能称为法律关系。社会关系受不同法律规范的调整,就会形成不同的法律关系。如受民法调整的权利与义务关系称为民事法律关系,受刑法调整的社会关系称为刑事法律关系,同样受经济法调整的权利与义务关系即为经济法律关系。

经济法律关系是指经济法主体根据经济法律规范产生的、在国家干预经济过程中形成的权利与义务关系。

【资料卡 1—4】 法律关系

法律关系是法律所调整的社会关系。所谓调整,是指社会关系必须符合法律的规范。一种社会关系当它符合某种法律的要求时,即成为该种法律关系。比如符合民法规范的社会关系就是民事法律关系。

所谓社会关系,是指人与人之间的关系,比如婚姻关系、合同关系都是人与人之间的关系。婚姻关系因为要符合民法的规定(需要由民法调整),因此属于民事法律关系。

【案例 1—1】 狗咬人是否属于法律关系？

【分析】 如果是家狗咬人，就属于(民事)法律关系，因为发生的权利和义务(赔偿事宜)不是在狗与人之间，而是在狗的主人与受害者之间，即人与人之间的关系(社会关系)。家狗咬人的行为需要由民法调整，因此属于民事法律关系。

如果是野狗咬人，就不属于(民事)法律关系。因为野狗和受害者之间是人与自然的关系，不是人与人之间的关系，即不是社会关系，也就算不上是法律关系。

二、经济法律关系的特征

经济法律关系具有以下特征：

1. 经济法律关系是人们有目的、有意识的特定社会关系。它建立在社会客观规律基础之上，属于上层建筑范畴。

2. 经济法律关系是主体之间法律上的权利与义务关系。法律通过规范人们的权利与义务达到调整人们行为的目的。经济法律规范中规定的权利和义务是抽象的、可能的，而经济法律关系中的权利和义务则是具体的、现实的。

3. 经济法律关系是以经济法律规范的存在为前提建立的。法律规范是法律关系产生、变更和终止的前提，权利、义务关系是依相应法律规定而形成的，任何主体不享有法律规定以外的权利，不承担法律规定以外的义务。

4. 经济法律关系是由国家强制力保障实施的社会关系。由国家强制力作保障，实质上就是对经济法主体的经济权利的保护。经济法主体的经济权利受到法律保护，不履行义务的一方有可能受到法律的制裁。

三、经济法律关系的构成要素

法律关系的要素是指构成法律关系的必要条件，由法律关系的主体、法律关系的客体、法律关系的内容三个要素构成。缺少其中任何一个要素，都不能构成法律关系。

(一)经济法律关系的主体

1. 经济法律关系主体的概念

经济法律关系的主体也称经济法的主体，是指参加经济法律关系，依法享有经济权利和承担经济义务的当事人。在经济法律关系中，享有权利的一方称为权利人，承担义务的一方称为义务人。

法律关系主体的数目因法律关系的具体情况而定，但任何一种法律关系至少要有两个主体。因为至少有两个主体，才能在他们之间形成以权利和义务为内容的法律关系。

2. 经济法律关系主体的种类

法律关系主体是由国家法律规定和确认的。经济法律关系主体包括：

(1)国家机关

国家机关是指行使国家职能的各种机关的通称，包括国家权力机关、国家行政机关和国家司法机关等。作为经济法律关系主体的国家机关主要是指国家行政机关中的经济管理机关。在特殊情况下，如以国家名义对内、对外发行政府债券等，国家也可以成为经济法的主体。

(2)社会团体

社会团体主要是指人民群众或社会组织依法组成的非经营性的社会组织，包括群众团体、公益组织、文化团体、学术团体、自律性组织等。作为社会经济组织，一方面代表政府或通过政府授权管理国家经济，另一方面直接参与社会经济生活被政府管理。

(3) 经济组织

经济组织包括企业法人和非法人经济组织。它是市场中最主要的主体，是经济法律关系中最广泛的主体。

(4)个人

个人包括个体工商户、农村承包经营户和自然人。当他们参与经济法律、法规规定的经济活动时，便成为经济法律关系的主体。

【案例 1—2】 下列各项中，可以成为经济法律关系主体的有(　　)。

A. 大学生甲　　B. 上海市人民政府

C. 智能机器人乙　　D. 上海交通大学法学院

【分析】 AB。

【案例 1—3】 下列各项中，能够成为经济法律关系主体的有(　　)。

A. 个体工商户　B. 企业法人　C. 笔记本电脑　D. 商标权

【分析】 AB。

(二)经济法律关系的客体

经济法律关系的客体是经济法律关系主体权利和义务所共同指向的对象，它是权利和义务关系形成的载体。一般而言，经济法律关系的客体包括物、行为和非物质财富。

1. 物

能够作为法律关系客体的物是具有一定的经济价值，且能为经济主体所控制和支配的物质财富。但并不是所有能为经济主体控制和支配的具有经济价值的物都可以成为经济法律关系的客体。如毒品、枪支等禁止流通物。

【案例 1—4】 下列各项中，可以作为法律关系客体的有(　　)。

A. 宇宙黑洞　B. 手机　C. 人　D. 债券

【分析】 BD。宇宙黑洞，人无法控制，不是经济法律关系的客体；人是经济法律关系的主体，而非客体。

2. 行为

作为法律关系的客体不是指人们的一切行为，而是指法律关系的主体为达到一定目的所进行的作为(积极行为)或不作为(消极行为)，因此，该类法律行为必须具有产生、变更或消灭经济法律关系的目的。

【案例 1—5】 张某把东西寄存在火车站寄存处。这一法律关系的客体是(　　)。

【分析】 客体是保管行为。

3. 非物质财富

非物质财富是指人们创造的能够带来经济价值的创造性脑力劳动成果。

【案例 1—6】 下列各项中，可以作为经济法律关系客体的有(　　)。

A. 商标权　B. 毒品　C. 经济决策行为　D. 空气

【分析】 AC。

(三)经济法律关系的内容

法律关系的内容是指法律关系主体所享有的权利和承担的义务。经济法律关系的内容是指经济法律关系的主体所享有的权利和所承担的义务。

1. 经济权利

经济权利是指经济法主体依法能够为一定行为或不为一定行为，以及要求他人为一定行为或不为一定行为的资格。其含义包括：

(1)权利主体可以凭借这种资格，依法按照自己的意志，自己为或不为一定经济行为。

(2)权利主体可以凭借这种资格，依据经济法律、法规、合同的规定，要求经济义务主体为或不为一定经济行为。

(3)当义务主体不依法或不依约履行合同时，权利主体可以凭借这种资格要求有关国家机关强制其履行或采取相应的补救措施，以保护和实现自己的利益。

经济法主体所享有的权利主要有经济职权(如决策权、资源配置权、许可权、审核权等)、所有权、法人财产权(如有限责任公司有权支配该公司的财产)、经营管理权、债权、知识产权等。

2. 经济义务

经济义务是指经济法主体根据法律规定或为满足权利主体的要求，必须为或不为一定行为的责任。经济义务包括三层含义：(1)为满足权利主体的要求，义务主体必须为或不为一定的行为；(2)义务主体只承担法定范围内的义务，超出法定范围，义务主体则不受限制；(3)义务主体如果不依法履行法定义务，则要承担相应的法律责任。经济义务可分为法定义务(即法律、法规规定的义务)和约定义务(即合同、协议约定的义务)。

经济主体的权利和义务互相依存，具有对等性，互以对方的存在为前提，没有无权利的义务，也没有无义务的权利。

四、经济法律关系的产生、变更和消灭

经济法律关系的产生、变更和消灭是指在经济法律关系的主体之间经济权利和经济义务的形成、变更和消失。

经济法律关系的发生、变更和消灭的条件包括：(1)经济法律规范，即经济法律关系产生、变更、消灭的依据；(2)经济法律关系主体，即经济权利和经济义务的承担者，没有经济法主体，经济权利与义务必将落空；(3)经济法律事实，即出现了法律规范所假定出现的那种客观情况。

经济法律事实是指能够在经济法律关系的主体之间引起经济法律关系产生、变更、消灭的客观现象。经济法律事实分为两类：

1. 事件

事件是指不以经济法主体的主观意志为转移的，能引起经济法律关系发生、变更和消灭的现象，它包括自然现象和社会现象两种。自然现象又称绝对事件，如地震、台风、洪水等自然灾害；社会现象又称相对事件，如战争爆发、人的死亡等。例如，人的死亡能导致劳务关系终止。

【案例1—7】 甲餐饮店和乙塑料生产厂商签订了一份一次性发泡塑料餐具的买卖合同。合同签订后不久，2020年9月，上海市发展和改革委员会等十部门发布《上海市关于进一步加强塑料污染治理的实施方案的通知》，据此双方终止了合同。请指出引起双方经济法律关系终止的法律事实。

【分析】 引起双方经济法律关系终止的法律事实为上海市发展和改革委员会等十部门发布的通知。

2. 行为

行为是指以经济法主体意志为转移的，为达到一定经济目的而进行的有意识的活动。可以将行为分为合法行为和违法行为两种，两者均可以引起经济法律关系的发生、变更和消灭。

有些经济法律关系的发生、变更和消灭，只需一个法律事实出现即可成立；有些经济法律关系的发生、变更或消灭，则需要两个以上的法律事实同时具备。引起某一经济法律关系发生、变更或消灭的数个法律事实的总和，称为事实构成。如保险赔偿关系的发生，需要订立保险合同和发生保险事故两个法律事实出现才能成立。

【案例1－8】 下列各项中，能导致一定法律关系产生、变更或者终止的有（　　）。

A. 人的出生　B. 签订合同　C. 逃税漏税行为　D. 地震

【分析】 ABCD。

本章小结

1. 经济法是调整在市场经济运行过程中，现代民主政治国家及其政府为了修正市场缺陷、实现社会整体效益的可持续发展而履行各种现代经济管理职能时与各种市场主体发生的经济法律关系的法律规范的总称。

2. 法律的调整对象是指法律对哪些社会关系进行规范，即法律对哪些人的哪些行为进行规范。经济法的调整对象是需要由国家干预的具有全局性和社会公共性的经济关系，包括宏观调控关系、微观规制关系、国有参与关系、市场监管关系和涉外管制关系。

3. 经济法律关系是指经济法主体根据经济法律规范产生的、在国家干预经济过程中形成的权利与义务关系。

4. 经济法律关系的要素是指构成经济法律关系的必要条件，由经济法律关系的主体、经济法律关系的客体、经济法律关系的内容三个要素构成。

5. 经济法律事实是指能够在经济法律关系的主体之间引起经济法律关系产生、变更、消灭的客观现象，分为事件和行为两类。

复习思考题

1. 经济法的概念及调整对象是什么？
2. 经济法的渊源有哪些？
3. 举例说明经济法律关系的三要素。
4. 什么是经济法律事实？
5. 举例区分事件和行为。

第二章　民　法

学习目标

掌握民事主体、代理、诉讼时效的主要规定；特别把握好民事法律行为的分类以及民事法律责任的类型；识别民事法律行为的效力。树立正确的世界观、人生观、价值观，形成遵法、学法、守法、用法的法治信仰。

第一节　民法概述

一、民法的概念

民法是调整平等主体的自然人、法人和非法人组织之间的人身关系和财产关系的法律规范的总称。所谓平等主体，是指在民事法律关系中地位平等的当事人。

【资料卡 2—1】　民法典

民法典是按一定的逻辑体系和价值判断将各种民事制度规定于一部法律内的法律文件。在法制史上，比较有影响的民法典是法国民法典和德国民法典。在我国历史上，清末和民国时期曾制定过民法典。中华人民共和国成立后，于 1986 年公布并施行了《中华人民共和国民法通则》，概括规定了民事法律的基本制度，有准民法典的性质。在 2002 年 12 月召开的九届全国人大常委会第三十一次会议上，民法典草案被列入正式议程进行审议。2017 年 3 月十二届全国人大五次会议通过了《中华人民共和国民法总则》，中国民事法律制度开启"民法典时代"。《民法总则》基本上吸收了《民法通则》的民事基本制度和一般性规定，同时做了补充、完善和发展。其间，《民法总则》和《民法通则》是一种并行适用的关系，但是在二者规定不一致的情况下，根据新法优于旧法的原则，适用《民法总则》。2020 年 5 月 28 日，十三届全国人大三次会议表决通过了《中华人民共和国民法典》(以下简称《民法典》)，自 2021 年 1 月 1 日起施行。这是新中国第一部以法典命名的法律，是市场经济的基本法。原《中华人民共和国民法总则》主要内容为《民法典》的第一编《总则》，但民法典将《人格权》相关规定独立为第四编。

二、民法的调整对象

《民法典》第 2 条规定:“民法调整平等主体的自然人、法人和非法人组织之间的人身关系和财产关系。”即民法调整的对象就是平等主体之间的人身关系和财产关系。

(一)人身关系

人身关系是“人格关系”和“身份关系”的合称。

人格是指自然人主体性要素的总称。人格要素是与自然人人身不能分离的,没有直接的经济内容,包括生命、身体、健康等物质性要素和姓名、肖像、名誉、荣誉、隐私、个人信息等精神性要素。人格在法律上不得抛弃、不得转让。法人也享有名称权、名誉权、荣誉权等有限人格权。

身份是指自然人基于彼此的身份形成相互关系,包括父母子女、兄弟姐妹、祖父母、外祖父母等亲属关系。身份关系仅存在于自然人之间,也不得抛弃和转让。

(二)财产关系

财产关系是人们基于财产的支配和交易而形成的社会关系。民法调整的财产关系特点是:

1. 强调当事人身份的非官方性质。具有服从性质的财产关系,如发生于上下级之间或与国家之间的调拨、没收、税收、罚款等财产关系,不由民法调整。

2. 可以被支配。不能被支配的资源,如日月星辰、气流、风暴,不能作为财产。

3. 人身的物质要素,如人的血液、器官,不能作为财产。

财产关系可分为财产归属关系和财产流转关系。财产归属关系主要是指财产所有权关系,即财产的占有、使用、收益和处分。财产流转关系是指财产由一个主体向另一个主体转移而发生的关系,如货物买卖、财产租赁等。

第二节 民事主体

民事主体是指参加民事法律关系,享受民事权利和承担民事义务的人,包括自然人、法人和其他组织等。

一、自然人

自然人,是依自然规律出生而取得民事主体资格的人。它包括我国的公民,也包括境内的外国人和无国籍人。作为民事主体的自然人必须具有民事权利能力和民事行为能力。

(一)民事权利能力

1. 民事权利能力的概念。它是指法律赋予民事主体享有民事权利和承担民事义务的资格,是民事主体参加民事活动的前提条件。民事权利能力不同于民事权利,它与自然人不可分离,故不得转让、抛弃。

【案例 2—1】 甲向世人宣布将来永不结婚,请问甲以后能否结婚?

【分析】 能。因为婚姻权利能力不能被抛弃。

2. 民事权利能力的开始与终止。我国公民的民事权利能力始于出生,终于死亡。

自然人只有在出生时是活体的,才能成为民事法律关系主体。因此,胎儿不具有民事权利能力。但根据《民法典》第 16 条规定:“涉及遗产继承、接受赠与等胎儿利益保护的,胎儿视为具有民事权利能力。但是,胎儿娩出时为死体的,其民事权利能力自始不存在。”

自然人的民事权利能力终于死亡。死亡分为生理死亡和宣告死亡。生理死亡也称自然死亡,法律上对死亡的认定采取医学上的死亡标准。宣告死亡是人民法院依照法定程序对失踪人死亡的推定。有下列情形之一的,利害关系人可向人民法院申请自然人宣告死亡:一是下落不明满 4 年的;二是因意外事件下落不明,从事故发生之日起满 2 年的;三是意外失踪且取得死亡证明的。战争期间下落不明的,下落不明时间从战争结束之日起计算。

《民法典》第 15 条规定:"自然人的出生时间和死亡时间以出生证明、死亡证明记载的时间为准;没有出生证明、死亡证明的,以户籍登记或者其他有效身份登记记载的时间为准。有其他证据足以推翻以上记载时间的,以该证据证明的时间为准。"

【案例 2—2】 2016 年 6 月,6 岁的小新在某市教委组织的少儿书法比赛中获得一等奖。市教委下属的一家美术杂志社闻讯后即来信表示,他们将出一期少儿书法作品专刊,希望小新能寄来几幅作品。于是小新的父亲大新寄去了两幅作品,但之后一直没有回音。2017 年 8 月,大新在该杂志社的期刊上发现有小新的两幅作品,但既没支付稿酬也没署名。该杂志社称,小新年仅 7 岁,系未成年人,因此不享有著作权,也没必要署名和支付稿酬。

问:小新是否有署名的权利和获得报酬的权利?

【分析】 小新既有署名权又有获得报酬权。《民法典》第 13 条规定:"自然人从出生时起到死亡时止,具有民事权利能力,依法享有民事权利,承担民事义务。"第 14 条规定:"自然人的民事权利能力一律平等。"可见,即使是未成年人,也享有民事权利能力。著作权是一项民事权利,它包括作者署名权和获得报酬权。小新完全享有著作权,也当然享有署名权和获得报酬权。

(二)民事行为能力

民事行为能力是民事主体独立实施民事法律行为的资格。具有民事权利能力,是自然人获得参与民事活动的资格,但能不能运用这一资格,还受自然人的理智、认识能力等主观条件的制约,这些都是民事行为能力的问题。

我国《民法典》将自然人的民事行为能力分为完全民事行为能力、限制民事行为能力和无民事行为能力三种。

1. 完全民事行为能力人。它是指可以独立进行民事活动的自然人。18 周岁以上的成年人是完全民事行为能力人,可以实施法律不禁止的任何民事法律行为。另外,16 周岁以上的未成年人,以自己的劳动收入为主要生活来源的,视为完全民事行为能力人。

【案例 2—3】 17 周岁的小吴是一家餐饮公司的服务员,月收入 5 000 元。一天,他花了 6 000 元为自己买了一部手机。他父母得知此事后,要求商场退货。商场是否应退货?

【分析】 不应该退货。根据《民法典》相关规定,16 周岁以上的未成年人,以自己的劳动收入为主要生活来源的,视为完全民事行为能力人。小吴虽未满 18 周岁,但他有稳定的经济收入,视为完全民事行为能力人,可以独立实施民事法律行为。

2. 限制民事行为能力人。它是指只能独立实施与其年龄、智力相适应的民事法律行为的人。8 周岁以上的未成年人和不能完全辨认自己行为的精神病人是限制民事行为能力人。限制民事行为能力人可以进行与其年龄、智力或精神状态相适应的民事活动,其他民事活动由其法定代理人代理或征得法定代理人的同意、追认才能进行。《民法典》第 145 条规定,限制民事行为能力人实施的"纯获利益的民事法律行为或者与其年龄、智力、精神健康状况相适应的民事法律行为有效"。

【案例 2—4】 11 岁的小明用零花钱购买了一个价格为 30 元的书包和一部价格为 3 000 元的手机。其父母知道后,要求商场退款。商场是否应退款?

【分析】 书包不予退,手机可以退。8 周岁以上的未成年人为限制民事行为能力人,可以从事与其年龄、智力相适应的民事活动。

3. 无民事行为能力人。它是指不能独立实施民事法律行为的人，包括不满 8 周岁的未成年人和完全不能辨认自己行为的精神病人。其民事活动由其法定代理人，即监护人（其父母）代理。但是，无民事行为能力人接受奖励、赠与等或者进行对其本人有利而不损害他人权益的行为，应当予以保护。

二、法人

法人是享有民事权利能力和民事行为能力，能依法以自己名义独立享有民事权利和承担民事义务的组织。作为民事主体的组织团体，其民事行为和自然人相比本质上无异，法律上因此也把它们视为"人"，即法律拟制为"人"。《民法典》第 58 条规定："法人应当依法成立；应当有自己的名称、组织机构、住所、财产或者经费。"

（一）法人的特征

1. 法人是团体

法人区别于自然人的特点，就在于自然人是由个体充任民事主体，而法人是由自然人及其财产的集合组成的团体或者说是社会组织。

2. 法人拥有独立的财产

法人的财产属法人所有，既独立于其出资人，也独立于其雇员。法人的出资人一旦将财产所有权移转于法人，其享有的就只是股东权而不再是所有权，出资财产与出资人"脱钩"，使这部分财产成为法人的独立财产。有财产但不独立者不是法人，如合伙企业、分公司等也有财产，但该财产只是被出资人看作自己财产的一部分。在合伙企业中，合伙财产是合伙人的个人财产；在分公司中，分公司的财产是总公司财产的组成部分。因此，合伙企业、分公司不是法人。

3. 法人能独立承担民事责任

任何以法人面目所为的行为，其后果由法人承担，即使行为的做出者是作为法人成员的自然人，也由法人承担该行为的后果，而不是由其出资者或者雇员个人承担。

【案例 2—5】 长丰汽车有限公司欠债 1 000 万元，而该公司仅有资产 600 万元。另外，该公司有两个股东，每个股东均有 500 万元的个人财产。请问长丰汽车有限公司的债务该如何偿还？

【分析】 只能以该公司仅有的 600 万元资产偿还，而不能要求其股东偿还。

4. 法人能以自己的名义参加民事法律关系

虽然法人在参加民事法律关系时，是由其代表人、代理人或者其他雇员出面的，但法人既为民事主体，任何自然人在代表法人从事民事活动时，其人格就被法人吸收，不再代表自己。其行为名义上属于法人，其效果自然由法人承担。

（二）法人的分类

1. 营利法人

营利法人是指从事生产、运输、贸易等经营活动，以获取利润并分配给股东等出资人为目的的经济组织。并非所有的企业都能成为法人，例如，合伙企业因其不具有独立的财产就不能成为法人。有限责任公司、股份有限公司等属于企业法人。

2. 非营利法人

非营利法人是指为公益目的或者其他非营利目的成立，不向出资人、设立人或者会员分配取得利润的组织，包括事业单位、社会团体、基金会、社会服务机构等。

(1)事业单位

所谓事业单位,是指由国家财政拨款或自负盈亏或实行企业化经营的从事公益事业的社会组织,如学校、图书馆、医院、报社、电台、科研院所等单位。虽然一些事业单位更多从事盈利,但公益仍然是其主要目的。

(2)社会团体

社会团体是由法人或自然人组成,谋求公益事业、行业协调或同道志趣的法人,如学会、协会、研究会、促进会、联谊会、商会等团体。

(3)基金会

基金会是以从事公益事业为目的,利用自然人、法人或者其他组织捐赠的财产而成立的团体,如希望工程基金会、宋庆龄基金会等。

(4)社会服务机构

社会服务机构是由自然人、法人或其他组织为了提供社会服务,主要利用非国有资产设立的、以非营利为目的的组织,主要包括民办学校、民办医院、民办科研机构等。

3. 特别法人

《民法典》规定的特别法人包括机关法人、农村集体经济组织法人、城镇农村的合作经济组织法人、基层群众性自治组织法人。

国家机关只有在参加民事活动时,才被视作法人,若是在行使国家权力发号施令,就不是法人,而是公法主体。中央及地方各级人民代表大会、国务院和地方各级人民政府、各级法院和检察院、中央军事委员会和独立编制的各级军事组织等属于机关法人。

(三)法人的民事权利能力与民事行为能力

法人依法成立后,便具有民事权利能力和民事行为能力。法人的权利能力与行为能力是统一的,均随法人的成立而产生,随其终止而消灭。但法人的民事权利能力会受到一定的限制。例如,基于自然人的天然属性而专属于自然人的民事权利能力(如身体权、健康权、隐私权、继承权、婚姻自主权等),法人不能享有。

(四)法人的法定代表人

法定代表人是指依照法律或者法人章程的规定,代表法人行使职权的正职负责人。法人是组织,而法定代表人是自然人。法定代表人在其职权范围内,以法人的名义代表法人进行的各项活动均是法人的行为。法人组织的其他成员在职权或职责范围内所进行的活动也属于法人的行为,由此产生的权利、义务和责任也由法人承担。

【案例 2-6】 李某是四海公司的董事长,某日,李某以自己的名义购买了万科公司的一套住房。由于李某一直没有付款,万科公司把四海公司告上了法院。

问:万科公司的做法有依据吗?

【分析】 没有。四海公司法定代表人李某的行为,属于其个人行为,四海公司不对万科公司承担责任。

第三节 民事法律行为

一、民事法律行为的概念和特征

1. 民事法律行为的概念

民事法律行为是民事主体通过意思表示设立、变更、终止民事法律关系的行为。民事行为是民事法律行为的上位概念，它是指行为人以意思表示为要素发生的、能引起民事法律后果的行为。民事行为包括有效民事法律行为、无效民事法律行为、可撤销民事法律行为和效力待定民事法律行为。

2. 民事法律行为的特征

(1)它是合法行为

民事法律行为是民事行为的一种，只有合法的民事行为才能构成民事法律行为。所谓合法，就是说它所追求的效果"不违反法律，不违背公序良俗"，既包括内容上的合法，也包括形式上的合法。

(2)它以意思表示为要素

意思表示，是指行为人将其期望发生某种法律效果的内心意思以一定方式表现于外部的行为。行为人只有通过一定的方式才能使自己的内心意思为他人所知晓，才能使自己的目的得以实现。意思表示是民事法律行为最基本的要素。

(3)它以发生一定的法律后果为目的

行为人之所以实施某种行为，就在于追求一定的民事法律后果。同时，也只有民事主体所实施的、能产生民事法律效果的行为才是民事法律行为。

二、民事法律行为的分类

按照不同的标准，可对民事法律行为进行不同的分类：

1. 单方法律行为、双方法律行为与多方法律行为

该分类标准为：进行法律行为人数的多寡。单方法律行为是指仅有一方当事人的意思表示即可成立的法律行为，如订立遗嘱、追认无权代理的行为等；双方法律行为是指由当事人双方的意思表示一致而成立的法律行为，如合同行为；多方法律行为是指由三个或三个以上的当事人意思表示一致而成立的法律行为，如合伙协议等。

2. 有偿法律行为与无偿法律行为

该分类标准为：法律行为有无对价。有偿法律行为是指当事人一方享受利益就须向对方支付相应对价的法律行为，民事法律行为大多为有偿法律行为，如买卖行为等；无偿法律行为是指一方承担给付义务，对方不承担对等给付义务的法律行为，如赠与行为等。

3. 诺成法律行为与实践法律行为

该分类标准为：法律行为成立要件的不同。诺成法律行为是指只要当事人意思表示一致即可成立的法律行为，民事法律行为大多为诺成法律行为，如订立租赁合同等；实践法律行为，是指除要求当事人意思表示一致外，还须以物的交付作为成立要件的行为，如赠与合同等。

4. 要式法律行为与不要式法律行为

该分类标准为：法律行为的成立是否需要某种特定的形式。要式法律行为是指依法律规定或当事人约定，必须采取一定形式或履行一定程序方可成立的法律行为，如房地产转让合同就必须采用书面形式。不要式法律行为是指法律不要求特定形式，当事人自由选择一种形式即可成立的法律行为，如民间借款既可采用书面形式，也可采用口头形式。

5. 有因法律行为与无因法律行为

有因法律行为，是指当事人进行的给付行为必须有法律上的原因才能成立或生效的民事行为。例如，2019 年 2 月 2 日甲和乙订立了一份合同，约定甲于 2019 年 3 月 3 日向乙交货。

那么到2019年3月3日甲向乙交货的行为即为有因行为，交货是由于甲和乙订立的那份合同，合同是交货的原因。如果合同无效，甲再向乙交货就没有了依据。

无因法律行为，是指当事人所进行的给付行为虽然欠缺了法律上的原因，但同样可以成立和生效的民事法律行为。

【案例2—7】 2021年2月2日甲和乙订立了一份合同，约定甲于2021年3月3日向乙交货，乙于当天采用汇票的方式付款(汇票是由出票人签发的，要求付款人在见票时或在一定期限内，向收款人或持票人无条件支付一定款项的票据)。2021年3月3日甲向乙交了货，乙于当天也采用汇票付了款。但乙后来发现货物质量有问题，遂要求汇票付款银行拒绝向甲付款。

问：银行是否要按照乙的要求去做？

【分析】 不需要。因为汇票是无因证券，不考虑开立汇票的原因为何，银行只要根据汇票本身的规定和内容付款。至于乙的损失，他可以通过要求甲承担违约责任的方式解决。

三、民事法律行为的形式

民事法律行为的形式是指当事人进行意思表示的方式。

1. 明示形式

明示是使用直接语汇实施的表示行为，除常见的口头语言、文字、表情语汇外，还包括依习惯使用的特定形体语汇，如举手招呼出租车，即表示有租用该车之意。

(1)口头形式。口头形式即口头语言形式，即以口头语言洽谈并订立的合同。口头形式的优点是便捷，但也具有不易保留证据的缺点。

(2)书面形式。书面形式即书面语言形式，主要指文字(文件、信函、电报)、图表、照片、技术工程用图、电子数据等形式。书面形式的特点是手续麻烦，但发生纠纷时取证容易。

书面形式又分一般书面形式和公证、登记等特别书面形式。公证形式即以公证书对民事法律行为加以证明的形式。民事法律行为除法定必须公证的以外，是否办理公证，应依当事人意思决定。登记则是国家主管行政机关对于民事主体资格和物权变动等事实通过实质审查予以确认，并在专门登记簿上加以登录的管理手段。设立法人和个体工商户、取得和变更不动产物权、结婚等民事法律行为，依法必须登记。凡法定登记行为，只有依法完成登记才能发生效力。

2. 默示形式

默示形式是含蓄或者间接表达意思的方式。默示所包含的意思，他人不能直接把握，而要通过推理手段才能理解。因此，默示形式只有在有法律规定或交易习惯允许时才被使用。按默示时的作为和不作为又可划分为：

(1)推定，即行为人用语言外的可推知含义的作为间接表达内心意思的默示行为。所谓可推知，是从该行为中，一般人能够容易地推知其意思的内容。

【案例2—8】 甲租乙的房屋居住，租赁合同届满后，承租人甲继续交付租金，而出租人乙也欣然接受了。

问：该民事法律行为是何种形式？

【分析】 默示形式。即通过双方的行为，可推知其表示要延展租赁期间。只是这时的租赁合同已经转为不定期租赁了。

(2)沉默，即行为人依法或者依约以不作为间接表达内心意思的默示行为。不作为即缄默、沉默不语。

【案例 2—9】 甲向乙发了个传真说:"我有批小麦卖给你,每吨 1 000 元,共 10 吨,限你 2 天内给我答复,如果 2 天内不答复,说明你愿意购买。"两天内乙并没有答复。

问:乙有没有义务购买这批小麦?

【分析】 没义务,因为合同并没有达成。除了根据法律规定或约定以及交易习惯外,单纯的沉默不构成承诺,乙没有义务购买。

四、民事行为的成立与生效

民事行为的成立是指民事法律行为实施过程的全部完成,可以基于双方或者多方的意思表示一致成立,也可以基于单方的意思表示成立;民事法律行为的生效则是指民事法律行为被法律认可,其所具有的法律效力开始发生具体作用,即当事人已经享有实际意义上的民事权利和承担实际意义上的民事义务。

(一)民事行为的成立要件

1. 法律行为成立的一般要件

(1)有意思表示。在单方法律行为,当事人意思表示完成,法律行为即告成立;在双方法律行为,相互意思表示一致时法律行为方告成立。

(2)标的须确定并且可能。标的确定是指关于标的表示须达到能被具体认定的程度。例如合同约定买卖的价金为"5 万元",而不能约定为"几万元"。标的可能是指标的在客观上须具有实现的现实性,如不能约定出售太阳黑子。

2. 民事法律行为成立的特别要件

这是法律对某些法律行为的特别要求,不是所有的法律行为皆有的要件。

(1)在有因行为中,原因欠缺法律行为不成立,原因就成了特别要件。

(2)在实践性民事法律行为中,标的物的交付就是特别要件,民事法律行为在交付完成前不成立。

3. 法律行为成立的效力

法律行为的成立,表意人必须受意思表示的约束,不得擅自变更和撤回。法律行为成立的效力就是意思表示的成立效力。

(二)民事行为的生效要件

民事法律行为的生效条件,包括意定条件和法定条件。意定条件即当事人约定的条件;法定条件即法律规定的条件。法定条件有:

1. 行为人具有相应的民事行为能力

行为人须具备民事行为能力,才能实施意思表示。

【案例 2—10】 原告甲(17 周岁),无亲无故,已工作 1 年,生活问题全靠自己解决。其因上下班乘车不便,便托被告乙(17 周岁)代买一辆自行车。乙听到甲要买自行车,便想把父亲丙给他买的一辆新车卖给甲。两人商定卖价为 360 元。乙为了对其父亲隐瞒卖车的事实,要求甲先付给他 180 元,自行车不要一下子拿去,每星期由甲使用 4 天,乙使用 3 天,3 个月后乙将车子移交给甲,甲再将余款 180 元一次付清。两人即按此约定办理。3 个月期满,甲要求乙把自行车交给他,乙表示同意,但要甲先将 180 元交付后再交车。甲将 180 元交给乙后,乙说第二天给车,但届时又不给车,这样拖了有 1 个月。甲无奈,只得告诉乙的父亲丙,要求交车。丙听后表示自行车不卖,至于甲付的 180 元,因甲使用该自行车一段时间,丙愿意由他自己归还一半价款,甲不同意。为此,甲向当地人民法院提起诉讼。

问：甲与乙买卖自行车的行为是否有效？

【分析】 有效。《民法典》第18条规定："十六周岁以上的未成年人，以自己的劳动收入为主要生活来源的，视为完全民事行为能力人。"本案中，甲可视为完全民事行为能力人。因此，该项买卖行为即应认定为有效民事行为。

2. 意思表示真实

意思表示真实是指内心的效果意思须与表示意思一致，如因内心有保留、认识错误、误传、误解、受欺诈或胁迫、显失公平等，表示意思与效果意思不一致的，则会发生无效或被撤销的后果。

【案例2—11】 甲要求乙把乙的一辆轿车以10万元的价格卖给自己，乙觉得价格太低不同意。但甲威胁说，如果乙不同意就把乙曾经考试作弊的事情透露出去。乙无奈，最终把轿车以10万元的价格卖给了甲。

问：该合同生效与否？

【分析】 不生效。这是胁迫方式订立的合同，乙出售轿车的意思表示不真实，因此为可撤销合同，乙有权向法院起诉撤销该合同。

3. 不违反法律、行政法规强制性规定，不违背公序良俗

自然人、法人和非法人组织在从事民事活动时，不得违反各种法律的强制性规定，不得违背公共秩序和善良风俗。公共秩序是指政治、经济、文化等领域的基本秩序和根本理念，是与国家和社会整体利益相关的基础性原则、价值和秩序。善良习俗是指基于社会主流道德观念的习俗，也被称为社会公共道德。

五、无效民事行为

(一)无效民事行为概念

无效民事行为指欠缺法律行为根本生效要件，自始、确定和当然不发生行为人意思之预期效力的民事行为。无效的民事行为有两层含义：(1)自始无效，自行为开始起就不被法律所认可；(2)当然无效，无须任何人主张，也不需法院或仲裁机构宣告，即无效。

需要说明的是，无效民事行为之无效，是不发生当事人预期的效果，而不是说没有任何法律效果。如果该无效行为满足侵权行为、不当得利或其他损害赔偿的法律要件，仍发生侵权、不当得利等法律规范所规定的效力。

(二)无效民事行为的类型

根据《民法典》规定，无效民事行为主要有以下类型：

1. 无民事行为能力人实施的民事行为。

2. 以虚假的意思表示隐藏的民事行为。

3. 恶意串通，损害他人合法权益的民事行为。

4. 违反法律、行政法规或者违背公序良俗的民事行为。

5. 其他民事行为。

(三)无效民事行为的法律后果

1. 所约定的义务尚未履行的，就无须再去履行。

2. 所约定的义务正在履行之中的，那么即应中止履行。对于已履行的部分，应返还财产以及赔偿损失。

3. 追缴财产。双方恶意串通，损害国家、集体或者第三人的利益的，应当追缴双方已取得

的或者约定取得的财产，分别收归国家、集体所有，或者返还第三人。应注意的是，不仅要追缴双方已取得的财产，还要追缴其约定取得的财产。

4. 解决争议的条款仍然有效。合同无效、被撤销或者终止的，不影响合同中独立存在的有关解决争议方法的条款的效力。

（四）民事行为部分无效

《民法典》第156条规定："民事行为部分无效，不影响其他部分的效力的，其他部分仍然有效。"

【案例2－12】 2020年新冠肺炎疫情期间，7周岁的小王一直在家上网课。其间，孩子经常在某网络平台上玩游戏，共充值了20万元游戏币。

问：小王的充值行为是否有效？小王家人是否可以向网络平台要回这20万元？

【分析】 无效。《民法典》第20条规定："不满八周岁的未成年人为无民事行为能力人，由其法定代理人代理实施民事法律行为。"《民法典》第27条规定："父母是未成年子女的监护人。"《民法典》第26条规定："父母对未成年子女负有抚养、教育和保护的义务。"《民法典》第144条规定："无民事行为能力人实施的民事法律行为无效。"最高人民法院2020年5月19日发布的《关于依法妥善审理涉新冠肺炎疫情民事案件若干问题的指导意见（二）》规定："限制民事行为能力人未经其监护人同意，参与网络付费游戏或者网络直播平台'打赏'等方式支出与其年龄、智力不相适应的款项，监护人请求网络服务提供者返还该款项的，人民法院应予支持。"本案中，小王7周岁是未成年人，其实施的民事行为无效。故小王及其家人原则上可以要回该20万元。

六、可变更、可撤销的民事行为

（一）可变更、可撤销民事行为概念

可变更、可撤销民事行为，是指因意思表示有瑕疵，当事人可以请求人民法院或者仲裁机构予以撤销或变更的民事行为。若当事人行使了撤销权或者变更权，则被撤销或变更部分的行为，就视同无效民事行为，自始不发生效力；若当事人没有行使撤销权或者变更权，则继续有效。

可撤销民事行为与无效民事行为有所不同：

1. 可撤销行为大多是意思表示有瑕疵；而无效民事行为，既有意思瑕疵的，也有主体不合格的，还有违法的。

2. 可撤销民事行为的撤销，须请求人民法院或者仲裁机构予以撤销；而无效民事行为是当然确定的无效，无须宣告。

（二）可变更、可撤销民事行为的类型

1. 一方以欺诈、胁迫的手段，使对方在违背真实意思的情况下所为的民事行为。

2. 第三人实施欺诈行为，使一方在违背真实意思的情况下所为的民事行为。

3. 一方利用优势或者利用对方没有经验、缺乏判断能力等情形，致使双方的权利与义务明显违反公平、等价有偿原则的，显失公平的民事行为。

4. 因认识错误形成重大误解，使行为的后果与自己的意思相悖，并造成较大损失的民事行为。

对于民事行为，与合同行为应相互区分，民事行为包括无效、可撤销两种形式，而合同行为则包括无效、可撤销、效力待定的行为。

【案例2－13】 甲落水，呼喊救命。乙正好有救生圈，对甲说："这个救生圈1万元卖给你，你买不买。”甲没有商量余地，答应买下。试问这个合同效力如何？

【分析】 为可撤销合同。属于乘人之危且不损害他人利益的可撤销合同。

七、效力待定的民事行为

(一)效力待定的民事行为概念

效力待定的民事行为，是指民事法律行为成立时尚未生效，须经权利人追认才能生效的民事法律行为。一旦追认，则民事法律行为自成立时起生效；如果权利人拒绝追认，则民事法律行为自成立时起无效。

(二)效力待定的民事行为类型

1. 限制民事行为能力人依法不能独立实施的民事法律行为，经法定代理人追认后，该行为有效。但纯获利益的合同或者与其年龄、智力、精神健康状况相适应的，不必经法定代理人追认。

2. 行为人没有代理权、超越代理权或者代理权终止后仍实施代理行为，未经被代理人追认的，对被代理人不发生效力，由行为人承担责任。

但行为人无权代理订立的合同，相对人有理由相信行为人有代理权的，该代理行为有效(表见代理)。法人或者其他组织的法定代表人、负责人超越权限订立的合同，除相对人知道或者应当知道其超越权限的以外，该代表行为有效。

3. 行为人未经债权人同意转移债务的民事行为，经债权人追认后，该行为有效。

八、附条件与附期限的民事法律行为

(一)附条件的民事法律行为

附条件的民事法律行为是指法律行为效力的开始或终止取决于将来不确定事实的发生或不发生的法律行为。

1. 条件的种类

(1)延缓条件，是限制民事法律行为效力发生，使法律行为只有当约定的事实出现时才发生效力的条件。其作用在于使民事法律行为暂时不生效，因此也称停止条件。如果所附条件最终未出现，该民事法律行为即确定为不生效。如甲、乙订立房屋租赁合同，约定出租人甲一旦买到新房，就搬出此房让乙居住。“甲一旦买到新房”，就是房屋租赁合同所附的延缓条件。

(2)解除条件，是限制民事法律行为效力的存续，使已发生效力的民事法律行为在条件实现时终止的条件。其作用在于使条件所附的已生效的民事法律行为的效力归于消灭。如甲、乙订立房屋租赁合同，约定出租人甲一旦结婚，就终止合同。“甲一旦结婚”，就是房屋租赁合同所附的解除条件。

2. 对附条件的民事法律行为的保护

当事人恶意促使条件成就的，法律视为条件不成就；恶意促使条件不成就的，法律视为条件已成就。

(二)附期限的民事法律行为

附期限的民事法律行为是指以一定期限的到来为其效力开始或终止原因的法律行为。如约定合同“自2021年1月1日起至2021年12月31日终止”，就属于附期限的民事法律行为。

1. 期限的法律要件

(1)须属将来事实，已经发生的事实不能被设定为期限。

(2)须属必成事实,即其发生为确定的事实。不可能发生的事实,不能被设定为期限。

2. 期限的种类

(1)延缓期限。即法律行为所附的使法律行为成立、有效后并不发生效力,而待其到来后才开始生效的期限。

(2)解除期限。即法律行为所附的使法律行为成立、有效后即发生效力,而待其到来时使其效力消灭的期限。

(三)附条件与附期限的区分

1. 条件是不确定的偶然性事实,期限是确定的必然性事实

(1)时期确定,到来不确定,为条件。如"60大寿送冰箱一台",60岁虽确定,但人能否活到60岁不可预测,具有偶发性。因此它是条件。

(2)时期不确定,到来也不确定,为条件。如"考取上海交通大学之日",考取与否不确定,至于哪一年能考取,更加不确定,故其属于条件。

2. 条件的事实成就与否是不确定的,期限是肯定会到来的

(1)时期确定,事实的发生也确定,如"2021年1月1日",是期限。

(2)时期不确定,到来确定,为期限。如"临终时将送还冰箱",何时死虽难料,但人必有一死,死期终会到来,是期限。

第四节 民事责任

一、民事责任的概念和特征

民事责任是违反约定或者法定义务所产生的法律效果。狭义的民事责任即民事义务,广义的民事责任还包括使用强制执行的公力救济。

民事责任具有以下特征:

1. 民事责任是民事主体不履行法定义务或约定义务而应承担的法律后果。民事责任以民事义务为基础。这里需注意,民事责任不等同于民事义务。民事义务是指民事法律规范规定或民事主体应当实施的行为。只有当事人不履行义务时才发生责任。

2. 民事责任属于公力救济。责任对应的是公法上的制裁,义务对应的是私权,民事责任的判处和执行依赖于国家公权力。

二、民事责任的类型

《民法典》第179条规定了11种具体承担民事责任的方式,具体是:停止侵害,排除妨碍,消除危险,返还财产,恢复原状,修理、重作、更换,继续履行,赔偿损失,支付违约金,消除影响、恢复名誉,赔礼道歉。在学理上民事责任可以做如下分类:

(一)合同责任、侵权责任与其他责任

这是根据责任发生的原因与法律要件不同而做的划分。

合同责任,是指违反合同义务产生的责任;侵权责任,是指因侵犯他人的财产权与人身权产生的责任。其他责任就是合同责任与侵权责任之外的其他民事责任,如不履行不当得利债务、无因管理债务等产生的责任。

（二）财产责任与非财产责任

这是根据民事责任是否以财产方式救济所做的划分。

财产责任，是指民事责任人以负担财产上不利后果，补偿受害人损害的民事责任，包括返还财产、恢复原状、赔偿损失、支付违约金以及修理、重作、更换等。

非财产责任，是指由责任人以非财产方式承担预防或消除受害人损害后果的民事责任，包括消除影响、恢复名誉、赔礼道歉等。

（三）无限责任与有限责任

这是根据债务人对其财产所负债务的责任形态划分的。这一分类是对财产责任的再分类。

无限责任，是指债务人以其全部财产对其债务所负的责任。如合伙人对合伙企业债务负担无限责任。

有限责任，是指债务人仅以特定财产为限，对其债务所负的清偿责任。如《公司法》规定公司股东对公司的债务以其出资额或持有的股份为限承担责任。

（四）按份责任、连带责任、补充责任

这是根据责任人之间对于责任的关联度划分的。

按份责任，是各责任人仅就自己所负担的责任份额承担责任。

连带责任，是因违反连带债务或者共同实施侵权行为而产生的责任，各个责任人之间具有连带关系。所谓连带，就是各责任人都有义务代负其他责任人应负担的责任份额。但在连带责任人内部还是有份额的，承担超过自己份额的责任人有权向其他责任人请求予以补偿。

补充责任，是指在第一责任人的财产不足以承担其应负的民事责任时，负补充责任的人对不足部分承担的责任。补充责任区别于连带责任，补充责任人是第二责任人，在第一责任人未承担责任前，享有抗辩权。

（五）过错责任、无过错责任、公平责任

这是根据责任的构成是否以当事人的过错为要件的分类。

过错责任是指因行为人导致他人损害时，只有其具有过错才承担责任。

无过错责任是指行为人只要给他人造成损害，不论其主观上是否有过错，都应当承担的责任。例如，环境污染致人伤害就属于无过错责任。

公平责任是指当事人对造成的损害都无过错，而又不能适用无过错责任，则根据实际情况由当事人分担的责任。

应当指出，不同的责任分类有些是可以组合的，比如无限连带责任。

【案例 2—14】 原告吴某与被告叶某同为某厂职工。一天，吴某与叶某等 10 人准备自发进行一场非正式的足球比赛。吴某与叶某分属不同的球队，吴某担当守门员一职。被告叶某得到球后，径直向原告吴某把守的大门攻来，带球进攻射门的叶某与全力封堵的吴某发生了身体碰撞。吴某当场倒地，叶某等人见状，急忙将吴某送到医院抢救和治疗，结果诊断为骨折。吴某住院治疗期间支付住院医疗费 8 900 元，其中被告叶某主动垫付了医疗费 4 500 元。

事后，吴某认为，由于叶某在比赛中的撞击行为才使其受伤，因此叶某应赔偿其全部损失。吴某在向叶某索赔遭拒后，便将叶某告到法院，要求法院判令被告叶某赔偿医疗费、误工费等 12 450 元。

问：

(1)被告的行为构成侵权吗？

(2)该案应该怎么判?

【分析】

(1)被告的行为不构成侵权。被告的行为在主观上没有过错,客观上也不具有违法性。原告受伤应属于竞技体育运动中的意外事件。故被告的行为不构成侵权。

(2)虽然本案中的原、被告对损害的发生均无过错,但由原告独自承担这一较大的损害后果有失公平。因此,适用公平责任原则,由原、被告共同承担损害后果,由被告给予原告一定的补偿。《民法典》第5、6、7条规定,民事主体从事民事活动应当遵循自愿原则、公平原则、诚信原则。

三、民事责任免责事由

1. 因为不能预见、不能避免且不能克服的客观情况导致的不能履行民事义务的,当事人不承担民事责任。

2. 为保护自身、他人的合法权益遭受不法侵害,对正在进行不法侵害的人采取正当防卫措施所造成损害的,正当防卫人不承担民事责任。

3. 为使本人或者他人的人身、财产和其他权利免受正在发生的危险,不得已而采取紧急避险行为所造成损害的,由引起险情发生的当事人承担民事责任。

4. 因自愿实施紧急救助行为造成受助人损害的,救助人不承担民事责任。

【案例2－15】 2020年暑假的某一天,小学生王某在岸边玩耍,不小心滑落于水中,正好路过的陆某奋勇跳入水中将王某救起,但在救人的过程中造成了王某手关节骨折。王某的父母见状,要求陆某支付医药费。

问:陆某需要承担赔偿责任吗?

【分析】 不需要。根据《民法典》第184规定:“因自愿实施紧急救助行为造成受助人损害的,救助人不承担民事责任。”本案中,王某手关节骨折是在陆某救他时引起,救助人陆某无需为此承担民事责任。

第五节 代 理

一、代理的概念和特征

代理是指代理人在代理权限内,以本人(被代理人)的名义与第三人(相对人)实施法律行为,由此产生的法律后果直接由被代理人承担的一种法律行为。但依法律或行为性质必须由本人亲自进行的行为,则不能代理,如遗嘱、婚姻登记、收养子女、演出等。

【案例2－16】 下列行为,适用代理的是(　　)。

A. 婚姻登记　　B. 诉讼行为　　C. 绘画　　D. 演出

【分析】 B。

代理具有以下特征

1. 代理人是以被代理人的名义在代理权限范围内进行民事活动

以代理人自己的名义代替他人实施的法律行为,如行纪,不属于代理。行纪是指行纪人受委托人的委托,由委托人担负费用和给付一定报酬,为了实现委托人的利益而以行纪人自己的名义,进行一种或多种民事法律行为。

2. 代理实施的行为必须是有法律效果的行为

虽在形式上是受人委托进行某项活动，但不产生法律后果，不是民法上的代理。如请他人代拟遗嘱、询价等，只委托事务，属于事实行为，不是代理。

3. 代理人从事代理活动时独立地进行意思表示

代理人毕竟是独立的主体，一旦委托人把事物委托给代理人，在代理范围内，为委托人谋利益的前提下，代理人就可以自己拿定主意处理事务。它区别于传达，传达通俗地说就是捎口信，传达人仅是向第三人转告委托人已做出的意思表示。如甲让乙帮忙告诉丙，他将不履行合同，则乙是传达人而不是代理人。

4. 代理行为所产生的法律效果直接由被代理人承担

代理人在其代理权限内依法进行的代理行为，均由被代理人享有权利和承担责任。

【案例2－17】 阿依努尔是新疆人，现居住在上海，春节期间阿依努尔回新疆过年，同事王小魁给了她800元钱，让她买特等葡萄干。但是因春节期间货物脱销，阿依努尔将这一情况打电话告知王小魁。王小魁对阿伊努尔说："你可以转托一个人让他买到就帮我寄来。"阿依努尔照办。阿依努尔回到上海前把800元交给了其在新疆的朋友阿万提。春节后的一天，阿万提拿着这800元钱去集市上买特等葡萄干，可是在途中遭到抢劫，800元被抢走，后该抢劫案未被侦破。

问：

(1)阿万提在本案中是什么法律地位？

(2)本案中的阿依努尔与王小魁之间转委托的法律后果由谁承担？

(3)最终这800元的损失由谁承担？

【分析】

(1)阿万提在本案中是复代理人。

(2)王小魁。《民法典》第169条规定："代理人需要转委托第三人代理的，应当取得被代理人的同意或者追认。转委托代理经被代理人同意或者追认的，被代理人可以就代理事务直接指示转委托的第三人，代理人仅就第三人的选任以及对第三人的指示承担责任。转委托代理未经被代理人同意或者追认的，代理人应当对转委托的第三人的行为承担责任；但是，在紧急情况下代理人为了维护被代理人的利益需要转委托第三人代理的除外。"本案中阿依努尔的转委托行为是经王小魁同意的，因此转委托的法律后果由王小魁承担。

(3)王小魁。因为阿万提在处理委托事务时这800元的损失是意外事件所致，阿万提不承担责任。

二、代理的种类

(一)委托代理

委托代理是指基于被代理人的委托而产生的代理。被代理人的委托可以基于授权行为，也可以基于职务关系等发生。委托代理可以用书面形式，也可以用口头形式。法人参加代理关系一般均采用书面形式。如果因被代理人授权不明而使第三人遭受损失，应由被代理人与代理人共同担负对第三人的赔偿责任。

(二)法定代理

法定代理是指基于法律的直接规定而发生的代理。法定代理主要是为民事法律行为能力欠缺者设计的，法律根据自然人之间的亲属关系，如父母、子女、夫妻等而直接规定的代理权，如法定监护人等。

三、滥用代理权之禁止

代理权制度的价值在于"为本人计算"(以本人利益为目的),而非为代理人计算。代理人为自己计算或为他人计算,损害被代理人利益而行使代理权的构成滥用代理权,为法律所禁止。

滥用代理权的类型如下:

(一)双方代理

双方代理是指代理人既代理本人又代理第三人为同一民事法律行为的代理。《民法典》第164条第2款规定:"代理人和相对人恶意串通,损害被代理人合法权益的,代理人和相对人应当承担连带责任。"如甲代理A卖苹果,又代理B买苹果,甲使A、B达成苹果买卖交易,即为双方代理。

(二)自己代理

自己代理是指代理本人与自己订立合同。例如,甲委托乙代买100斤大米,正好乙有100斤大米要出售,于是乙把自己的大米卖给了甲。代理本以"为本人计算"为宗旨,自己代理因相对人是代理人自己,就难以保证本人利益,因此被法律禁止。但本案例中,如果甲同意还是允许的。

(三)利己代理

利己代理是指代理人利用地位之便,实施利于自己却不利于被代理人的代理。《民法典》第35条第1款规定:"监护人应当按照最有利于被监护人的原则履行监护职责。监护人除为维护被监护人利益外,不得处分被监护人的财产。"

四、代理权的终止

(一)代理权终止之共同原因

1. 代理人死亡或法人消灭。

2. 代理人丧失民事行为能力。

3. 本人死亡或法人消灭。但有四种例外:被代理人死亡后有下列情况之一的,委托代理人实施的代理行为有效:(1)代理人不知道且不应当知道被代理人死亡的;(2)被代理人的继承人予以承认的;(3)被代理人与代理人约定到代理事项完成时代理权终止的;(4)被代理人死亡前已经实施、为了被代理人的继承人的利益继续代理的。

(二)委托代理之终止的特别原因

1. 代理事务完成,代理已无存在的必要。

2. 授权行为附有终期的,期限届满,代理权终止。

3. 代理权撤回。

4. 代理人辞去代理。

(三)法定代理终止之特别原因

1. 本人取得或者恢复民事行为能力,这里应解释为本人取得完全行为能力。

2. 由其他原因引起的被代理人和代理人之间的监护关系消灭。

五、无权代理

无权代理是指没有代理权而以他人名义进行的民事行为,包括三种情况:一是没有代理权的代理；二是超越代理权的代理；三是代理权终止后进行的代理。

在无权代理的情况下，如果经过被代理人追认，或者被代理人知道他人以本人名义实施民事行为而不做否认表示的，无权代理后果由被代理人承担。否则，应由行为人自己承担民事责任。

【案例 2—18】 甲公司委托乙公司从杭州购买 50 千克龙井茶，每千克不超过 100 元。乙公司发现茶叶价格大涨，在没有征得甲同意的情况下，以每千克 110 元的价格购买了 50 千克茶叶。

问：甲公司该如何做？

【分析】 这是超越代理权的代理行为，甲公司可以追认，也可以不追认。如果不追认，乙公司要承担民事责任。

六、表见代理

表见代理是指行为人虽然没有代理权，但善意相对人客观上有充分理由相信行为人具有代理权，而与其进行民事法律行为。表见代理属于广义上的无权代理。

（一）法律要件

1. 须以本人名义从事民事法律行为。

2. 行为人无代理权。

3. 须有使相对人相信其有代理权的表征。即相对人有充分的理由相信行为人有代理权，例如，委托人把盖有印章的空白合同交付行为人，相对人即可信行为人有代理权。

4. 须相对人为善意。即相对人在与行为人进行民事行为时，并不知其无代理权，且无从得知。

（二）法律后果

1. 发生有权代理的效果。即表见代理在本人与相对人之间视同有权代理。

2. 相对人有撤销权。表见代理旨在保护相对人利益，相对人可撤销也可不撤销。

3. 代理人对本人承担民事赔偿责任。因表见代理给被代理人造成损失的，被代理人有权依法请求无权代理人给予相应的赔偿。

（三）表见代理的情形

1. 本人曾以书面或口头方式，直接向相对人表示行为人为其代理人，实际上并未向行为人授权。

2. 本人知道行为人以自己名义从事法律行为而不做否认表示。

3. 本人出借有代理权证明意义的印鉴、业务介绍信、合同专用章、盖有公章的空白合同书等为行为人所持有。

4. 本人授权不明使行为人超越权限的。

5. 本人对行为人授权范围的限制为相对人所不知的。

6. 代理关系终止后，本人未收回行为人所持有的代理证书并通知相对人的。

【案例 2—19】 为了方便销售部快捷签订买卖合同，甲公司的销售人员都会携有几份盖有甲公司公章的空白合同。乙曾经是甲公司的销售部经理，因为某些原因被公司辞退。丙公司是甲公司的客户。乙为了报复甲公司，某天持着盖有甲公司公章的空白合同书，以甲公司名义与丙公司签订了一份不利于甲公司的买卖合同。根据相关规定，下列表述中，正确的是（　　）。

A. 乙的行为构成无权代理，与甲公司无关，合同无效

B. 乙的行为构成无权代理，应由乙自己承担相应责任

C. 甲公司无须履行这份买卖合同约定的义务

D. 乙的行为构成表见代理，甲公司需按合同约定履行义务

【分析】 D。《民法典》第172条规定："行为人没有代理权、超越代理权或者代理权终止后，仍然实施代理行为，相对人有理由相信行为人有代理权的，代理行为有效。"本案中，乙虽然已被甲公司辞退，没有代理权了，但相对于丙公司而言，其并不清楚该事实，鉴于乙持有盖着甲公司公章的空白合同，而与乙签订了买卖合同，因此乙的代理行为有效，甲公司需按合同约定履行相应义务。

第六节 诉讼时效和期间

一、诉讼时效

时效，是指一定的事实状态持续地达到一定期间而发生一定财产法效果的法律事实。时效是一种期限，但与一般期限由当事人约定不同，时效是法定的。诉讼时效是指权利人在法定提起诉讼的期间内不行使其权利，即丧失请求法院依诉讼程序强制义务人履行义务的权利。

(一)诉讼时效的特征

1. 诉讼时效届满消灭的是胜诉权

诉讼时效届满，权利人丧失了依诉讼程序强制义务人履行义务的权利，而并不消灭实体权利。时效届满后，义务人如果自愿履行义务，权利人仍有权受领，且义务人不得以时效已过为由请求返还。

2. 诉讼时效具有强制性

诉讼时效期间由法律强行规定，当事人不得约定更改或预先抛弃。

(二)除斥期间

除斥期间，是指法律规定某种权利存在的预定期间。权利人在预定期间内不行使权利，期间届满便发生权利绝对消灭的后果。如接受遗赠表示期间为2个月，撤销、变更民事行为期间为1年，均为除斥期间。

除斥期间与诉讼时效的区别在于以下四个方面。

1. 性质不同。除斥期间是民事权利的存续期间；而诉讼时效期间是受到侵害的民事权利的保护期间。

2. 法律后果不同。除斥期间届满，消灭的是实体权利本身；而诉讼时效期间届满，消灭的只是胜诉权，即实体权利并未丧失，仅转为自然债权，不受法律强制保护而已。

3. 期间的弹性不同。除斥期间为不变期间，不发生中止、中断和延长；而诉讼时效期间为可变期间，可中止、中断和延长。

4. 始期不同。除斥期间一般自权利成立时起算；而诉讼时效期间一般自权利人知道或应当知道权利被侵害之时起算。

【案例2—20】 有人认为：诉讼时效届满，当事人就丧失了债权。

问：这一观点对吗？

【分析】 不对。诉讼时效届满时，消灭的是胜诉权，即丧失了要求法院强制执行的权利，

权利人的实体权利并不消灭，只能被动地等待义务人履行义务。

（三）诉讼时效的种类

1. 普通诉讼时效期间

普通诉讼时效是指由《民法典》规定的，适用于一般民事法律关系的诉讼时效期间。普通诉讼时效可分为以下两类：

（1）一般诉讼时效期间。《民法典》第188条规定："向人民法院请求保护民事权利的诉讼时效期间为3年，法律另有规定的，依照其规定。"

（2）最长诉讼时效期间。《民法典》规定，从权利被侵害之日起超过20年的，人民法院不予保护。有特殊情况的，人民法院可以延长诉讼时效期间。在权利人不知道权利被侵害的情况下，自权利被侵害之日起超过20年的，不再保护。在20年内，权利人如果知道权利被侵害，可以随时向人民法院起诉。

2. 特殊诉讼时效期间

特殊诉讼时效是指由特别法规定的诉讼时效。在适用时，特殊诉讼时效优先于普通诉讼时效。如《中华人民共和国海商法》（下称《海商法》）第257条规定的海上货物运输向承运人要求赔偿的请求权，时效期间为1年等。又如《民法典》第594条规定："因国际货物买卖合同和技术进出口合同争议提起诉讼或者申请仲裁的时效期间为四年。"

《民法典》规定，下列请求权不适用诉讼时效的情形：

（1）请求停止侵害、排除妨碍、消除危险；

（2）不动产物权和登记的动产物权的权利人请求返还财产；

（3）请求支付抚养费、赡养费或者扶养费；

（4）依法不适用诉讼时效的其他请求权。

（四）诉讼时效的起算

诉讼时效的起算，是指从何时开始计算诉讼时效。一般情况下，诉讼时效自权利人知道或者应当知道权利受到侵害之日起计算。法律另有规定的，依照其规定，如《海商法》第258条第1款规定："有关旅客人身伤害的请求权，自旅客离船或者应当离船之日起计算。"《民法典》第191条规定："未成年人遭受性侵害的损害赔偿请求权的诉讼时效期间，自受害人年满十八周岁之日起计算。"

当事人约定同一债务分期履行的，诉讼时效期间自最后一期履行期限届满之日起计算。

【案例2—21】 甲于2017年6月1日借款10万元给乙，未约定借款期限。2020年9月1日，甲购房需要钱款，于是要求乙还款，并给予1个月的还款期；但乙称时效已过，拒绝还款。根据《民法典》的规定，甲要求乙返还借款的诉讼时效期间起算日为（　　）。

A. 2017年6月1日　　B. 2020年9月1日

C. 2020年10月1日　　D. 2020年7月1日

【分析】 B。《关于审理民事案件适用诉讼时效制度若干问题的规定》第4条规定："未约定履行期限的合同，依照《民法典》第510条、第511条的规定，可以确定履行期限的，诉讼时效期间从履行期限届满之日起计算；不能确定履行期限的，诉讼时效期间从债权人要求债务人履行义务的宽限期届满之日起计算，但债务人在债权人第一次向其主张权利之时明确表示不履行义务的，诉讼时效期间从债务人明确表示不履行义务之日起计算。"本题中，债务人乙于2020年9月1日明确表示不履行义务，故从该日开始计算时效期间。

【案例2—22】 2020年3月6日金淘购买了鲁勇的100双牛皮皮鞋。双方约定："甲方金淘购买乙方鲁勇的真牛皮皮鞋100双，作价4 000元人民币。如果发生质量问题，甲方应当在半年内起诉，否则乙方概不负责。”2020年10月9日后，金淘发现这批鞋乃仿制牛皮，并非真牛皮。金淘找到鲁勇向其索赔，鲁勇以合同约定半年内起诉，否则概不负责为由拒绝。

问：你认为鲁勇的拒绝有道理吗。

【分析】 没道理。《民法典》第188条第1款规定：“向人民法院请求保护民事权利的诉讼时效期间为三年，法律另有规定的，依照其规定。”《民法典》第188条第2款规定：“诉讼时效期间自权利人从知道或者应当知道权利受到侵害以及义务人之日起计算。但是自权利受到侵害之日起超过二十年的，人民法院不予保护；有特殊情况的，人民法院可以根据权利人的申请决定延长。”《民法典》第197条规定：“诉讼时效的期间、计算方法以及中止、中断的事由由法律规定，当事人约定无效。”因此，诉讼时效是法定的，不允许当事人约定变更，况且诉讼时效期间是从知道或者应当知道权利被侵害时起计算，而并非是从合同签订之时起算。

（五）诉讼时效的中止、中断和延长

诉讼时效的中止，是指在诉讼时效期间的最后6个月内（包括发生于6个月前但持续到了后6个月内），因法定事由而使权利人不能行使权利或提起诉讼，暂时停止时效的进行，待阻碍事由消失后，时效继续计算。

诉讼时效中止的适用情形包括：

（1）不可抗力；

（2）无民事行为能力人或者限制民事行为能力人没有法定代理人，或者法定代理人死亡、丧失民事行为能力、丧失代理权；

（3）继承开始后未确定继承人或者遗产管理人；

（4）权利人被义务人或者其他人控制；

（5）其他导致权利人不能行使请求权的障碍。

【案例2—23】 甲于2015年6月1日借给乙10万元，乙写了借条，并载明借款期为1年。但是2018年1月1日乙到外地做生意，从此音信全无，甲无法联系到乙。直到2019年1月5日乙返回后，甲找乙要求其还款，但乙以时效已过为由拒不还款。

问：乙是否可以拒绝还款？

【分析】 不可以拒绝。因为根据《民法典》第194条第1条规定：“在诉讼时效期间的最后六个月内，因存在导致权利人不能行使请求权的障碍不能行使请求权的，诉讼时效中止。”本案中，2018年1月1日乙到外地做生意音信全无，导致甲权利人不能行使请求权，造成诉讼时效的中止，待乙回来后继续计算时效。诉讼时效的中止，是指在诉讼时效期间的最后6个月内（包括发生于6个月前但持续到了后6个月内），因此乙某自2018年1月2日到2018年7月2日这段时间不能算入时效的中止期间。《民法典》第194条第2款规定：“自中止时效的原因消除之日起满六个月，诉讼时效期间届满。”因此等到乙2019年1月5日回来后再继续计算6个月。

诉讼时效的中断，是指在诉讼时效进行中，因法定事由的发生阻碍时效的进行，致使以前经过的时效期间全部无效，从中断时起，诉讼时效期间重新计算。《民法典》第195条规定，诉讼时效因（1）权利人向义务人提出履行请求，（2）义务人同意履行义务，（3）权利人提起诉讼或者申请仲裁，（4）与提起诉讼或者申请仲裁具有同等效力的其他情形而中断。

诉讼时效的延长，是指权利人因为正当理由未能在诉讼时效期间内行使权利，在诉讼时效期间届满后，人民法院依法延长诉讼时效期间，它只适用于诉讼时效期间已经完成的情形。

【案例 2—24】 甲于2015年6月1日借给乙10万元，乙写了借条，但未写还期。2016年6月1日甲要求乙还款，但乙置之不理。2018年6月30日甲找乙要求还款，乙以时效已过为由拒不还款。

问：乙有无道理？

【分析】 无道理。诉讼时效已经中断，从中断时起，诉讼时效期间重新计算。即自2016年6月2日开始重新计算3年的诉讼时效。因此等到2019年6月2日时效才终止。如果2019年6月2日前又发生了中断事由，时效仍然要再次计算。

二、期日与期间

（一）期日与期间的概念、分类和意义

期日是指不可分或视为不可分的特定时间，例如某日、某月、某年。

期间是指从起始的时间到终止的时间所经过的时间区域。例如从2021年1月1日至2022年12月31日。

依民事主体对期限有无选择权，期限分为三种类型：(1)约定期限，指可由当事人自由选择确定的期限，如履行债务的期限；(2)法定期限，指法律强行规定的期限，如诉讼时效期间；(3)指定期限，指由法院或仲裁机关确定的期限，如宣告死亡以判决宣告之日为死亡日期。

期日和期间的法律意义为：(1)决定民事主体的法律地位，如自然人的民事权利能力始于出生（之日），终于死亡（之日）；(2)决定民事权利的得丧变更，如所有权一般从财产交付之时起转移；(3)决定民事权利的存在与否，如在子女未成年期间父母的抚养义务。

（二）期间的计算

期间的计算有两种方法：一是自然计算法，即以实际经过的时间为计算期间的时间。例如8月8日晚上8:00到9月9日上午9:00；二是历法计算法，即以日历所定的年、月、日为计算单位，所称年不论平闰年一律定为365日，所称月不论大小皆为30日。

（三）始期与终期

1. 始期

以小时计算期间的，从法律规定或者当事人约定的时间开始计算；以年、月、日计算期间的，其开始当天不算入，从下一天开始计算。但当事人对此有约定的，从约定。但也有例外：人的年龄，自出生之时起计算，其起算点，包括出生之日。

2. 终期

期间的最后一天是星期六、星期日或其他法定休假日的，以休假日的次日为期间的最后一天；休假日有变通的，以实际休假日的次日为期间的最后一天。期间最后一天的截止时间为24小时。有业务活动时间的，截止到停止业务活动的时间。

本章小结

1. 民法是调整平等主体之间的财产关系和人身关系的法律规范的总称。

2. 民事主体是指参加民事法律关系，享受民事权利和承担民事义务的人，包括自然人、法人和其他组织等。

3. 民事法律行为是公民或者法人设立、变更、终止民事权利和义务的合法行为。民事行为是民事法律行为的上位概念，它是指行为人以意思表示为要素发生的、能引起民事法律后果的行为。民事行为包括民事法律行为、无效民事行为、可变更或可撤销的民事行为、效力未定的民事行为。

4. 民事责任是违反约定或者法定义务所产生的法律效果，狭义的民事责任即民事义务，广义的民事责任还包括使用强制执行的公力救济。

5. 代理是指代理人在代理权限内，以本人（被代理人）的名义与第三人（相对人）实施法律行为，由此产生的法律后果直接由被代理人承担的一种法律行为。

6. 诉讼时效是指权利人在法定提起诉讼的期间内不行使其权利，即丧失请求法院依诉讼程序强制义务人履行义务的权利。

复习思考题

1. 简述民法调整对象。
2. 民事法律行为的成立和生效一样吗？
3. 简述无效民事行为与可变更可撤销民事行为的法律后果。
4. 如何区别附条件与附期限的民事法律行为。
5. 什么是表见代理？
6. 表见代理的法律要件有哪些？

第三章 合同法

学习目标

深刻理解合同订立的要约和承诺阶段;识别合同效力类型;掌握抗辩权的种类;区分不同的担保方式及效力;把握违约责任的相对性。树立依法办理合同事务的观念,培养诚实守信、契约精神。

第一节 合同法概述

一、合同的概念及立法概况

合同又称契约,是民事主体之间设立、变更、终止民事法律关系的协议。政府在经济管理活动中,因政府和被管理者并不平等,不适用《民法典》的合同相关规定。但是政府作为民事主体,例如政府购买东西(政府采购)时,它和交易对象是平等的,适用《民法典》,另外企事业单位内部的管理关系不是平等主体间的关系,也不适用《民法典》。婚姻、收养、监护等有关身份关系的协议,适用有关该身份关系的法律规定。

1981 年 12 月五届全国人民代表大会第四次会议通过了《中华人民共和国经济合同法》,标志着我国合同法进入了一个新阶段。1985 年 3 月六届全国人民代表大会第十次常委会议通过了《中华人民共和国涉外经济合同法》,1987 年 6 月六届全国人民代表大会第二十一次常委会通过了《中华人民共和国技术合同法》,至此我国合同法体系呈现三足鼎立的局面。1999 年 3 月 15 日九届全国人民代表大会第二次会议通过《中华人民共和国合同法》,废除了三足鼎立的格局,形成我国合同法律制度方面的基本法律。2020 年 5 月 28 日十三届全国人民代表大会第三次会议表决通过了《中华人民共和国民法典》,其中第三编为《合同》。

【案例 3—1】 2019 年年初某县政府为鼓励县属化肥厂多创造税收,县长与化肥厂厂长签订了合同。合同约定:"化肥厂如果完成本年度纳税 1 000 万元的指标,厂长和全体职工都可以加两级工资。"2019 年年底,化肥厂顺利完成任务。但迟迟不见县长兑现其承诺。2020 年 6 月化肥厂对县长提起了民事诉讼,要求县长兑现承诺。

问:法院是否会支持化肥厂的主张?

【分析】 法院不会支持化肥厂的主张。《民法典》第 464 条规定:"合同是民事主体之间设立、变更、终止民事法律关系的协议。婚姻、收养、监护等有关身份关系的协议,适用有关该身份关系的法律规定;没有规定的可以根据其性质参照适用本编规定。"可见《民法典》的《合同编》的合同所调整的是民事主体(平等主体)之间的合同关系。本案中的合同属于行政合同,要诉讼也只能是行政诉讼，化肥厂对县长提起民事诉讼是得不到法院支持的。

二、合同的特征

1. 合同是民事法律行为的一种。因此民法上关于民事法律行为的一般规定，如民事法律行为的有效要件、无效、可撤销和效力待定等，均适用于合同。

2. 合同以设立、变更、终止民事法律关系为目的。例如，甲和乙签订合同约定甲向乙借款10万元，此为设立民事法律关系；后来双方约定10万元借款改为20万元，此为变更民事法律关系；再后来双方又约定以前的合同作废，乙不再欠甲钱款，此为终止民事法律关系。

3. 合同是当事人意思表示一致的协议。所谓意思表示一致，也称合意，是指当事人各方做出的意思表示在内容上互相吻合、不存在分歧，也即当事人对合同内容达成一致观点。

三、合同的分类

1. 双务合同与单务合同

按照当事人双方是否互付义务，可以分为双务合同和单务合同。双务合同是指当事人双方互负给付义务，一方的义务就是对方的权利；反之亦然。如买卖合同中，一方有权利收款就有义务交货，而另外一方有义务付款就有权利收货。单务合同是指只有一方当事人承担给付义务的合同。单务合同中一方仅承担义务而不享有权利，另一方则相反，如赠与合同。

2. 有偿合同与无偿合同

按照当事人之间的权利、义务是否互为对价，可以分为有偿合同与无偿合同。有偿合同是指一方依照合同规定享有权利时，需向对方支付相应的代价的合同。实践中常见的买卖、租赁、运输、承揽等合同都属于有偿合同。例如买卖合同，一方交付货物，对方就要支付价款作为代价。无偿合同是指一方当事人向对方给予某种利益，对方取得该利益时不支付任何代价的合同。实践中常见的有赠与合同、无偿借用合同、无偿保管合同等。无偿合同中，一方当事人虽不支付代价，但也要承担义务，如无偿借用他人物品，借用人负有正当使用和按期返还的义务。

【案例3—2】 在下列合同中，既可以是有偿合同，也可以是无偿合同的是（　　）。

A. 保管合同　　B. 委托合同　　C. 借款合同　　D. 互易合同

E. 租赁合同

【分析】 ABC。

3. 诺成合同与实践合同

按照是否以交付标的物为成立条件，可以分为诺成合同与实践合同。诺成合同是指当事人意思表示一致即告成立的合同，如买卖合同，只要双方口头或书面达成一致合同即告成立，双方即受合同约束。实践合同是指除了当事人意思表达一致外，还须交付标的物才能成立的合同，如保管合同，双方虽然签订合同了，但如果一方还没有把保管物品交给对方，合同就尚未成立，双方都不受合同约束。大多数合同均为诺成合同，实践合同仅限于法律规定的少数合同。

【案例3—3】 祥云商场给张某无偿保管一辆自行车；张某借给李某1万元不要利息；李某把价值5万元的柑橘交给铁路部门运输；铁路部门找木器加工厂加工制作1 000条长椅。以上四种合同中，（　　）。

A. 第一个合同是实践合同　　B. 第二个合同是实践合同

C. 第三个合同是实践合同　　　　D. 第四个合同是实践合同

【分析】 AB。

(1)《民法典》第 890 条规定:“保管合同自保管物交付时成立,但当事人另有约定的除外。”故 A 项正确。

(2)《民法典》第 679 条规定:“自然人之间的借款合同,自贷款人提供借款时生效。”故 B 项正确。

(3)诺成合同是一般状态,实践合同是特殊状态,法律一般只对特殊状态做出规定,法律没有规定货物运输合同是实践合同,因此可以反推运输合同是诺成合同。故 C 项错误。

(4)加工合同为诺成合同。D 项错误,理由同上。

4. 要式合同与非要式合同

按照法律或者当事人对合同的形式是否有专门要求,可以分为要式合同与非要式合同。要式合同是指合同的订立必须具备一定的形式,否则合同不能成立或不产生法律效力。如房屋买卖合同,必须到行政机关办理过户手续方能生效。非要式合同,是指对于合同形式没有特别要求的合同。

5. 有名合同与无名合同

按照法律是否规定了一定的合同名称,可以分为有名合同与无名合同。有名合同又称典型合同,是指法律对合同的名称和内容有明确的规定,如《民法典》的《合同编》中列举了买卖合同、供用电/水/气/热力合同、赠与合同、借款合同、保证合同、租赁合同、融资租赁合同、保理合同、承揽合同、建设工程合同、运输合同(客运合同、货运合同、多式联运合同)、技术合同(技术开发合同、技术转让合同和技术许可合同、技术咨询合同和技术服务合同)、保管合同、仓储合同、委托合同、物业服务合同、行纪合同、中介合同、合伙合同等有名合同。无名合同又称非典型合同,是指法律未对其名称做出明确规定的合同。

6. 格式合同与非格式合同

按照合同内容是否经双方协商,可以分为格式合同与非格式合同。格式合同是指当事人为了重复使用而预先拟定,并在订立合同时未与对方协商的合同,如保险合同等,即顾客只是填写保险合同,合同内容已经由保险公司拟定好。由于格式合同仅仅是由一方拟定的,因此法律规定,对格式条款有两种以上解释的,应当做出不利于提供格式条款一方的解释;格式条款和非格式条款不一致的,应当采用非格式条款。与之相对的非格式合同是指无固定形式,且其内容都是双方自愿协商谈判的结果。

此外,还有主合同与从合同、束己合同与涉他合同等分类。

第二节　合同的订立

一、合同订立的程序

《民法典》第 471 条规定:“当事人订立合同,可以采取要约、承诺方式或者其他方式。”

(一)要约

1. 要约的概念

要约又称发盘、出盘、发价、出价、报价,是希望和他人订立合同的意思表示。它是订立合同的必经阶段。发出要约的人称为要约人,接受要约的人称为受要约人或相对人。

2. 要约的要件

(1)要约是由特定人做出的意思表示。要约旨在与他人订立合同,所以,要约人必须是订立合同一方的当事人,这就要求要约人是特定的人。只有这样,受要约人才能对之做出承诺,从而订立合同。

(2)要约必须具有订立合同的意图。即要约应当表明,一经受要约人承诺,要约人即受该意思表示约束,与之建立合同关系。

(3)要约必须向要约人希望与之订立合同的受要约人发出。要约原则上应向特定的人发出(可以是一人,也可以是数人),但法律并不禁止要约向不特定人发出。

(4)要约的内容必须具体、确定。所谓具体,是指要约的内容必须是合同成立所必需的条款(合同的主要条款)。所谓确定,是指要约的内容必须明确,不能含糊不清。

3. 要约邀请

要约邀请也称要约引诱,是指希望他人向自己发出要约的表示。

要约邀请具有以下特点:(1)要约邀请的目的在于诱使他人向自己发出要约,只是订立合同的预备行为,而非订约行为;(2)要约邀请只是引诱他人发出要约,既不能因相对人的承诺而成立合同,也不能因自己做出某种承诺而约束要约人。

【案例 3—4】 要约邀请是希望他人向自己发出要约的意思表示。以下属于要约邀请的是(　　)。

A. 寄送的价目表　　B. 拍卖公告、招标公告、招股说明书

C. 投标邀请书　　D. 悬赏广告

【分析】 ABC。

(1)《民法典》第 473 条规定,要约邀请是希望他人向自己发出要约的表示。拍卖公告、招标公告、招股说明书、债券募集办法、基金招募说明书、商业广告和宣传、寄送的价目表等为要约邀请。商业广告和宣传的内容符合要约条件的,构成要约。故 A、B、C 项正确。

(2)悬赏广告一般为要约,但也有可能为要约邀请,关键是看其本身的内容。

根据我国合同法理论和实践,区分要约与要约邀请主要有以下标准:

(1)根据法律规定区分,即如果法律规定某行为为要约邀请或要约,应依其规定处理。我国《民法典》第 473 条规定:“拍卖公告、招标公告、招股说明书、债券募集办法、基金招募说明书、商业广告和宣传、寄送的价目表为要约邀请(但如果它们符合要约的条件仍不失为要约)。”

(2)根据当事人的意愿区分。例如,如果当事人在其订约建议中声明“以我方最后确认为准”,就表明其不愿受对方要约的约束,因而属要约邀请;商店在其展示的服装上标示“六折出售”字样及价格,则为要约,如标明为“样品”,则为要约邀请。

(3)根据订约提议的内容是否包含了合同的主要条款加以确定。例如,甲对乙称“我有位于某处的房屋一栋,愿以低价出售,你是否愿意购买”,因没有标明价款,不能认为是要约;若甲明确提出以 20 万元出售该房屋,则构成要约。

(4)根据交易习惯加以区分。出租车停在路边揽客(竖起“空车”标牌),如根据当地规定或行业习惯,司机可以拒载,则此种招揽是邀请,反之,则视为要约。

(5)根据订约提议是向特定人还是不特定人发出区分。向不特定人发出者,大多为要约邀请,如商业广告等。

【案例 3—5】 商店在其展示的服装上标示“六折起售”和“六折封顶”字样及价格,是要约还是要约邀请?抑或其他?

【分析】“六折起售”属于要约邀请。“六折封顶”属于包含了要约的要约邀请。即其中所称的不得高于六折是要约。

【案例3—6】 宜家家具厂得知A机关要购置一批办公桌椅，便于2019年2月1日致函A机关以每套1 000元的优惠价格出售办公桌椅。A机关考虑到宜家家具厂生产的家具质量可靠，便于2月2日回函订购300套桌椅，提出每套价格800元，同时要求3个月内将桌椅送至A机关，验货后7日内电汇付款。宜家家具厂收到函件后，于2月4日又发函A机关，同意A机关提出的订货数量、交货时间及方式、付款时间及方式，但同时提出其每套桌椅售价1 000元已属优惠价格，考虑A机关所订桌椅数量较多，可以按每套桌椅900元出售。A机关2月6日发函表示同意。2月7日，宜家家具厂电话告知A机关收到2月6日函件。本案中的第一个要约为（　　）。

A. 2月1日宜家家具厂发出的函件　　B. 2月2日A机关发出的函件

C. 2月4日宜家家具厂发出的函件　　D. 2月6日A机关发出的函件

【分析】B。2月1日的函件是要约邀请，因为内容不够具体明确；2月2日的函件是要约；2月4日的函件是新的要约，因为修改了第一次要约的内容；2月6日的函件为承诺。

4. 要约的效力

要约到达受要约人时生效。以下情况亦为到达：(1) 以对话方式做出的意思表示，相对人知道其内容时生效。(2)非对话方式的到达，到达相对人时生效。数据电文要约的到达：采用数据电文形式的意思表示，相对人指定特定系统接收数据电文的，该数据电文进入该特定系统的时间视为到达时间；未指定特定系统的，相对人知道或者应当知道该数据电文进入其系统的首次时间视为到达时间。

要约对受要约人没有拘束力，要约的效力表现在要约对要约人的拘束力上：要约一经生效，要约人即受到拘束，不得随意撤回、撤销或对要约加以限制、变更和扩张。但要约人预先申明不受要约约束或依交易习惯可认为其有此意时，不在此限。

5. 要约的撤回、撤销与失效

(1)要约的撤回

要约的撤回是指要约人在发出要约后，于要约到达受要约人之前取消其要约的行为。由于要约在到达受要约人时才生效，撤回要约的通知应当在要约到达受要约人之前或者同时到达受要约人。

【案例3—7】 甲方于3月8日向乙方发出一项要约，该要约于3月12日到达乙方。甲方在发出要约后不久反悔，决定撤回要约。则撤回要约的通知（　　）时，要约不发生效力。

A. 早于3月12日到达乙方　　B. 晚于3月12日到达乙方

C. 在撤回要约通知发出之日　　D. 于3月12日到达乙方

【分析】AD。《民法典》第475条规定：“要约可以撤回。”同时第141条规定：“撤回意思表示的通知应当在意思表示到达相对人前或者与意思表示同时到达相对人。”

(2)要约的撤销

要约的撤销是指在要约生效后、受要约人做出承诺前，要约人取消要约从而使要约归于消灭的行为。要约的撤销不同于要约的撤回，前者发生于生效后而后者发生于生效前。由于要约到达受要约人(要约生效)后，受要约人可能为将来的承诺做了一些准备工作，一旦要约随意撤销，就会给受要约人带来不利影响，因此《民法典》规定了两种不得撤销要约的情形：(1)要约人确定了承诺期限或者以其他方式明示要约不可撤销；(2)受要约人有理由认为要约是不可撤销的，并且已经为履行合同做了准备工作。

【案例 3—8】 甲公司于 2 月 5 日以普通信件向乙公司发出要约，要约中表示以 2 000 元一吨的价格卖给乙公司某种型号钢材 100 吨，甲公司随即又发了一封快件给乙公司，表示原要约中的价格作废，现改为 2 100 元一吨，其他条件不变。普通信件于 2 月 8 日到达，快信于 2 月 7 日到达，乙公司均已收到两封信，但秘书忘了把第二封信交给董事长，乙公司董事长回信对普通信件发出的要约予以承诺。请问：甲、乙之间的合同是否成立？为什么？（　　）

A. 合同未成立，原要约被撤销　　B. 合同未成立，原要约被新要约撤回

C. 合同成立，快件的意思表示未生效　　D. 合同成立，要约与承诺取得了一致

【分析】 B。《民法典》第 475 条规定，要约可以撤回。要约的撤回适用《民法典》第 141 条的规定，即通知应当在要约到达受要约人之前或者与要约同时到达受要约人。本题中，甲公司是以新要约撤回原要约，故选 B 项。要约撤回后，乙公司无以承诺，故排除 C、D 项。乙公司董事长未看到快件，不影响该快件的效力。《民法典》第 476 条规定，要约可以撤销。撤销要约的通知应当在受要约人发出承诺通知之前到达受要约人。从快件到达的时间来看，本题不存在撤销要约的问题，故 A 排除。

要约的失效，即要约丧失法律拘束力。要约失效的事由有以下几种：(1)要约被拒绝；(2)要约被依法撤销；(3)承诺期限届满，受要约人未做出承诺；(4)受要约人对要约的内容做出实质性变更(构成反要约)。有关合同标的、数量、质量、价款或者报酬、履行期限、履行地点和方式、违约责任和解决争议方法等的变更，是对要约内容的实质性变更。

【案例 3—9】 甲学校向乙公司发出要约，要定做一批桌椅，要约中表明了桌椅的样式，甲要约中提出："双方发生争议，提交北京市仲裁委员会仲裁。"乙公司回信接受甲公司的一切条件，但在回信中指出，双方发生争议，任何一方有权向法院起诉。根据已知条件，（　　）。

A. 甲、乙之间的合同成立，因为已经达成了合意

B. 甲、乙之间的合同成立，因为乙的变更是非实质性变更

C. 甲、乙之间的合同不成立，因为乙的变更是实质性变更

D. 甲、乙之间的合同不成立，乙的回信是新要约

【分析】 CD。《民法典》第 484 条规定，承诺的内容应当与要约的内容一致。受要约人对要约的内容做出实质性变更的，为新要约。有关合同标的、数量、质量、价款或者报酬、履行期限、履行地点和方式、违约责任和解决争议方法等的变更，是对要约内容的实质性变更。

(二)承诺

1. 承诺的概念、要件

承诺是受要约人同意要约的意思表示。承诺须具备以下要件：

(1)承诺必须由受要约人做出。其一，承诺必须是受要约人的意思表示。如果要约是向特定人发出的，承诺须由该特定人做出；如果是向不特定人发出的，不特定人均具有承诺资格。受要约人以外的人，不具有承诺资格。其二，承诺可由受要约人本人做出，也可由其代理人做出。例如，甲对乙说："我这个杯子 50 元卖给你。"而丙在一旁说："我愿意买。"丙的话不是承诺，丙的话是在向甲发出要约。

(2)承诺必须在合理期限内向要约人做出。承诺应当在要约确定的期限内到达要约人。要约没有确定承诺期限的，如果要约以对话方式做出，应当及时做出承诺的意思表示；如果要约以非对话方式做出，承诺应当在合理期限内到达受要约人。例如，甲对乙说："我这个杯子 50 元卖给你，限你 2 天内给我答复。"而乙却在 3 天后表示愿意购买。乙的行为不是承诺，而

是在向甲发出要约。

(3)承诺的内容必须与要约的内容相一致。承诺必须是无条件的同意,不得限制、扩张或者变更要约的内容,否则不构成承诺,而应视为对要约的拒绝并做出一项新要约(或称反要约)。但承诺的内容并不要求与要约的内容绝对一致或完全等同,即允许承诺对要约的内容做非实质性变更。有关合同标的、数量、质量、价款或者报酬、履行期限、履行地点和方式、违约责任和解决争议方法等的变更,是对要约内容的实质性变更。但非实质性变更的承诺在以下两种情况下不能生效:一是要约人及时表示反对;二是要约中明确表示不得做任何变更。例如,甲对乙说:"我这个杯子 50 元卖给你。"而乙却说:"40 元吧。"乙的行为不是承诺,而同样是在向甲发出要约。

【案例 3—10】 某音响专卖店向某外语学校发函表示:我店购进的花牌电教室耳机,每副 40 元。如贵校需要,请与我店联系。外语学校回信:我校愿向你店订购花牌耳机 200 副,每副单价 35 元。一个月后,外语学校收到音响专卖店发来 200 副耳机及要求付款 8 000 元的信函,遭到外语学校拒绝。这一过程,下列表述中,(　　)是正确的。

A. 外语学校违约,因其表示同意购买,合同已成立

B. 音响专卖店违约,因为外语学校同意的是以单价 35 元购买耳机 200 套

C. 双方当事人均违约

D. 合同未成立,双方均未违约

【分析】 D。《民法典》规定,承诺必须与要约内容一致,否则承诺无效。本案中外语学校的回信内容对音响专卖店发出的要约内容做出了价款的实质性变更,因此合同不成立,也就无违约可言。

2. 承诺的方式

承诺应当以通知的方式做出,但根据交易习惯或者要约表明可以通过行为方式做出承诺的除外。通知包括口头通知和书面通知。行为包括作为和不作为,构成承诺的行为主要是指作为,如供货商在收到订货要约后径行发货(发货行为即为承诺)。单纯的缄默或不作为通常不能作为承诺的意思表示方式,但是,如果交易习惯或要约表明可以采取此种方式承诺的,也可以作为承诺方式。

【案例 3—11】 甲向乙发出一要约,并在要约中声明:"若在 10 日内未做表示,即视为承诺。"10 日过后,乙未做任何表示。则下列命题正确的是(　　)。

A. 乙未做表示应视为默示的承诺

B. 10 日期间一过,合同即告成立

C. 乙的沉默不构成承诺,因为甲的单方表述并不具有法律效力

D. 因为甲要约的该条款无效,故要约无效

【分析】 C。沉默表示一种行为成立,应有法律的规定或双方的约定,甲的单方约定并不具有法律效力。

3. 承诺的效力

承诺通知到达要约人时生效,承诺不需要通知的,根据交易习惯或者要约的要求做出承诺的行为时生效。承诺生效时合同即告成立,但是法律另有规定或者当事人另有约定的除外。

4. 承诺的撤回和迟延

承诺的撤回,是指受要约人在其做出的承诺生效之前将其撤回的行为。承诺可以撤回,撤回承诺的通知应当在承诺通知到达要约人之前或者与承诺通知同时到达要约人。承诺一经撤

回，即不发生承诺的效力，也就阻止了合同的成立。

承诺一旦到达对方，合同即告成立，因此承诺不存在撤销的问题。因为一方当事人不得随意撤销已经成立的双方当事人达成的合同。

承诺迟延，即迟到的承诺，指受要约人未在承诺期限内发出的承诺。我国《民法典》第486、487条做了以下规定：(1)除要约人及时通知受要约人该承诺有效的以外，迟到的承诺不发生承诺的效力，但因其符合要约的条件，故可视为新要约；(2)受要约人在承诺期限内发出承诺，按照通常情形能够及时到达要约人，但因其他原因承诺到达要约人时超过承诺期限的，除要约人及时通知受要约人因承诺超过期限不接受该承诺外，该承诺有效。

【案例3—12】 老李到菜市场买菜，走到卖菜的老刘面前。指出下列的每一句对话是要约邀请、要约，还是承诺？请在后面打钩。

(1)老李：菜卖多少钱一斤？　要约邀请(　)　要约(　)　承诺(　)

(2)老刘：2元钱一斤卖给你。　要约邀请(　)　要约(　)　承诺(　)

(3)老李：我买一斤，1.5元怎么样？　要约邀请(　)　要约(　)　承诺(　)

(4)老刘：那不行！1.8元卖给你吧？　要约邀请(　)　要约(　)　承诺(　)

(5)老李：还是有点贵，1.6元吧？　要约邀请(　)　要约(　)　承诺(　)

(6)老刘：真拿你没办法！1.7元。　要约邀请(　)　要约(　)　承诺(　)

(7)老李：就1.6元吧？　要约邀请(　)　要约(　)　承诺(　)

(8)老刘：好了，卖给你吧！　要约邀请(　)　要约(　)　承诺(　)

【分析】 (1)要约邀请；(2)要约；(3)要约；(4)要约；(5)要约；(6)要约；(7)要约；(8)承诺。

5. 承诺的期限

承诺应当在要约确定的期限内到达要约人。要约以信件或者电报做出的，承诺期限自信件载明的日期或电报交发之日开始计算。信件未载明日期的，自投寄该信件的邮戳日期开始计算。要约以电话、传真、电子邮件等快速通信方式做出的，承诺期限自要约到达受要约人时开始计算。

要约没有确定承诺期限的，承诺应当依照下列规定到达：(1)要约以对话方式做出的，应当即时做出承诺；(2)要约以非对话方式做出的，承诺应当在合理期限内到达。

二、合同成立的时间和地点

(一)合同成立的时间

1. 一般规定。合同于承诺生效时成立。

2. 合同书形式的合同成立时间。当事人采用合同书形式订立合同的，自当事人签名、盖章或者按指印时合同成立。双方当事人签字或者盖章不在同一时间的，最后签字或者盖章时合同成立。

3. 确认书形式的合同成立时间。当事人采用信件、数据电文形式订立合同要求签订确认书的，签订确认书时合同成立。此种情况下，确认书具有最终承诺的意义。

4. 订单形式的合同成立时间。当事人一方通过互联网等信息网络发布的商品或者服务信息符合要约条件的，对方选择该商品或者服务并提交订单成功时合同成立，但是当事人另有约定的除外。

5. 合同的实际成立。法律、行政法规规定或者当事人约定采用书面形式订立合同，当事人未采用书面形式但一方已经履行主要义务，对方接受的，该合同成立。

【案例 3－13】 甲公司与乙厂签订了一份西服套装买卖合同。双方口头约定：乙厂先寄出样品，甲公司确认后在合同上盖章，并将合同寄回乙厂。后乙厂未寄样品，甲公司也未在合同上盖章，双方交货付款。后甲公司因服装销售困难，提出合同未盖章，应无效，要求退货。对此案的正确处理是（　　）。

A. 合同无效，甲公司可以退货

B. 合同无效，但甲公司无权要求退货，因为双方已交货并付款，买卖关系已成立

C. 双方的服装买卖合同已成立，已履行部分不再返还

D. 双方的服装买卖合同未成立，甲公司可以退货

【分析】 C。根据《民法典》第 490 条规定："法律、行政法规规定或者当事人约定采用书面形式订立合同，当事人未采用书面形式但一方已经履行主要义务，对方接受的，该合同成立。"第 502 条规定："依法成立的合同，自成立时生效，但是法律另有规定或者当事人另有约定的除外。"

（二）合同成立的地点

1. 一般规定。承诺生效的地点为合同成立的地点。采用数据电文形式订立合同的，收件人的主营业地为合同成立的地点；没有主营业地的，其住所地为合同成立的地点。当事人另有约定的，按照其约定。

2. 书面合同的成立地点。当事人采用合同书形式订立合同的，最后签名、盖章或者按指印的地点为合同成立的地点，但是当事人另有约定的除外。

三、合同的内容

（一）合同的条款

合同的内容，即合同当事人所确定的各方的权利和义务，主要由合同的条款确定。合同的内容一般包括以下条款：(1)当事人的姓名或者名称和住所；(2)标的；(3)数量；(4)质量；(5)价款或者报酬；(6)履行期限、地点和方式；(7)违约责任；(8)解决争议的方法。这是《民法典》对合同条款的倡导性规定。

合同条款可分为必要条款和一般条款。

1. 必要条款

必要条款又称主要条款，是指合同必须具备的条款。它决定着合同的类型以及当事人的基本权利和义务。合同必要条款的确立标准主要有以下三种：

(1)法律规定。如《民法典》第 668 条第 2 款关于借款合同中币种的规定，是该种合同的必要条款。

(2)合同类型或性质决定。如买卖合同中的价款、租赁合同中的租金。

(3)当事人约定，即当事人要求必须订立的条款。

2. 一般条款

一般条款即合同必要条款以外的条款。一般条款包括两种情况：一是法律未直接规定，也不是合同的类型和性质要求必须具备的，当事人也无意使其成为主要条款的合同条款，如关于包装物返还的约定；二是当事人并未写入合同，甚至未经协商，但基于当事人的行为，或基于合同的明示条款，或基于法律规定，理应存在的合同条款，如被保险船舶应有适航能力、交易惯例与行业惯例之遵守等。

（二）合同的格式条款

格式条款是指合同当事人为了重复使用而预先拟定，并在订立合同时未与对方协商的条款。

采用格式条款订立合同的，提供格式条款的一方应当遵循公平原则确定当事人之间的权利和义务，并采取合理的方式提示对方注意免除或者减轻其责任等与对方有重大利害关系的条款，按照对方的要求，对该条款予以说明。提供格式条款的一方未履行提示或者说明义务，致使对方没有注意或者理解与其有重大利害关系的条款的，对方可以主张该条款不成为合同的内容。

格式条款无效的情形：

(1)具有《民法典》第一编第六章第三节和第 506 条规定的无效情形；

(2)提供格式条款一方不合理地免除或者减轻其责任、加重对方责任、限制对方主要权利；

(3)提供格式条款一方排除对方主要权利。

四、缔约过失责任

缔约过失责任是指当事人在订立合同过程中，因违背诚实信用原则给对方造成损失时所应承担的法律责任。

（一）缔约过失责任的构成要件

1. 此种责任发生于合同订立阶段。只有在合同尚未成立，或者虽已成立，但因为不符合法定的有效要件而被确认为无效或被撤销时，才可能发生缔约过失责任。

2. 一方当事人违反了依诚实信用原则所担负先合同的义务。由于合同尚未成立，因此当事人并不承担合同义务。然而，在合同订立阶段，当事人依诚实信用原则负有忠实、保密等义务，此为法定义务，若因过失而违反，则可能产生缔约过失责任。

3. 另一方的信赖利益因此而受到损失。所谓信赖利益损失，是指一方实施某种行为后，另一方对此产生了信赖（如相信其会与自己订立合同），并为此而支付了一定的费用，后因对方违反诚实信用原则导致合同未成立或无效，该费用不能得到补偿，因而受到损失。此项损失既包括财产的直接减少，也包括应增加而未增加的利益。

（二）缔约过失责任的适用情形

1. 假借订立合同，恶意磋商。恶意磋商，即非出于订立合同之目的而借订立合同之名与他人磋商。其真实目的，或为阻止对方与他人订立合同，或为使对方贻误商机，或仅为戏耍对方。例如，甲和乙是竞争对手，甲得知乙最近有一批货物要出售，丙有意购买，而甲表示愿意出更高价购买，但甲却拖延和乙的谈判，等待丙通过其他渠道已经购买类似货物的时候，甲终止了和乙的谈判，致使乙的货物滞销，从而损害乙的利益。

【案例 3－14】 甲公司和乙公司是竞争对手。11 月 16 日甲公司得知乙公司正和丙公司谈一笔大买卖。甲公司为了阻止这笔交易，就要求和丙公司谈，给丙公司更优惠的条件。丙公司于是放弃与乙公司的谈判，转向和甲公司谈判。甲公司在谈判中一拖再拖，最终没和丙公司达成协议，致使乙公司和丙公司造成了巨大的损失。

问：丙公司能否向甲公司索赔？

【分析】 能。属于恶意磋商行为，甲公司应当承担缔约过失责任。

2. 故意隐瞒与订立合同有关的重要事实或者提供虚假情况。缔约当事人依诚实信用原则负有如实告知义务，主要包括：(1)告知对方自己的财产状况与履约能力；(2)告知标的物的瑕疵；(3)告知标的物的性能和使用方法。若违反此项义务（隐瞒或虚告），并因此导致对方受损害,应负缔约过失责任。

3. 泄露或不正当地使用当事人在订立合同过程中知悉的商业秘密或者其他应当保密的信息。

4. 无权代理若未被被代理人追认,又不构成表见代理,则应由行为人承担缔约过失责任。

5. 由于一方当事人的过错导致合同无效,被撤销的。

6. 其他违背诚实信用的行为。

(三)缔约过失责任的赔偿范围

缔约过失损害赔偿的范围,是相对人因缔约过失而遭受的信赖利益损失,包括直接损失和间接损失。直接损失通常包括订立合同的费用(如旅差费、通信费)、准备履行合同所支出的费用(如仓库预租费)以及上述费用的利息,间接损失主要指对方因此丧失商机所造成的损失。

第三节　合同的效力

合同的效力,是指依法成立的合同对当事人具有的法律约束力。《民法典》规定:《合同编》对合同的效力适用《总则编》第六章的规定,因此这一节的内容可以参见第二章第三节"民事法律行为"的内容。

一、有效合同

有效合同,是指符合生效要件的合同。合同的生效是指合同具备一定的要件后,便产生法律上的效力,当事人均要按合同约定履行义务和行使权利。依法成立的合同,自成立时生效。法律、行政法规规定应当办理批准、登记等手续生效的,依照其规定。

合同的生效要件包括:

1. 主体合格。合同的当事人应当具有相应的民事行为能力。

2. 意思表示真实。即当事人的行为应当真实地反映其内心的想法。

3. 内容合法。不违反法律、行政法规的强制性规定,不违背公序良俗。

4. 形式合法。如果法律规定某种合同必须采用某种形式时,这种形式就成为该合同的形式要件。比如必须办理登记、审批等手续,合同才生效。

二、无效合同

无效合同,是指不具有法律约束力和不发生履行效力的合同。

(一)无效合同的情形

根据《民法典》规定,有下列情形之一的,合同无效:

1. 无民事行为能力人订立的合同。

2. 以虚假的意思表示订立的合同。

3. 恶意串通,损害他人合法权益的合同。

4. 违反法律、行政法规的强制性规定的合同。

5. 违背公序良俗的合同。

【案例 3－15】 2021 年,甲与乙签订了一份金额为 100 万元的借款合同,合同中约定借款利率为 50%。该借款合同的效力(　　)。

A. 是双方当事人真实意思表示,有效

B. 显失公平，可变更

C. 违反法律禁止性规定，可变更

D. 违反法律禁止性规定，无效

【分析】 D。《民法典》第 680 条第 1 款规定："禁止高利放贷，借款的利率不得违反国家有关规定。"本案中，借款合同约定的利率明显高于国家有关规定，违反了法律的禁止性规定，所以无效。

(二)无效合同的法律后果

无效合同从开始就没有法律约束力，不产生当事人预期的效果。合同部分无效，不影响其他部分效力的，其他部分仍然有效。

合同被确认无效后，因该合同取得的财产，应当予以返还；不能返还的或没有必要返还的，应当折价补偿。有过错的一方应当赔偿对方因此所受到的损失，双方都有过错的，应当各自承担相应的责任。当事人恶意串通，损害国家、集体或第三人利益的，因此取得的财产归国家所有或返还集体、第三人。

三、可撤销合同

可撤销合同，是指因合同当事人订立合同时意思表示不真实，经有撤销权的当事人行使撤销权，使已经生效的合同归于无效的合同。

(一)可撤销合同的情形

1. 重大误解合同

因重大误解而订立的合同，是指当事人在做出意思表示时，对有关合同的重要事项存在认识上的显著缺陷。行为人因对行为的性质，对方当事人，标的物的品种、质量、规格和数量等的错误认识，使行为的后果与自己的意思相悖，并造成较大损失的，可以认定为重大误解。

【案例 3—16】 A 公司与 B 公司签订了一份钢材买卖合同。由于 A 公司的业务员小新对钢材型号不太熟悉，因此，在签订合同时，将 A 公司原先想购买的普通低合金钢写成了普通碳素钢。但市场上普通碳素钢销售情况看好。A 公司按照合同约定提货并支付了货款。

问：

(1)小新的行为属于合同法上的什么行为？其效力如何？

(2)A 公司在支付货款后是否还能行使撤销权？

【分析】

(1)属于重大误解的行为。因重大误解而订立的合同是可撤销、可变更的合同。本案中，小新对购买的钢材型号发生了误解，应认定为重大误解，属于可撤销、可变更的合同。

(2)不能。《民法典》第 152 条规定："有下列情形之一的，撤销权消灭：(一)当事人自知道或者应当知道撤销事由之日起一年内、重大误解的当事人自知道或者应当知道撤销事由之日起 90 日内没有行使撤销权；(二)当事人受胁迫，自胁迫行为终止之日起一年内没有行使撤销权；(三)当事人知道撤销事由后明确表示或者以自己的行为放弃撤销权。"本案中，A 公司在明知钢材型号有错的情况下，仍按合同约定提货，并支付货款，应视为以自己的行为放弃了撤销权。

2. 显失公平合同

显失公平合同，是指当事人一方在危困状态或缺乏判断能力的情况下订立的明显对自己有重大不利而对对方有利的合同。显失公平须发生在订立合同时，至于后来的不公平则是交易风险问题。

3. 欺诈、胁迫、乘人之危签订的合同

一方以欺诈、胁迫的手段或者乘人之危,使对方在违背真实意思的情况下订立的合同,受损害方有权请求人民法院或者仲裁机构变更或者撤销。但一方以欺诈、胁迫的手段而订立的合同,如果损害国家利益,则不属于可变更或可撤销的合同,而是无效合同。

【案例 3-17】 下列不属于可变更、可撤销的合同的是(　　)。

A. 张某因为认为单位将分给自己一套房屋,就到商场购买了一些纯毛地毯,结果没有分到房屋,所以到商场以重大误解为由要求退货。

B. 李某与某食品公司签订一份供应牛奶的合同。在合同履行过程中,双方对于是否应当送货上门产生争议。于是李某以重大误解为由要求撤销合同。

C. 王某与某汽车交易商签订一份买卖汽车的合同,当时双方商定价格为 10 万元。但是当第二天提货时,市场价格发生了 20%的波动,王某遂以显失公平为由,要求撤销买卖合同。

D. 孙某因为父亲生病,急需用钱,遂决定将家中祖传的字画一幅出售,于是找到文物贩子吕某,对他说:“我父亲生病了,没办法,只好将这幅字画卖了,这幅字画实际价值为 30 万元,我以 10 万元钱卖给你,帮个忙,怎么样。”吕某非常爽快地答应了。事后孙某反悔。欲以乘人之危为由要求撤销合同。

【分析】 ABCD。重大误解,是指当事人因对标的物等产生错误认识,致使该行为结果与自己的意思相悖,并造成较大损失的情形。A、B 不构成重大误解。显失公平,是一方当事人利用优势或者利用对方没有经验,致使双方的权利与义务明显不对等(对价不充分)。显失公平是指自始(合同订立时)显失公平。这种合同违反了公平原则的要求。20%的市场价格波动不构成显失公平。乘人之危订立的合同,是指一方当事人乘对方处于危难之机,为谋取不正当利益,迫使对方违背自己的真实意愿与己订立的合同。在乘人之危的情形下,行为人趁火打劫,提出苛刻条件,对方出于无奈而违背真实意愿与之订立合同,而本案是孙某主动提出的,不构成乘人之危。

(二)撤销权的行使

对于前两种情形的可撤销合同,当事人任何一方均有权请求变更或撤销合同;对于第三种情形的合同,只有受损害方当事人才可以行使请求权。当事人请求变更合同的,人民法院或仲裁机构不得撤销。

有下列情形之一的,撤销权消灭:(1)具有撤销权的当事人自知道或者应当知道撤销事由之日起 1 年内、重大误解的当事人自知道或者应当知道撤销事由之日起 90 日内没有行使撤销权;(2)当事人受胁迫,自胁迫行为终止之日起一年内没有形式撤销权;(3)具有撤销权的当事人知道撤销事由后明确表示或者以自己的行为放弃撤销权。

被撤销的合同与无效合同一样,自始没有法律约束力。对因该合同取得的财产,当事人应承担下列民事责任:一是返还财产;二是折价补偿;三是赔偿损失。

【案例 3-18】 2020 年 1 月 1 日谢小全在金星珠宝店购买了一条项链,标签标明该项链为 24K 纯金,但第二天谢小全让专人检测,结果是该项链含金量为 18K。2020 年 1 月 3 日至 2021 年 3 月 1 日,谢小全一直与该珠宝店交涉,但一直没有结果。2021 年 6 月 2 日谢小全一纸诉状把珠宝店告上法院,要求撤销该买卖合同。

问:法院能否支持谢小全的主张?

【分析】 不能。因为已经超过了行使撤销权 1 年的除斥期间。本案中珠宝店的行为可认定为欺诈,谢小全本可以在 2020 年 1 月 2 日算起一年内请求人民法院或者仲裁机构予以撤销，但谢小全错过了这个时间，其主张不能得到法院的支持。

四、效力待定合同

效力待定的合同，是指合同虽然已经成立，但其效力有待于第三人决定，在决定前，效力处于不确定状态的合同。

属于效力待定合同有以下几类：

1. 限制民事行为能力人订立的合同，经法定代理人追认后，该合同有效。但纯获利益的合同或者与其年龄、智力、精神健康状况相适应而订立的合同，不必经法定代理人追认。

2. 行为人没有代理权、超越代理权或者代理权终止后以被代理人名义订立合同，未经被代理人追认，对被代理人不发生效力，由行为人承担责任。

但行为人无权代理订立的合同，相对人有理由相信行为人有代理权的，该代理行为有效(表见代理)。如已盖有单位合同专用章的空白合同书管理不善，被他人利用所签订的合同，合同有效。

无权代理人以被代理人的名义订立合同，被代理人已经开始履行合同义务或者接受相对人履行的，视为对合同的追认。法人的法定代表人或者非法人组织的负责人超越权限订立的合同，除相对人知道或者应当知道其超越权限的以外，该代表行为有效。

第四节　合同的履行

一、合同履行的概念

合同的履行，是指合同生效后，当事人按照合同规定的各项条款，完成各自承担的义务和实现各自享受的权利，使当事人的合同目的得以实现的行为。

合同的履行是《民法典》《合同编》法律约束力的首要表现。当事人应当按照约定全面履行自己的义务。合同生效后，当事人不得因姓名、名称的变更或者法定代表人、负责人、承办人的变动而不履行合同义务。当事人在履行合同过程中，应当避免浪费资源、污染环境和破坏生态。

二、合同履行的规则

(一)合同内容约定不明确时的履行规则

合同生效后，当事人就质量、价款或者报酬、履行地点等内容没有约定或者约定不明确的，可以协议补充；不能达成补充协议的，按照合同有关条款或者交易习惯确定。仍不能确定的，按下列规则确定：

1. 质量要求不明确的，按照强制性国家标准履行；没有强制性国家标准的，按照推荐性国家标准履行；没有推荐性国家标准的，按照行业标准履行；没有国家标准、行业标准的，按照通常标准或符合合同目的的特定标准履行。

2. 价款或报酬不明确的，按照订立合同时履行地的市场价格履行；依法应当执行政府定价或者政府指导价的，依照规定履行。

3. 履行地点不明确，给付货币的，在接受货币一方所在地履行；交付不动产的，在不动产所在地履行；其他标的，在履行义务一方所在地履行。

4. 履行期限不明确的，债务人可以随时履行，债权人也可以随时请求履行，但是应当给对方必要的准备时间。

5. 履行方式不明确的，按照有利于实现合同目的的方式履行。

6. 履行费用的负担不明确的，由履行义务的一方负担；因债权人原因增加的履行费用，由债权人负担。

（二）逾期履行后价格的确定

按国家定价或指导价签订的合同，在合同约定的交付期限内政府价格调整时，按照交付时的价格计价。逾期交付标的物的，遇价格上涨时，按照原价格执行；价格下降时，按照新价格执行。逾期提取标的物或者逾期付款的，遇价格上涨时，按照新价格执行；价格下降时，按照原价格执行。即谁违约，就执行对谁不利的价格。

（三）涉及第三人的合同履行

1. 向第三人履行的合同

当事人可以约定由债务人向第三人履行债务，债务人未向第三人履行债务或履行债务不符合约定，应当向债权人承担违约责任。法律规定或者当事人约定第三人可以直接请求债务人向其履行债务，第三人未在合理期限内明确拒绝，债务人未向第三人履行债务或者履行债务不符合约定的，第三人可以请求债务人承担违约责任；债务人对债权人的抗辩，可以向第三人主张。

2. 由第三人履行的合同

合同当事人可以约定由第三人代替债务人履行债务，如果第三人不履行债务或履行债务不符合约定的，债权人有权追究债务人的违约责任，债务人应当向债权人承担违约责任。

三、合同履行中的抗辩权

抗辩权是指在双务合同中，一方当事人在对方不履行或履行不符合约定时，依法对抗对方要求或否认对方权利主张的权利。《民法典》规定了同时履行抗辩权、后履行抗辩权和不安（先履行）抗辩权。

（一）同时履行抗辩权

当事人互负债务，没有先后履行的顺序时，应当同时履行。一方在对方履行之前有权拒绝其履行要求；一方在对方履行债务不符合约定时，有权拒绝其相应的履行请求。例如，甲与乙签订一份买卖彩电的合同，约定 2020 年 10 月 8 日一手交钱一手交货。到了 2020 年 10 月 8 日甲没有交货，乙就有权利不交钱（行使同时履行抗辩权）。

同时履行抗辩权的行使要求双方互负的债务均已届清偿期并且对方的对待给付是可能履行的。另一方因过错而不能履行其所负的债务（如标的物已遭到毁损灭失等），则只能适用债务不履行的规定请求补救，而不发生同时履行抗辩问题。如果因不可抗力发生履行不能，则双方当事人将被免责，也不发生此抗辩权。

（二）后履行抗辩权

后履行抗辩权是指合同当事人互负债务，有先后履行顺序，先履行一方未履行的，或者履行债务不符合约定的，后履行一方有权拒绝对方的履行要求。例如，甲与乙签订一份买卖彩电的合同，约定甲于 2020 年 10 月 8 日交货，乙于 2020 年 12 月 10 日交款。到了 2020 年 10 月 8 日甲没有交货，乙就有权利拒绝于 2020 年 12 月 10 日交款（行使后履行抗辩权）。

【案例 3－19】 甲公司与乙公司签订一份服装买卖合同，合同约定买方甲公司应在合同生效后 15 日内向卖方乙公司支付 40％的预付款，乙公司收到预付款后 5 日内发货至甲公司，甲公司收到货物验收后即结清余款。乙公司收到甲公司40%预付款后的3日即发货至甲公司。甲公司收到货物后验收发现服装质量不符合合同约定，遂及时通知乙公司并拒绝支付余款。

问：甲公司拒绝支付余款是否合法？

【分析】 合法。根据《民法典》第526条规定："当事人互负债务，有先后履行顺序，应当先履行债务一方未履行的，后履行一方有权拒绝其履行请求。先履行一方履行债务不符合约定的，后履行一方有权拒绝其相应的履行请求。"本案中，乙公司虽然按合同时间节点交货了，但所交货物不符合合同约定的质量条款，因此作为后履行一方的甲公司有权拒绝支付余款，甲公司在行使后履行抗辩权。

（三）不安抗辩权

不安抗辩权又称先履行抗辩权，是指当事人互负债务，有先后履行顺序，先履行的一方有确切证据证明后履行一方丧失履行债务能力时，在对方没有履行或没有提供担保之前，有权中止合同履行的权利。例如，甲与乙签订一份买卖彩电的合同，约定甲于2020年10月8日交货，乙于2020年12月10日交款。到了2020年10月8日，甲发现乙即将破产，乙于2020年12月10日无法付款，甲就有权利拒绝交货（行使不安抗辩权）。

应当先履行的当事人，有确切证据证明对方有下列情形之一的，可以中止履行：(1)对方经营状况严重恶化；(2)对方有转移财产、抽逃资金，以逃避债务的情形；(3)对方丧失商业信誉；(4)对方有丧失或可能丧失履行债务能力的其他情形。

不安抗辩权行使不当，造成对方损失的，先履行一方应承担违约责任。当事人中止履行的，应当及时通知对方。对方提供适当担保时，应当恢复履行。中止履行后，对方在合理期限内未恢复履行能力并且未提供担保的，视为以自己的行为表明不履行主要债务，中止履行的一方可以解除合同并可以请求对方承担违约责任。

【案例3－20】 甲与乙订立买卖茶叶的合同，合同约定，甲于2021年2月1日发货，乙收到货物后10日内付款。准备交货时，甲发现乙负债累累，根本无法支付货款，于是要求乙提供担保后再发货，但乙无法提供担保，于是甲方拒绝于2月1日交货。根据已知条件，甲方的行为是（　　）。

A. 行使同时履行抗辩权　　　　B. 行使不安抗辩权

C. 行使后履行抗辩权　　　　D. 违约行为

【分析】 AB。

同时履行抗辩权、后履行抗辩权和不安抗辩权的比较见表3－1。

表3－1　同时履行抗辩权、后履行抗辩权和不安抗辩权的比较

项　目	同时履行抗辩权	后履行抗辩权	不安抗辩权
行使主体	合同双方当事人中的任何一方	只能是合同当事人中的后履行一方	只能是合同当事人中的先履行一方
合同履行的时间	双方同时履行	一方先履行，另一方后履行	一方先履行，另一方后履行

续表

项　目	同时履行抗辩权	后履行抗辩权	不安抗辩权
行使的前提条件	(1)需基于同一双务合同； (2)双方当事人应当同时履行； (3)履行期限届满	(1)需基于同一双务合同； (2)双方当事人的履行有先后顺序； (3)先履行合同的一方当事人不履行或不适当履行合同； (4)由后履行合同的一方当事人行使抗辩权	(1)需基于同一双务合同； (2)后履行一方当事人有丧失或者可能丧失履行债务能力的情形； (3)先履行合同的一方当事人有确切的证据证明另一方当事人丧失履行能力； (4)由先履行一方当事人行使抗辩权
适用的情形	同时履行的一方未履行或部分履行的情形	先履行一方未履行或部分履行的情形	先履行当事人一方有证据证明后履行一方出现丧失履行或者不能履行的几种情形之一
效力	暂时阻止对方当事人请求权的行使	暂时阻止对方当事人请求权的行使	中止履行合同或解除合同

四、合同的保全

合同保全是指法律为防止因债务人财产的不当减少给债权人的债权带来危害而采取的一种保障措施。合同保全措施主要包括代位权和撤销权两种。

（一）代位权

代位权是指因债务人怠于行使其到期债权或者与该债权有关的从权利，影响债权人的到期债权实现的，债权人可以向人民法院请求以自己的名义代位行使债务人对相对人的权利，但该债权专属于债务人自身的除外。例如，乙欠甲 100 万元，丙欠乙 120 万元，两项债务均已经到期，而乙不但不返款，而且也不积极向丙要求还款。在这种情况下，甲可以请求人民法院要求丙直接向自己偿还 100 万元。此时丙欠乙的债务由 120 万元改为 20 万元。

债权人行使代位权应具备以下条件：

1. 债务人对第三人享有合法债权。

2. 债务人的债权不是专属于债务人自身的债权。所谓专属于债务人自身的债权，是指基于扶养关系、抚养关系、赡养关系、继承关系产生的给付请求权和劳动报酬、退休金、抚恤金、安置费、人寿保险、人身伤害赔偿请求权等权利。

3. 债务人的债权已到期，已陷于延迟履行。

4. 债务人怠于行使其到期债权，对债权人造成损害。即债务人不履行其对债权人的债务，又不以诉讼方式或者仲裁方式向其债务人主张其享有的具有金钱给付内容的债权，致使债权人的到期债权未能实现。

债权人代位权必须通过法院行使，其行使范围以债权人的到期债权为限。债权人行使代位权的费用，由债务人负担。

【案例 3—21】 甲公司欠乙公司货款 100 万元不能偿还，乙公司几次催要，甲公司均以无财产可供偿还为由拒绝偿还。后乙公司得知丙公司欠甲公司 200 万元，且因甲公司一直不催要，该债权诉讼时效期间即将届满。乙公司遂欲行使代位权。以下对于乙公司行使代位权说法不正确的是(　　)。

A. 代位权诉讼中，丙公司对甲公司的抗辩，可以向乙公司主张

B. 代位权的行使范围以 100 万元为限

C. 乙公司应当向人民法院请求以自己的名义代位行使甲公司的债权

D. 乙公司行使代位权的必要费用，由丙公司负担

【分析】 D。《民法典》第 535 条规定："因债务人怠于行使其债权或者与该债权有关的从权利，影响债权人的到期债权实现的，债权人可以向人民法院请求以自己的名义代位行使债务人对相对人的权利，但该债权专属于债务人自身的除外。代位权的行使范围以债权人的到期债权为限。债权人行使代位权的必要费用，由债务人负担。"

债权人的债权到期前，债务人的债权或者与该债权有关的从权利存在诉讼时效期间即将届满或者未及时申报破产债权等情形，影响债权人的债权实现的，债权人可以代位向债务人的相对人请求其向债务人履行、向破产管理人申报或者做出其他必要的行为。

(二)撤销权

撤销权是指债务人以放弃其债权、放弃债权担保、无偿转让财产等方式无偿处分财产权益，或者恶意延长其到期债权的履行期限，影响债权人的债权实现的；或者债务人以明显不合理的低价转让财产、以明显不合理的高价受让他人财产或者为他人的债务提供担保，影响债权人的债权实现，债务人的相对人知道或者应当知道该情形的，债权人可以请求人民法院撤销债务人的行为。例如，乙欠甲的钱，而其没有其他财产，用以还债的主要财产是一栋房屋，但乙却将该房屋无偿赠与其亲属，致使自己无法偿还债务。那么甲就可请求人民法院撤销乙的无偿赠与行为。

撤销权自债权人知道或应当知道撤销事由之日起 1 年内行使。自债务人的行为发生之日起 5 年内没有行使撤销权的，该撤销权消灭。

撤销权的行使范围以债权人的债权为限，债权人行使撤销权的必要费用，由债务人负担。

债务人影响债权人的债权实现的行为被撤销的，自始没有法律约束力。

【案例 3—22】 甲公司拖欠乙公司货款 1 000 万元，乙公司多次催要未果，在乙公司催款后不久，甲公司将其仅有的固定资产——该公司的办公大楼——以低于市场价格 500 万元的价格卖给丙公司，得价款 600 万元。丙公司在协商该买卖合同的过程中也知道甲公司负债累累，其所支付价款远不能清偿债务。乙公司得知甲卖楼后，再次催要，甲公司偿还 600 万元后已确无偿还能力。为此，乙公司诉至法院，请求撤销甲公司与丙公司就该办公大楼的买卖合同。以下说法正确的是(　　)。

A. 乙公司有权要求法院撤销甲公司与丙公司之间的房屋买卖合同

B. 甲、丙公司间的买卖合同为双方当事人之间的行为，且不存在合同无效的事由，乙公司并非合同当事人，无权主张撤销合同

C. 如果丙公司不知道甲公司的转让行为是明显不合理而接受转让的，债权人乙公司不应当行使撤销权

D. 不论丙公司是否知道甲公司的转让行为属明显不合理，乙公司都可以行使撤销权

【分析】 AC。依据《民法典》第 538 条，债务人放弃其债权、放弃债权担保、无偿转让财产等方式无偿处分财产权益，或者恶意延长其到期债权的履行期限，影响债权人的债权实现的，债权人可以请求人民法院撤销债务人的行为。债务人以明显不合理的低价转让财产、以明显不合理的高价受让他人财产或者为他人的债务提供担保，影响债权人的债权实现，债务人的相对人知道或者应当知道该情形的，债权人也可以请求人民法院撤销债务人的行为。撤销权的行使范围以债权人的债权为限。债权人行使撤销权的必要费用，由债务人负担。在本题中，由

于甲公司出售其办公大楼的价格是明显不合理的低价(低于市场价格500万元),且买受人丙知道了甲公司负债累累,其所支付价款远不能清偿债务,因此符合《民法典》第541条的规定,乙公司有权行使撤销权,从而撤销甲公司与丙公司之间的房屋买卖合同。如果丙公司不知道(善意)甲公司的转让行为是明显不合理而接受转让的,债权人乙公司不应当行使撤销权。

第五节 合同的担保

合同的担保,是指为保障合同债权的实现,由当事人双方依照法律规定,经过协商一致而设定的法律措施。合同的担保既可以是在主合同中订立的担保条款,单独订立的书面担保合同,也可以是以保证人身份在主合同上的承保(即保证人在债权人与债务人签订的主合同上以保证人身份或在"保证人"栏下签名或者盖章),还可以是通过保证人单方面出具保证承诺书(即保证人单方以书面形式向债权人出具担保书,债权人接受且未提出异议)。

我国《民法典》规定的担保形式有保证、抵押、质押、留置和定金五种。

一、保证

(一)保证和保证人

保证是指为了保障债权的实现,保证人和债权人约定,当债务人不履行债务或者发生当事人约定的情形时,保证人按照约定履行债务或承担责任的行为。

《民法典》规定,机关法人、以公益为目的的非营利法人、非法人组织不得作保证人。但是,在经国务院批准为使用外国政府或国际经济组织贷款进行转贷的情况下,机关法人可以作保证人。

(二)保证内容和方式

1. 保证内容

保证的内容应当由保证人与债权人在以书面形式订立的保证合同书中加以确定,具体包括被保证的主债权(即主合同债权,下同)种类、数额;债务人履行债务的期限;保证的方式;保证担保的范围;保证的期间;以及双方认为需要约定的其他事项。保证合同不完全具备以上规定内容的,可以补正。

2. 保证方式

保证方式可以分为一般保证和连带责任保证。

一般保证是指当事人在合同中约定,债务人不能履行债务时,由保证人承担保证责任。一般保证的保证人享有先诉抗辩权,即"一般保证的保证人在主合同纠纷未经审判或者仲裁,并就债务人财产依法强制执行仍不能履行债务前,对债权人可以拒绝承担保证责任"。但是有下列情形之一的除外:(1)债务人下落不明,且无财产可供执行;(2)人民法院已经受理债务人破产案件;(3)债权人有证据证明债务人的财产不足以履行全部债务或者丧失履行债务能力;(4)保证人书面表示放弃本款规定的权利。

当事人在保证合同中约定保证人和债务人对债务承担连带责任的,为连带责任保证。在连带责任保证的情况下,保证人不享有先诉抗辩权,即"连带责任保证的债务人不履行到期债务或者发生当事人约定的情形时,债权人可以请求债务人履行债务,也可以请求保证人在其保证范围内承担保证责任"。

当事人在保证合同中对保证方式没有约定或者约定不明确的,按照一般保证承担保证责任。

【案例 3—23】 甲与乙签订了一份买卖合同，由甲向乙供应价值 100 万元的货物，乙收货后 10 天内付款，并约定由丙为乙作一般保证人。甲依约履行后，乙未按照约定支付货款。甲便向丙主张债权，被丙公司拒绝。

问：丙拒绝承担保证责任是否合法？

【分析】 合法。甲公司承担的是一般保证，具有先诉抗辩权，甲应先向乙追偿货款。

此外还有一种最高额保证，它是指保证人对债权人与债务人在一定期间内连续发生的若干笔债务，在最高限额内承担保证责任的保证。

3. 保证责任及保证期间

保证人在约定的保证担保范围内承担保证责任。保证担保范围包括主债权及利息、违约金、损害赔偿金以及实现债权的费用。当事人对保证担保的范围没有约定或约定不明确的，保证人应对全部债务承担责任。

同一债权既有保证又有物的担保的，保证人对物的担保以外的债权承担保证责任。债权人放弃物的担保的，保证人在债权人放弃权利的范围内免除保证责任。例如，甲向乙借款 100 万元，以甲房屋抵押 60 万元，并由丙作为保证人。若乙放弃了房屋抵押，则丙的保证责任也将减轻到 40 万元。

保证期间，债权人和债务人未经保证人书面同意，协商变更主债权债务合同内容，减轻债务的，保证人仍对变更后的债务承担保证责任；加重债务的，保证人对加重的部分不承担保证责任。债权人转让全部或者部分债权，未通知保证人的，该转让对保证人不发生效力。

保证人与债权人约定禁止债权转让，债权人未经保证人书面同意转让债权的，保证人对受让人不再承担保证责任。债权人未经保证人书面同意，允许债务人转移全部或者部分债务，保证人对未经其同意转移的债务不再承担保证责任，但是债权人和保证人另有约定的除外。

保证人承担保证责任后，除当事人另有约定外，有权在其承担保证责任的范围内向债务人追偿，享有债权人对债务人的权利，但是不得损害债权人的利益。

保证人在与债权人约定的保证期间或法律规定的保证期间内承担保证责任。保证人与债权人未约定保证期间的或约定不明确的，保证期间为主债务履行期届满之日起 6 个月。在合同约定的保证期间或者法律规定的保证期间，债权人未对债务人提起诉讼或者申请仲裁的，或者债权人未要求保证人承担保证责任的，保证人免除保证责任。

【案例 3—24】 保证人与债权人未约定保证期间的，保证期间为（　　）。

A. 主债务履行期　　B. 主债务履行期届满之日起 6 个月

C. 直至债务完全偿还之日　　D. 1 年

【分析】 B。

【案例 3—25】 2019 年 3 月，甲向乙借款 8 万元并订有借款合同。合同约定还款期为两年，丙为甲的还款保证人。2020 年 3 月，甲还款给乙 4 万元。2021 年 1 月，甲因急需资金，又向乙借款 4 万元，并约定与前次未还借款到期一并还清，双方均未告知丙。两年期满，甲无力偿还所欠 8 万元欠款。因此，乙请求丙偿还借款。

问：

（1）丙是否负有偿还借款的责任？

（2）丙应偿还多少借款？

（3）丙偿还借款后能否向甲追偿？

【分析】 (1)丙负有替甲偿还借款的责任。《民法典》第681条规定:“保证合同是为保障债权的实现,保证人和债权人约定,当债务人不履行到期债务或者发生当事人约定的情形时,保证人履行债务或者承担责任的合同。”本案中,债务人甲到期时无力偿还借款,债权人乙有权要求担保人丙承担还款责任。

(2)丙负有偿还4万元借款的责任。本案中,丙所担保债务的范围为第一次借款的8万元,当甲于2020年3月偿还乙4万元后,丙的保证责任也随之减少为4万元。至于甲的第二次借款,因丙并不知情,谈不上作保问题,因而不承担保证责任。因此,丙仅负有向乙承担4万元借款的保证责任。

(3)可以。《民法典》第700条规定:“保证人承担保证责任后,有权在其承担保证责任的范围内向债务人追偿。”

【案例3—26】 A公司向B公司购买价值500万元的货物。合同约定,A公司先预付250万元货款,其余250万元货款在提货后两个月内付清。C公司提供了连带保证担保,但未约定保证范围。提货一个月后,A公司在征得B公司同意后,将250万元债务转移给尚欠其250万元货款的D公司。对此,C公司完全不知情。至债务清偿期届满时,B公司要求D公司偿还250万元货款及利息,而D公司因违法经营被依法查处,法定代表人不知去向,公司的账户被冻结。于是,B公司找到C公司,要求其承担保证责任。C公司至此才知道A公司已将其债务转让给D公司,遂以此为由拒绝承担责任。B公司诉至法院。

问:

(1)C公司保证担保的范围应如何确定?

(2)A公司转让债务的行为是否有效?

(3)C公司是否应继续承担保证责任?

【分析】 (1)C公司应对全部债务承担责任。《民法典》第691条规定:“保证的范围包括主债权及利息、违约金、损害赔偿金和实现债权的费用。当事人另有约定的,按照其约定。”本案中,C公司应对全部债务承担责任。

(2)有效。《民法典》第551条规定:“债务人将债务的全部或者部分转移给第三人的,应当经债权人同意。”本案中,A公司经B公司同意,将其欠B公司的债务转让给D公司,因此,A公司与D公司间的债务转让具有法律效力。

(3)不继续承担保证责任。《民法典》第697条规定:“债权人未经保证人书面同意,允许债务人转移全部或者部分债权,保证人对未经其同意转移的债务不再承担保证责任。”本案中,B公司许可A公司转让债务给D公司,但未取得保证人C公司的同意,所以C公司不继续承担保证责任。

二、抵押

抵押,是指为担保债务的履行,债务人或者第三人不转移财产的占有,将该财产抵押给债权人的,债务人不履行到期债务或者发生当事人约定的实现抵押权的情形,债权人有权就该财产优先受偿。债务人或者第三人为抵押人,债权人为抵押权人,提供担保的财产为抵押财产。

(一)抵押的财产

抵押人只能以法律规定可以抵押的财产进行抵押。

1. 可以抵押的财产包括:(1)建筑物和其他土地附着物;(2)建设用地使用权;(3)海域使用权;(4)生产设备、原材料、半成品、产品;(5)正在建造的建筑物、船舶、航空器;(6)交通运输工具;(7)法律、行政法规未禁止抵押的其他财产。抵押人可以将上述财产一并抵押。

2. 不得抵押的财产包括:(1)土地所有权;(2)宅基地、自留地、自留山等集体所有土地的使用权,但法律规定可以抵押的除外;(3)学校、幼儿园、医院等以公益为目的成立的非营利法人的教育设施、医疗卫生设施和其他公益设施;(4)所有权、使用权不明或有争议的财产;(5)依法被查封、扣押、监管的财产;(6)法律、行政法规规定不得抵押的其他财产。

抵押人所担保的债权不得超出其抵押物的价值。财产抵押后,该财产的价值所担保债权的余额部分,可以再次抵押,但不得超出其余额部分。

(二)抵押合同和抵押物登记

抵押人和抵押权人应当以书面形式订立抵押合同。当事人以法律规定的需要办理抵押物登记的财产作抵押的,如建筑物和其他土地附着物,建设用地使用权,以及正在建造的建筑物,应当向有关部门办理抵押物登记,抵押权自登记日起生效,未经登记的,不得对抗善意第三人。

(三)抵押的效力

抵押担保的范围包括主债权及利息、违约金、损害赔偿金、保管抵押财产和实现抵押权的费用。抵押合同另有约定的,从其约定。

抵押期间抵押人转让已经办理登记的抵押物的,应通知抵押权人并告知受让人该转让物已经抵押的情况,并通知债权人,否则转让行为无效。转让抵押物的价款明显低于其价值的,抵押权人可以要求抵押人恢复抵押财产的价值或者提供与减少的价值相应的担保;抵押人不恢复也不提供的,不得转让抵押物。

抵押权不得与债权分离而单独转让或者作为其他债权的担保。抵押权与其担保的债权同时存在,债权消灭的,抵押权也消灭。

(四)抵押权的实现

债务履行期届满,债务人未履行债务即抵押权人未受清偿的,抵押权人可以与抵押人协议以抵押物折价或拍卖、变卖该物所得的价款受偿;协议不成的,可以向人民法院提起诉讼。抵押物折价或者拍卖、变卖后,其价款超过债权数额的部分归抵押人所有,不足部分由债务人清偿。

同一财产向两个以上债权人抵押的,拍卖、变卖抵押物所得的价款按照以下规定清偿:(1)抵押合同已登记生效的,按照抵押物登记的先后顺序清偿;(2)抵押合同自签订之日起生效的,抵押物办理登记的,已登记的先于未登记的受偿,都登记的,按照登记的先后顺序清偿;未登记的,按照债权比例清偿。

为债务人抵押担保的第三人,在抵押权人实现抵押权后,有权向债务人追偿。

抵押权因抵押物灭失而消失。因灭失所得的赔偿金,应当作为抵押财产。

【案例3-27】 甲因业务需要,以其坐落在市中心的一处公寓(价值200万元)作抵押,分别从乙银行和丙银行各贷款100万元。甲与乙银行于6月5日签订抵押合同,6月10日办理抵押登记;甲与丙银行于6月8日签订抵押合同,同日办理抵押登记。后因甲无力还款,乙银行、丙银行行使抵押权,对甲的公寓依法拍卖,得价款150万元。下列拍卖款的分配方案中正确的是(　　)。

A. 乙50万元、丙50万元　　B. 乙100万元、丙50万元

C. 丙100万元、乙50万元　　D. 丙80万元、乙70万元

【分析】 C。对不动产抵押物实现抵押权时,按照抵押合同生效的先后顺序清偿。不动产抵押属于必须登记的范围,抵押合同自登记之日起生效。

【案例3-28】 甲厂和乙厂达成一份联营协议,约定由乙厂向甲厂注入资金150万元,甲

厂每年支付给乙厂利润15万元，两年后归还乙厂的出资，并且乙厂的利润分配不受甲厂盈亏的影响。协议达成后，为保证甲厂能正常履行协议，甲厂请丙厂以其自有厂房向乙厂提供抵押担保，并就抵押事宜到有关登记机构办理了抵押登记。

问：

(1)抵押权是否已成立？

(2)如果丙厂明知联营协议有问题仍提供抵押担保，应承担什么责任？

【分析】 (1)不成立。《民法典》第388条第1款规定："担保合同是主债权债务合同的从合同，主债权债务合同无效的，担保合同无效，但是法律另有规定的除外。"本案中，甲厂与乙厂之间的协议是名为联营，实为借贷。我国法律确认企业之间借贷是非法的，属无效行为，因此主合同实际上是无效合同，抵押合同作为从合同自然也无效，抵押权不成立。

(2)丙厂应承担过错赔偿责任。《民法典》第388条第2款规定："担保合同被确认无效后，债务人、担保人、债权人有过错的，应当根据其过错各自承担相应的民事责任。"

三、质押

(一)质押的概念

质押是指为担保债务的履行，债务人或第三人将其动产或权利出质给债权人占有，将该动产作为债权的担保，当债务人不履行债务时，债权人有权以该动产或权利折价或者以拍卖、变卖该动产的价款优先受偿。提供质押的动产或者权利为质物，债权人为质权人，债务人或者第三人为质押人。

质押包括动产质押和权利质押。动产质押应签订书面质押合同，如无特殊约定，质押合同自合同签订时生效，质押权自质物移交于质权人占有时生效。我国《民法典》规定，可质押权利包括：(1)汇票、支票、本票；(2)债券、存款单；(3)仓单、提单；(4)依法可以转让的基金份额、股权；(5)依法可以转让的注册商标专用权、专利权、著作权等知识产权中的财产权；(6)现有的以及将有的应收账款；(7)法律、行政法规规定可以出质的其他财产权利。

以汇票、支票、本票、债券、存款单、仓单、提单出质的，当事人应当订立书面合同。质权自权利凭证交付质权人时设立；没有权利凭证的，质权自有关部门办理出质登记时设立。其他财产权利出质的，应向有关机构和部门办理出质登记，质押合同自登记之日起生效。

(二)质押的范围和效力

质押担保的范围包括主债权及利息、违约金、损害赔偿金、质物保管费用和实现质权的费用。质押合同另有约定的，从其约定。质权人在债务履行期届满前，不得与出质人约定债务人不履行到期债务时质押财产归债权人所有。

债务履行期届满债务人履行债务的，或者出质人提前清偿所担保的债权的，质权人应当返还质物。债务履行期届满质权人未受清偿的，可以与出质人协议出质物折价，也可以依法拍卖、变卖质物。质物折价或者拍卖、变卖后，其价款超过债权数额的部分归出质人所有，不足部分由债务人清偿。为债务人质押担保的第三人，在质权人实现质权后，有权向债务人追偿。

质权因质物灭失而消灭。因灭失所得的赔偿金，应当作为出质财产。

质权与其担保的债权同时存在，债权消灭的，质权也消灭。

四、留置

留置是指债权人按照合同约定合法占有债务人的动产，债务人不按照合同约定的期限履行债务的，债权人有权依法留置该财产，以该财产折价或以拍卖、变卖该财产的价款优先受偿。

因保管合同、运输合同、承揽合同以及法律规定可以留置的其他合同发生的债权，债务人不履行债务的，债权人有留置权。

留置担保的范围包括主债权及利息、违约金、损害赔偿金、留置物保管费用和实现留置权的费用。

留置权人负有妥善保管留置物的义务。因保管不善致使留置物毁损、灭失的，留置权人应当承担民事赔偿责任。

留置权人与债务人应当约定留置财产后的债务履行期限；没有约定或者约定不明确的，留置权人应当给债务人60日以上履行债务的期限，但是鲜活易腐等不易保管的动产除外。

同一动产上已经设立抵押权或者质权，该动产又被留置的，留置权人优先受偿。

留置权人对留置财产丧失占有或者留置权人接受债务人另行提供担保的，留置权消灭。

【案例3—29】 甲携带一只手表到某维修部由乙修理，并约好3天后交费取货。3天后，甲取手表，维修部让甲交修理费100元，甲认为收费太高，双方协商不成，甲只好说："要不这样，我还有一台电视机要修，一起给你修，但一定要少收费。"乙同意。谁知甲拿来电视机，乙不但不修，反而扣下电视机，让甲支付修理手表的钱。甲向法院起诉。

问：乙有没有权利扣留电视机？

【分析】 没有。留置权成立的要件为：(1)债权人必须占有一定的财产。债权人对于财产的占有是留置权成立的要件及存续的要件。(2)占有的财产必须是债务人的动产。(3)占有人必须是因合同而取得债权。(4)债权的发生与动产有牵连关系。本案中乙就手表修理费100元只能留置手表，而不能留置电视机。因为债权(修理费100元)的发生与手表有牵连关系，而与电视机没有牵连关系。

五、定金

定金，是指合同当事人为确保合同的履行，依据法律规定或者当事人双方的约定，由当事人一方在合同订立时或订立后、履行前，按合同标的额的一定比例，预先给付对方当事人一定的金钱或其他代替物作为债权的担保。给付定金的一方不履行合同，无权要求返还定金；收受定金的一方不履行合同，应当双倍返还定金。当事人交付留置金、担保金、保证金、订约金、押金或者订金等，但没有约定定金性质的，当事人主张定金权利的，人民法院不予支持。

定金主要有违约定金、立约定金、成约定金、解约定金等种类。

定金应以书面形式约定。定金合同自实际交付定金之日起生效。立约定金应于合同成立前交付；成约定金于合同订立时交付；违约定金和解约定金既可以在主合同成立时交付，也可以在主合同成立后、履行前交付。定金的数额由当事人约定，但不得超过主合同标的额的20%。超过20%的部分无效，应当退还。因不可抗力、意外事件致使主合同不能履行的，不适用定金罚则。

【案例3—30】 甲与乙订立了一份小麦买卖合同，总价款为100万元，双方在合同中约定买方甲须向乙交付定金10万元。后甲并未支付，乙的下列请求中，(　　)会得到法院支持。

A. 请求甲继续履行合同

B. 请求强制甲支付定金10万元并支付逾期利息

C. 请求强制甲支付定金10万元

D. 请求甲承担违约责任

【分析】 AD。定金合同自实际交付定金之日起生效,甲未支付定金,因此,定金合同尚未生效。但甲不支付定金,违反合同的约定,因此乙可以请求甲继续履行合同并承担违约责任。

第六节　合同的变更和转让

一、合同的变更

合同变更仅指合同内容的变更,是指合同成立后未履行或未履行完毕之前,由于主客观情况的变化而使合同的内容发生变化。合同内容的变化包括:标的物数量的增减;标的物品质的改变;价款或者酬金的增减;履行期限的变更;履行地点的改变;履行方式的改变;结算方式的改变;所附条件的增添或除去;担保的设定或取消;违约金的变更;利息的变化。

(一)合同变更的原因

1. 当事人协议变更

当事人双方协议可以变更合同内容,但对合同变更的内容应做明确约定,变更内容约定不明确的,推定为合同未变更。

2. 法院或仲裁机关裁决变更

因重大误解或显失公平而订立的合同,当事人一方可以向人民法院或仲裁机关申请裁决变更或撤销合同。

3. 基于法律的直接规定变更

如遭遇不可抗力导致债务人不能按期履行债务时,债务人可以减少债务数额或延期履行债务。

(二)合同变更的效力

合同变更的实质在于使变更后的合同代替原合同。因此,合同变更后,当事人应按变更后的合同内容履行。

合同变更原则上向将来发生效力,未变更的权利、义务继续有效,已经履行的债务不因合同的变更而失去合法性。例如,甲购买乙的 10 吨小麦,每吨 1 万元,分 2 批交货,每批 5 吨。乙交付第一批后,甲支付给乙 5 万元。后遇小麦价格大涨,甲又和乙约定第二批小麦改为每吨 1.5 万元。这个后来的约定就是对先前合同的变更,但先前已经履行的 5 吨、每吨价格 1 万元不失合法性。

合同的变更不影响当事人要求赔偿的权利。原则上,提出变更的一方当事人对对方当事人因合同变更所受损失应负赔偿责任。

二、合同的转让

合同的转让即合同主体的变更,是指合同当事人一方将其合同的权利和义务全部或者部分转让给第三人。合同转让包括合同权利转让、合同义务转移、合同权利和义务一并转让三种类型。

(一)合同权利转让(债权让与)

合同权利转让是指不改变合同权利的内容,由债权人将债权的全部或者部分转让给第三人的行为。例如,甲欠乙 100 万元,乙欠丙 100 万元,乙与丙达成协议,把自己对甲的债权让与丙,于是乙通知甲把 100 万元直接还给丙。

转让债权的人称为让与人，受让债权的第三人称为受让人。债权全部转让的，受让人取代原债权人的地位，成为新的债权人，原债权人脱离合同关系。债权部分转让的，受让人作为第三人加入合同关系，与原债权人共同享有债权。债权人转让主权利时，附属于主权利的从权利也一并转让，受让人在取得债权时，也取得与债权有关的从权利，但该从权利专属于债权人自身的除外。

一般情况下，当事人有权自主地将债权全部或者部分转让给第三人，但有下列情形之一的除外：

1. 根据债权性质不得转让。如当事人基于信任关系订立的委托合同、雇佣合同等。

2. 按照当事人约定不得转让。

3. 依照法律规定不得转让。如个人收藏的文物转让等。

当事人约定非金钱债权不得转让的，不得对抗善意第三人。当事人约定金钱债权不得转让的，不得对抗第三人。

债权人转让债权的，应当通知债务人。未经通知，该转让对债务人不发生效力。债权人转让权利的通知不得撤销，但经受让人同意的除外。债务人接到债权转让通知后，债务人对让与人的抗辩，可以向受让人主张。债务人接到债权转让通知时，债务人对让与人享有债权，并且债务人的债权先于转让的债权到期或者同时到期的，债务人可以向受让人主张抵销。

（二）合同义务转移（债务承担）

合同义务转移是指在不改变债务的前提下，经债权人同意，债务人将债务全部或者部分转移给第三人。债务人将债务全部或者部分转移给第三人，应当经债权人同意。债务人或者第三人可以催告债权人在合理期限内予以同意，债权人未做表示的，视为不同意。债务人转移债务的行为对债权人不发生效力。

债务人转移债务，新的债务人取得了合同债务人的地位，承担履行合同义务的责任，享有债务人所应享有的抗辩权，可以主张原债务人对债权人的抗辩。原债务人对债权人享有债权的，新债务人不得向债权人主张抵销。

【案例3－31】 张某欠李某5 000元，赵某为保证人。经李某同意，张某把其债务的1/2转移给周某承担，（　　）。

A. 这属于免责的债务承担

B. 这属于并存的债务承担

C. 保证人赵某不知情，其有权拒绝履行债务

D. 保证人赵某不知情，其有权拒绝5 000元转移出去的2 500元债务

【分析】 AD。免责的债务承担，是指对转移出去的全部或部分债务免责，并存的债务承担又称重复的债务承担，是指加进来一个连带债务人，故选择A。保证人只对未经其同意转让出去的债务免责，剩下的2 500元，其仍然要承担保证责任，故选D。

（三）合同权利和义务的一并转让（合同承受）

合同权利和义务的一并转让，即合同权利和义务的概括移转，是指经对方同意，当事人一方将自己债权和债务一并转让给第三人。债权和债务一并转让时，应当征得另一方当事人的同意。例如，甲到乙公司定做一套衣服，后由于乙公司另外承揽了一批大宗业务，无法安排制作甲的衣服，便取得甲的同意后将其转让给丙加工制作，丙便取代乙成为合同的主体之一。

【案例3－32】 乙公司欠甲公司20万元，甲公司欠丙公司18万元，丁公司欠乙公司20万元。现乙、丁两公司达成协议，由丁公司向甲公司清偿乙公司的20万元债务，乙、丁之间的

债权、债务关系消灭。该协议经甲公司同意。后甲公司又与丙公司达成协议，由丁公司向丙公司清偿20万元，甲欠丙的18万元债务消灭。

问：

(1)乙、丁之间协议的性质是什么？该协议是否生效？

(2)甲、丙之间协议的性质是什么？丙公司因此获利2万元，是否违法？若甲公司未将此事通知丁公司，该协议是否已生效？

(3)若甲公司未将此事通知丁公司，丁公司向甲公司为清偿，甲公司接受，该种清偿是否有效？此时应如何救济丙公司？

(4)若甲公司已通知丁公司，但丁公司忘记此事仍向甲公司为清偿，甲公司接受，该种清偿是否有效？此时应如何救济丙公司？甲、丁之间为何种法律关系？

(5)如果丁公司不能清偿债务，丙公司能否要求乙公司承担连带责任？

【分析】

(1)乙、丁之间协议是一种债务承担，乙、丁之间协议生效。根据《民法典》第551条的规定，债务人可以将债务的全部或者部分转移给第三人。因此乙、丁可以约定由丁承担乙的债务，债务承担生效后，乙、丁之间债权、债务关系消灭。据上述条文规定，债务承担经债权人同意后生效，本案债权人甲公司已经同意，所以该债务承担协议生效。

(2)甲、丙之间协议是一种债权转让，甲将对丁的债权转让给丙。丙因此获利2万元不属违法。若甲公司未将此事通知丁公司，则该债权转让对丁公司不产生效力。因为根据《民法典》第545条，除了几种特殊情形以外，债权人可以将债权的全部或者部分转让给第三人。所以甲、丙之间的合同属于债权转让。因为法律并无债权转让不得谋利的强行性规定，而且也不应有此规定；丙在获利同时，也承担了丁支付不能的风险。所以丙的获利并不违法，但属于不当得利，在甲主张返还时应当返还。根据《民法典》第546条，债权转让应当通知债务人，未经通知的该转让对债务人不发生效力，只是在转让协议的当事人之间发生效力。

(3)该种清偿有效。根据《民法典》第546条，债权转让未通知债务人，对债务人不产生效力，丁公司的债权人仍是甲公司，该种清偿自然有效。此时，甲对丙构成不当得利，丙可请求甲返还该给付。

(4)该种清偿无效，债权转让通知债务人后，对其发生效力。因此，丙公司已成为新债权人，丁公司向甲公司为清偿，对丙公司自然无效力。丙公司可请求丁公司根据甲、丁公司之间原先的约定内容履行合同。丁公司对甲公司的清偿为非债清偿，在甲、丁之间成立不当得利之债的关系。

(5)丙公司不能要求乙公司承担责任。因为乙公司只应承担债权本身的权利瑕疵担保责任，对丁公司的清偿能力并不负责。本案中转让的债权合法有效，并无瑕疵可言。

第七节　合同权利和义务的终止

合同的终止，是指合同关系在客观上不复存在，合同当事人的债权债务归于消灭。

一、债权债务终止的情形

合同权利、义务终止的具体情形主要有以下几种：

1. 债务已经履行；

2. 债务相互抵销；
3. 债务人依法将标的物提存；
4. 债权人免除债务；
5. 债权债务同归于一人；
6. 法律规定或者当事人约定终止的其他情形。
合同解除的，该合同的权利义务关系终止。

二、合同解除

合同解除，是指在合同尚未履行完毕之前，双方当事人经协商一致同意提前终止合同关系或者当事人一方基于法定事由行使解除权提前终止合同关系。合同解除后，尚未履行的，终止履行；已经履行的，根据履行情况和合同性质，当事人可以请求恢复原状或者采取其他补救措施，并有权要求赔偿损失。

合同解除有约定解除和法定解除之分。

（一）约定解除

约定解除是指当事人通过行使约定解除权或者当事人协商一致而解除合同。约定解除分为两种情况：(1)协议解除，即在合同成立以后，在未履行或未完全履行之前，当事人双方可以通过协商解除合同；(2)约定解除权，是指当事人双方可以在合同中约定一方或者双方解除合同的条件，解除合同的条件成就时，一方或者双方有权解除合同。

（二）法定解除

法定解除是指合同成立生效后，没有履行或没有完全履行以前，当事人根据法律规定解除合同。

《民法典》规定：有下列情形之一的，当事人可以解除合同：
1. 因不可抗力致使不能实现合同目的；
2. 在履行期限届满前，当事人一方明确表示或者以自己的行为表明不履行主要债务（即预期违约）；
3. 当事人一方迟延履行主要债务，经催告后在合理期限内仍未履行；
4. 当事人一方迟延履行债务或者有其他违约行为致使不能实现合同目的；
5. 法律规定的其他情形。

以持续履行的债务为内容的不定期合同，当事人可以随时解除合同，但是应当在合理期限之前通知对方。

当事人一方依法主张解除合同的，应当通知对方。合同自通知到达对方时解除；通知载明债务人在一定期限内不履行债务则合同自动解除，债务人在该期限内未履行债务的，合同自通知载明的期限届满时解除。对方对解除合同有异议的，任何一方当事人均可以请求人民法院或者仲裁机构确认解除行为的效力。当事人一方未通知对方，直接以提起诉讼或者申请仲裁的方式依法主张解除合同，人民法院或者仲裁机构确认该主张的，合同自起诉状副本或者仲裁申请书副本送达对方时解除。

三、抵销

抵销是指当事人互负债务，又互享债权，该债务的标的物种类、品质相同的，任何一方可以将自己的债务与对方的到期债务抵销，使自己的债务与对方的债务在等额内消灭，但是债务性质、按照当事人约定或者依照法律规定不得抵销的除外。

当事人主张抵销的，应当通知对方。通知自到达对方时生效。抵销不得附条件或者附期限。当事人互负债务，标的物种类、品质不相同的，经双方协商一致，也可以抵销。

【案例3－33】 2019年初，丁小刚租用尹全双的临街店面一间，开了一家彩电专卖店，丁已经欠尹租金1万元。2019年12月5日尹全双的弟弟尹全多因结婚，从丁小刚店里购买了一台彩电，价格为5 600元，并说明由其哥尹全双代为付款，丁和尹全双同意。12月28日，丁小刚主张用尹全多所欠的5 600元债务冲抵1万元租金的5 600元部分。

问：

(1)丁小刚凭什么权利能主张用尹全多所欠的5 600元债务冲抵1万元租金的5 600元部分？

(2)丁怎么行使该权利？

(3)丁行使权利需要尹全双同意吗？

【分析】 (1)抵销权。《民法典》第568条规定："当事人互负债务，该债务的标的物种类、品质相同的，任何一方可以将自己的债务与对方的到期债务抵销，但是根据债务性质、按照当事人约定或者依照法律规定不得抵销的除外。"

(2)以通知方式。《民法典》第568条规定："当事人主张抵销的，应当通知对方。"

(3)不需要。《民法典》第568条规定："当事人主张抵销的，应当通知对方。通知自到达对方时生效。抵销不得附条件或者附期限。"

四、提存

提存，是指由于债权人的原因，债务人无法向其交付合同标的物而将该标的物交给提存机关，从而消灭合同的制度。债务的履行往往需要债权人的协助，如果债权人无正当理由拒绝受领或不能受领，债权人虽应负担受领迟延的责任，但债务人的债务却不能消灭，债务人仍得随时准备履行，这对债务人是不公平的，因此法律规定在一定情形下债务人可以通过提存标的物终止合同。

下列情形之一债务人可以将标的物提存：(1)债权人无正当理由拒绝受领；(2)债权人下落不明；(3)债权人死亡未确定继承人、遗产管理人，或者丧失民事行为能力未确定监护人；(4)法律规定的其他情形。

标的物提存后，债务人应当及时通知债权人或者债权人的继承人、遗产管理人、监护人、财产代管人。标的物提存后，毁损、灭失的风险由债权人承担。提存期间标的物的孳息归债权人所有。提存费用由债权人负担。标的物不适于提存或者提存费用过高，债务人依法可以拍卖或者变卖标的物，提存所得的价款。债权人领取提存物的权利，自提存之日起5年内不行使而消灭，提存物扣除提存物费用后归国家所有。但是债权人未履行对债务人的到期债务，或者债权人向提存部门书面表示放弃领取提存物权利的，债务人负担提存费用后有权取回提存物。

【案例3－34】 甲方难以向乙方履行，即将债的标的物(一枚钻戒)提存，在提存期间提存物被盗，其后果由(　　)承担。

A. 债权人　　B. 债务人　　C. 提存人　　D. 提存机关

【分析】 D。提存合同为有偿保管，被盗的事实说明保管人提存机关未尽善良保管人的注意义务，因此应当由提存机关承担后果。

五、免除

免除，是指债权人放弃部分或全部债权，免除债务人部分或者全部债务的一种单方法律行为，由此导致债的关系的部分或者全部终止。

债的免除属单方法律行为，只需债权人为意思表示即可成立，无须征得对方的同意。但免除的意思表示一旦做出便不得收回。

六、混同

混同，是指债权和债务同归于一人。例如，儿子欠父亲 1 万元，父亲去世后儿子继承了这 1 万元债权的遗产。由于原债权债务均由一人承受，故不能构成债的关系，原来债的关系也就自行终止。但是损害第三人利益的除外，如当债权为他人质权的标的时，为保护质权人的利益，不得使债权因合并而消灭。

七、法律规定或当事人约定终止的其他情形

如《民法典》规定，代理人死亡、丧失民事行为能力，作为被代理人或被代理人的法人、非法人组织终止，委托代理终止。

第八节　违约责任

一、违约责任的概念和特征

违约责任是违反合同的民事责任的简称，是指合同当事人一方不履行合同义务或履行合同义务不符合合同约定所应承担的民事责任。

违约责任具有以下特征：(1)它是一种民事责任；(2)它是违约的当事人一方对另一方承担的责任；(3)违约责任是当事人不履行或不完全履行合同的责任；(4)违约责任具有补偿性(以补偿守约方因违约行为所受损失为主要目的)和一定的任意性(违约责任可由当事人在法律规定的范围内约定)。

【案例 3—35】 2020 年 12 月 3 日，上海某玩具公司和杭州某大型商场签订合同，约定上海公司出售给杭州某商场儿童圣诞玩具 1 000 件，总售价为 15 000 元，由上海某玩具公司负责运输，并于2020 年 12 月 23 日送到杭州某商场指定的地点。2020 年 12 月 23 日上海某玩具公司委托上海某运输公司运送这批货物。当车行驶在沪杭高速公路时，司机因极度犯困，造成交通事故，交警部门把车扣留进行处理。2020 年 12 月 26 日，该运输公司调用其他车辆方把货物送到，但给杭州某商场造成了很大的损失。

问：杭州某商场该向谁主张权利？

【分析】 杭州某商场该向上海某玩具公司主张权利。杭州某商场只和上海某玩具公司有合同，而和上海某运输公司没有合同，因此本案中，向杭州某商场承担违约责任的是上海某玩具公司。至于上海某玩具公司赔偿后，再向上海某运输公司追偿，那是另外一个法律关系。《民法典》第 523 条规定："当事人约定由第三人向债权人履行债务的，第三人不履行债务或者履行债务不符合约定的，债务人应当向债权人承担违约责任。"

二、违约的形态

按照不同的标准违约的形态有不同的分类。下面将简单介绍实际违约和预期违约。

(一)实际违约

实际违约，指实际发生的违约行为。其具体形态包括：

1. 不履行。它包括履行不能和拒绝履行。履行不能是指债务人在客观上已经没有履行能力。例如在提供劳务的合同中，债务人丧失了劳动能力；在以特定物为标的的合同中，该特定物灭失。拒绝履行是指合同履行期到来后，一方当事人能够履行合同规定的义务而故意不履行。

2. 迟延履行。迟延履行是指合同债务已经到期，债务人能够履行而未履行。

3. 不适当履行。不适当履行是指债务人虽然履行了债务，但其履行不符合合同的约定，包括瑕疵给付(即履行有瑕疵，如给付数量不完全、给付质量不符合约定、给付时间和地点不当等)和加害给付(即因不适当履行造成对方履行利益之外的其他损失，如出售不合格彩电，爆炸致使对方身体受到伤害)。

(二)预期违约

预期违约，是指在合同履行期限到来之前，一方无正当理由明确表示其在履行期到来后将不履行合同(明示毁约)，或者其行为表明其在履行期到来后将不可能履行合同(默示毁约)。明示毁约，例如甲和乙约定将于2019年8月8日向乙交付一批家具，但在2019年4月4日的时候，甲对乙说："我在2019年8月8日将不再交付给你这批家具。"默示毁约，例如特定物买卖合同的出卖人在合同履行期届至前将标的物转卖给第三人，或买受人在付款期到来之前转移财产和存款以逃避债务。

【案例3—36】 10月2日，甲向乙出售房屋，约定甲应于10月20日前向乙交付房屋并办理产权登记，乙应于10月21日前付款。10月12日，甲又将该房屋出售给丙，并办理了产权登记，但未交付房屋。根据法律规定，在10月12日后10月20日前，乙(　　)。

A. 不得向甲主张违约责任，因为履行期没有届满，不构成违约

B. 不得向甲主张违约责任，因为房屋所有权尚未移转，甲仍需履行

C. 可以向甲主张缔约过失责任，因为合同因标的不能而无效

D. 可以向甲主张默示预期违约责任

【分析】 D。缔约过失责任发生在合同订立时；预期违约发生在合同订立后，合同履行期限届满前；违约责任发生在合同订立并且履行期限届满后。

三、承担违约责任的主要形式

(一)继续履行

继续履行又称实际履行，是指合同一方当事人不履行合同或者履行合同不符合约定的情况下，要求违约方仍然按照合同的约定履行义务的一种承担违约责任的方式。但有下列情形之一的除外：(1)法律上或者事实上不能履行；(2)债务的标的不适于强制履行或者履行费用过高；(3)债权人在合理期限内未要求履行。

(二)采取补救措施

履行不符合约定的，应当按照当事人的约定承担违约责任。对违约责任没有约定或者约定不明确的，当事人可以协议补充或者按照合同有关条款或者交易习惯确定，仍不能确定的，

受损害方根据标的性质以及损失的大小,可以合理选择要求对方承担修理、重作、更换、退货、减少价款或者报酬等违约责任。

(三)赔偿损失

损失赔偿额应相当于因违约所造成的损失,包括合同履行后可以获得的利益,但不得超过违反合同一方订立合同时预见到或者应当预见到的因违反合同可能造成的损失。

当事人一方违约后,对方应当采取适当措施防止损失的扩大;没有采取适当措施致使损失扩大的,不得就扩大的损失要求赔偿。当事人因防止损失扩大而支出的合理费用,由违约方承担。

支付赔偿金也是承担违约责任的一种主要形式。它虽然是对违约方的一种经济制裁,但不具有惩罚性,主要目的在于弥补损失,具有补偿性质。

(四)支付违约金

违约金是指当事人在合同中约定,一方当事人不履行合同义务或履行合同义务不符合约定时应当根据情况向对方支付一定数额的货币。违约金是带有惩罚性质的经济补偿手段,不论违约的当事人一方是否已给对方造成损失,都应当支付。

当事人可以约定一方违约时应当根据违约情况向对方支付一定数额的违约金,也可以约定因违约产生的损失赔偿额的计算方法。约定的违约金低于造成的损失的,人民法院或者仲裁机构可以根据当事人的请求予以增加;约定的违约金过分高于造成的损失的,人民法院或者仲裁机构可以根据当事人的请求予以适当减少。

(五)给付或者双倍返还定金

定金既是一种债的担保形式,又是一种违约责任形式。当事人既约定定金,又约定违约金的,一方违约时,对方可以选择适用违约金或者定金。

【案例 3－37】 甲与乙订立了一份苹果购销合同,约定甲向乙交付 10 万千克苹果,货款为 40 万元,乙向甲支付定金 4 万元;如任何一方不履行合同,应支付违约金 6 万元。甲因将苹果卖给丙而无法向乙交付苹果,在乙提出的如下诉讼请求中,既能最大限度地保护自己的利益,又能获得法院支持的诉讼请求是(　　)。

A. 请求甲双倍返还定金 8 万元

B. 请求甲双倍返还定金 8 万元,同时请求甲支付违约金 6 万元

C. 请求甲支付违约金 6 万元,同时请求返还支付的定金 4 万元

D. 请求甲支付违约金 6 万元

【分析】 C。定金是指订立合同时,为了保证合同的履行,约定由当事人一方先行给付另一方一定数量的货币或其他代替物。合同履行后,定金应当收回或抵作价款。定金是预交的违约金,但对定金的数额法律有限制(不得超过主合同标的额的 20%),因此定金又不具备违约金完全弥补损失的功能。定金是不充分担保,定金罚则的适用不足以弥补损失时,还可以再适用赔偿金。本案中,请求甲支付违约金 6 万元,同时请求返还支付的定金 4 万元既能最大限度地保护自己的利益,又能获得法院的支持。

【案例 3－38】 中国甲公司与外国乙公司签订一项货物买卖合同,甲方向乙方购买机器设备,价款 500 万元,合同约定违约金 100 万元。

问:

(1)甲方尚未付款前,发现乙方的供货不符合合同约定,应如何处理?

(2)如果乙方违约未能供货,给甲方造成损失 5 万元,乙方要求减少违约金数额,法律是否允许?

(3)如乙方违约给甲方造成2 000万元损失,乙方能否提出减少赔偿金额的要求?

【分析】 (1)根据《民法典》第525条规定,一方在对方履行债务不符合约定时,有权拒绝其相应的履行要求。所以甲方发现乙方的供货不符合合同约定,可以不支付货款。

(2)《民法典》第585条第2款规定,约定的违约金过分高于造成的损失的,人民法院或者仲裁机构可以根据当事人的请求予以适当减少。本合同约定的违约金为100万元,如果实际损失5万元,应属于约定的违约金过分高于造成的损失,乙方可以请求减少。

(3)《民法典》第584条规定,当事人一方不履行合同义务或履行合同义务不符合约定,造成对方损失的,损失赔偿额应当相当于因违约所造成的损失,包括合同履行后可以获得的利益,但不得超过违约一方订立合同时预见到或者应当预见到的因违约可能造成的损失。本合同标的为500万元,违约损失为2 000万元,两者相差悬殊,有可能超过违约方订立合同时应预见的违约损失,所以乙方可以提出减少赔偿的请求,由法院或仲裁机关裁决确定。

定金与违约金的关系见表3—2。

表3—2 定金与违约金的关系

项 目	定 金	违约金
数额	双方约定,但不得超过主合同标的额的20%	有法定按法定,无法定由双方当事人约定,无比例限制
同时约定时的处理	选择定金,就不能再选择违约金	选择了违约金,就不能再选择定金,守约方已经交付的定金仍要收回
与赔偿损失的关系	选择定金后,若对违约行为造成的损失未能弥补的,还可以补偿其损失差额	选择违约金后,若违约金低于造成的损失的,人民法院或者仲裁机构可以根据当事人的请求予以增加;约定的违约金过分高于造成的损失的,人民法院或者仲裁机构可以根据当事人的请求予以适当减少

四、违约责任的免除

违约责任的免除,是指在合同的履行过程中,由于法律规定的或者当事人约定的免责事由致使当事人不能履行合同义务或者履行合同义务不符合约定的,当事人可以免于承担违约责任。

免责事由有以下几种:

(一)不可抗力

不可抗力是指不能预见、不能避免并不能克服的客观情况。不可抗力主要包括以下几种情形:(1)自然灾害,如台风、洪水、冰雹;(2)政府行为,如征收、征用;(3)社会异常事件,如罢工、骚乱。

《民法典》第590条规定,因不可抗力不能履行合同的,根据不可抗力的影响,部分或者全部免除责任。但如果是当事人迟延履行后发生不可抗力的,不能免除责任。

不可抗力包括某些自然现象和某些社会现象(如战争等)。当事人一方因不可抗力不能履行合同的,应当及时通知对方,以减轻可能给对方造成的损失,并应当在合理期限内提供证明。

(二)免责条款

当事人可以在合同中约定,当出现一定的事由或条件时,可免除违约方的违约责任。但免责条款不得违反法律、行政法规的强制性规定,不能排除当事人的基本义务,也不能排除故意或重大过失的责任。

（三）法律的特别规定

在法律有特别规定的情况下，可以免除当事人的违约责任。例如承运人对运输过程中货物的毁损、灭失承担损害赔偿责任，但承运人证明货物的毁损、灭失因不可抗力、货物本身的自然性质或者合理损耗以及托运人、收货人的过错造成的，不承担损害赔偿责任。

本章小结

1. 合同又称契约，是民事主体之间设立、变更、终止民事权利义务关系的协议。

2. 要约又称发盘、出盘、发价、出价、报价，是希望和他人订立合同的意思表示。它是订立合同的必经阶段。

3. 承诺是受要约人同意要约的意思表示。

4. 合同的效力，是指依法成立的合同对当事人具有的法律约束力。

5. 合同的履行，是指合同生效后，双方当事人按照合同规定的各项条款，完成各自承担的义务和实现各自享受的权利，使双方当事人的合同目的得以实现的行为。

6. 合同的担保，是指为保障合同债权的实现，由当事人双方依照法律规定，经协商一致而设定的法律措施。

7. 合同的终止，是指合同关系在客观上不复存在，合同当事人的权利、义务关系归于消灭。

8. 违约责任是违反合同的民事责任的简称，是指合同当事人一方不履行合同义务或履行合同义务不符合合同约定所应承担的民事责任。

复习思考题

1. 什么是要约？要约的必备条件有哪些？

2. 什么是承诺？承诺的必备条件有哪些？

3. 试述无效合同、可撤销合同、效力待定合同的区别。

4. 买卖合同货物所有权和风险何时转移？

5. 简述合同的担保措施。

第四章　知识产权法

学习目标

掌握著作权、商标权、专利权的基本概念，取得条件及保护的主要规定；增强知识产权保护思维和依法使用意识，培养创新精神。

第一节　知识产权法概述

一、知识产权的概念与特征

知识产权是指民事主体对智力劳动成果依法享有的专有权利，其具有以下特征。

1. 无形性

知识产权的客体是不具有物质形态的智力成果。智力成果是指人们通过智力劳动创造的精神财富或精神产品。它具有财产价值，可以成为权利标的。

2. 专有性

专有权，即知识产权的权利主体依法享有独占使用智力成果的权利，他人不得侵犯。

【案例 4—1】 甲和乙就同一个商标向国家知识产权局申请注册，国家知识产权局能否分别授予他们商标权？

【分析】 不能。因为知识产权具有专有性。

3. 地域性

地域性，即知识产权只在特定国家或地区的地域范围内有效，不具有域外效力。一国的知识产权要获得他国的法律保护，必须依照有关国际条约、双边协议或按互惠原则办理。

【资料卡 4—1】 盘点那些在国外遭遇抢注的中国商标

一、同仁堂

1989 年，北京市药材公司发现其“同仁堂”商标在日本被抢注。该公司遂以“同仁堂”为公众熟知的驰名商标为由，请求日本特许厅撤销该不当注册的商标，日本要求提交“同仁堂”系我国驰名商标的证明文件。为了保护我国商标在他国的合法权益，商标局在做了广泛的社会调查之后，于 1989 年正式认定“同仁堂”商标为我国驰名商标。

二、海信

一度在业内引起强烈反响的西门子合资公司抢注中国海信商标(HiSense)事件不仅在业内引起轩然大波，还得到了中国政府方面的关注。然而西门子公司在与海信就商标转让问题谈判的同时，将海信告上德国科隆地方法院。经过充分磋商，西门子与海信就商标问题于2005年3月10日达成和解，西门子在德国科隆地方法院撤诉，海信商标物归原主。

三、王致和

2006年7月，王致和集团拟在30多个国家注册商标时，发现"王致和"腐乳、调味品、销售服务三类商标已被一家名叫欧凯的德籍公司于2006年3月在德国注册。而欧凯公司申请的商标标识与王致和集团产品使用的商标标识一模一样。欧凯公司是柏林一家主要经营中国商品的超市，其员工全部是华人。调查发现，欧凯公司还曾抢注过"白家""洽洽""老干妈""今麦郎"等众多知名商标。同年8月，王致和的代理律师向欧凯公司发出律师函。随后，王致和公司接到欧凯公司运营商中咨货运公司的电话称，想要拿回商标，必须付出一定代价。于是，2007年年初，王致和向慕尼黑地方法院提起诉讼，要求判定欧凯百货公司无偿归还商标并予以赔偿。2009年4月23日，慕尼黑高等法院对王致和诉欧凯商标侵权及不正当竞争一案做出终审判决：欧凯公司不得擅自使用王致和商标，否则将对其处以25万欧元的罚款或对主要负责人处以6个月监禁；欧凯公司应注销其抢注的"王致和"商标。至此，备受关注的王致和诉德国欧凯恶意抢注商标案，经过两年零三个月的讼争，最终以"王致和"商标物归原主而画上了圆满的句号。

此案号称"中国知识产权跨国维权第一案"。这是中国加入世贸组织后第一起中国企业在国外以原告身份进行的商标诉讼案，也是国内企业在海外胜诉的第一个知识产权官司。

四、桂发祥十八街

一家名为"加拿大中华老字号商标股份有限公司"的加拿大公司，在当地的面食商品上申请注册了"桂发祥十八街"商标。同时遭到抢注的还有"冠生园""六必居"等其他中华老字号著名商标。天津桂发祥麻花饮食集团公司接到消息后，马上委托天津市一家商标事务所，聘请加拿大合作伙伴针对加拿大公司的恶意抢注，在公告期间向加拿大当地法院提出异议。由于桂发祥反应迅速，在商标还在公告期内就提出反诉，而且资料组织充分，经过3个月的时间终于打赢了官司，拿回了自己的商标，在加拿大的销售没有受到太大影响。

在现实中，在海外遭遇商标抢注的中国企业绝非仅以上几家。这些年来一件件国内企业的知名商标被抢注的例子触目惊心："大宝"在美国、英国、荷兰、比利时、卢森堡被一名荷兰人注册；"红星"二锅头酒在欧盟、瑞典、爱尔兰、新西兰、英国等国家被一家英国公司抢注；"杜康"酒、"GONGHUA"链条、"龙井"茶在日本被抢注；"天坛"牌蚊香在马来西亚被抢注；上海冠生园食品总厂的"大白兔"商标在日本、菲律宾、印度尼西亚、美国和英国都曾被抢注；"碧螺春""大红袍""信阳毛尖"等多个茶叶的名称在韩国被一茶商注册为商标。

资料来源：节选于 https://www.worldip.cn/index.php? m=content&c=index&a=show&catid=294&id=937。

【案例4—2】 甲电子公司从日本引进了彩色电视机生产技术，该技术中包含了几项美国专利。甲在未得到美国专利权人许可的情况下，是否可以在中国实施该项技术？（　　）

A. 可以，但应当向美国专利权人缴纳专利使用费

B. 可以，无需向美国专利权人支付专利使用费

C. 可以，但不得将产品销往美国

D. 不可以，除非得到美国专利权人的许可

【分析】 BC。

4. 时间性

时间性，即依法产生的知识产权一般只在法律规定的期限内受到保护，一旦超过法律规定的有效期限，该知识产权权利消灭，有关智力成果就进入公有领域，人们可以自由使用。

二、知识产权的范围

知识产权的范围主要包括以下内容：(1)著作权和邻接权；(2)专利权；(3)商标权；(4)商业秘密权，即民事主体对属于商业秘密的技术信息或经营信息依法享有的专有权利；(5)植物新品种权，即完成育种的单位或个人对其授权的品种依法享有的排他使用权；(6)集成电路布图设计权；(7)商号权。

知识产权是不断扩张的开放体系。随着科学技术的发展和社会的进步，知识产权内涵不断丰富，而且外延也在不断拓展。

三、知识产权法

知识产权法是指在调整知识产权的归属、行使、管理和保护等活动中产生的社会关系的法律规范的总称。

知识产权法仍属于民法，是民法的特别法。民法的基本原则、制度和法律规范大多适用于知识产权。

知识产权法的渊源有：

1. 国内立法渊源

(1)法律，如著作权法、专利法、商标法。

(2)行政法规。如《中华人民共和国著作权法实施条例》(下称《著作权法实施条例》)与《中华人民共和国计算机软件保护条例》《中华人民共和国专利法实施细则》《中华人民共和国商标法实施条例》《中华人民共和国知识产权海关保护条例》《中华人民共和国植物新品种保护条例》《中华人民共和国集成电路布图设计保护条例》等。

(3)地方性法规、自治条例和单行条例。如《深圳经济特区企业技术秘密保护条例》。

(4)行政规章。如《国家工商行政管理局关于禁止侵犯商业秘密行为的规定》。

(5)司法解释。如《最高人民法院关于审理专利纠纷案件适用法律问题的若干规定》《最高人民法院关于诉前停止侵犯注册商标专用权行为和保全证据适用法律问题的解释》。

2. 我国参加的知识产权国际条约

主要有《与贸易有关的知识产权协定》(TRIPs 协定)与《保护工业产权巴黎公约》《保护文学和艺术作品伯尔尼公约》《世界版权公约》《商标国际注册马德里协定》《专利合作条约》等。

第二节 著作权法

一、著作权的概念和特征

著作权也称版权，是指作者及其他著作权人对其创作的文学、艺术和科学作品依法享有的权利。著作权包括人身权和财产权两个方面的内容。

除具有知识产权所共有的特征外，著作权还有以下特征：

（一）自动产生

作品创作完成，著作权自动产生，不管其是否已经发表，一般也不需要履行登记或注册手续。

【资料卡 4—2】　著作权的取得原则

1. 注册取得制度。注册取得制度是指以登记注册作为取得著作权的条件，作品只有经登记注册之后才能产生著作权。实行注册取得制度，可以明确有效地证明著作权人的身份，有利于及时处理著作权纠纷，保护著作权人的合法权益。

2. 自动取得制度。自动取得制度是指著作权以作品创作完成这一法律事实的存在而自然取得，无须履行任何手续。这一制度所依据的原则也称为著作权自动取得原则或自动保护原则。

3. 其他取得制度。参照各国不同规定，其他取得制度主要包括以下三类：

(1)作品必须以有形物固定之后，才能获得著作权。美国的版权法即采用此制度。

(2)版权标记取得制度。《世界版权公约》即采用此制度，该公约规定，一切已发表的作品均应加注版权标记，否则将视该作品进入公有领域。版权标记包括版权所有者姓名、首次出版的年份，以及在英文 copyright 的缩写英文字母 c 外加一圆圈，代表版权。

(3)出版取得制度。即依据属地原则，以作品在一国境内的首次出版作为取得著作权的标准。例如，我国《著作权法》第二条第三款规定，外国人、无国籍人的作品首先在中国境内出版的，依本法享有著作权。

资料来源：节选于找法网，https://china.findlaw.cn/chanquan/zhuzuoquanfa/zzqqd/1414797.html。

【案例 4—3】　卢爱学是一名大学生，平日酷爱作诗。一日，卢爱学把自己 2011 年 6 月 6 日创作的一首诗拿到多次发表过诗歌的徐天乐同学处请教。徐天乐对此诗很不以为然，提出了诗中的许多问题。卢爱学很是伤心，也觉得自己的水平太差，于是一气之下把稿件撕碎。徐天乐凭印象把该诗写出，并稍加修改，署上自己名字并发表了该作品。

问：徐天乐有没有侵犯卢爱学的著作权？

【分析】　有。《著作权法实施条例》第 6 条规定："著作权自作品创作完成之日起产生。"卢爱学 2011 年 5 月 6 日即享有该诗的著作权。徐天乐稍加修改，署自己的名字并发表了该诗的行为，侵犯了卢爱学的著作权。

（二）人身权的特殊保护

作者的发表权、署名权、修改权、保护作品完整权等著作人身权，永归作者享有，不能转让。

二、著作权的客体

著作权的客体是指著作权法保护的对象，即文学、艺术和科学领域中的作品。

（一）作品的概念

作品，是指文学、艺术和科学领域内具有独创性并能以某种有形形式表现的智力成果。其特征为：

1. 属于文学、艺术和自然科学、社会科学、工程技术等科学领域中的智力成果。

2. 具有独创性。独创性是指作品的表达，而非作品中所包含的思想。著作权法保护作品的表达，不保护作品所包含的思想或主题。

3. 可复制性。

【案例 4—4】 2007 年 7 月，某单位制作了一个名为《婚内生活》的电视节目。《婚内生活》刚一露面还未公开播放就得到媒体的广泛关注，包括被告某网站在内的报纸、网站上的新闻报道铺天盖地。2007 年 12 月 10 日，国家广播电影电视总局下文将《婚内生活》暂缓播出。

自 2008 年 2 月起，某网站推出了一档标题为《婚内生活》的大型故事性情感类谈话节目。同年 3 月，某单位诉至法院，要求某网站停止播放其自己制作的视频《婚内生活》节目并赔偿经济损失 3 万元。

问：某单位的诉讼请求能否得到法院的支持？

【分析】 不能。著作权法并不保护作品中的思想、观念，只保护思想、观念的独创性表达。某单位只有通过文字、符号、声音等客观形式将这种构思、创意表达出来，才能被人们所感知。而只有当这种表达是独创的且符合法律规定时，才构成著作权法保护的作品。因此某单位关于《婚内生活》的节目构思、创意本身并不属于我国著作权法规定的作品保护范围。某网站播放自己制作的视频《婚内生活》节目并不侵犯某单位的著作权。

(二)作品的种类

1. 文字作品，是指小说、诗词、散文、论文等以文字形式表现的作品。

2. 口述作品，是指即兴的演说、授课、法庭辩论等以口头语言形式表现的作品。

3. 音乐、戏剧、曲艺、舞蹈、杂技艺术作品。

4. 美术、建筑作品。

5. 摄影作品。

6. 视听作品。

7. 图形作品和模型作品。

8. 计算机软件。

9. 符合作品特征的其他智力成果。

【案例 4—5】 2017 年 7 月至 2019 年 3 月，被告人陈力受境外人员委托，先后招募被告人林鉴、赖冬、严杰、杨小明、黄亚胜、吴兵峰、伍健兴组建 QQ 聊天群，更新维护“www.131zy.net”“www.zuikzy.com”等多个盗版影视资源网站。其中，陈力负责发布任务并给群内其他成员发放报酬；林鉴负责招募部分人员、培训督促其他成员完成工作任务、统计工作量等；赖冬、严杰、杨小明等人通过从正版网站下载、云盘分享等方式获取片源，通过云转码服务器进行切片、转码、增加赌博网站广告及水印、生成链接，最后将该链接复制粘贴至上述盗版影视资源网站。其间，陈力收到境外人员汇入的盗版影视资源网站运营费用共计 1 250 万余元，各被告人从中获利 50 万至 1.8 万余元不等。

案发后，公安机关从上述盗版影视网站内固定、保全了被告人陈力等人复制、上传的大量侵权影视作品，包括《流浪地球》《廉政风云》《疯狂外星人》等 2019 年春节档电影。

问：陈力等人是否存在侵权行为？

【分析】 是。《中华人民共和国著作权法》第 3 条规定了受法律保护的作品类型，其中第六项为视听作品。《最高人民法院、最高人民检察院关于办理侵犯知识产权刑事案件具体应用法律若干问题的解释》第 11 条规定：“以刊登收费广告等方式直接或者间接收取费用的情形，属于《刑法》第 217 条规定的‘以营利为目的’。”《刑法》第 217 条规定的“未经著作权人许可”，是指没有得到著作权人授权或者伪造、涂改著作权人授权许可文件或者超出授权许可范围的情形。通过信息网络向公众传播他人文字作品、音乐、电影、电视、录像作品、计算机软件及其他作品的行为，应当视为《刑法》第217条规定的“复制发行”。《最高人民法院、最高人民检察院、公安部关于办理侵犯知识产权刑事案件适用法律若干问题的意见》第15条规定：“关于为他人实施侵犯知识产权犯罪提供原材料、机械设备等行为的定性问题，明知他人实施侵犯知识产权犯罪，而为其提供生产、制造侵权产品的主要原材料、辅助材料、半成品、包装材料、机械设备、标签标识、生产技术、配方等帮助，或者提供互联网接入、服务器托管、网络存储空间、通讯传输通道、代收费、费用结算等服务的，以侵犯知识产权犯罪的共犯论处。”

资料来源：节选于中国新闻网《最高检发布第二十六批指导性案例 聚焦知识产权司法保护》，https://www.chinanews.com/gn/2021/02-08/9407637.shtml。

（三）不予保护的对象

1. 依法禁止出版、传播的作品。

2. 官方文件，即法律、法规、国家机关的决议、决定、命令和其他具有立法、行政、司法性质的文件及其官方正式译文。

3. 单纯事实消息，如通过报纸、期刊、广播电台、电视台等媒体报道的时事新闻。但传播报道他人采编的时事新闻，应当注明出处。

4. 历法、数表、通用表格和公式。

【案例4－6】 下列受著作权法保护的作品是（　　）。

A.《中华人民共和国专利法》

B. 最高人民法院组织编写的《行政诉讼案例选编》

C. 郭敬明的《最小说》

D. 淫秽书籍

【分析】 BC。

三、著作权的主体

著作权的主体，即著作权人，是指依法对文学、艺术和科学作品享有著作权的人，包括作者以及其他依法享有著作权的自然人、法人或者非法人组织。

（一）一般意义上的著作权主体

1. 作者

作者是指文学、艺术和科学作品的创作人。除法律另有规定的外，著作权属于作者。

创作作品的自然人是作者。创作，是指产生文学、艺术和科学作品的智力活动。为他人创作进行组织工作，提供咨询意见、物质条件，或者进行其他辅助工作，均不视为创作。

由法人或者其他非法人组织主持，代表法人或者其他非法人组织意志创作，并由法人或者其他非法人组织承担责任的作品，法人或者其他组织视为作者。计算机软件的著作权属于软件开发者。

如无相反证明，在作品上署名的自然人、法人或者其他非法人组织为作者。

外国人、无国籍人的作品，在一定条件下可以受我国著作权法保护。

2. 继受人

继受著作权人包括继承人、受赠人、受遗赠人、受让人、作品原件的合法持有人和国家。

(二)其他著作权人

1. 演绎作品。演绎作品,又称派生作品,是指在已有作品的基础上,经过改编、翻译、注释、整理等创造性劳动而产生的作品。其著作权由演绎者享有,但行使著作权时不得侵犯原作品的著作权。

2. 合作作品。它是指由两个以上作者合作创作的作品,其著作权由合作者共同享有。

【案例 4—7】 甲、乙共同创作完成一部小说,甲主张发表,乙不同意。后乙死亡,有一继承人。后甲将该小说发表,下列说法错误的是(　　)。

A. 乙生前不同意发表该小说,甲无权发表

B. 发表该小说的稿费全部由甲获得

C. 该小说的使用权保护期应截止于甲死亡后第 50 年的 12 月 31 日

D. 甲不能剥夺乙的署名权

【分析】 A。合作作品的著作权由合作作者共同享有。如果合作作品不可以分割使用,其著作权由各合作作者通过协商一致行使;不能协商一致,又无正当理由的,任何一方不得阻止他人行使除转让以外的其他权利,但是所得收益应当合理分配给所有合作作者。继承人不属于合作作者。自然人作品的发表权和财产权的保护期,如果是合作作者,截止于最后死亡的作者死亡后第 50 年的 12 月 31 日。

3. 汇编作品。它是指汇编若干作品、作品的片段或者不构成作品的数据或者其他材料,对其内容的选择或者编排体现独创性的作品。其著作权属于汇编人。

4. 视听作品。它是指电影、电视、录像作品和经类似摄制电影的方法创作的作品。其著作权属于制片人,但编剧、导演、摄影、作词、作曲等作者享有署名权。视听作品中的剧本、音乐等可以单独使用的,其作者有权单独行使其著作权。

5. 职务作品。它是指自然人为完成法人或者其他非法人组织工作任务而创作的作品。其著作权归属分几种情形:

(1)单位作品,即由单位主持、代表单位意志创作并由单位承担责任的作品。单位行使完整的著作权。

(2)一般职务作品,指公民为完成单位工作任务而又未主要利用单位物质技术条件创作的除单位作品以外的作品。其著作权由作者享有,但单位有权在业务范围内优先使用。

(3)特殊职务作品,主要是指单位的物质技术条件制作,并由单位承担责任的工程设计图、产品设计图、地图、示意图计算机软件等职务作品,报社、期刊社、通讯社、广播电台、电视台的工作人员制作的职务作品,或者法律、行政法规规定或合同约定著作权由单位享有的职务作品。作者享有署名权,其他权利由单位享有,单位可以给予作者奖励。

【案例 4—8】 A 是一名大学教师,每学期均按学校规定编写教案,并上交学校存档。2018 年 A 向学校提出,因编写教材的需要,要求学校返还教案,或者将教案原本借出复印。但遭到学校拒绝,理由是该教案属于职务作品,一切权利归学校。

问:

(1)该教案是否属于职务作品?

(2)学校关于“该教案属于职务作品,一切权利归学校”的说法是否正确?

【分析】

(1)属于职务作品。该教案是 A 为完成单位工作任务而创作的,属于职务作品。

(2)不正确。该教案属于一般职务作品,著作权由 A 享有,学校的权利仅为在其业务范围

内优先使用。

6. 委托作品。指作者接受他人委托而创作的作品。其著作权归属由委托人和受托人通过合同约定。合同未做明确约定或者没有订立合同的，著作权属于受托人，但委托人在约定的使用范围内享有使用作品的权利；双方没有约定使用作品范围的，委托人可以在委托创作的特定目的范围内免费使用该作品。

【案例 4—9】 红旗中学为了迎接建校 50 周年庆典，特委托某工艺美术学院设计校徽，双方约定校徽著作权归红旗中学所有。工艺美术学院在接受委托后的组织实施中，因自己的设计人员设计稿不尽如人意，遂又委托在某广告公司工作的李某设计校徽，但对著作权的归属未约定。后工艺美术学院将李某的作品交给红旗中学，红旗中学十分满意，将其确定为校徽。但是各方对著作权的归属发生了争议。本案中著作权应归属于(　　)。

A. 红旗中学　　B. 工艺美术学院　　C. 李某　　D. 三方共有

【分析】 C。工艺美术学院与李某之间是委托关系，故选 C。

7. 原件所有权转移的作品。绘画、书法、雕塑等美术作品的原件所有权转移，不改变作品著作权的归属，但美术作品原件的展览权由原件所有人享有。作品原件购买人可以对美术作品欣赏、展览或再出售，但不得从事修改、复制等侵犯作品版权的行为。

8. 作者身份不明的作品。由作品原件的合法持有人行使除署名权以外的著作权。作者身份确定后，由作者或者其继承人行使著作权。

四、著作权的内容

(一)著作人身权

著作人身权是指著作权人基于作品的创作依法享有的以人格利益为内容的权利。它与作者的人身不可分离，一般不能继承、转让，也不能被非法剥夺。

著作人身权包括发表权、署名权、修改权、保护作品完整权。

(二)著作财产权

著作财产权是指作者许可他人使用、全部或部分转让其作品而获得报酬的权利，主要包括复制权、发行权、出租权、展览权、表演权、放映权、广播权、信息网络传播权、摄制权、改编权、翻译权、汇编权、许可他人使用权、转让权、获得报酬权以及其他权利。

财产权可以脱离作者而由他人行使。

【案例 4—10】 2015 年，袁某以营利为目的，通过网络购得“BT 天堂”网站(www.bttiantang.com)域名、服务器及虚拟主机后，在均未取得相关影视作品著作权人许可的情况下，将大量影视作品的磁力链接、种子文件链接发布在其管理运行的“BT 天堂”网站上供网民点击下载，以赚取广告收入。2015 年 5 月至 2016 年 7 月，袁某通过此方式共获取广州星众信息科技有限公司投放在“BT 天堂”网站上的广告费用 1 402 513 元。经远程勘验，“BT 天堂”网站共有影视作品资源 24 737 个，通过抽样下载，有效下载率达 43.956%，有效链接影视作品资源数达 10 873 个。

问：本案中袁某侵犯了什么权利？

【分析】 袁某侵犯了著作权人的著作权，已构成侵犯著作权罪。

资料来源：节选于《著作权篇 2018 年度全国法院知识产权典型案例展示》，https://www.fx361.com/page/2019/1118/6022135.shtml。

五、邻接权

邻接权，也称与著作权有关的权利，指作品的传播者所享有的权利。

邻接权主要包括：出版者对其出版的图书和报刊享有的权利；表演者对其表演享有的权利；录音录像制作者对其制作的录音录像制品享有的权利；广播电台、电视台对其制作的广播、电视节目享有的权利。

六、著作权的限制

（一）合理使用

合理使用是指根据法律的明文规定，不必征得著作权人同意而无偿使用他人已发表作品的行为。合理使用一般只针对已经发表的作品，而且必须基于法律的明文规定（我国《著作权法》第 24 条）。

合理使用情形有：

1. 为个人学习、研究或者欣赏，使用他人已经发表的作品。

2. 为介绍、评论某一作品或者说明某一问题，在作品中适当引用他人已经发表的作品。

3. 为报道时事新闻，在报纸、期刊、广播电台、电视台等媒体中不可避免地再现或者引用已经发表的作品。

4. 报纸、期刊、广播电台、电视台等媒体刊登或者播放其他报纸、期刊、广播电台、电视台等媒体已经发表的关于政治、经济、宗教问题的时事性文章，但著作权人声明不许刊登、播放的除外。

5. 报纸、期刊、广播电台、电视台等媒体刊登或者播放在公众集会上发表的讲话，但作者声明不许刊登、播放的除外。

6. 为学校课堂教学或者科学研究，翻译改编、汇编、播放或者少量复制已经发表的作品，供教学或者科研人员使用，但不得出版发行。

7. 国家机关为执行公务在合理范围内使用已经发表的作品。

8. 图书馆、档案馆、纪念馆、博物馆、美术馆、文化馆等为陈列或者保存版本的需要，复制本馆收藏的作品。

9. 免费表演已经发表的作品，该表演未向公众收取费用，也未向表演者支付报酬，且不以营利为目的。

10. 对设置或者陈列在室外公共场所的艺术作品进行临摹、绘画、摄影、录像。

11. 将中国公民、法人或者其他组织已经发表的以国家通用语言文字创作的作品翻译成少数民族语言文字作品在国内出版发行。

12. 以阅读障碍者能够感知的无障碍方式向其提供已经发表的作品。

13. 法律、行政法规规定的其他情形。

【案例 4－11】 下列对作品的使用，可以不必征得著作权人同意并可以无偿使用的是（　　）。

A. 张教授为更好地进行课堂教学，大量翻译了已经发表的作品，但并没有出版发行

B. 上海市政府为执行公务在合理范围内使用已经发表的作品

C. 表演已经发表的作品，该表演未向公众收取费用，只是向表演者支付少部分报酬

D. 将已经发表的作品改成藏语言出版

【分析】 AB。

(二)法定许可使用

法定许可使用,指依照法律的明文规定,不经著作权人同意有偿使用他人已经发表的作品的行为。

它与合理使用的区别在于:第一,法定许可主要是作品传播者的使用行为,而合理使用不受此限;第二,著作权人事先声明不许使用的,一般不适用法定许可制度,但合理使用一般不受此限;第三,法定许可是有偿使用,使用人必须按规定支付报酬,而合理使用是无偿使用。

法定许可使用包括以下情形:

1. 为实施九年制义务教育和国家教育规划而编写出版教科书,可以不经著作权人许可,在教科书中汇编已经发表的作品片段或者短小的文字作品、音乐作品或者单幅的美术作品、摄影作品、图形作品。

2. 作品被报社、期刊社刊登后,除著作权人声明不得转载、摘编的外,其他报刊可以转载或者作为文摘、资料刊登。

3. 已在报刊上刊登或者网络上传播的作品,除著作权人声明或者上传该作品的网络服务提供者受著作权人的委托声明不得转载、摘编的以外,网站可以转载、摘编。

4. 录音制作者使用他人已经合法录制为录音制品的音乐作品制作录音制品,著作权人声明不许使用的除外。

5. 广播电台、电视台播放他人已经发表的作品。

6. 广播电台、电视台播放已经出版的录音制品。

七、著作权的保护期限

作者的署名权、修改权、保护作品完整权的保护期不受限制。

自然人的作品的发表权及著作财产权的保护期为作者终生及其死亡后50年,截止于作者死亡后第50年的12月31日;若是合作作品,截止于最后死亡的作者死亡后第50年的12月31日。

单位作品,著作权(署名权除外)由法人或者其他非法人组织享有的职务作品,其发表权及各种使用权和著作财产权的保护期为50年,截止于作品发表后第50年的12月31日,但作品自创作完成后50年内未发表的,不再受著作权法的保护。

视听作品的发表权、著作财产权的保护期为50年,截止于作品首次发表后第50年的12月31日,但作品自创作完成后50年内未发表的,不再受著作权法的保护。

作者身份不明的作品,其使用权的保护期截止于作品发表后第50年的12月31日。作者身份确定后,适用著作权法前述的规定,按不同作品类型分别确定保护期。

第三节 商标法

一、商标及商标权

商标俗称牌子,是指经营者在商品或服务项目上使用的,将自己经营的商品或提供的服务与其他经营者经营的商品或提供的服务区别开来的一种商业识别标志。它通常由具有显著特征的文字、图形、字母、数字、三维标志和颜色及其组合构成。

(一)商标的分类

根据不同的标准，可将商标分为以下几类：

1. 平面商标和立体商标

平面商标是指由文字、图形、字母、数字、色彩的组合，或前述要素的相互组合构成的商标。

立体商标是由产品的容器、包装、外形以及其他具有立体外观的三维标志构成的商标，如麦当劳的拱形门等。

2. 商品商标和服务商标

商品商标是指使用于各种商品上，用来区别不同生产者和经营者的商标。

服务商标是指使用于服务项目，用来区别服务提供者的商标，如中央电视台 CCTV 标志等。

3. 集体商标和证明商标

集体商标是指以团体、协会或者其他组织名义注册，供该组织成员在商事活动中使用，以表明使用者在该组织中的成员资格的标志。例如，行业协会注册的商标供协会成员使用。

证明商标是指由对某种商品或者服务具有监督能力的组织所控制，而由该组织以外的单位或者个人使用于其商品或者服务，用以证明该商品或者服务的原产地、原料、制造方法、质量或者其他特定品质的标志，如绿色食品标志、纯羊毛标志等。

【案例 4－12】 纯羊毛标志是(　　)。

A. 服务商标　　B. 证明商标　　C. 集体商标　　D. 等级商标

【分析】 B。

4. 驰名商标、著名商标和知名商标

驰名商标是指由商标局认定的在市场上享有较高声誉并为相关公众所熟知的商标，如“杉杉西服”等。

著名商标是指由省级工商行政管理部门认可的，在该行政区划范围内具有较高声誉和市场知名度的商标。如“携程网”获上海市著名商标。

知名商标是指由市一级工商行政管理部门认可的，在该行政区划范围内具有较高声誉和市场知名度的商标。

5. 防御商标和联合商标

防御商标是指同一民事权利主体在不同类别的商品或服务上注册的若干相同商标，原主要使用的商标为正商标，其余为防御商标。

联合商标是指同一民事权利主体在同一商品或类似商品上注册的若干近似商标。这些商标中首先注册的或者主要使用的为正商标，其余为联合商标。

【案例 4－13】 杭州娃哈哈(集团)股份有限公司注册了“娃哈哈”“娃娃哈”“娃哈娃”和“哈哈娃”等商标，这有利于其驰名商标“娃哈哈”得到有效保护。此四件商标构成(　　)。

A. 防御商标　　B. 集体商标　　C. 联合商标　　D. 组合商标

【分析】 C。

(二)商标权

商标权，指商标注册人在法定期限内对其注册商标所享有的受国家法律保护的各种权利，具体包括专用权、禁止权、许可权、转让权、续展权和标示权等，其中专用权是最重要的权利，其他权利都是由该权利派生出来的。

商标权的主体包括自然人、法人或者其他组织以及符合《中华人民共和国商标法》(下称《商标法》)规定的外国人或者外国企业。

商标权的客体是注册的商标。除驰名商标外，其他未注册的商标不受《商标法》保护。

商标权的取得实行的是注册原则。

二、商标注册

（一）商标注册的原则

1. 申请在先原则

申请在先原则，指两个或者两个以上的商标注册申请人，在同一种商品或者类似商品上，以相同或者近似的商标申请注册的；申请在先的商标，其申请人可获得商标专用权，在后的商标注册申请予以驳回。如果是同一天申请，初步审定并公告使用在先的商标，驳回其他人的申请，不予公告；同日使用或均未使用的，申请人之间可以协商解决，协商不成的，由各申请人抽签决定。

申请商标注册不得损害他人现有的在先权利，也不得以不正当手段抢先注册他人已经使用并有一定影响的商标。

2. 自愿注册原则

自愿注册原则，指商标使用人是否申请商标注册取决于自己的意愿。经注册的商标，商标注册人对其注册商标享有专用权；未经注册的商标，可以在生产服务中使用，但使用人不享有专用权，无权禁止他人在同种或类似商品上使用与其商标相同或近似的商标，但驰名商标除外。

在我国，烟草制品（包括卷烟、雪茄烟和有包装的烟丝）必须使用注册商标。未使用注册商标的烟草制品，禁止生产和销售。

3. 一种商品一件商标的原则

每一种商品只能申请注册一件商标。商标注册申请在不同类别的商品上使用同一商标，应当按商品分类表提出注册申请。注册商标在同一类其他商品上使用，应当另行提出注册申请。

（二）商标注册的条件

申请注册的商标应当具备以下条件：

1. 商标的必备条件。商标的必备条件包括两项：

（1）具备法定的构成要素。即文字、图形、字母、数字、三维标志和颜色，以及其组合和声音等，均可作为商标申请注册。但视觉、气味等商标不能在我国注册。

（2）具有显著特征。商标应当易于识别，并不得与他人先取得的合法权利相冲突。

2. 商标的禁止条件。下列标志不得作为商标使用：

（1）同中华人民共和国的国家名称、国旗、国徽、军旗、勋章相同或者近似的，以及同中央国家机关所在地特定地点的名称或者标志性建筑物的名称、图形相同的。

（2）同外国的国家名称、国旗、国徽、军旗相同或者近似的，但该国政府同意的除外。

（3）同政府间国际组织的名称、旗帜、徽记相同或者近似的，但经该组织同意或者不易误导公众的除外。

（4）与表明实施控制、予以保证的官方标志、检验印记相同或者近似的，但经授权的除外。

（5）同“红十字”“红新月”的名称、标志相同或者近似的。

（6）带有民族歧视性的。

（7）带有欺骗性的，容易使公众对商品的质量等特点或者产地产生误认的。

（8）有害于社会主义道德风尚或者有其他不良影响的。

（9）县级以上行政区划的地名或者公众知晓的外国地名。但是，地名具有其他含义或者作为集体商标、证明商标组成部分的除外。已经注册的使用地名的商标继续有效。

(10)仅有本商品的通用名称、图形、型号的。

(11)仅仅直接表示商品的质量、主要原料、功能、用途、重量、数量及其他特点的。

(12)以三维标志申请注册商标的,仅由商品自身的性质产生的形状(如手机、杯子的形状)、为获得技术效果而须有的商品形状(如镊子)或者使商品具有实质性价值的形状(如汽车轮胎的形状),不得作为商标注册。

【案例4—14】 “两面针牙膏”为柳州市牙膏厂独家研制、开发并长期生产经营的产品,深受消费者欢迎。“两面针”是一种中草药,柳州牙膏厂首次将其作为牙膏的辅助性添加材料加入牙膏,使“两面针牙膏”成为一种对口腔疾病具有较好疗效的中草药牙膏。

河南洁美日用化工厂曾在1985—1989年与柳州市牙膏厂联营生产“两面针牙膏”,依双方的联营协议,河南洁美日用化工厂是以柳州牙膏厂的名义生产“两面针牙膏”。1990年2月双方签订终止联营协议,协议中规定河南洁美日用化工厂不得再生产“两面针牙膏”。其后,河南洁美日用化工厂生产“洁美”牌两面针牙膏。另外,广东省中山市牙膏厂也生产两面针牙膏。

20世纪90年代初,柳州市牙膏厂向国家工商局商标局提出“两面针”商标注册申请。经初步审定公告后,河南洁美日用化工厂和中山市牙膏厂以“两面针”为药物牙膏的主要原料,起主要治疗作用;两面针牙膏也是几个生产厂家共同生产,不应独家占有;“两面针”作为商标注册,不利于市场竞争为由提出商标异议。

问:河南洁美日用化工厂和中山市牙膏厂所提的商标异议的理由是否成立?柳州市牙膏厂的“两面针”商标注册申请应否核准?

【分析】 异议人的异议理由不能成立,柳州牙膏厂的“两面针”商标注册申请应予核准。理由如下:“两面针”作为一种中草药,作为牙膏的添加剂,虽然加入量仅为0.5%,但在疗效上却起着主要的作用。因此,应当认为“两面针”是这类中草药牙膏的主要原料。但是,“两面针”并非所有牙膏必需的添加剂。柳州牙膏厂首先将其加入牙膏,开发出不同于其他牙膏厂家所生产的具有独特性能的牙膏,正体现了其个性。由于长期使用,广大消费者已将“两面针”与柳州牙膏厂生产的中草药牙膏紧紧联系在一起,“两面针”已成为识别该商品的最主要标志,具有了显著性。

(三)商标注册的程序

1. 注册申请

申请人应当提交申请书、商标图样、证明文件并缴纳申请费。申请人可以通过一份申请就多个类别的商品申请注册同一商标。

申请日期一般以商标局收到申请文件的日期为准。申请人享有优先权的,优先权日为申请日。

2. 审查

商标局应当自收到申请文件之日起9个月内审查完毕。对符合规定的注册申请,予以初步审定,并予以公告;对不符合规定的注册申请,予以驳回,书面通知申请人并说明理由。

3. 异议

对初步审定的商标,自公告之日起3个月内,先权利人、利害关系人或者任何人均可以提出异议。商标局依法对提出的异议进行裁定,当事人对裁定不服的,可自收到裁定通知之日起15日内,向商标评审委员会申请复审。商标评审委员会应当自收到申请之日起9个月内做出决定,并书面通知申请人。当事人对商标评审委员会的裁定不服的,可自收到通知之日起30

日内向人民法院起诉。

4. 核准注册

公告期满无异议或异议不成立，当事人又不提出复审或复审理由不成立的，商标局予以核准注册，发给商标注册证，并予以公告。

三、注册商标的转让、许可使用和续展

（一）注册商标的转让

商标权人转让其注册商标，应与受让人签订转让协议，并共同向国家商标局提出申请。

商标权人对其在同一种或者类似商品上注册的相同或者近似的商标，应当一并转让；未一并转让的，由商标局通知其限期改正；期满不改正的，视为放弃转让该注册商标的申请，商标局应当书面通知申请人。

转让注册商标经核准后，予以公告，受让人自公告之日起享有商标专用权。

受让人应当保证使用该注册商标的商品质量。

（二）注册商标的使用许可

商标权人可通过签订商标使用许可合同，许可他人使用其注册商标。许可人应监督被许可人使用其注册商标的商品质量。被许可人必须在使用该注册商标的商品上标明被许可人的名称和商品产地。

商标使用许可合同应当报商标局备案。

（三）注册商标的续展

注册商标的有效期为10年，自核准注册之日起计算。注册商标有效期满，需要继续使用的，应当在期满前12个月内申请续展注册；在此期间未能提出申请的，可以给予6个月的宽展期。每次续展注册的有效期为10年，自该商标上一届有效期满次日起计算。宽展期满仍未提出申请的，注销其注册商标。

【案例4－15】 甲于2005年9月30日申请商标注册，同年12月30日经国家商标局核准取得注册商标，下列各项中符合《商标法》规定的有（　　）。

A. 该注册商标的有效期到2015年12月30日

B. 该注册商标的有效期到2015年9月30日

C. 注册商标有效期满，如果需要继续使用，该厂应该在2014年12月30日以后至2015年12月30日以前申请续展注册

D. 注册商标有效期满，如果需要继续使用，该厂应该在2015年1月1日以后至2015年9月30日以前申请续展注册

【分析】 AC。自核准注册之日起计算保护期。期满需继续使用的，应在期满前12个月内办理续展手续。

四、商标权的消灭

（一）注册商标的注销

它是指商标主管机关基于某些原因取消注册商标的一种管理措施。下列情况下，商标局可以注销注册商标：

1. 商标注册人申请注销的。

2. 注册商标法定期限届满，未续展和续展未获批准的。

3. 商标注册人死亡或者终止，自死亡或者终止之日起1年期满，该注册商标没有办理转移手续的，任何人都可以向商标局申请注销该注册商标。

（二）注册商标的撤销

它是指商标局或商标评审委员会依法强制取消已经注册的商标。

1. 注册不当商标的撤销

注册不当的商标可分两种情况：

一是商标本身不具备注册条件，使用了不得作为商标使用的标志。这类商标可由国家商标局依职权撤销，也可因任何人请求由商标评审委员会撤销。

二是因商标注册而侵犯他人合法权益，具体包括：将他人驰名商标抢先注册，侵犯他人著作权、外观设计专利权、姓名权、商号权而取得的注册，以虚假地理标志进行商标注册，抢先注册他人已有一定影响的未注册商标。这些商标应由利害关系人自商标注册之日起5年内请求商标评审委员会裁定撤销。恶意注册的，驰名商标所有人不受5年时间的限制。

2. 争议商标的撤销

在先申请注册的商标注册人认为他人在后申请注册的商标与其在同一种或者类似商品上的注册商标相同或者近似，在先申请注册的商标注册人可以在后申请注册的商标注册之日起5年内，向商标评审委员会申请裁定撤销。

3. 违法使用商标的撤销

商标注册人有下列行为之一的，由商标局责令限期改正或者撤销其注册商标：(1)自行改变注册商标的；(2)自行改变注册商标的注册人名义、地址或者其他注册事项的；(3)自行转让注册商标的；(4)连续3年停止使用的；(5)使用注册商标，其商品粗制滥造，以次充好，欺骗消费者的。

对商标局撤销注册商标的决定，当事人不服的，可以自收到通知之日起15日内向商标评审委员会申请复审，由商标评审委员会做出决定，并书面通知申请人。当事人对商标评审委员会的决定不服的，可以自收到通知之日起30日内向人民法院起诉。

【资料卡4—3】 商标撤销的后果

被撤销的注册不当商标和争议商标，其商标权视为自始即不存在。撤销注册商标的决定或者裁定，对在撤销前人民法院做出并已执行的商标侵权案件的判决或裁定，工商行政管理机关做出并已执行的商标侵权案件的处理决定，以及已经履行的商标转让或者使用许可合同，不具有追溯力。但是，因商标注册人的恶意给他人造成损失的，应当予以赔偿。

注册商标因为违法使用被撤销的，该注册商标的专用权自商标局的撤销决定生效之日起消灭。

五、商标侵权行为

注册商标的专用权，以核准注册的商标和核定使用的商品为限。侵犯注册商标专用权的行为主要有以下方面：

1. 假冒或仿冒行为。它是指未经商标注册人的许可，在同一种商品或者类似商品上使用与其注册商标相同或者近似的商标。

2. 销售侵犯商标权的商品。

3. 伪造、擅自制造他人注册商标标识或者销售伪造、擅自制造的注册商标标识。

4. 未经商标注册人同意，更换其注册商标并将该更换商标的商品又投入市场。

5. 在同一种或者类似商品上，将与他人注册商标相同或者近似的标志作为商品名称或者商品装潢使用，误导公众。

6. 故意为侵犯他人注册商标专用权行为提供仓储、运输、邮寄、隐匿等便利条件。

7. 将与他人注册商标相同或者相近似的文字作为企业的字号在相同或者类似商品上突出使用，容易使相关公众产生误认。

8. 复制、模仿或者翻译他人注册的驰名商标或其主要部分在不相同或者不相类似商品上作为商标使用，误导公众，致使该驰名商标注册人的利益可能受到损害。

9. 将与他人注册商标相同或者相近似的文字注册为域名，并且通过该域名进行相关商品交易的电子商务，容易使相关公众产生误认。

【案例 4－16】　甲卷烟公司使用“蓝鸟牌”注册商标生产卷烟。一年后发现乙厂未经注册也生产“蓝鸟牌”卷烟，其香烟质量较甲厂为低。甲委托丙律师拟诉请法院求偿。乙得知后找到甲，声明本厂使用该商标已有两年之久，并无假冒侵权之意，并希望协商取得甲的注册商标使用权。甲同意订立注册商标使用许可协议，但坚持要求乙先行赔偿。

问：

(1)如果情况属实，乙的行为属于何种性质？违反了我国商标管理的哪些规定？其法律后果如何？

(2)如甲乙双方达成使用许可协议，应遵循商标法哪些规定？

【分析】

(1)乙的行为首先违反了商标注册的规定，烟草制品和人用药品必须使用注册商标。其次，其未经注册商标所有人甲的同意，在同类商品上使用与其注册商标相类似的商标，是侵权行为，应当停止侵权行为，赔偿甲的损失。

(2)如甲乙双方达成使用许可协议，应采用书面形式，并经商标局登记备案公告。乙方必须在使用该注册商标的卷烟上用中文注明其厂名和厂址，甲方必须监督保证乙方的产品质量。

六、驰名商标的保护

驰名商标，指在一定地域范围内具有较高知名度并为相关公众知晓的商标。

(一)驰名商标的认定

驰名商标的认定可以由国家市场监督管理总局认定，也可以由人民法院在审理案件时认定。驰名商标的认定以当事人申请为原则。

认定驰名商标应当考虑下列因素：

1. 相关公众对该商标的知晓程度，“相关公众”是指与商标所标识的某类商品或者服务有关的消费者和与前述商品或者服务的营销有密切关系的其他经营者。

2. 该商标使用的持续时间。

3. 该商标的任何宣传工作的持续时间、程度和地理范围。

4. 该商标作为驰名商标受保护的记录。

5. 该商标驰名的其他因素。

（二）驰名商标的特殊保护措施

复制、模仿或者翻译他人未在中国注册的驰名商标或者主要部分，在相同或者类似商品上使用，容易导致混淆的，应当承担停止侵害的民事法律责任，申请注册的，不予注册并禁止使用。

就不相同或者不相类似商品申请注册的商标是复制、模仿或者翻译他人已经在中国注册的驰名商标，误导公众，致使该驰名商标注册人的利益可能受到损害的，不予注册并禁止使用。

【案例4—17】 四川海底捞成立于2001年，在餐饮等服务上注册了"海底捞"商标，该商标于2011年被国家商标委认定为驰名商标。2013年3月，某餐饮娱乐公司在餐饮等服务上获得"银馨春天海底豆捞"商标，后将该商标许可给兰州某餐饮公司使用。海底捞公司在市场调查中发现兰州某餐饮公司可能存在侵犯"海底捞"商标的行为，于是委托律师马某处理这起商标侵权纠纷。经过连续的调查取证，马律师团队发现兰州某餐饮公司在其门店招牌上均悬挂有"银馨春天海底豆捞"标识，店内、菜单、订餐卡上均印有"银馨春天海底豆捞"字样，其中"海底豆捞"四字位于突出位置。

问：兰州某餐饮公司是否存在侵犯"海底捞"商标的行为？

【分析】 尽管"银馨春天海底豆捞"是合法的注册商标，但是突出使用"海底豆捞"的行为依然构成侵权。第一，兰州某餐饮公司成立时间和商标获得的时间均晚于"海底捞"商标认定为驰名商标的时间。相比普通商标，驰名商标依法可获得更广泛、有力的保护。第二，在使用商标过程中，兰州某餐饮公司刻意淡化"银馨春天"四个字，突出"海底豆捞"四个字。消费者看到该标识，视觉注意力会被汉字"海底豆捞"所吸引。兰州某餐饮公司对其商标的使用方式，足以使相关公众对服务来源产生误认，或认为使用该标识的餐饮公司与客户公司的服务存在特定的联系，导致市场混淆。第三，兰州某餐饮公司作为在相同服务上的后商标使用人，在使用其商标时，应注意合理避让与区分，但其并没有完全规范使用被授权商标，具有攀附"海底捞"商标声誉的故意。

资料来源：https://news.66law.cn/a/20201208/125274.html。

生产、经营者不得将"驰名商标"字样用于商品、商品包装或者容器上，或者用于广告宣传、展览及其他商业活动中。

第四节 专利法

一、专利法概述及立法概况

专利法是确认发明人（或其权利继受人）对其发明享有专有权，规定专利权人的权利和义务的法律规范的总称。

专利权是指权利人在法定期限内依法对其发明创造成果享有的专有权利。

1984年3月12日第六届全国人民代表大会常务委员会第四次会议通过《中华人民共和国专利法》（下称《专利法》），1992年9月、2000年8月和2008年12月三次修正，现行的《专利法》是2020年10月第十三届全国人大常委会第二十二次会议修正的。

二、专利权的主体

专利权主体即专利权人，是指依法享有专利权并承担相应义务的人。专利权主体包括以下几种：

（一）发明人或设计人

这里的"人"均指自然人，他们是直接参加发明创造活动的人。在发明创造的过程中，只负责组织管理工作或者是为物质条件的利用提供方便的人，不是发明人或者设计人。

发明人可以就非职务发明创造申请专利，申请被批准后，该发明人为专利权人。非职务发明，是在本职工作范围之外，没有利用单位的物质条件所完成的发明创造。

（二）发明人的单位

职务发明创造申请专利的权利属于单位，申请被批准后，该单位为专利权人。该单位可以依法处置其职务发明创造申请专利的权利和专利权，促进相关发明创造的实施和运用。

职务发明人，是指发明人或者设计人执行本单位的任务，或者主要是利用本单位的物质技术条件所完成的发明创造的人。

职务发明创造分为两类：

1. 执行本单位任务所完成的发明创造。包括三种情况：

(1)在本职工作中做出的发明创造；

(2)履行本单位交付的本职工作之外的任务所做出的发明创造；

(3)退职、退休或者调动工作后1年内做出的，与其在原单位承担的本职工作或者原单位分配的任务有关的发明创造。

2. 主要利用本单位的物质技术条件所完成的发明创造。

如果在发明创造过程中，全部或者大部分利用了单位的资金、设备、零部件、原料以及不对外公开的技术资料等条件，这种利用对发明创造的完成起着必不可少的决定性作用，就可以认定为主要利用本单位物质技术条件。

如果仅仅是少量利用了本单位的物质技术条件，且这种物质条件的利用对发明创造的完成无关紧要，则不能因此认定是职务发明创造。

【案例4－18】 甲因完成单位乙交付的任务而完成了一项发明。下列说法正确的是(　　)。

A. 乙在获得专利权后许可他人使用，应从收取的使用费中给予甲奖励

B. 乙若转让该项专利，应从转让费中给予甲方奖励

C. 乙若转让该项专利，甲在同等条件下有优先受让的权利

D. 专利申请权属于甲，专利权属于乙

【分析】 ABC。《专利法》第6条第1款规定："执行本单位的任务或者主要是利用本单位的物质技术条件所完成的发明创造为职务发明创造。职务发明创造申请专利的权利属于该单位；申请被批准后，该单位为专利权人。"《民法典》第847条第1款规定："职务技术成果的使用权、转让权属于法人或者非法人组织的，法人或者非法人组织可以就该项职务技术成果订立技术合同。法人或者非法人组织订立技术合同转让职务技术成果时，职务技术成果的完成人享有以同等条件优先受让的权利。"

（三）共同发明创造人

两个以上单位或者个人合作完成的发明创造、一个单位或者个人接受其他单位或者个人委托所完成的发明创造，除另有协议的以外，申请专利的权利属于完成或者共同完成的单位或者个人；申请被批准后，申请的单位或者个人为专利权人。

【案例4－19】 甲、乙共同完成一项发明，就该项发明的专利申请权所做的下列判断中，

(　　)是正确的。

A. 如果甲不同意申请专利,乙可以自行申请

B. 如果甲放弃其专利申请权,乙可以单独申请,但取得专利后,甲有免费使用的权利

C. 如果甲准备转让其专利申请权,应签订书面合同

D. 如果甲准备转让其专利申请权,乙在同等条件下有优先受让的权利

【分析】 BCD。

《民法典》第860条规定:"合作开发完成的发明创造,申请专利的权利属于合作开发的当事人共有。当事人一方转让其共有的专利申请权的,其他各方享有以同等条件优先受让的权利。但是当事人另有约定的除外。""合作开发的当事人一方声明放弃其共有的专利申请权的,除当事人另有约定外,可以由另一方单独申请或者由其他各方共同申请。"《专利法》第10条第3款规定:"转让专利申请权或者专利权的,当事人应当订立书面合同。"

(四)合法受让人

受让人是指通过合同或继承而依法取得专利权的单位或个人。但受让人不能取得发明人、设计人特定的人身权利。

(五)外国人

具备以下四个条件中任何一项的外国人,便可在我国申请专利:(1)其所属国为《巴黎公约》成员国;(2)其所属国与我国有专利保护的双边协议;(3)其所属国对我国国民的专利申请予以保护;(4)该外国人在中国有经常居所或者营业所。

三、专利权的客体

专利权的客体,即专利法保护的对象,是指可以获得专利法保护的发明创造。专利权的客体有三种:发明、实用新型和外观设计。

(一)发明

发明,是指对产品、方法或者其改进所提出的新的技术方案。发明是利用自然规律的结果,不同于科学发现。发明分为产品发明、方法发明和改进发明三种。

(二)实用新型

实用新型,指对产品的形状、构造或者其结合所提出的适于实用的新的技术方案。与发明相比,实用新型的创造性要求较低,其范围小于发明。

实用新型专利只保护产品。一切有关方法(包括产品的用途)以及未经人工制造的自然存在的物品不属于实用新型专利的保护客体。上述方法包括产品的制造方法、使用方法、通信方法、处理方法、计算机程序以及将产品用于特定用途等。例如,一种玻璃杯的制造方法、数据处理方法、自然存在的水晶等不能获得实用新型专利保护。

(三)外观设计

外观设计,又称工业产品外观设计,是指对产品的整体或局部的形状、图案或者其结合以及色彩与形状、图案相结合所做出的富有美感并适于工业应用的新设计。

外观设计的特点是:将美术设计与产品相结合的产物,不涉及产品的实用功能,与产品内部结构无关,只是起到美化产品的作用。外观设计包含的是美术思想,即解决产品的视觉效果问题,而不是技术思想。

【案例4—20】 外观设计专利的保护范围应当根据(　　)确定。

A. 说明书　　　　B. 图片或照片

C. 实物模型或样品　　D. 说明书加图片或照片

【分析】 B。《专利法》第 56 条第 2 款规定："外观设计专利权的保护范围以表示在图片或者照片中的该外观设计专利产品为准。"

(四)不授予专利权的对象

1. 科学发现。如万有引力定律、质量守恒定律等。

2. 智力活动的规则和方法。例如，交通规则，语言的语法，速算法或口诀，心理测验方法，各种游戏、娱乐的规则和方法，乐谱，食谱，棋谱，计算机程序本身等。

3. 疾病的诊断和治疗方法。例如诊脉法、心理疗法、按摩、为预防疾病而实施的各种免疫方法、以治疗为目的的整容或减肥等。但是药品或医疗器械本身可以申请专利。

4. 动物和植物品种。但动物和植物品种的生产方法，可授予专利权。

5. 原子核变换方法及用原子核变换方法获得的物质。

此外，对违反国家法律、社会公德或者妨害公共利益的发明创造，也不授予专利权，如电子狗、造假币机、万能钥匙等。

【案例 4－21】 依据《专利法》的有关规定，下列情况中不授予专利权的是(　　)。

A. 甲发明了仿真伪钞机　　B. 乙发明了对糖尿病特有的治疗方法

C. 丙发现了某植物新品种　　D. 丁发明了某植物新品种的生产方法

【分析】 ABC。

四、专利权的内容和限制

专利权的内容，是指专利权人依法享有的权利和应承担的义务。

(一)专利权人的权利

1. 独占实施权

专利权人对其专利享有独占权，除法律另有规定的外，他人未经专利权人许可，都不得实施其专利，即不得为生产经营目的，制造、使用、许诺销售、销售、进口其专利产品或使用其专利方法。

2. 转让权

转让专利权的，当事人应当订立书面合同，并向国务院专利行政部门登记，由国务院专利行政部门予以公告，专利权的转让自登记之日起生效。中国单位或者个人向外国人转让专利权的，必须经国务院有关主管部门批准。

【案例 4－22】 某电器集团向日本某电子集团购买专利，下列说法正确的是(　　)。

A. 该专利转让合同应当向中国专利局登记并公告，自公告之日起生效

B. 该专利转让合同还需要到中国专利局备案才可生效

C. 该专利转让合同必须经国务院有关主管部门批准

D. 该专利转让合同应当向中国专利局登记，自登记之日起生效

【分析】 CD。

3. 许可权

它是指专利权人可以许可他人实施其专利技术并收取专利使用费。许可他人实施专利的，当事人应当订立书面合同。

4. 标示权

它是指专利权人享有在其专利产品或者该产品的包装上标明专利标记和专利号的权利。

（二）专利人的义务

专利权人的义务主要是缴纳专利年费。不按规定缴纳年费的，可能导致专利权终止。

职务发明创造专利的单位，在授予专利权后，应当按照规定对发明人或设计人进行奖励；专利实施后，根据其推广应用所取得的经济效益，应按规定发给发明人或者设计人合理的报酬。

（三）专利权的期限

发明专利权的期限为20年，实用新型专利权的期限为10年，外观设计专利权的期限为15年，均自申请日起计算。专利权期限届满后，专利权终止。专利权期限届满前，专利权人可以书面声明放弃专利权。

（四）专利权的限制

1. 不视为侵犯专利权的行为

(1)专利权人制造、进口或者经专利权人许可而制造、进口的专利产品或者依照专利方法直接获得的产品售出后，使用、许诺销售或者销售该产品的。

(2)在专利申请日前已经制造相同产品、使用相同方法或者已经做好制造、使用的必要准备，并且仅在原有范围内继续制造、使用的。

(3)临时通过中国领陆、领水、领空的外国运输工具，依照其所属国同中国签订的协议或者共同参加的国际条约，或者依照互惠原则，为运输工具自身需要而在其装置和设备中使用有关专利的。

(4)专为科学研究和实验而使用有关专利的。

【案例4—23】 下列行为中不视为侵犯专利权的是（　　）。

A. 不知是假冒专利产品而批发购进，事后得知实情，为避免损失，而予售出

B. 购进专利权人生产的专利产品，在未经专利权人许可的情况下，再行售出

C. 为科学实验而使用了专利权人的专利方法，并以由此获得的成果独自申请专利

D. 在专利权人的专利申请日以前已经从事相同产品的生产，现扩大该产品的生产规模

【分析】 BC。

2. 强制许可

强制许可又称非自愿许可，是指国务院专利行政部门依照法律规定，不经专利权人同意，直接许可具备实施条件的申请者实施发明或实用新型专利（无外观设计专利）的一种行政措施。强制许可的情形主要有如下方面：

(1)不实施时的强制许可。具备实施条件的单位以合理的条件请求发明或者实用新型专利权人许可实施其专利，而未能在合理的时间内获得这种许可时，行政主管部门根据该单位的申请，可以给予实施该专利的强制许可。

强制许可仅在专利权被授予之日起满3年后才可以申请，并应当限定其实施主要是为供应国内市场的需要。

(2)根据公共利益需要的强制许可。在国家出现紧急状态或者非常情况时，或者为了公共利益的目的，可强制许可。

(3)从属专利的强制许可。一项取得专利权的发明或者实用新型比之前已经取得专利权的发明或者实用新型具有显著经济意义的重大技术进步，其实施又有赖于前一发明或者实用新型的实施的，专利行政部门根据后一专利权人的申请，可以给予实施前一发明或者实用新型的强制许可；同样根据前一专利权人的申请，也可以给予实施后一发明或者实用新型的强制许可。

【案例4—24】 甲拥有一太阳能电池的发明专利权，乙对此加以改进后获得重大技术进

步，并取得新的专利权。但是专利之实施有赖于甲的专利之实施，双方又未能达成实施许可协议。下述说法中正确的是(　　)。

A. 甲可以申请实施乙之专利的强制许可

B. 乙可以申请实施甲之专利的强制许可

C. 乙在取得实施强制许可后，无须给付甲使用费

D. 任何一方在取得实施强制许可后即享有独占的实施权

【分析】 AB。强制许可适用于三种情形：改进专利之间、长期未使用专利、国家紧急情况下。本题中涉及的就是改进专利之间的强制许可。同时根据《专利法》第 50 条规定，改进专利的前一申请人在后一申请人要求了强制许可的情况下，也可以要求强制许可。依《专利法》第 53 条、第 54 条规定，取得强制许可的单位或者个人不享有独占的实施权，也无权允许他人实施，并且应当给付专利权人合理的使用费。

五、授予专利权的条件

(一)发明、实用新型的条件

授予发明、实用新型专利，必须同时具备新颖性、创造性和实用性。

1. 新颖性

新颖性，是指在申请日以前没有同样的发明或者实用新型在国内外出版物上公开发表过、在国内公开使用过或者以其他方式为公众所知。也没有同样的发明或者实用新型由他人向专利局提出过申请并且记载在申请日以后公布的专利申请文件中。反过来说，不管是国内还是国外出版物上公开发表过的技术不能申请专利，而仅在国外公开使用的技术是可以申请专利的。

但是，申请专利的发明创造在申请日前 6 个月内，有下列情形之一的，不丧失新颖性：

(1)在国家出现紧急状态或者非常情况时，为公共利益目的首次公开的。

(2)在中国政府主办或者承认的国际展览会上首次展出的。

(3)在国务院有关主管部门和全国性学术团体组织召开的学术会议或者技术会议上首次发表的。

(4)他人未经申请人同意而泄露其内容的。

2. 创造性

创造性是指同申请日以前已有的技术相比，该发明有突出的实质性特点和显著的进步，该实用新型有实质性特点和进步。

3. 实用性

实用性是指该发明或者实用新型能够制造或者使用，并且能够产生积极效果。

(二)外观设计的条件

1. 新颖性

授予专利权的外观设计，应当同申请日以前在国内外出版物上公开发表过或者国内公开使用过的外观设计不相同和不相近似。

2. 实用性

授予专利权的外观设计必须适于工业应用，即能够在工业上批量生产。

3. 富有美感

授予专利权的外观设计需迎合人们的视觉感受，能够为大多数消费者接受，不丑陋，不违反社会习俗。

4. 不得与他人在先取得的合法权利相冲突。

这里的在先权利包括商标权、著作权、企业名称权、肖像权、知名商品特有包装装潢使用权等。“在先取得”是指在外观设计的申请日或者优先权日之前取得。

【案例4—25】 授予专利权的外观设计，应当同申请日以前在(　　)出版物上公开发表过或者在(　　)公开使用过的外观设计不相同或者不相近似。

A. 国内　国内　　B. 国内　国外　　C. 国内　国内外　　D. 国内外　国内

【分析】 D。

六、授予专利权的程序

(一)专利的申请

1. 专利申请的原则

(1)形式法定原则。申请专利的各种手续，都应当以书面形式或者国家知识产权局专利局规定的其他形式办理。

(2)单一性原则。它是指一件专利申请只能限于一项发明创造。但属于一个总的发明构思的两项以上的发明或者实用新型，可以作为一件申请提出；用于同一类别并且成套出售或者使用的产品的两项以上的外观设计，可以作为一件申请提出。

(3)先申请原则。同样的发明创造申请专利的，专利权授给最先申请的人。

2. 专利申请文件

(1)申请发明或者实用新型专利，应当提交请求书、说明书及其摘要和权利要求书等文件。

①请求书应当写明发明或者实用新型的名称，发明人或设计人的姓名，申请人姓名或名称、地址，以及其他事项。

②说明书应当对发明或者实用新型做出清楚、完整的说明，以所属技术领域的技术人员能够实现为准，必要时，应当有附图。

③摘要应当简要说明发明或者实用新型的技术要点。

④权利要求书应当以说明书为依据，说明要求专利保护的范围。

(2)申请外观设计专利，应当提交请求书以及该外观设计的图片或者照片等文件，并应写明使用该外观设计的产品及其所属的类别。

3. 专利申请日

专利局收到申请文件之日为申请日。若申请文件是邮寄的，以寄出的邮戳日为申请日。

申请人享有优先权的，优先权日视为申请日。优先权分国际优先权和国内优先权。

(1)国际优先权，是指申请人自发明或者实用新型在外国第一次提出专利申请之日起12个月内，或者自外观设计在中国第一次提出专利申请之日起6个月内，又在中国就相同主题提出专利申请的，依照该外国同中国签订的协议或者共同参加的国际条约，或者依照相互承认优先权的原则，可以享有优先权。

(2)国内优先权，是指申请人自发明或者实用新型在中国第一次提出专利申请之日起12个月内，或者自外观设计在中国第一次提出专利申请之日起6个月内，又向专利局就相同主题提出专利申请的，可以享有优先权。

(二)专利申请的审批

1. 发明专利的审批

(1)初步审查。专利主管机关审查申请是否符合形式要求。

(2)早期公开。经初步审查符合要求的，自申请日起满18个月，即行公布。专利局也可根据申请人请求早日公布其申请。

(3)实质审查。申请日起3年内，专利局可根据申请人随时提出的请求，对申请进行实质审查；申请人无正当理由逾期不请求实质审查的，该申请即被视为撤回。必要时，专利局也可自行实质审查。

(4)授权登记公告。实质审查合格，由专利局做出授权决定，发给专利证书，同时予以登记和公告。发明专利权自公告之日起生效。

2. 实用新型和外观设计专利的审批

实用新型和外观设计专利申请经初步审查没有发现驳回理由的，由专利局做出授权决定，发给相应的专利证书，同时予以登记和公告。专利权自公告之日起生效。

(三)专利的复审和无效宣告

1. 专利的复审

专利申请人对专利局驳回申请的决定不服的，可以自收到通知之日起3个月内，向专利局请求复审。专利申请人对专利局的复审决定不服的，可以自收到通知之日起3个月内向人民法院起诉。

2. 专利权的无效

任何单位或个人发现被授权的专利不符合《专利法》有关规定的，都可以在专利授权之日起申请宣告该专利权无效。请求宣告专利无效，必须向专利局提交申请书和相应文件，并说明理由。对专利局宣告发明专利无效或者维持发明专利权的决定不服的，可以在收到通知之日起3个月内向人民法院起诉，对宣告实用新型和外观设计专利权无效的请求而做出的决定为终局决定。

专利权被宣告无效后，专利权视为自始即不存在。宣告专利权无效的决定，对在宣告专利权无效前人民法院做出并已执行的专利侵权的判决、裁定，已经履行或者强制执行的专利侵权纠纷处理决定，以及已经履行的专利实施许可合同和专利权转让合同，不具有追溯力。但因专利权人的恶意给他人造成的损失，应当赔偿。

七、专利权的保护

(一)专利权的保护范围

1. 发明或者实用新型专利权的保护范围，以其权利要求的内容为准，说明书及附图可以用于解释其权利要求。

2. 外观设计专利权的保护范围，以表示在图片或者照片中的该外观设计专利产品为准。

(二)专利侵权行为

专利侵权行为是指在专利权有效期限内，行为人未经专利权人许可又无法律依据，以盈利为目的实施他人专利的行为。其主要表现为：

1. 未经专利权人许可实施其专利的行为

具体包括：

(1)未经专利权人许可，为生产经营目的制造、使用、许诺销售、销售、进口其专利产品，或者使用其专利方法以及使用、许诺销售、销售、进口依照该专利方法直接获得的产品。

(2)未经专利权人许可，为生产经营目的制造、销售、进口其外观设计专利产品等。

2. 假冒他人专利的行为

具体包括：

(1)未经许可，在其制造或者销售的产品、产品的包装上标注他人的专利号。

(2)未经许可，在广告或者其他宣传材料中使用他人的专利号，使人将所涉及的技术误认为是他人的专利技术。

(3)未经许可，在合同中使用他人的专利号，使人将合同涉及的技术误认为是他人的专利技术。

(4)伪造或者变造他人的专利证书、专利文件或者专利申请文件。

3. 以非专利产品冒充专利产品、以非专利方法冒充专利方法的行为

具体包括：

(1)制造或者销售标有专利标志的非专利产品。

(2)专利权被宣告无效后，继续在制造或者销售的产品上标注专利标记。

(3)在广告或者其他宣传材料中将非专利技术称为专利技术。

(4)在合同中将非专利技术称为专利技术。

(5)伪造或者变造专利证书、专利文件或者专利申请文件等。

本章小结

1. 知识产权是指民事主体对智力劳动成果依法享有的专有权利。

2. 著作权，也称版权，是指作者及其他著作权人对其创作的文学、艺术和科学作品依法享有的权利。著作权包括人身权和财产权两个方面。

3. 商标俗称牌子，是指经营者在商品或服务项目上使用的，将自己经营的商品或提供的服务与其他经营者经营的商品或提供的服务区别开来的一种商业识别标志。

4. 专利权是指权利人在法定期限内依法对其发明创造成果享有的专有权利。

复习思考题

1. 简述著作权合理使用与法定许可使用的关系。
2. 国家对驰名商标是如何保护的？
3. 在我国哪些技术不授予专利权？

第五章　公司法

学习目标

掌握公司的名称和住所、章程、资本、债券、股东代表诉讼等制度；熟悉公司财务、会计主要规定；了解公司董事、监事、高级管理人员的资格和义务；了解公司合并、分立、解散与清算；深刻把握有限责任公司和股份有限公司的设立、组织机构与股权（股份）转让等制度。树立依法设立和经营管理公司的意识。

第一节　公司法概述

一、公司法的概念及立法概况

公司法的概念有广义、狭义之分。广义上的公司法，是指规定公司的设立、组织、运营、变更、解散、股东权利与义务和其他公司内部、外部关系的法律规范的总称，包括涉及公司的所有法律、法规，如《中华人民共和国公司法》（下称《公司法》）、《中华人民共和国公司登记管理条例》（下称《公司登记管理条例》）等。狭义上的公司法，专指以“公司法”命名的立法文件，在我国，即《中华人民共和国公司法》。

1993 年 12 月 29 日第八届全国人民代表大会常务委员会第五次会议通过《公司法》，1999 年 12 月 25 日第九届全国人民代表大会常务委员会第十三次会议、2004 年 8 月 28 日第十届全国人民代表大会常务委员会第十一次会议、2005 年 10 月 27 日第十届全国人民代表大会常务委员会第十八次会议、2013 年 12 月 28 日第十二届全国人民代表大会常务委员会第六次会议多次修正。2018 年 10 月 26 日第十三届全国人民代表大会常务委员会第六次会议第四次对《公司法》进行了修正。

二、公司的概念、特征

公司是指依法设立的，以营利为目的的，由股东投资形成的企业法人。公司具有以下特征：

1. 公司必须依法设立

公司必须依法定条件、法定程序设立。凡在我国境内设立的公司，必须依照我国《公司法》《公司登记管理条例》及其他相关法律、法规所规定的条件和程序设立。

2. 公司以营利为目的，具有营利性

公司以营利为目的，是指设立公司的目的及公司的运作，都是为了谋求经济利益。为此，公司必须连续不断地从事某种经济活动,如商品生产、交换或提供某种服务。公司的营利目的和股东的营利目的是一致的。

3. 公司具有法人资格

法人是与自然人并列的一类民商事主体,具有独立的主体资格,具有法律主体所要求的权利能力与行为能力,能够以自己的名义从事民商事活动并以自己的财产独立承担民事责任。公司是最典型的法人类型,体现了法人的最本质特征。

三、公司的分类

我国《公司法》只规定了两种类型的公司,即有限责任公司和股份有限公司。但公司法理论上存在不同类型的公司。

(一)以公司股东是否对公司债务承担责任为标准分类

可将公司分为无限责任公司、两合公司、股份两合公司、股份有限公司和有限责任公司。这是最主要的公司分类。

无限责任公司是指由两个以上股东组成、全体股东对公司债务负连带无限责任的公司。

两合公司是指由部分无限责任股东和部分有限责任股东共同组成,前者对公司债务负连带无限责任,后者仅以出资额为限承担责任的公司。

股份两合公司是指由部分对公司债务负连带无限责任的股东和部分仅以所持股份对公司债务承担有限责任的股东共同组建的公司。

股份有限公司是指由一定以上人数组成,公司全部资本分为等额股份,股东以其所持股份对公司承担责任,公司以其全部资产对公司债务承担责任的公司。

有限责任公司是指股东仅以其出资额为限对公司承担责任、公司以其全部资产对公司债务承担责任的公司。

(二)以公司股份是否可以自由转让和流通为标准分类

可将公司分为封闭式公司与开放式公司。

封闭式公司又称不公开公司、不上市公司等,是指公司股本全部由设立公司的股东拥有,且其股份不能在证券市场上自由转让的公司。有限责任公司属于封闭式公司。

开放式公司又称公开公司、上市公司等,是指可以按法定程序公开招股,股东人数通常无法定限制、公司的股份可以在证券市场公开自由转让的公司。上市公司是股份有限公司的一种。

(三)以公司的信用基础为标准分类

可将公司分为人合公司、资合公司以及人合兼资合公司。

人合公司是指公司的经营活动以股东个人信用而非公司资本的多寡为基础的公司。无限责任公司是典型的人合公司。

资合公司是指公司的经营活动以公司的资本规模而非股东个人信用为基础的公司。股份有限公司是典型的资合公司。

人合兼资合公司是指公司的设立和经营同时依赖股东个人信用和公司资本规模,从而兼有两种公司的特点。两合公司、股份两合公司和有限责任公司均属此类公司。

(四)以公司之间的关系为标准分类

可将公司分为总公司与分公司、母公司与子公司。

总公司又称本公司,是指依法设立管辖公司全部组织的具有企业法人资格的总机构。总公司通常先于分公司而设立,在公司内部管辖系统中,处于领导、支配地位。分公司是指在业务、资金、人事等方面受本公司管辖而不具有法人资格的分支机构。分公司不具有法律上和经济上的独立地位，其民事责任由公司承担。但分公司能够以自己的名义从事法律行为，有相应的权利能力和行为能力，可以归入非法人组织。

母公司是指拥有其他公司一定数额的股份，或根据协议能够控制、支配其他公司的人事、财务、业务等事项的公司。母公司最基本的特征不在于是否持有子公司的股份，而在于是否参与子公司业务经营。子公司是指一定数额的股份被另一公司控制或依照协议被另一公司实际控制、支配的公司。子公司具有独立法人资格，拥有自己所有的财产，自己的公司名称、章程和董事会，对外独立开展业务和承担责任。但涉及公司利益的重大决策或重大人事安排仍要由母公司决定。

【资料卡 5—1】 总分公司、母子公司的区别

为了区别它们的关系，我们打个比方：总公司与分公司的关系相当于一个人与他的胳膊；母公司与子公司的关系相当于母亲和儿子。胳膊只是身体的一部分，胳膊打了人，这个人当然要承担责任，而不能说仅仅是他的胳膊要承担责任。而母亲和儿子尽管有血缘关系，但儿子毕竟是独立的人，因此儿子打了人，儿子要自己承担责任。因此，子公司是独立的法人，母公司对子公司的控制必须符合一定的法律条件；分公司不具备企业法人资格，其人事、业务、财产等受总公司的直接控制。

(五)以公司的国籍为标准分类

可将公司分为本国公司、外国公司和跨国公司。公司在哪国登记注册，即取得哪国国籍，而不是看资本来源于哪国。比如 IBM(中国)有限责任公司，虽然是美国 IBM 公司在中国出资设立的，但它仍然是中国公司。

第二节　公司的基本制度

一、公司名称和住所

(一)公司的名称

公司的名称相当于自然人的姓名，可以自由选用，但有限责任公司必须在公司名称中标明“有限责任公司”或者“有限公司”字样，股份有限公司必须在公司名称中标明“股份有限公司”或者“股份公司”字样。我国对公司名称的登记管理实行预先核准制度，公司在申请设立登记之前，必须首先申请名称预先核准。

一个标准的公司名称应当包括行政区划、商号、公司的行业和经营特点以及公司的类型。例如，上海交大数通印务有限公司，其中“上海”是地域标志，“交大数通”是商号，“印务”是行业特点，“有限公司”是公司类型。

【案例 5—1】 试说出“浙江万达科技股份有限公司”的行政区划、商号、公司的行业和经营特点以及公司的类型。

【分析】 “浙江”是地域标志，“万达”是商号，“科技”是行业特点，“股份有限公司”是公司类型。

(二)公司的住所

公司以其主要办事机构所在地为住所,主要办事机构指管辖公司全部组织的中枢机构,如公司总部。

公司的住所主要有以下法律意义:(1)确定诉讼管辖地。对公司法人提起的民事诉讼,由被告住所地人民法院管辖。(2)确定公司登记管辖。公司登记除依法应当由市场监督管理总局或省、自治区、直辖市工商行政管理部门核准登记注册公司以外,其他公司由所在市、县、区工商行政管理核准登记。(3)确定债务履行地。对履行地不明确的债务,给付货币的,在接受一方所在地履行,其他标的在履行义务一方所在地履行。所在地即为公司的住所。(4)确定诉讼文书收受的处所。诉讼文书无论以何种方式送达,对公司而言,均以公司住所地为诉讼文书的收受处所。

二、公司章程

公司章程是指公司所必备的,规定其名称、宗旨、资本、组织机构等对内及对外事务的基本法律文件。为设立公司而签署公司章程、向公司认购出资或者股份并履行公司设立职责的人,应当认定为公司的发起人,包括有限责任公司设立时的股东。因此,公司章程由发起人或股东大会订立。

(一)公司章程的内容

公司章程的内容即指公司章程所记载的事项。公司章程的具体内容可因公司种类、公司经营范围、公司经营方式的不同而有所区别,但都可以归为以下三类:

1. 绝对记载事项。法律列举了章程中必须记载的事项,不记载则整个章程无效。

2. 相对记载事项。法律列举了某些事项,但这些事项是否记入公司章程,由章程制定者决定。如果不记入公司章程,则相关事宜由法律规定。

3. 任意记载事项。法律并没有列举项,公司章程制定者认为需要记载在章程中的事项,如董事、监事、高级管理人员的报酬等。此类事项不记入则不发生法律效力。

(二)我国公司法对公司章程内容的规定

1. 有限责任公司公司章程的绝对记载事项包括:(1)公司名称和住所;(2)公司经营范围;(3)公司注册资本;(4)公司股东的姓名或名称;(5)股东的出资方式、出资额和出资时间;(6)公司的机构及其产生办法、职权、议事规则;(7)公司法定代表人;(8)股东会会议认为需要规定的其他事项。

2. 股份有限公司的绝对记载事项包括:(1)公司名称和住所;(2)公司经营范围;(3)公司设立方式;(4)公司股份总数、每股金额和注册资本;(5)发起人的姓名或者名称、认购的股份数、出资方式和出资时间;(6)董事会的组成、职权和议事规则;(7)公司法定代表人;(8)监事会的组成、职权和议事规则;(9)公司利润分配办法;(10)公司的解散事由和清算办法;(11)公司的通知和公告办法;(12)股东大会会议认为需要规定的其他事项。

(三)公司章程的效力

公司章程对公司、股东、董事、监事、高级管理人员具有约束力。

【案例5—2】 上海市H公司的章程中规定:"董事会是公司最高权力机关,其下属分公司经理等高级管理人员的任免必须经董事会讨论决定,由董事长签字才能生效。"

2019年4月,H公司总经理张强未经董事会讨论通过,擅自以公司的名义,任命李坤为下属物资供销分公司经理。该分公司是2019年4月设立的,不具有独立法人资格。

2020 年 7 月 12 日，李坤持该分公司的营业执照和法人授权证明书，与该市交通银行签订了流动资金贷款合同，金额 120 万元，期限为 6 个月。由于该公司经营管理不善，到 2021 年 1 月贷款到期时，只能偿还 20 万元，市交通银行找到 H 公司，要求其承担物资供销分公司的贷款债务。后者以对李坤的任命不符合章程的规定为由，拒绝了交通银行的请求。

另外该公司董事会发现，张强在申请一项非职务发明专利成功后，于 2019 年 6 月 25 日与公司的几位副总经理协商，将该专利在上海市的实施权转让给 H 公司，张强之妻王璧和 H 公司单独使用该项专利，上海市以外的地区张强有权再行转让；张强负责解决专利实施中的所有技术问题，在专利技术形成产品并取得经济效益以后，H 公司每年从产品销售额中提取 5%以现金形式支付给张强。

问：

(1)张强未经董事会讨论通过，擅自以公司的名义，任命李坤为下属物资供销分公司经理的行为是否有效？为什么？

(2)李坤与该市交通银行签订的流动资金贷款合同是否有效？为什么？

(3)H 公司对交通银行的抗辩理由是否成立？为什么？

(4)张强和 H 公司签订的专利实施许可合同是否有效？为什么？

【分析】 (1)无效。因为这一行为违反了公司章程的有关规定。

(2)有效。因为李坤在签订合同时持有该分公司的营业执照和法人授权证明书，足以使第三人确信其身份的合法性和其所具有的代理权。公司不能以其对经理人或者其他负责人的任命不符合章程规定的程序和条件为由而对抗善意第三人。

(3)不能成立。公司内部事务不能对抗善意第三人。

(4)无效。因为除公司章程规定或者股东会同意外，公司经理不得同本公司订立合同或者交易。

(四)公司章程的变更程序

首先，由董事会提出修改公司章程的提议；其次，将修改公司章程的提议通知其他股东；再次，由股东会或股东大会表决通过。

有限责任公司修改公司章程的决议，必须经代表 2/3 以上表决权的股东通过；股份有限公司修改公司章程的决议，必须经出席股东大会的股东所持表决权的 2/3 以上通过。

公司章程变更后，公司董事会应向工商行政管理机关申请变更登记。

三、股东代表诉讼制度

股东代表诉讼，又称派生诉讼、股东代位诉讼，是指当公司的合法权益受到不法侵害而公司却怠于起诉时，公司的股东即以自己的名义起诉、所获赔偿归于公司的一种诉讼制度。

董事、监事、高级管理人员执行公司职务时违反法律、行政法规或者公司章程的规定，给公司造成损失的，有限责任公司的股东、股份有限公司连续 180 日以上单独或者合计持有公司 1%以上股份的股东，可以书面请求监事会/董事会或者监事/董事向人民法院提起诉讼。

监事会/董事会或者监事/董事收到股东书面请求后拒绝提起诉讼，或者自收到请求之日起 30 日内未提起诉讼，或者情况紧急，不立即提起诉讼将会使公司利益受到难以弥补的损害的，股东有权为了公司的利益以自己的名义直接向人民法院提起诉讼。除此之外，他人侵犯公司合法权益，给公司造成损失的，股东可以向人民法院提起诉讼。

如果董事、高级管理人员违反法律、行政法规或者公司章程的规定，损害股东利益的，股东可以向人民法院提起诉讼。此属于直接诉讼,即一般意义上的诉讼,不属于股东代表诉讼。例如股东以知情权、利润分配请求权等权益受到损害,或者公司亏损、财产不足以偿还全部债务,以及公司被吊销企业法人营业执照未清算等为由,提起解散公司诉讼的,人民法院不予受理。

【案例5—3】 某股份公司总股份为100万股,甲于2019年5月1日购买了3 000股,乙于2019年8月1日购买了3 000股,丙于2019年10月1日购买了5 000股。2020年5月1日该公司某董事侵害了公司的合法权益。

问:甲能否单独起诉该董事?甲、乙、丙能否联合起来起诉该董事?

【分析】 甲单独不能起诉该董事,但甲、乙、丙可以联合起来起诉该董事。因为股份有限公司连续180日以上单独或者合计持有公司1%以上股份的股东,可以向人民法院提起诉讼。

四、公司的董事、监事、高级管理人员

(一)公司董事、监事、高级管理人员的任职资格

董事是指对外代表公司、对内执行业务的公司常设机构的成员。占据董事职位的人可以是自然人,也可以是法人。但法人充当公司董事时,应指定一名有行为能力的自然人为代理人。监事是公司的高级管理人员,履行对公司董事、经理、财务的监督职能。公司的高级管理人员是指公司的经理、副经理、财务负责人、上市公司董事会秘书和公司章程规定的其他人员。

根据《公司法》规定,有下列情形之一的,不得担任公司的董事、监事、高级管理人员:

1. 无民事行为能力或者限制民事行为能力。

2. 因贪污、贿赂、侵占财产、挪用财产罪或者破坏社会经济秩序罪,被判处刑罚,执行期满未逾5年,或者因犯罪被剥夺政治权利,执行期满未逾5年。

3. 担任破产清算的公司、企业的董事或者厂长、经理,对该公司、企业的破产负有个人责任的,自该公司、企业破产清算完结之日起未逾3年。

4. 担任因违法被吊销营业执照、责令关闭的公司、企业的法定代表人,并负有个人责任的,自该公司、企业被吊销营业执照之日起未逾3年。

5. 个人所负数额较大的债务到期未清偿。

董事、监事、高级管理人员如果在任职期间出现上述情形的,公司应当解除其职务。

【案例5—4】 甲有限公司在组织筹备阶段,由出资人共同协商推荐董事候选人,下列人员中(　　)不可担任董事。

A. 李四,原为某国有企业厂长,去年因企业破产被免职,现为该公司工人

B. 张三,曾任乙公司经理,但刚到任的第二天该公司就破产了

C. 王二,某厂经理,企业家,但有裸奔的习惯

D. 赵一,个体工商户,因经营不善负有到期债务数十万元且尚未还清

【分析】 ABD。

(二)董事、监事、高级管理人员的义务和责任

1. 董事、监事、高级管理人员的共同义务

(1)遵守法律、行政法规,遵守公司章程,忠实履行职务,维护公司利益;

(2)不得利用在公司的地位和职权为自己牟取私利;

(3)不得利用职权收受贿赂或者其他非法收入;

(4)不得侵占公司的财产;

(5)不得泄露公司秘密。

2. 董事、高级管理人员的特定性义务

董事和高级管理人员不得有下列行为：

(1)挪用公司资金；

(2)将公司资金以其个人名义或者以其他个人名义开立账户存储；

(3)违反公司章程的规定，未经股东会、股东大会或者董事会同意，将公司资金借贷给他人或者以公司资产为他人提供担保；

(4)违反公司章程的规定或者未经股东会、股东大会同意，与本公司订立合同或者交易；

(5)未经股东会或者股东大会同意，利用职务之便为自己或者他人谋取属于公司的商业机会，自营或者为他人经营与所任职公司同类的业务；

(6)接受他人与公司交易的佣金归为己有；

(7)擅自披露公司秘密；

(8)违反对公司忠实义务的其他行为。

董事、高级管理人员违反上述规定所得的收入归公司所有。

【案例 5—5】 阿 Q 系甲有限责任公司的董事兼总经理，该公司主要经营冰箱销售业务。任职期间，阿 Q 代理乙公司从国外进口一批冰箱并将其销售给丙公司，甲公司得知后提出异议。本案应如何认定和处理？

A. 阿 Q 的行为与甲公司无关，甲公司无权提出异议

B. 阿 Q 违反竞业禁止义务，其代理乙公司与丙公司签订的销售合同无效，所进口的冰箱应由甲公司优先购买

C. 阿 Q 违反竞业禁止义务，但并不影响销售合同的效力，由这笔买卖所得的收益应当归甲公司所有

D. 阿 Q 违反竞业禁止义务，但并不影响销售合同的效力，也不影响他由这一买卖所得的收益，仅存在被罢免的可能性

【分析】 C。董事、经理不得自营或者为他人经营与其所任职公司同类的营业或者从事损害本公司利益的活动。从事上述营业或者活动的，所得收入应当归公司所有。董事、经理除公司章程规定或者股东会同意外，不得同本公司订立合同或者交易。

五、公司财务和会计

(一)公司财务、会计的基本要求

公司均应当按照《公司法》《中华人民共和国会计法》和经国务院批准财政部颁布的《中华人民共和国企业财务通则》《中华人民共和国企业会计准则》，建立本公司的财务、会计制度。

公司财务会计制度主要包括两个内容：一是财务会计报告制度，即公司应当依法编制财务会计报表和制作财务会计报告。二是收益分配制度，即公司的年度分配应当依照法律规定及股东会的决议，将公司利润用于缴纳税款、提取公积金以及分配红利。

公司应在每一会计年度终了时编制公司财务会计报告，并依法经会计师事务所审计。会计师事务所的聘用和解聘应由公司的股东会、股东大会或者董事会决定。公司股东会、股东大会或者董事会就解聘会计师事务所表决时，应当允许会计师事务所陈述意见。

有限责任公司应按公司章程规定的期限，将公司财务会计报告及时送交公司的各个股东。股份有限公司的财务会计报告应在召开股东大会的 20 日以前置备于本公司，供股东查阅。

公司除法定的会计账簿外，不得另立会计账簿，对公司资产，不得以任何个人名义开立账

户存储。

(二)公司利润分配

1. 公司收益分配顺序

公司当年税后利润分配规定的法定顺序是:(1)弥补亏损;(2)提取法定公积金,即应当提取税后利润的10%列入公司法定公积金,公司法定公积金累计额为公司注册资本的50%以上的,可以不再提取;(3)提取任意公积金,任意公积金是否提取以及提取的比例由股东会或者股东大会决定;(4)支付股利。

2. 股东利润的分配

股东从公司所分配的利润称为红利、股利或股息。

公司只有弥补亏损和提取法定公积金后,才能将所余利润分配于股东。因此,公司向股东分配股利,必须以有这种盈余为条件。

有限责任公司股东按照实缴的出资比例分取红利。股份有限公司的股东原则上依其所持有的股份比例分配红利。但是,全体股东约定或者公司章程规定也可以不按照出资比例或者持股比例分取红利。

股东会、股东大会或者董事会违反上述规定,在公司弥补亏损和提取法定公积金之前向股东分配利润的,股东必须将违反规定分配的利润退还公司。

公司持有的本公司股份不得参与分配利润。

红利可以是现金支付,也可以分派股份(也称分配红股),并且两者可以同时使用。由股东会或者股东大会决定具体采用哪种方式。

【案例5—6】 根据《公司法》的规定,公司在提取法定公积金之前应(　　)。

A. 向股东支付股利　　B. 缴纳企业所得税

C. 提取任意公积金　　D. 弥补以前年度亏损

【分析】 BD。

六、公司合并、分立、增减资本以及解散和清算

(一)公司的合并

公司合并是指两个或两个以上的公司订立合并协议,依照《公司法》的规定,不经过清算程序而直接结合为一个公司的法律行为。合并后的公司必须承受原公司的全部债权和债务,除非公司与债权人达成了另外的协议。

1. 公司合并的形式

(1)吸收合并,是指一个公司吸收其他公司后存续,被吸收的公司解散。公式为:A+B=A。

(2)新设合并,是指两个或两个以上的公司合并设立一个新的公司,合并各方解散。公式为:A+B=C。

2. 公司合并程序

(1)股东会或股东大会做出合并决定或决议。

(2)签订合并协议。

(3)报审批机关审批。

(4)编制资产负债表和财产清单。

(5)通知债权人,即公司应当自做出合并决议之日起10日内通知债权人,并于30日内在

报纸上公告。债权人自接到通知书之日起 30 日内,未接到通知书的自公告之日起 45 日内,可以要求公司清偿债务或者提供相应的担保。

(6)办理合并登记手续。公司合并应当自公告之日起 45 日后申请登记。

(二)公司的分立

公司分立是指一个公司通过依法签订分立协议,不经过清算程序,分为两个或两个以上公司的法律行为。公司分立前的债务由分立后的公司承担连带责任。但是,公司在分立前与债权人就债务清偿达成的书面协议另有约定的除外。

1. 公司分立的形式

(1)新设分立,是指公司全部资产分别划归两个或两个以上的新公司,原公司不复存在。公式为:A=B+C。

(2)派生分立,是指公司以其部分财产和业务另设立一个新的公司,原公司存续。公司分立程序同公司合并程序。公式为:A=A+B。

2. 公司分立程序

(1)股东会或股东大会做出合并决定或决议。

(2)签订合并协议。

(3)报审批机关审批。

(4)编制资产负债表和财产清单。

(5)通知债权人。即公司应当自做出合并决议之日起 10 日内通知债权人,并于 30 日内在报纸上公告。

(6)办理合并登记手续。公司合并,应当自公告之日起 45 日后申请登记。

(三)公司注册资本的减少和增加

公司增加或者减少注册资本,应当依法向公司登记机关办理变更登记。

1. 注册资本的增加

有限责任公司增加注册资本时,股东认缴新增资本的出资,依照《公司法》设立有限责任公司缴纳出资的有关规定执行。

股份有限公司为增加注册资本发行新股时,股东认购新股,依照《公司法》设立股份有限公司缴纳股款的有关规定执行。

2. 注册资本的减少

公司需要减少注册资本时,必须编制资产负债表及财产清单。公司应当自做出减少注册资本决议之日起 10 日内通知债权人,并于 30 日内在报纸上公告。债权人自接到通知书之日起 30 日内、未接到通知书的自公告之日起 45 日内,有权要求公司清偿债务或者提供相应的担保。公司减资后的注册资本不得低于法定的最低限额。

(四)公司的解散和清算

1. 公司的解散

公司的解散是指已成立的公司基于一定的合法事由而使公司消灭的法律行为。

公司解散的原因有三大类:一般解散、强制解散、股东请求解散。

具体的解散原因为:(1)公司章程规定的营业期限届满或者公司章程规定的其他解散事由出现时;(2)股东会或者股东大会决议解散时;(3)因公司合并或分立需要解散的;(4)依法被吊销营业执照、责令关闭或者被撤销;(5)人民法院依法予以解散。

2. 公司的清算

清算是终结已解散公司的一切法律关系，处理公司剩余财产的程序。公司除因合并或分立解散无须清算，以及因破产而解散的公司适用破产清算程序外，其他解散的公司，都应当按《公司法》的规定清算。其程序为：

(1)成立清算组

公司应当在解散事由出现之日起15日内成立清算组(合并或分立解散除外)清算。有限责任公司的股东、股份有限公司的董事和控股股东未在法定期限内成立清算组开始清算，导致公司财产贬值、流失、毁损或者灭失，债权人可以向人民法院主张其在造成损失范围内对公司债务承担赔偿责任。有限责任公司的股东、股份有限公司的董事和控股股东因怠于履行义务，导致公司主要财产、账册、重要文件等灭失，无法清算的，债权人可以向人民法院主张其在造成损失范围内对公司债务承担赔偿责任。上述情形由实际控制人原因造成的，债权人可以向人民法院主张其在造成损失范围内对公司债务承担赔偿责任。

有限责任公司的清算组由股东组成，股份有限公司的清算组由董事或者股东大会确定的人员组成。有下列情形之一，债权人可以申请人民法院指定清算组清算：①公司解散逾期不成立清算组清算的；②虽然成立清算组但故意拖延清算的；③违法清算可能严重损害债权人或者股东利益的。

债权人未提起清算申请，公司股东可以申请人民法院指定清算组对公司清算。人民法院受理公司清算案件，应当及时指定有关人员组成清算组。清算组成员可以从下列人员或者机构中产生：①公司股东、董事、监事、高级管理人员；②依法设立的律师事务所、会计师事务所、破产清算事务所等社会中介机构；③依法设立的律师事务所、会计师事务所、破产清算事务所等社会中介机构中具备相关专业知识并取得执业资格的人员。

(2)清算组的职责

清算组的职责有：①清理公司财产，分别编制资产负债表和财产清单；②通知、公告债权人；③处理与清算有关的公司未了结的业务；④清缴所欠税款以及清算过程中产生的税款；⑤清理债权、债务；⑥处理公司清偿债务后的剩余财产；⑦代表公司参与民事诉讼活动。

指定的清算组成员有下列情形之一的，人民法院可以根据债权人、股东的申请，或者依职权更换清算组成员：①有违反法律或者行政法规的行为；②丧失执业能力或者民事行为能力；③有严重损害公司或者债权人利益的行为。

公司依法清算结束并办理注销登记前，有关公司的民事诉讼应当以公司的名义进行。

(3)清算程序

①通知或者公告债权人申报债权

清算组应当自成立之日起10日内通知债权人，并于60日内在报纸上公告。债权人应当自接到通知书之日起30日内，未接到通知书的自公告之日起45日内，向清算组申报其债权。债权人申报其债权，应当说明债权的有关事项，并提供证明材料。清算组应当登记债权。在申报债权期间，清算组不得对债权人进行清偿。清算组未履行通知和公告义务，导致债权人未及时申报债权而未获清偿，债权人可以主张清算组成员对因此造成的损失承担赔偿责任。债权人在规定的期限内未申报债权，在公司清算程序终结前补充申报的，清算组应予登记。

②清理财产清偿债务

清算组对公司资产、债权、债务进行清理。在清算期间，公司不得开展新的经营活动。任何人未经清算组批准，不得处分公司财产。清算组在清理公司财产、编制资产负债表和财产清单后，应当制定清算方案，并报股东会、股东大会或者人民法院确认。

公司财产不足以清偿债务时，债权人主张未缴出资股东，以及公司设立时的其他股东或者发起人在未缴出资范围内对公司债务承担连带清偿责任的，人民法院应依法予以支持。债权人补充申报的债权，可以在公司尚未分配财产中依法清偿。公司尚未分配财产不能全额清偿，债权人可以主张股东以其在剩余财产分配中已经取得的财产予以清偿，但债权人因重大过错未在规定期限内申报债权的除外。

清算组在清理公司财产、编制资产负债表和财产清单后，发现公司财产不足以清偿债务的，应当立即向人民法院申请宣告破产。但是，债权人或者清算组不能以公司尚未分配财产和股东在剩余财产分配中已经取得的财产不能全额清偿补充申报的债权为由，向人民法院提出破产清算申请。

人民法院指定的清算组在清理公司财产、编制资产负债表和财产清单时，发现公司财产不足以清偿债务的，也可以与债权人协商制作有关债务清偿方案。债务清偿方案经全体债权人确认且不损害其他利害关系人利益的，人民法院可依清算组的申请裁定予以认可。清算组依据该清偿方案清偿债务后，应当向人民法院申请裁定终结清算程序。债权人对债务清偿方案不予确认或者人民法院不予认可的，清算组应当依法向人民法院申请宣告破产。

公司经人民法院裁定宣告破产后，清算组应当将清算事务移交给人民法院。公司财产能够清偿公司债务的，清算组应先拨付清算费用，然后按照下列顺序清偿：职工工资和社会保险费用与法定补偿金；所欠税款；公司债务。

③分配剩余财产

在支付清算费用和清偿公司债务后，清算组应将剩余的公司财产分配给股东。有限责任公司按照股东的出资比例分配；股份有限公司按照股东持有的股份比例分配。有限责任公司的股东、股份有限公司的董事和控股股东，以及公司的实际控制人在公司解散后，恶意处置公司财产给债权人造成损失，或者未经依法清算，以虚假的清算报告骗取公司登记机关办理法人注销登记，债权人主张其对公司债务承担相应赔偿责任的，人民法院应依法予以支持。

④清算终结

公司清算结束后，清算组应当制作清算报告，报股东会、股东大会或者人民法院确认；并报公司登记机关申请注销登记，同时提交下列文件：公司清算组负责人签署的注销登记申请书；公司依照《公司法》做出的决议或者决定，或行政机关责令关闭的文件；股东会、股东大会或者人民法院确认的清算报告；企业法人营业执照；法律、行政法规规定应当提交的其他文件。

注销登记申请经公司登记机关核准注销登记，公司终止。公司解散应当在依法清算完毕后，申请办理注销登记。公司未经清算即办理注销登记，导致公司无法清算，债权人主张有限责任公司的股东、股份有限公司的董事和控股股东，以及公司的实际控制人对公司债务承担清偿责任的，人民法院应依法予以支持。

公司未经依法清算即办理注销登记，股东或者第三人在公司登记机关办理注销登记时承诺对公司债务承担责任，债权人可以主张其对公司债务承担相应的民事责任。

第三节　有限责任公司

有限责任公司，是指股东以其认缴的出资额为限对公司承担责任，公司以其全部资产对公司债务承担责任的企业法人。

一、有限责任公司的设立

(一)公司设立的条件

设立有限责任公司,应当具备下列条件:

1. 股东符合法定人数

有限责任公司由50个以下股东出资设立。允许设立1人有限责任公司和国有独资公司。股东可以是自然人,也可以是法人或者其他经济组织。

2. 有符合要求的出资

(1)注册资本

符合公司章程规定的全体股东认缴的出资额。设立有限责任公司,公司的注册资本为在公司登记机关登记的全体股东认缴的出资额。法律、行政法规以及国务院决定对有限责任公司注册资本实缴、注册资本最低限额另有规定的,从其规定。如《中华人民共和国银行法》规定设立商业银行的注册资本最低限额为10亿元人民币;《中华人民共和国保险法》规定设立保险公司注册资本的最低限额为2亿元人民币。

(2)出资方式

出资方式有货币、实物、知识产权、土地使用权等。《公司登记管理条例》规定,股东不得以劳务、信用、自然人姓名、商誉、特许经营权或者设定担保的财产等作价出资。

出资人以划拨土地使用权出资,或者以设定权利负担的土地使用权出资,公司、其他股东或者公司债权人主张认定出资人未履行出资义务的,可以要求出资人在指定的合理期间内办理土地变更手续或者解除权利负担;逾期未办理或者未解除的,应当认定出资人未依法全面履行出资义务。

出资人以非货币财产出资,未依法评估作价,公司、其他股东或者公司债权人请求认定出资人未履行出资义务的,应当要求人民法院委托具有合法资格的评估机构对该财产评估作价。评估确定的价额显著低于公司章程所定价额的,应当认定出资人未依法全面履行出资义务。

出资人以房屋、土地使用权或者需要办理权属登记的知识产权等财产出资,已经交付公司使用但未办理权属变更手续,应当责令当事人在指定的合理期间内办理权属变更手续;在前述期间内办理了权属变更手续的,应当认定其已经履行了出资义务;出资人可以主张其实际交付财产给公司使用时享有相应股东权利。出资人以其他公司股权出资,符合下列条件的,应当认定出资人已履行出资义务:出资的股权由出资人合法持有并依法可以转让;出资的股权无权利瑕疵或者权利负担;出资人已履行关于股权转让的法定手续;出资的股权已依法进行了价值评估。

【案例5—7】 依照我国《公司法》规定,股东的出资方式不包括(　　)。

A. 劳务　　B. 机器设备　　C. 土地使用权　　D. 专利技术

【分析】 A。

(3)出资程序

①以货币出资的,应当将货币足额存入有限责任公司在银行开设的账户。

②以非货币财产出资的,应当评估作价,核实财产,不得高估或者低估作价,缴资时应当依法办理财产权的转移手续。

③股东不按公司章程规定缴纳所认缴的出资,除应当向公司足额缴纳外,还应当向已足额缴纳出资的股东承担违约责任。

④股东认足公司章程规定的出资后，由全体股东指定的代表或者共同委托的代理人向公司登记机关报送公司登记申请书、公司章程等文件，申请设立登记。

⑤公司设立后，发现作为设立公司出资的非货币财产的实际价额显著低于公司章程所定价额的，应当由交付该出资的股东补足其差额；公司设立时的其他股东承担连带责任。

⑥公司股东不得抽逃出资。公司成立后，公司、股东或者公司债权人以相关股东的行为符合下列情形之一且损害公司权益为由，视为该股东抽逃出资：将出资款项转入公司账户验资后又转出；通过虚构债权债务关系将其出资转出；制作虚假财务会计报表虚增利润进行分配；利用关联交易将出资转出；其他未经法定程序将出资抽回的行为。

股东抽逃出资，其应向公司返还出资本息，协助抽逃出资的其他股东、董事、高级管理人员或者实际控制人对此承担连带责任。公司债权人可以要求抽逃出资的股东在抽逃出资本息范围内对公司债务不能清偿的部分承担补充赔偿责任，协助抽逃出资的其他股东、董事、高级管理人员或者实际控制人对此承担连带责任。

第三人代垫资金协助发起人设立公司，双方明确约定在公司验资后或者在公司成立后将该发起人的出资抽回以偿还该第三人，发起人依照前述约定抽回出资偿还第三人后又不能补足出资，相关权利人可以要求第三人连带承担发起人因抽回出资而产生的相应责任。

（4）出资责任

股东未履行或者未全面履行出资义务或者抽逃出资，公司可以根据公司章程或者股东会决议对其利润分配请求权、新股优先认购权、剩余财产分配请求权等股东权利做出相应的合理限制。

有限责任公司的股东未履行出资义务或者抽逃全部出资，经公司催告缴纳或者返还，其在合理期间内仍未缴纳或者返还出资，公司可以通过股东会决议解除该股东的股东资格。

有限责任公司的股东未履行或者未全面履行出资义务即转让股权，受让人对此知道或者应当知道，该股东与受让人对此承担连带责任，受让人承担责任后，可以向该未履行或者未全面履行出资义务的股东追偿。公司股东未履行或者未全面履行出资义务或者抽逃出资，公司或者其他股东请求其向公司全面履行出资义务或者返还出资，被告股东不得以诉讼时效为由抗辩。

3. 股东共同制定公司章程

设立公司必须依法制定公司章程，股东应在公司章程上签名、盖章。

4. 有公司名称、组织机构、公司住所

有限责任公司应该有明确的住所、名称及符合要求的组织机构。

【案例5—8】 甲、乙、丙分别出资7万元、8万元和35万元，成立一家有限责任公司。其中，甲、乙的出资为现金，丙的出资为房产。公司成立后，又吸收丁出资现金10万元入股。半年后，该公司因经营不善，拖欠巨额债务。法院在执行中查明，丙作为出资的房产仅值15万元。又查明，丙现有可执行的个人财产10万元。依照《公司法》规定，对此的正确处理方式是（　）。

A. 丙以现有财产补交差额，不足部分待丙有财产时再行补足

B. 丙以现有财产补交差额，不足部分由甲、乙补足

C. 丙以现有财产补交差额，不足部分由甲、乙、丁补足

D. 丙无须补交差额，其他股东也不负补足的责任

【分析】 B。

(二)公司的设立程序

公司的设立程序如下：

1. 订立公司章程

公司章程由全体出资者在自愿协商的基础上制定，经全体投资者同意，股东应当在公司章程上签名、盖章。

2. 股东缴纳出资

当事人之间对是否已履行出资义务发生争议，出资争议股东应当就其已履行出资义务承担举证责任。当事人向人民法院起诉请求确认其股东资格的，应当以公司为被告，与案件争议股权有利害关系的人作为第三人参加诉讼。当事人之间对股权归属发生争议，一方请求人民法院确认其享有股权的，应当证明以下事实之一：(1)已经依法向公司出资或者认缴出资，且不违反法律法规强制性规定。(2)已经受让或者以其他形式继受公司股权，且不违反法律法规强制性规定。

当事人依法履行出资义务或者依法继受取得股权后，公司未签发出资证明书、记载于股东名册并办理公司登记机关登记，当事人可以请求人民法院要求公司履行上述义务。

有限责任公司的实际出资人可以与名义出资人订立合同，约定由实际出资人出资并享有投资权益，以名义出资人为名义股东。实际出资人与名义股东因投资权益的归属发生争议，实际出资人可以以其实际履行了出资义务为由向名义股东主张权利的，名义股东不得以公司股东名册记载、公司登记机关登记为由否认实际出资人的权利。

实际出资人请求公司变更股东、签发出资证明书、记载于股东名册、记载于公司章程并办理公司登记机关登记的，需要经公司其他股东半数以上同意。

3. 申请设立登记

股东的首次出资经依法设立的验资机构验资后，由全体股东指定的代表或者共同委托的代理人向公司登记机关报送公司登记处申请书、公司章程、验资证明等文件，申请设立登记处。公司经核准登记后，领取公司营业执照。

有限责任公司在登记注册后，应向股东签发出资证明书。出资证明书由公司盖章，并且必须在上面载明下列事项：(1)公司名称；(2)公司成立日期；(3)公司注册资本；(4)股东的姓名或者名称、缴纳的出资额和出资日期；(5)出资证明书的编号和核发日期。

公司成立后，股东不得抽逃出资。

4. 发起人责任

公司因故未成立，债权人可以请求全体或者部分发起人对设立公司行为所产生的费用和债务承担连带清偿责任。部分发起人承担责任后，请求其他发起人分担的，应当按照约定的责任承担比例分担责任；没有约定责任承担比例的，按照约定的出资比例分担责任；没有约定出资比例的，按照均等份额分担责任。因部分发起人的过错导致公司未成立，其他发起人主张其承担设立行为所产生的费用和债务的，应当根据过错情况，确定过错一方的责任范围。

发起人因履行公司设立职责造成他人损害，公司成立后受害人请求公司承担侵权赔偿责任的，人民法院应予支持；公司未成立，受害人请求全体发起人承担连带赔偿责任的，人民法院应予支持。公司或者无过错的发起人承担赔偿责任后，可以向有过错的发起人追偿。

二、有限责任公司的组织机构

在我国，一般的有限责任公司，其组织机构为股东会、董事会和监事会；股东人数较少和规模较小的有限责任公司，其组织机构为股东会、执行董事和监事；一人有限责任公司不设股东会。国有独资有限责任公司，其组织机构为董事会、监事会和唯一股东。

(一)股东会

1. 股东会的性质

股东是按其所认缴出资额向有限责任公司缴纳出资的人。有限责任公司股东会由全体股东组成。股东会是公司的权力机构。一人有限责任公司和国有独资公司不设股东会。股东会不是常设机关，而仅以会议形式存在，只有在召开股东会会议时，股东会才作为公司机关存在。

2. 股东会的职权

股东会作为有限责任公司的权力机关，行使下列职权：

(1)决定公司的经营方针和投资计划；

(2)选举和更换非由职工代表担任的董事、监事，决定有关董事的报酬事项；

(3)审议批准董事会的报告；

(4)审议批准监事会或者监事的报告；

(5)审议批准公司的年度财务预算方案、决算方案；

(6)审议批准公司的利润分配方案和弥补亏损方案；

(7)对公司增加或者减少注册资本做出决议；

(8)对发行公司债券做出决议；

(9)对公司合并、分立、解散、清算或变更公司形式做出决议；

(10)修改公司章程；

(11)公司章程规定的其他职权。

3. 股东会的召开

股东会分为定期会议和临时会议两种。定期会议的召开时间由公司章程规定，一般每年召开一次。临时会议可经代表1/10以上表决权的股东，或1/3以上的董事，或监事会，或不设监事会的公司监事提议而召开。

股东会的首次会议由出资最多的股东召集和主持。以后的股东会，凡设立董事会的，股东会会议由董事会召集，董事长主持。董事长不能履行职务或者不履行职务的，由副董事长主持；副董事长不能履行职务或者不履行职务的，由半数以上董事共同推举一名董事主持。有限责任公司不设董事会的，股东会会议由执行董事召集和主持。董事会或者执行董事不能履行或者不履行召集股东会会议职责的，由监事会或者不设监事会的公司的监事召集和主持；监事会或者监事不召集和主持的，代表1/10以上表决权的股东可以自行召集和主持。

召开股东会会议，应当于会议召开15日以前通知全体股东。该通知应写明股东会会议召开的日期、时间、地点和目的，以使股东对拟召开的股东会有最基本的了解。

【案例5—9】 有权提议召开有限责任公司临时股东会会议的有(　　)。

A. 代表12%以上表决权的股东　　B. 1/3以上的董事

C. 监事会主席　　D. 董事长

【分析】 AB。

4. 股东会的决议

股东会会议由股东按照出资比例行使表决权，公司章程另有规定的除外。股东会的议事方式和表决权，除《公司法》有规定的以外，由公司章程规定。

股东会的议事方式和表决程序，除《公司法》有规定的外，由公司章程规定。但下列事项必须经代表2/3以上有表决权的股东通过：(1)修改公司章程；(2)公司增加或者减少注册资本；(3)公司分立、合并、解散或者变更公司形式。

全体股东对股东会议决事项以书面形式一致表示同意的，可以不召开股东会会议而直接做出决定，并由全体股东在决定文件上签名、盖章。

【案例5－10】 甲、乙、丙三人出资20万元设立致远科技有限责任公司，其中甲出资4万元，乙出资6万元，丙出资10万元。公司成立后，召开了第一次股东会。有关这次股东会的下列情况中，不符合《公司法》规定的有(　　)。

A. 会议由甲召集和主持

B. 会议决定公司不设董事会，由乙任执行董事兼任总经理，任期3年

C. 会议决定公司设监事1名，由丙担任，任期4年

D. 会议决定同意公司以3万元购买甲的一项专利权

【分析】 AC。A错误，股东会的首次会议由出资最多的股东召集和主持。B正确，有限责任公司，股东人数较少和规模较小的，可以设一名执行董事，不设立董事会。执行董事可以兼任公司经理。C错误，监事的任期每届为3年，监事任期届满，连选可以连任。D项为公司与股东的交易，《公司法》不禁止。

(二)董事会(执行董事)和经理

1. 董事会的组成

董事会是公司股东会的业务执行机构，享有业务执行权和日常经营的决策权，对股东会负责。它是一般有限责任公司的必设机关和常设机关，但股东人数较少或公司规模较小的有限责任公司可以不设董事会而设立一名执行董事。

董事会成员为3～13人，两个以上的国有企业或者两个以上的其他国有投资主体投资设立的有限责任公司，其董事会成员中应当有公司职工代表；其他有限责任公司董事会成员中可以有公司职工代表。董事会中的职工代表由公司职工通过职工代表大会、职工大会或者其他形式民主选举产生。董事会设董事长一人，可以设副董事长。董事长、副董事长的产生办法由公司章程规定。

董事任期由公司章程规定，但每届任期不得超过3年。任期届满后，可连选连任。董事在任期届满前，股东会不得无故解除其职务。

2. 董事会的职权

董事会行使下列职权：

(1)召集股东会，并向股东会报告工作；

(2)执行股东会的决议；

(3)决定公司的经营计划和投资方案；

(4)制订公司的年度财务预算方案、决算方案；

(5)制订公司的利润分配方案和弥补亏损方案；

(6)制订公司增加或者减少注册资本以及发行公司债券的方案；

(7)制订公司合并、分立、变更公司形式、解散的方案；

(8)决定公司内部管理机构的设置；

(9)决定聘任或者解聘公司经理及其报酬事项，并根据经理的提名，决定聘任或者解聘公司副经理、财务负责人及其报酬事项；

(10)制定公司的基本管理制度；

(11)公司章程规定的其他职权。

3. 董事会的召开

董事会会议由董事长召集和主持。董事长不能履行职务或者不履行职务的，由副董事长召集和主持；副董事长不能履行职务或者不履行职务的，由半数以上董事共同推举一名董事召集和主持。

董事会应当对所议事项的决定做成会议记录，出席会议的董事应当在会议记录上签名。

董事会决议的表决，不是按照其出资来算的，而是实行一人一票制。

4. 经理

有限责任公司可以设经理(这里经理指的是总经理)，由董事会决定聘任或解聘，对董事会负责(请注意：经理不是对股东会负责，而是对董事会负责。可以掌握一条规律：谁选的就对谁负责)。经理可以作为公司的法定代表人。

经理主要负责公司的日常经营管理工作，执行董事会的决议，其主要行使下列职权：

(1)主持公司的生产经营管理工作，组织实施董事会决议；

(2)组织实施公司年度经营计划和投资方案；

(3)拟订公司内部管理机构设置方案；

(4)拟订公司的基本管理制度；

(5)制定公司的具体规章；

(6)提请聘任或者解聘公司副经理、财务负责人；

(7)决定聘任或者解聘除应由董事会决定聘任或者解聘以外的其他负责管理人员；

(8)董事会授予的其他职权。

公司章程如果对经理职权有规定的，依其规定。

(三)监事会

1. 监事会的性质和组成

监事会为经营规模较大的有限责任公司的常设监督机关，专司监督职能。监事会对股东会负责，并向其报告工作。监事会成员不得少于3人；股东人数较少或者规模较小的有限责任公司，可以设1～2名监事，不设监事会。监事会应当包括股东代表和适当比例的公司职工代表，其中职工代表的比例不得低于1/3，具体比例由公司章程规定。监事会中的职工代表由公司通过职工代表大会、职工大会或者其他形式的民主选举产生。董事、高级管理人员不得兼任监事。

监事会设主席1人，由全体监事过半数选举产生。监事会主席召集和主持监事会会议；监事会主席不能履行职务或者不履行职务的，由半数以上监事共同推举一名监事召集和主持监事会会议。

监事的任期是法定的，每届3年，任期届满，连选可以连任。

2. 监事会的职权

监事会、不设监事会的公司的监事行使下列职权：

(1)检查公司财务；

(2)对董事、高级管理人员执行公司职务时的行为进行监督，对违反法律、法规、公司章程或者股东会决议的董事、高级管理人员提出罢免的建议；

(3)当董事和高级管理人员的行为损害公司的利益时，要求董事和高级管理人员予以纠正；

(4)提议召开临时股东会会议，在董事会不履行《公司法》规定的召集和主持股东会会议职责时，召集和主持股东会会议；

(5)向股东会会议提出提案；

(6)依照《公司法》第151条规定，对董事、高级管理人员提起诉讼；

(7)公司章程规定的其他职权。

监事有权列席董事会会议，并对董事会决议事项提出质询或者建议。监事会或者监事发现公司经营情况异常时，可以调查，必要时可以聘请会计师事务所等协助其工作，费用由公司承担。

3. 监事会的决议

监事会每年度至少召开1次会议，监事可以提议召开临时监事会会议。监事会的议事方式和表决程序，除《公司法》有规定的外，由公司章程规定。监事会决议应当经半数以上监事通过。监事会应当对所议事项的决定形成会议记录，出席会议的监事应当在会议记录上签名。

三、有限责任公司的股权转让

(一)对内转让的规则

有限责任公司的股东相互之间可以自由转让股权。

如果因有限公司股东相互之间转让股权而导致公司只剩下一个股东时，公司需符合《公司法》关于一人有限责任公司的有关条件。

(二)对外转让的规则

股东向股东以外的第三人转让股权，无论是部分转让还是全部转让，应当经其他股东过半数(人数计算)的同意。其他股东半数以上不同意转让的，不同意的股东应当购买该转让的股权；不购买的，视为同意转让。

股东对外转让股权，在同等条件下，其他股东享有优先购买权。两个以上股东主张行使优先购买权的，协商确定各自的购买比例；协商不成的，按照转让时各自的出资比例行使优先购买权。

【案例5－11】 2019年甲、乙、丙三人共同出资设立了一有限责任公司。2020年3月，丙与丁达成协议，将丙在公司的出资全部转让给丁，对此，甲、乙均不同意。下列解决方案中，不符合《公司法》规定的是(　　)。

A. 由甲或乙购买丙欲转让给丁的出资

B. 由甲和乙购买丙欲转让给丁的出资

C. 如果甲和乙都不愿意购买，丙有权将出资转让给丁

D. 如果甲和乙都不愿意购买，丙应当终止与丁转让出资的协议

【分析】 D。

(三)股东的股权收购请求权

对股东会下列决议投反对票的股东可以请求公司按照合理的价格收购其股权：

1. 公司连续5年不向股东分配利润，而公司该5年连续盈利，并且符合《公司法》规定的分配利润条件的。

2. 公司合并、分立、转让主要财产的。

3. 公司章程规定的营业期限届满或者公司章程规定的其他解散事由出现，股东会会议通过决议修改公司章程使公司存续的。

(四)股权转让的违约

股权转让后尚未向公司登记机关办理变更登记,原股东将仍登记于其名下的股权转让、质押或者以其他方式处分,处分行为有效。

原股东处分股权造成受让股东损失,受让股东可要求原股东承担赔偿责任,对于未及时办理变更登记有过错的董事、高级管理人员或者实际控制人承担相应的责任;受让股东对于未及时办理变更登记也有过错的,可以适当减轻上述董事、高级管理人员或者实际控制人的责任。

四、一人有限责任公司的特别规定

一人有限责任公司简称一人公司、独资公司或独股公司,是指由一名股东(自然人或法人)持有公司的全部出资的有限责任公司。

对一人有限公司的规制如下:

1. 再投资的限制

一方面,一个自然人只能投资设立一个一人有限责任公司;另一方面,由一个自然人投资设立的一人有限责任公司不能作为股东再投资设立一人有限责任公司。但此限制仅适用于自然人,不适用于法人。

2. 财务会计制度方面的要求

一人有限责任公司应当在每一会计年度终了时编制财务会计报告,并经会计师事务所审计。

3. 人格混同时的股东连带责任

一人有限责任公司的股东不能证明公司财产独立于股东自己的财产的,此时适用《公司法》人格否认制度,股东必须对公司债务承担连带责任,公司的债权人可以将公司和公司股东作为共同债务人进行追索。

以上是关于一人有限公司的特别规定,一人有限公司的其他内容适用有限责任公司的一般规定。

【案例 5—12】 下列关于一人有限责任公司的说法中错误的是(　　)。

A. 一人有限责任公司的注册资本最低为 10 万元

B. 一个自然人只能投资设立一个有限责任公司

C. 应当一次足额缴付公司章程规定的出资额

D. 不设股东会

【分析】 AC。除法律另有规定外,新修订的《公司法》对于公司的注册资本最低限额和缴纳期限都没有具体要求。

五、国有独资公司的特别规定

(一)国有独资公司的概念和特征

国有独资公司是指国家单独出资、由国务院或者地方人民政府授权本级人民政府国有资产监督管理机构履行出资人职责的有限责任公司。其主要特征是:股东只有一个,即国家。具体则由国务院或者地方人民政府委托本级人民政府国有资产监督管理机构履行出资人职责,即由国有资产监督管理机构代行股东权利。比如,中行、工行、建行、农行都是国有独资公司。

(二)国有独资公司的组织机构

1. 国有独资公司的权力机关

国有独资公司不设股东会,国有资产监督管理机构以唯一股东的身份行使股东会的职权。

2. 国有独资公司的董事会

国有独资公司董事的人选来自两个方面：其一是由国有资产监督管理机构委派，其二是公司职工代表，由公司职工通过职工代表大会民主选举产生。董事会成员中应当有公司职工代表。董事每届任期为3年。

国有独资公司董事会的职权比一般有限责任公司董事会的职权要多。除了行使一般有限责任公司董事会的职权外，还行使国有资产监督管理机构授予的一般有限责任公司股东会的部分职权。

国有独资公司的董事长、副董事长、董事、高级管理人员，未经国有资产监督管理机构同意，不得在其他有限责任公司、股份有限公司或者其他经济组织兼职。

3. 监事会

监事会主要由国务院或者国务院授权的机构、部门委派的人员组成，并有公司职工代表参加。监事会的成员不得少于5人，其中职工代表的比例不得少于1/3。

以上是关于国有独资公司的特别规定，国有独资公司的其他内容适用有限责任公司的一般规定。

【案例5—13】 下列有关国有独资公司的说法，正确的是（　　）。

A. 国有独资公司的股东为国有资产监督管理机构

B. 监事会的成员不得少于5人

C. 公司职工代表，由公司职工通过职工代表大会民主选举产生

D. 国有独资公司的董事长、副董事长、董事、高级管理人员，不得在其他有限责任公司、股份有限公司或者其他经济组织兼职

【分析】 BC。

第四节　股份有限公司

股份有限公司，简称股份公司，是指其全部资本分为等额股份，股东以其所认购的股份为限对公司承担责任，公司以其全部资产对公司的债务承担责任的企业法人。

一、股份有限公司的设立

（一）设立条件

1. 发起人符合法定人数。应当有2人以上200人以下为发起人，其中须有半数以上的发起人在中国境内有住所。发起人是指筹办公司的设立事务、认购公司的股份、进行公司设立行为的人，可以是自然人、法人或其他经济组织。

2. 有符合公司章程规定的全体发起人认购的股本总额或者募集的实收股本总额。

3. 股份发行、筹办事项符合法律规定。

4. 发起人制定公司章程。

5. 有公司名称，建立符合股份有限公司要求的组织机构。

6. 有公司住所。

（二）设立方式

1. 发起设立，是指由发起人认购公司应发行的全部股份，不向发起人之外的任何人募集而设立公司。

股份有限公司采取发起设立方式设立，注册资本为在公司登记机关登记的全体发起人认购的股本总额。在发起人认购的股份缴足前，不得向他人募集股份。

2. 募集设立，是指由发起人认购公司应发行股份的一部分，其余部分向社会公开募集或向特定对象募集而设立公司。

股份有限公司采取募集方式设立，注册资本为在公司登记机关登记的实收股本总额，发起人认购的股份不得少于公司应发行股份总数的 35%。法律、行政法规对此另有规定的，从其规定。

股份有限公司的认股人未按期缴纳所认股份的股款，经公司发起人催缴后在合理期间内仍未缴纳，公司发起人对该股份另行募集的，应当认定该募集行为有效。认股人延期缴纳股款给公司造成的损失，该认股人应当承担赔偿责任。以贪污、受贿、侵占、挪用等违法犯罪所得的货币出资后取得股权的，对违法犯罪行为予以追究、处罚时，应当采取拍卖或者变卖的方式处置其股权。

（三）设立程序

1. 发起设立方式的程序

（1）发起人认购股份。

（2）缴纳出资。

（3）选举董事会和监事会。

（4）申请设立登记。由董事会向公司登记机关申请设立登记。

2. 募集设立方式的程序

（1）发起人认购股份。

（2）公告招股说明书，制作认股书。

（3）签订承销协议和代收股款协议。

（4）召开创立大会。发起人应当自股款缴足之日起 30 日内主持召开公司创立大会。

（5）设立登记并公告。

（四）公司设立中发起人的责任

1. 公司不能成立时，对设立行为所产生的债务和费用负连带责任。

2. 公司不能成立时，对认股人已缴纳的股款，负返还股款并加付同期银行存款利息的连带责任。

3. 在公司设立过程中，因自己的过失使公司利益受到损害的，应当对公司承担赔偿责任。

4. 发起人虚假出资，如未支付货币、实物或者未转移财产权，欺骗债权人和社会公众的，责令改正，处以虚假出资金额 5%以上 15%以下的罚款。

5. 发起人在公司成立后抽逃其出资的，责令其改正，处以所抽逃出资金额 5%以上 15%以下的罚款。

【案例 5—14】 2011 年 9 月，万通有限责任公司与其他 6 家国内企业共同筹划建立顺发开发股份有限公司（下称顺发公司）。资本总额确定为 1 200 万元，7 家发起企业认购其中 500 万元的股份，其余 700 万元向社会公开募集。同年 10 月，发起企业认足了 500 万元的股份。由于发起人作为投资的厂房需要装修，因此，由发行人共同协商成立的顺发公司筹建处向天马装潢公司洽购一批装饰材料，价款总计 69 万元。双方商定顺发公司一经成立便立即向天马装潢公司一次性付清全部货款。事后，天马装潢公司按约履行了合同。在各项准备工作均已完成的情况下，经国务院证券监督管理机构批准，万通公司等 7 家发起企业在当地报纸上发布招股说明书，进行公开募股。但 4 个月募股期限过后，仅募集到 580 万元，公司无法成立。天马装潢公司向万通公司等7家发起企业要求偿付货款69万元，但7家企业拒付货款。天马装潢公司遂以7家企业为被告向当地人民法院提起诉讼。

问：

(1)顺发公司以募集方式设立是否符合《公司法》的有关规定？

(2)万通公司等7家发起企业认购的股份比例是否符合《公司法》的有关规定？

(3)顺发公司在筹建期间是否可以对外发生法律关系？

(4)顺发公司在筹建期间所欠天马装潢公司的69万元货款应由谁承担偿还责任？

【分析】 (1)符合。股份有限公司的设立，可以采取发起设立或者募集设立的方式。

(2)符合。以募集设立方式设立股份有限公司的，发起人认购的股份不得少于公司股份总数的35%，万通公司等7家发起企业认购的股份为500万元，已占顺发公司首期发行股份数的40%以上。

(3)可以。因为顺发公司筹建处作为万通公司等7家发起人的代理人，可以以筹建中的公司的名义对外签订合同，其与天马装潢公司的装饰材料及办公用品买卖合同合法有效。

(4)应由万通公司等7家发起企业承担连带责任。因为该项债务属于因公司设立行为所产生的债务，在公司不能成立时，应由发起人对此承担连带责任。

二、股份有限公司的组织机构

股份有限公司的组织机构包括股东大会、董事会、监事会。

(一)股东大会

股份有限公司股东大会由全体股东组成。股东大会是公司的最高权力机关。

1. 股东大会的职权

《公司法》关于有限责任公司股东会职权的规定适用于股份有限公司的股东大会。

2. 股东大会的召开

股东大会分为年会和临时会议两种。年会应当每年召开一次，通常在每个会计年度终了后6个月内召开。

临时股东大会则应在有下列情况之一时2个月内召开：

(1)董事人数不足《公司法》规定的人数或者公司章程规定的人数的2/3时；

(2)公司未弥补的亏损达到实收股本总数的1/3时；

(3)单独或合计持有公司股份10%以上的股东请求时；

(4)董事会认为必要时；

(5)监事会提议召开时。

股东大会会议由董事会负责召集，董事长主持会议，董事长不能履行职务或者不履行职务时，由副董事长履行职务；副董事长不能履行职务或者不履行职务时，由半数以上董事共同推举一名董事主持。

召开股东大会，应在会议召开的20日前通知各股票的股东。通知中应写明股东大会会议将审议的事项，股东大会会议召开的日期和地点等。临时股东大会应当于会议召开15日前通知股东。股份有限公司发行无记名股票的，应于股东大会召开的30日前公告。无记名股票的股东要出席股东大会的，必须于会议召开5日以前至股东大会闭会时将股票交存于公司，否则不得出席会议。

【案例5—15】 甲股份有限公司董事会于2020年5月10日发出通知，定于6月1日召开临时股东大会，审议发行公司债券及利润分配事宜。在如期举行的股东大会上，通过了上述两项决议，会上还根据大股东王某的提议，表决通过了增加一名董事的决议。

问：临时股东会的三项决议是否合法？

【分析】 发行公司债券与利润分配方案的决议合法。但增加一名董事的决议不合法，临时股东会不得对通知中未列明的事项做出决议。

3. 股东大会的决议

股东出席股东大会会议，所持每一股份有一表决权。但公司持有的本公司的股份没有表决权。

股东大会做出决议，必须经出席会议的股东所持表决权过半数通过。但股东大会做出修改公司章程、增加或者减少注册资本的决议，以及公司合并、分立、解散或者变更公司形式的决议，必须经出席会议的股东所持表决权的 2/3 以上通过。

公司转让、受让重大资产或者对外提供担保等事项必须经股东大会做出决议的，董事会应当及时召集股东大会会议，由股东大会就上述事项进行表决。股东大会应当对所议事项的决定做成会议记录，主持人、出席会议的董事应当在会议记录上签名。会议记录应当与出席股东的签名册及代理出席的委托书一并保存，供股东查阅。

如果股东大会不按照法定的召集方法召集或者决议违法，股东有权通过诉讼途径请求法院宣告决议无效或撤销决议。

4. 累积投票权

股东大会选举董事、监事，可以依照公司章程的规定或者股东大会的决议，实行累积投票制。累积投票制是指股东大会选举董事或者监事时，每一股份拥有与应选董事或者监事人数相同的表决权，股东拥有的表决权可以集中使用。公司是否采用累积投票权制度，由公司章程做出规定或由股东大会做出决议。

【资料卡 5－2】 累积投票制

具体而言，累积投票权是指股东大会选举两名以上的董事或监事时，股东所持的每一股份拥有与当选董事或监事总人数相等的投票权，股东既可以用所有的投票权集中投票选举某一人，也可以分散投票选举数人，按得票多少依次决定董事入选的表决权制度。简言之，股东的表决权票数等于股东所持有的股票数乘以所选举的董事或监事人数。

例如，某公司要选 5 名董事，公司股份共 100 股，股东共 10 人，其中大股东甲持有 51 股(即拥有公司 51％的股份)，其余 9 名股东共计持有 49 股(即合计拥有公司 49％的股份)。

若按直接投票制度，每一股有一个表决权，则甲股东就能够全部按照自己的意志选举 5 名董事，其他股东没机会选举其他董事。

但若采取累积投票制，表决权的总数就成为 500 票(100×5)，甲股东总计拥有的票数为 255 票(51×5)，其他 9 名股东合计拥有 245 票(49×5)。根据累积投票制，股东拥有的表决权可以集中使用，即可以集中投票给一个或几个董事候选人，并按所得同意票数多少的排序确定当选董事，因此从理论上说，其他股东至少可以使自己的 2 名董事当选，而控股比例超过半数的股东最多只能选上 3 名自己的董事。

(二)董事会

1. 董事会的性质及其组成

董事会是股份有限公司必设的业务执行和经营意思决定机构,对股东大会负责。

董事会成员为5～19人。

董事会设董事长1人,可以设副董事长。董事长和副董事长由董事会以全体董事的过半数选举产生。董事长可以为公司的法定代表人。董事长主持股东大会会议和董事会会议,为会议主席。

董事的任期由公司章程规定,但每届任期不得超过3年。任期届满,可连选连任。在任期届满前,股东大会不得无故解除其职务。

2. 董事会的职权

股份有限公司董事会的职权适用《公司法》关于有限责任公司董事会的职权的规定。

3. 董事会会议的召开

董事会每年度至少召开2次会议,每次会议应当于会议召开前10日通知全体董事和监事。代表1/10以上表决权的股东、1/3以上董事或者监事会,可以提议召开董事会临时会议。董事长应当自接到提议后10日内,召集和主持董事会会议。召开临时会议,可以依据公司章程规定,另定召集董事会的通知方式和通知时限。

董事会会议应有过半数的董事出席方可举行。董事会做出决议,必须经出席会议全体董事过半数通过。董事会决议的表决,实行一人一票。董事会应当对会议所议事项的决定做成会议记录,由出席会议的董事和记录员在会议记录上签名。董事会的决议违反法律、行政法规或者公司章程,致使公司遭受严重损失的,参与决议的董事对公司负赔偿责任。但经证明在表决时曾表明异议并记载于会议记录的,该董事可以免除责任。

【案例5－16】 某股份有限公司董事会有董事9名。该董事会某次会议的下列情况中,(　　)违反了《公司法》的规定。

A. 会议记录记载的出席董事为5人,实际到会4人(其中一人提交了另一名因故不能到会的董事出具的代为行使表决权的委托书)

B. 会议通过了公司适当减少注册资本的决议

C. 会议通过了解聘公司现任经理,并由副董事长兼任经理的决议

D. 会议的所有议决事项均载入会议记录,由董事长和记录员在记录上签名

【分析】 BD。减资是股东大会的职权,B项违法;C项属于董事会的职权,合法。

(三)经理

经理是对股份有限公司日常经营管理负有全责的高级管理人员,由董事会聘任或解聘,对董事会负责。

有限责任公司经理职权的规定适用于股份有限公司的经理。

(四)监事会

1. 监事会的性质及其组成

监事会是股份有限公司必设的监察机构,对公司的财务及业务执行情况进行监督。

监事会由监事组成,其人数不得少于3人。

监事的人选由股东代表和公司职工代表构成,其中职工代表的比例不得低于1/3。股东代表由股东大会选举产生;职工代表由公司职工民主选举产生。董事、高级管理人员不得兼任监事。

监事会设主席1人，可以设副主席。监事会主席、副主席由全体监事过半数选举产生。监事的任期每届为3年，任期届满，可连选连任。

2. 监事会的职权

《公司法》第53、54条关于有限责任公司监事会职权的规定，适用于股份有限公司监事会。

三、股份发行和转让

(一)股份与股票

1. 股份

股份是股份有限公司特有的概念，它是按相等金额或相同比例，平均划分公司资本的基本计量单位，是公司资本的最小划分单位。股份具有以下特征：股份所代表的金额相等；股份表示股东享有权益的范围；股份通过股票这种证券形式表现出来。

2. 股票

股票是股份有限公司股份证券化的形式，是股份有限公司签发的证明股东所持股份的凭证。股票是股份的表现形式。

3. 股票与债券的区别

(1)权利性质不同。债券持有人是公司的债权人；而股票的持有人则是公司股东。

(2)收益不同。债券持有人，无论公司是否盈利，均可要求公司依照事先约定的利率计取固定的利息；而股票持有人则只在公司有盈利时才能获取股利。

(3)风险不同。债券的利率一般是固定的，企业清算时，债券持有人享有优先于股票持有人获得清偿的权利，风险较小；而股票股利分配与公司经营好坏密切相关，风险较大。

(4)偿还性不同。债券到了约定期限，公司必须偿还债券本金，而股票持有人只有在公司解散时才可以请求公司分配剩余财产。

(二)股份发行

1. 发行的原则

实行公开、公平、公正的原则。

其一，当公司向社会公开募集股份时，应就有关股份发行的信息依法公开披露。其中，包括公告招股说明书、财务会计报告等。

其二，同次发行的股份，每股的发行条件和价格应当相同。

其三，发行的同种股份，股东所享有的权利和利益应当是相同的。

2. 发行的价格

股票发行价格可以按票面金额，也可以超过票面金额，但不得低于票面金额。即股票可以平价和溢价发行，但不能折价发行。以超过票面金额发行股票所得溢价款，应列入公司资本公积金。

(三)股份转让

股份可自由转让。但《公司法》对股份转让也做了一定的限制：

1. 对股份转让场所的限制。股份必须在依法设立的证券交易场所转让，或者按照国务院规定的其他方式转让。

2. 对发起人持有本公司股份转让的限制。即发起人持有的本公司股份，自公司成立之日起1年内不得转让；公司公开发行股份前已发行的股份，自公司股票在证券交易所上市交易之日起1年内不得转让。

3. 对董事、监事、高级管理人员持有本公司股份转让的限制。即公司董事、监事、高级管理人员应当向公司申报所持有的本公司的股份及其变动的情况，在任职期间内每年转让的股份不得超过其所持有本公司股份总数的 25%。所持本公司股份自公司股票上市交易之日起 1 年内不得转让。上述人员离职后半年内，不得转让其所持有的本公司股份。

【案例 5—17】 下列有关股份有限公司股份转让的说法，错误的是(　　)。

A. 发起人持有的本公司股份，自公司成立之日起 1 年内不得转让

B. 董事、监事、高级管理人员在任职期间不得转让其所持的本公司股份

C. 记名股票的转让交付给受让人后即发生转让的效力

D. 公司为减少注册资本可以收购本公司股份

【分析】 BC。公司董事、监事、高级管理人员在任职期间每年转让的股份不得超过其所持有本公司股份总数的 25%。记名股票以背书或者法律、行政法规规定的其他方式转让。

4. 公司不得收购本公司股份。但是，有下列情形之一的除外：

(1)减少公司注册资本；

(2)与持有本公司股份的其他公司合并；

(3)将股份用于员工持股计划或者股权激励；

(4)股东因对股东大会做出的公司合并、分立决议持异议，要求公司收购其股份；

(5)将股份用于转换上市公司发行的可转换为股票的公司债券；

(6)上市公司为维护公司价值及股东权益所必需。

本章小结

1. 公司是指依法设立的，以营利为目的的，由股东投资形成的企业法人。

2. 公司章程是指公司所必备的，规定其名称、宗旨、资本、组织机构等对内及对外事务的基本法律文件。

3. 公司资本也称股本，是指由公司章程确定并载明的、全体股东的出资总额。

4. 股东代表诉讼，又称派生诉讼、股东代位诉讼，是指当公司的合法权益受到不法侵害而公司却怠于起诉时，公司的股东即以自己的名义起诉、所获赔偿归于公司的一种诉讼制度。

5. 公司债券，是指公司依照法定程序发行、约定在一定期限内还本付息的有价证券。

6. 有限责任公司，是指股东以其认缴的出资额为限对公司承担责任，公司以其全部资产对公司债务承担责任的企业法人。

7. 一人有限责任公司简称一人公司、独资公司或独股公司，是指由一名股东(自然人或法人)持有公司的全部出资的有限责任公司。

8. 国有独资公司是指国家单独出资、由国务院或者地方人民政府授权本级人民政府国有资产监督管理机构履行出资人职责的有限责任公司。

9. 股份有限公司，简称股份公司，是指其全部资本分为等额股份，股东以其所认购的股份为限对公司承担责任，公司以其全部资产对公司的债务承担责任的企业法人。

10. 累积投票制是指股东大会选举董事或者监事时，每一股份拥有与应选董事或者监事人数相同的表决权，股东拥有的表决权可以集中使用。

复习思考题

1. 有限责任公司的设立条件有哪些?

2. 股份有限公司的设立条件有哪些？
3. 哪些人不得担任公司董事、监事、经理？
4. 公司债券与股票有什么区别？
5. 有限责任公司与股份有限公司的股东在转让股权(股份)时有何区别？

第六章　企业法

学习目标

掌握普通合伙企业财产构成、事务执行、与第三人关系及入伙、退伙规定；掌握有限合伙企业的特殊规定；了解个人独资企业的事务管理以及解散与清算。树立依法设立与运行企业的观念。

第一节　合伙企业法

一、合伙企业概述

（一）合伙企业的概念

合伙企业，是指由两个或两个以上的民事主体，通过订立合伙协议，共同出资、共同经营、共享利润、共担风险的企业组织形式。在我国，合伙企业是指自然人、法人和其他组织依照《中华人民共和国合伙企业法》（下称《合伙企业法》），在中国境内设立的普通合伙企业和有限合伙企业。

普通合伙企业由普通合伙人组成，合伙人对合伙企业债务承担无限连带责任。有限合伙企业则包括普通合伙人和有限合伙人，前者对合伙企业债务承担无限连带责任，后者则以其认缴的出资额为限对合伙企业债务承担责任。

（二）《合伙企业法》立法概况

1997 年 2 月 23 日第八届全国人民代表大会常务委员会第二十四次会议通过《合伙企业法》；2006 年 8 月 27 日第十届全国人民代表大会常务委员会第二十三次会议修订通过，并自 2007 年 6 月 1 日起施行。

二、普通合伙企业的设立条件与程序

（一）设立条件

1. 有两个以上合伙人

合伙人可以是自然人，也可以是法人或者其他组织。

合伙人是自然人的，应当具有完全民事行为能力。但根据《合伙企业法》第 48 条、第 50 条的规定，无民事行为能力人或限制行为能力人也有可能成为有限合伙人，但不能成为普通合伙人。

法律、行政法规禁止从事营利性活动的人，不得成为合伙人，具体包括国家公务员、法官、检察官及警察等。

国有独资公司、国有企业、上市公司以及公益性的事业单位、社会团体不得成为普通合伙人，但可以成为有限合伙人。

【案例6－1】 根据《合伙企业法》的规定，在普通合伙企业中，下列各项中，不能成为普通合伙人的是（　　）。

A. 检察官贾某　　B. 中国太平洋保险（集团）股份有限公司

C. 中国石油　　D. 中国红十字会

【分析】 ABCD。

2. 有书面合伙协议

合伙协议，是合伙人为设立合伙企业，明确各自的权利和义务的协议。它是合伙企业进行经营管理、损益分担的重要基础。

合伙协议必须采用书面形式，并载明以下内容：

（1）合伙企业的名称和主要经营场所的地点；

（2）合伙目的和合伙企业的经营范围；

（3）合伙人的姓名或者名称及其住所；

（4）合伙人出资的方式、数额和缴付出资的期限；

（5）利润分配和亏损分担办法；

（6）合伙企业事务的执行；

（7）入伙与退伙；

（8）争议解决办法；

（9）合伙企业的解散与清算；

（10）违约责任。

合伙协议经全体合伙人签名、盖章后生效。合伙协议的修改或补充应当经过全体合伙人一致同意，但合伙协议另有约定的除外。

【案例6－2】 合伙协议生效的条件是（　　）。

A. 全体合伙人签名、盖章　　B. 经公证机关公证

C. 经工商行政管理局批准　　D. 全体合伙人协商一致

【分析】 A。

3. 有合伙人实际缴付的出资

合伙人可以用货币、实物、土地使用权、知识产权或者其他财产权利出资，经协商一致，合伙人也可以用劳务、技术等出资。

合伙人以货币以外的形式出资，一般应进行评估作价。评估作价由合伙人协商确定，也可以由全体合伙人委托法定评估机构评估。若以劳务出资，其评估办法由合伙人协商确定，并在合伙协议中载明。以非货币财产出资的，依照法律、行政法规的规定，需要办理财产权转移手续的，应当依法办理。

合伙人应当按照合伙协议约定的出资方式、数额和缴付出资的期限，履行出资义务。如果合伙人违反了这一义务，即构成违约，其他合伙人可追究其违约责任。

合伙人只能以其实际向合伙缴付的出资作为其出资份额，并据此享有权利和承担义务。与公司不同，《合伙企业法》没有规定合伙企业的最低注册资本，所以合伙企业不存在法定最低注册资本的问题。

4. 有合伙企业名称和生产经营场所

普通合伙企业应当在其名称中标明“普通合伙”字样，其中特殊的普通合伙企业，应当在其名称中标明“特殊普通合伙”字样。

5. 法律、行政法规规定的其他条件

法律、行政法规有其他规定的，从其规定。

(二)合伙企业的设立程序

1. 提出申请

设立合伙企业，应向工商行政管理部门申请设立登记。

申请时应提交的材料：(1)全体合伙人签署的设立登记申请书；(2)全体合伙人的身份证明；(3)全体合伙人指定的代表或者共同委托的代理人的委托书；(4)合伙协议；(5)出资权属证明；(6)经营场所证明；(7)国务院工商行政管理部门规定提交的其他文件。法律、行政法规规定设立合伙企业须报经审批的，还应当提交有关批准文件。

2. 登记

企业登记机关应自收到申请人提交所需的全部文件之日起 20 日内，做出是否登记的决定。予以登记的，发给营业执照，合伙企业的营业执照签发日期，为合伙企业成立之日。不予登记的，登记机关应当给予书面答复并说明理由。

合伙企业领取营业执照之前，合伙人不得以合伙企业的名义从事合伙业务。

合伙企业可以设立分支机构。合伙企业设立分支机构的，应当向分支机构所在地的企业登记机关申请登记，领取营业执照。

三、普通合伙企业的财产

(一)合伙财产的概念

合伙财产是指合伙存续期间，合伙人的出资和所有以合伙企业名义取得的收益以及依法取得的其他财产。

合伙财产包括两部分：一是全体合伙人实际缴付的出资；二是合伙企业成立后解散前，以合伙企业名义取得的全部收益和依法取得的其他资产。

(二)财产的管理与使用

合伙企业财产依法由全体合伙人共同管理和使用。具体表现为：

1. 合伙企业存续期间，合伙人向合伙人以外的人转让其在合伙企业中的全部或部分财产份额时，须经其他合伙人一致同意，在同等条件下其他合伙人有优先受让权。作为合伙人以外的人受让合伙财产份额后，经修改合伙协议即成为合伙人，新合伙人依照修改后的合伙协议享有权利、承担义务。

2. 合伙企业存续期间，合伙人之间可以转让在合伙企业中的全部或者部分财产份额，但应通知其他合伙人。

3. 合伙企业存续期间，合伙人以其在合伙企业中的财产份额出质的，须经其他合伙人一致同意。否则，出质行为无效，或者作为退伙处理；因此给其他合伙人造成损失的，应依法承担赔偿责任。

4. 合伙企业存续期间，除依法退伙等法律有特别规定的外，合伙人不得请求分割合伙企业财产，也不得私自转移或者处分合伙企业财产。但合伙企业不得以此对抗不知情的善意第三人。

【案例 6—3】 甲、乙、丙为某普通合伙企业的合伙人。甲因急需一笔现金，在未征得乙、丙同意的情况下，私自将其在合伙企业中的财产份额转让给丁。

问：

(1)甲的转让行为是否有效？

(2)若甲未经乙同意，将其在合伙企业中的财产份额转让给了丙，是否有效？

【分析】 (1)无效。丁是合伙人以外的人，甲的转让行为必须经其他合伙人一致同意方能生效。

(2)有效。合伙人之间转让其财产份额，只需通知其他合伙人即可。

四、普通合伙事务的执行

(一)合伙事务执行方式

合伙企业事务执行方式包括以下种类：(1)由全体合伙人共同执行；(2)由数名合伙人共同执行；(3)由各合伙人分别单独执行；(4)由一名合伙人执行。

执行合伙企业事务的合伙人对外代表整个合伙企业，而不是个人。

合伙企业可聘用外部人员，从事合伙企业日常事务的管理工作。

(二)合伙事务的决议

合伙事务依法可由一名或数名合伙人代表全体合伙人执行，也可由全体合伙人执行，而合伙企业事务的决议只能由合伙人依法做出，不得委托其他合伙人或合伙人以外的人进行。

合伙人对合伙企业有关事项做出决议，按照合伙协议约定的表决办法办理。

合伙协议未约定或者约定不明确时，一般情况下实行合伙人一人一票并经全体合伙人过半数通过的表决办法，但下列事项应当经全体合伙人一致同意：

(1)改变合伙企业名称；

(2)改变合伙企业的经营范围、主要经营场所的地点；

(3)处分合伙企业的不动产；

(4)转让或者处分合伙企业的知识产权和其他财产权利；

(5)以合伙企业名义为他人提供担保；

(6)聘任合伙人以外的人担任合伙企业的经营管理人员；

(7)修改或者补充合伙协议；

(8)合伙人向第三人转让其在合伙企业中的全部或者部分财产份额；

(9)吸收新的合伙人。

【案例6—4】 根据合伙企业法律制度的规定，普通合伙企业的下列事务中，在合伙协议没有约定的情况下，不必经全体合伙人一致同意即可执行的是(　　)。

A. 改变合伙企业主要经营场所的地点

B. 合伙人之间转让在合伙企业中的部分财产份额

C. 改变合伙企业的名称

D. 转让合伙企业的商标权

【分析】 B。

(三)合伙人的权利与义务

1. 合伙人主要权利

(1)对执行合伙事务享有同等的权利；

(2)执行合伙事务的合伙人对外代表合伙企业；

(3)不执行合伙事务的合伙人有监督检查权；

(4)合伙人具有查阅企业会计账簿等财务资料的权利；

(5)合伙人有提出异议的权利和撤销委托的权利。

2. 合伙人主要义务

(1)合伙事务执行人按照约定向不参加执行事务的合伙人报告事务执行情况及企业经营状况和财务状况；

(2)合伙人不得自营或者同他人合作经营与本合伙企业相竞争的业务；

(3)除合伙协议另有约定或者经全体合伙人同意外，合伙人不得同本合伙企业交易；

(4)合伙人不得从事损害本合伙企业利益的活动。

(四)利润分配与亏损分担

合伙企业的利润分配方法和亏损分担方法，均由合伙协议约定处理。如果未做约定或者约定不明，则由合伙人协商确定；协商不成的，由各合伙人按照实际的(而非约定的)出资比例分配利润和分担亏损。若无法确定各合伙人的出资比例，则由各合伙人平均分配利润和分担亏损。

合伙协议不得约定将全部利润分配给部分合伙人或者由部分合伙人承担全部亏损。如果有这样的约定，应属无效。

【案例 6－5】 甲、乙成立一家普通合伙企业，企业经营良好。后来丙看到有利可图，愿意入伙，甲、乙同意，但约定丙承担企业全部亏损，丙同意。试分析该入伙行为和亏损约定的合法性。

【分析】 入伙行为有效，但丙承担企业全部亏损的约定无效。企业亏损仍由合伙人承担连带责任。

五、普通合伙企业与第三人的关系

(一)合伙与善意第三人的关系

合伙企业对合伙人执行合伙事务以及对外代表合伙企业权利的限制，不得对抗善意第三人。所谓善意第三人，指不知道情况也不应该知道情况的第三人，包括善意取得合伙财产和善意与合伙企业设定其他法律关系的人。

(二)合伙与合伙人的债权人的关系

合伙企业对其债务，应先以其全部财产清偿；合伙企业财产不足以清偿到期债务的，各合伙人应当承担无限连带清偿责任。

合伙人个人债务的清偿规则如下：

1. 合伙企业中某一合伙人的债权人，不得以该债权抵消其对合伙企业的债务。

2. 合伙人个人负有债务，其债权人不得代位行使该合伙人在合伙企业中的权利。

3. 合伙人个人财产不足以清偿其个人所负债务时，该合伙人只能以其从合伙企业中分取的收益清偿，债权人也可以依法请求人民法院强制执行该合伙人在合伙企业中的财产份额用于清偿。

【案例 6－6】 甲为合伙企业的合伙人，乙为甲个人债务的债权人，当甲的个人财产不足以清偿乙的债务时，根据合伙企业法律制度的规定，乙可以行使的权利是(　　)。

A. 代位行使甲在合伙企业中的权利

B. 以对甲的债权抵消其对合伙企业的债务

C. 自行接管甲在合伙企业中的财产份额

D. 依法请求人民法院强制执行甲在合伙企业中的财产份额用于清偿

【分析】 D。

六、普通合伙的入伙与退伙

(一)入伙

入伙是指在合伙企业存续期间,合伙人以外的第三人加入合伙企业并取得合伙人资格的行为。

新合伙人入伙,除合伙协议另有约定外,应当经全体合伙人一致同意,并依法订立书面入伙协议。订立入伙协议时,原合伙人应当向新合伙人如实告知原合伙企业的经营状况和财务状况。

新合伙人对入伙前合伙企业的债务承担连带责任。

【案例6—7】 丙2020年5月9日加入甲、乙成立的普通合伙企业,2020年6月9日又退出了合伙。

问:以下两笔债务,丙是否负责?

(1)2020年4月3日合伙企业购买了A公司的货物,价值100万元;

(2)2020年5月26日合伙企业向银行贷款50万元。

【分析】 丙对这两笔债务都要负责。合伙人对入伙期间以及入伙前的债务都要负责。

(二)退伙

退伙是指合伙人退出合伙企业,从而丧失合伙人的资格。

1. 退伙的形式

(1)声明退伙。声明退伙,又称自愿退伙,是指合伙人基于自愿的意思表示而退伙。它分为协议退伙和通知退伙两种情况。

关于协议退伙,合伙协议中约定合伙企业的经营期限的,有下列情形之一,合伙人可以退伙:①合伙协议约定的退伙事由出现;②经全体合伙人同意退伙;③发生合伙人难以继续参加合伙企业的事由;④其他合伙人严重违反合伙协议约定的义务。

关于通知退伙。合伙协议未约定合伙企业的经营期限的,合伙人在不给合伙企业事务执行造成不利影响的情况下,可以退伙,但应当提前30日通知其他合伙人。

(2)法定退伙。法定退伙指直接根据法律的规定而退伙。它又可分为当然退伙和除名退伙。

当然退伙,是指发生了某种客观情况而导致的退伙,《合伙企业法》规定了这些客观情况:①作为合伙人的自然人死亡或者被依法宣告死亡;②个人丧失偿债能力;③作为合伙人的法人或者其他组织依法被吊销营业执照、责令关闭、撤销,或者被宣告破产;④法律规定或者合伙协议约定合伙人必须具有相关资格而丧失该资格;⑤合伙人在合伙企业中的全部财产份额被人民法院强制执行。合伙人被依法认定为无民事行为能力人或者限制民事行为能力人的,经其他合伙人一致同意,可以依法转为有限合伙人,否则要退伙。

除名退伙,也称开除退伙,是指在合伙人出现法定事由的情形下,由其他合伙人决议将该合伙人除名。《合伙企业法》规定了开除退伙的事由:①未履行出资义务;②因故意或者重大过失给合伙企业造成损失;③执行合伙企业事务时有不正当竞争行为;④合伙协议约定的其他事项。除名决议,应当书面通知被除名人。被除名人接到除名通知之日起,除名生效,被除名人退伙。被除名人对除名决议有异议的,可以自接到除名通知之日起30日内向人民法院起诉。

2. 退伙的效力

就退伙的效力而言，声明退伙与法定退伙基本是一致的，具体表现为：(1)退伙人丧失合伙人身份；(2)导致合伙财产的清理与结算；(3)当只剩余一个合伙人时，导致合伙的解散。

【案例6—8】 A与B、C、D合伙开办了一家合伙企业，由A、B、C各出资5万元，D提供技术入伙，4人平均分配盈余。4人办理了有关手续并租赁了房屋，但并未订立书面协议。半年后，B想把自己的一部分财产份额转让给E，A和C表示同意，但D不同意，并表示愿意受让B转让的那部分财产份额，因多数合伙人同意E成为新的合伙人，D于是提出退伙，A、B、C同意，此时，企业已对银行负债2万元。此后，企业经营状况持续恶化，半年后散伙，又负债3万元。

问：

(1)该合伙关系是否成立？

(2)D可否作为合伙人？

(3)B转让财产份额的行为是否有效？

(4)D是否可以退伙？

(5)若企业解散后，债权人银行要求D偿还2万元的债务，D有无偿还义务？

(6)D退伙后，企业所负3万元债务应由谁来承担？

【分析】 (1)成立。虽然各当事人之间没有订立书面协议，也未经工商登记并领取营业执照，但根据法律规定，当事人之间没有书面协议，但具备合伙的其他条件，又有两个以上无利害关系人证明有口头协议的，可认定有合伙关系。

(2)D可以作为合伙人。合伙人可以用货币、实物、土地使用权、知识产权或者其他财产权利出资，经协商一致，合伙人也可以用劳务、技术等出资。

(3)无效。合伙企业存续期间，合伙人向合伙人以外的人转让其在合伙企业中的全部或部分财产份额时，须经其他合伙人一致同意，在同等条件下其他合伙人有优先受让权。

(4)D可以退伙。

(5)有义务偿还。合伙人对入伙期间以及入伙前的债务承担连带责任。

(6)由A、B、C和E承担。合伙人对入伙期间以及入伙前的债务都要负责。D无需对退伙后发生的债务负责。

七、特殊的普通合伙企业

特殊普通合伙企业是指以专业知识和专门技能为客户提供有偿服务的专业服务机构。如合伙开办的设计师事务所、会计师事务所、律师事务所等。特殊的普通合伙企业名称中应当标明“特殊普通合伙”字样。

一个或者数个合伙人在执业活动中因故意或者重大过失造成合伙企业债务的，应当承担无限责任或者无限连带责任，其他合伙人以其在合伙企业中的财产份额为限承担责任。这点与普通合伙企业不一样。

合伙人在执业活动中非因故意或者重大过失造成的合伙企业债务以及合伙企业的其他债务，由全体合伙人承担无限连带责任。这点与普通合伙企业一样。

【案例6—9】 甲、乙、丙三人于2021年1月成立了一家特殊普通合伙企业A会计师事务所。2月甲在为B客户提供审计业务服务的过程中，因重大过失给客户造成了巨大的经济损失。下列关于对该损失承担责任的表述中，符合《合伙企业法》规定的有(　　)。

A. 甲对此损失承担无限责任

B. 甲、乙、丙共同对此损失承担无限连带责任

C. 乙、丙对此损失不承担责任

D. 乙、丙以其在会计师事务所中的财产份额为限承担责任

【分析】 AD。根据合伙企业法律对于特殊普通合伙企业的相关规定，一个合伙人或者数个合伙人在执业活动中因故意或者重大过失造成合伙企业债务的，应当承担无限责任或者无限连带责任，其他合伙人以其在合伙企业中的财产份额为限承担责任。

八、有限合伙企业

有限合伙企业是指由一个以上的普通合伙人和一个以上的有限合伙人共同设立的合伙企业。

(一)有限合伙企业的特征

1. 合伙人类型不同

有限合伙企业中至少有一个普通合伙人和一个有限合伙人。

2. 合伙事务执行人不同

普通合伙人执行合伙事务，而有限合伙人不执行合伙事务。

3. 风险承担不同

有限合伙人以其各自的出资额为限承担有限责任，普通合伙人之间承担无限连带责任。

(二)有限合伙企业的设立

凡《合伙企业法》对有限合伙企业有特殊规定的，应当适用其特殊规定；无特殊规定的，适用有关普通合伙企业及其合伙人的一般规定。

1. 企业人数

有限合伙企业由 2 个以上 50 个以下合伙人设立，但法律另有规定的除外。

2. 企业名称

企业的名称中应当标明“有限合伙”字样。

3. 合伙协议

合伙协议除需要记载普通合伙企业协议应当载明的事项外，还需要载明以下特殊事项：(1)执行事务合伙人应具备的条件和选择程序；(2)执行事务合伙人的权限与违约处理办法；(3)执行事务合伙人的除名条件和更换程序；(4)有限合伙人入伙、退伙的条件、程序以及相关责任；(5)有限合伙人和普通合伙人相互转变程序。

4. 出资形式

有限合伙人不得以劳务出资。

有限合伙企业登记事项中应当载明有限合伙人的姓名或者名称及认缴的出资数额。

【案例 6—10】 下列关于有限合伙企业的表述中，正确的是(　　)。

A. 有限合伙企业由 2 个以上 50 个以下合伙人设立，但法律另有规定的除外

B. 有限合伙企业名称中应当标明“有限合伙”字样

C. 有限合伙企业中至少有一个普通合伙人和一个有限合伙人

D. 普通合伙人可以以劳务出资，而有限合伙人不得以劳务出资

【分析】 ABCD。

(三)有限合伙企业事务的执行

有限合伙企业的事务由普通合伙人执行。有限合伙人不执行合伙事务，也不得对外代表有限合伙企业。

有限合伙人的下列行为不视为执行合伙事务：(1)参与决定普通合伙人入伙、退伙；(2)对企业的经营管理提出建议；(3)参与选择承办有限合伙企业审计业务的会计师事务所；(4)获取经审计的有限合伙企业财务会计报告；(5)对涉及自身利益的情况，查阅有限合伙企业财务会计账簿等财务资料；(6)在有限合伙企业中的利益受损时，向有责任的合伙人主张权利或者提起诉讼；(7)执行事务合伙人怠于行使权利时，督促其行使权利或者为了本企业的利益以自己的名义提起诉讼；(8)依法为本企业提供担保。

【案例6－11】 甲、乙、丙于2021年成立了一家合伙企业A，其中甲为1名12周岁的中学生，根据合伙企业法律制度的规定，下列合伙事务中，甲不能执行的有(　　)。

A. 参与决定普通合伙人丁入伙

B. 参与签订与B公司之间的买卖合同

C. 参与选择承办企业审计业务的会计师事务所

D. 为合伙企业A的未来发展方向献计献策

【分析】 B。

(四)有限合伙人的特殊权利

1. 除非合伙协议另有约定，有限合伙人可以同合伙企业交易；而普通合伙人通常不可，除非合伙协议另有约定或者经过全体合伙人同意。

2. 除非合伙协议另有约定，有限合伙人可以自营或者同他人合作经营与本合伙企业相竞争的业务；而普通合伙人不可。

3. 除非合伙协议另有约定，有限合伙人可以将其在合伙企业中的财产份额出质；而普通合伙人须经其他合伙人一致同意方可。

4. 有限合伙人可按合伙协议的约定对外转让合伙财产份额，提前30天通知其他合伙人即可；而普通合伙人须经其他合伙人一致同意，否则除非合伙协议另有约定。

5. 作为有限合伙人的自然人丧失民事行为能力的，不当然退伙；而若是普通合伙人，除非经得全体合伙人一致同意，否则只能作退伙处理。

(五)表见普通合伙

如果有限合伙人的行为足以使得第三人合理信赖其为普通合伙人，则有限合伙人承担普通合伙人的责任(即无限连带责任)。

(六)有限合伙与普通合伙的转换

1. 当有限合伙企业仅剩普通合伙人时，有限合伙企业转为普通合伙企业，并应当进行相应的变更登记。

2. 当有限合伙企业仅剩有限合伙人时，则应解散。

3. 经全体合伙人一致同意，普通合伙人可以转变为有限合伙人，有限合伙人可以转变为普通合伙人。

九、合伙企业解散与清算

(一)合伙企业解散

合伙企业有下列情形之一时，应当解散：

1. 合伙期限届满，合伙人决定不再经营。

2. 合伙协议约定的解散事由出现。

3. 全体合伙人决定解散。

4. 合伙人已不具备法定人数满 30 天。

5. 合伙协议约定的合伙目的已经实现或者无法实现。

6. 依法被吊销营业执照、责令关闭或者被撤销。

7. 法律、行政法规规定的其他原因。

(二)合伙企业的清算

1. 清算人的确定

清算人应由全体合伙人担任;经全体合伙人过半数同意,也可以自合伙企业解散后 15 日内指定一名或者数名合伙人,或者委托第三人担任清算人。

2. 清算人的职责

职责包括:清算合伙企业财产,分别编制资产负债表和财产清单;处理与清算有关的合伙企业未了结的事务;清缴所欠税款;清理债权、债务;处理合伙企业清偿债务后的剩余财产;代表合伙企业参与民事诉讼活动。

3. 清算程序

清算人确定后,应当自确定日起 10 日内将合伙企业解散事项通知合伙企业的债权人,并且应当于 60 日内在报纸上予以公告。债权人自接到通知书之日起 30 日内,未接到通知书的自公告之日起 45 日内,向清算人申报债权。债权人申报债权时,应当说明债权的有关事项,并提供证明材料。清算人应当登记债权。

清算结束后,清算人应当编制清算报告,经全体合伙人签名、盖章后,在 15 日内向企业登记机关报送清算报告,申请办理合伙企业注销登记。

合伙企业清算期间,其企业主体资格仍然存续,但不得开展与清算无关的经营活动。

4. 清偿的顺序

清偿顺序为:清算费用;合伙企业所欠职工工资和劳动保险费;合伙企业所欠税款;合伙企业的债务;退还合伙人的出资。

5. 合伙企业注销后的债务承担

原普通合伙人对合伙企业存续期间的债务仍应承担连带责任,债权人仍然可以向普通合伙人追偿。

6. 合伙企业的破产与债务清偿

合伙企业不能清偿到期债务的,债权人可以依法向人民法院提出破产清算申请,也可以要求普通合伙人清偿。

第二节　个人独资企业法

一、个人独资企业法的概述

(一)个人独资企业的概念和特征

个人独资企业,简称独资企业,是指由一个自然人投资,全部资产为投资人所有的营利性经济组织。

个人独资企业具有以下特征:

1. 企业的投资主体是一个自然人。

2. 个人独资企业的全部财产为投资者个人所有。

3. 投资者对企业的债务承担无限责任。

4. 不具有法人资格。但个人独资企业却是独立的民事主体，可以以自己的名义从事民事活动。

(二)个人独资企业法

《中华人民共和国个人独资企业法》(下称《个人独资企业法》)于1999年8月30日由九届全国人大常委会第十一次会议通过并公布，自2000年1月1日起施行。

(三)个人独资企业和相关经济组织的区别

1. 个人独资企业与个体工商户

两者共同点为：都是自然人出资。两者的区别是：

(1)前者仅能以个人出资设立；而后者可以是一个自然人设立，也可以是家庭出资设立。

(2)前者的投资人以其个人财产对企业债务承担无限责任，仅在企业设立登记时明确以其家庭共有财产作为个人出资的，才以家庭共有财产承担无限责任。而后者的债务如属个人经营的，以个人财产承担；属家庭经营的，以家庭财产承担。

(3)前者是一种非法人的企业组织形态，而后者不采用企业形式。

两者区别的关键是是否进行了独资企业登记，领取独资企业营业执照。

2. 个人独资企业与一人公司

(1)出资人不同。前者只能由自然人出资设立；后者可以由自然人出资设立，也可以由法人出资设立，还可以由国家出资设立。

(2)主体资格不同。前者不具有法人资格，后者是企业法人。

(3)责任承担不同。前者投资人承担无限责任，后者投资人(股东)承担有限责任(以出资额为限)。

二、个人独资企业的设立

(一)设立条件

个人独资企业设立应当具备以下条件：

1. 投资人为一个具有中国国籍的自然人。法律、行政法规禁止从事营利性活动的人(国家公务员、法官、检察官等)，不得作为个人独资企业的投资人。

2. 有合法的企业名称。名称中不得使用“有限”“有限责任”“公司”等字样，但可以使用工作室、中心、店等。

3. 有投资人申报的出资。《个人独资企业法》不要求个人独资企业有最低注册资本金，仅要求投资人有自己申报的出资。

4. 有固定的生产经营场所和必要的生产经营条件。

5. 有必要的从业人员。

(二)设立程序

1. 提出申请

投资人申请设立登记，应当向登记机关提交下列文件：

(1)设立申请书。设立申请书应当包括企业的名称和住所、投资人的姓名和居所、投资人的出资额和出资方式、经营范围等。

(2)投资人的身份证明。

(3)生产经营场所使用证明等文件。

2. 核准登记

个人独资企业实行准则设立的原则，即个人独资企业依《个人独资企业法》规定的条件设立。登记机关应当在收到设立申请文件之日起15日内，对符合《个人独资企业法》规定条件者，予以登记，发给营业执照；对不符合《个人独资企业法》规定条件者，不予登记，并给予书面答复，说明理由。个人独资企业营业执照的签发日期为独资企业的成立日期。

个人独资企业设立分支机构，应当由投资人或者其委托代理人向分支机构所在地的工商登记机关申请设立登记，领取营业执照。

三、个人独资企业事务管理

（一）事务管理方式

主要有三种模式：(1)自行管理；(2)委托管理；(3)聘任管理。投资人对受托人或者被聘用人员职权的限制，不得对抗善意第三人。

【案例6—12】 个人独资企业投资人甲聘用乙管理企业事务，同时对乙的职权予以限制，即凡乙对外签订标的额超过1万元以上的合同，须经甲同意。某日，乙未经甲同意与善意第三人丙签订了一份标的额为2万元的买卖合同。下列关于该合同效力的表述中，正确的是(　　)。

A. 该合同有效，但如果给甲造成损害，由乙承担民事赔偿责任

B. 该合同无效，如果给甲造成损害，由乙承担民事赔偿责任

C. 该合同为可撤销合同，可请求人民法院予以撤销

D. 该合同效力待定，经甲追认后有效

【分析】 A。投资人对受托人或者被聘用人员职权的限制，不得对抗善意第三人。

（二）受托人或者被聘用的管理人的义务

受托人或者被聘用人应当履行诚信、勤勉义务，按照与投资人签订的合同负责个人独资企业的事务管理。

投资人委托或者聘用的管理个人独资企业事务的人员不得有下列行为：

1. 利用职务上的便利，索取或者收受贿赂。

2. 利用职务或者工作上的便利侵占企业财产。

3. 挪用企业的资金归个人使用或者借贷给他人。

4. 擅自将企业资金以个人名义或者以他人名义开立账户储存。

5. 擅自以企业财产提供担保。

6. 未经投资人同意，从事与本企业相竞争的业务。

7. 未经投资人同意，同本企业订立合同或者交易。

8. 未经投资人同意，擅自将企业商标或者其他知识产权转让给他人使用。

9. 泄露本企业的商业秘密。

10. 法律、行政法规禁止的其他行为。

投资人委托或者聘用的人员违反上述规定，侵犯个人独资企业财产权益的，责令其退还侵占的财产；给企业造成损失的，依法承担赔偿责任；有违法所得的，没收违法所得；构成犯罪的，依法追究刑事责任。

四、个人独资企业的解散和清算

(一)个人独资企业的解散

解散事由有如下几种：

1. 投资人决定解散。

2. 投资人死亡或被宣告死亡，无继承人或者继承人决定放弃继承。

3. 被依法吊销营业执照。

4. 法律、行政法规规定的其他情形。

(二)个人独资企业的清算

1. 清算人的产生

个人独资企业解散，由投资人自行清算或者由债权人申请人民法院指定清算人清算。

2. 通知与公告程序

投资人自行清算的，应当在清算前15日内书面通知债权人，无法通知的，应当予以公告。债权人应当在接到通知之日起30日内，未接到通知的应当在公告之日起60日内，向投资人申报其债权。

清算人应在债权人申报债权后清理企业的债权、债务。在清算期间，个人独资企业不得开展与清算目的无关的经营活动。

3. 财产清偿顺序

顺序清偿为：(1)所欠职工工资和社会保险费用；(2)所欠税款；(3)其他债务。

个人独资企业财产不足以清偿债务的，投资人应当以其个人的其他财产予以清偿。

4. 责任消灭制度

个人独资企业解散后，原投资人对个人独资企业存续期间的债务仍应承担偿还责任，但债权人自独资企业解散后5年内未向债务人提出偿债请求的，该责任消灭。

5. 注销登记程序

个人独资企业清算结束后，投资人或者人民法院指定的清算人应当编制清算报告，并于15日内到登记机关办理注销登记。注销登记一旦完成，个人独资企业即告消灭。

【案例6－13】 以个人财产出资设立的个人独资企业解散后，其财产不足以清偿所负的债务，对尚未清偿的债务，下列处理方式中，不符合《个人独资企业法》规定的有(　　)。

A. 不再清偿

B. 以投资人家庭共有财产承担无限责任

C. 以投资人个人的其他财产予以清偿，仍不足清偿的，如果债权人在3年内未提出偿债请求，则不再清偿

D. 以投资人个人的其他财产予以清偿，仍不足清偿的，如果债权人在5年内未提出偿债请求，则不再清偿

【分析】 ABC。个人独资企业解散后，原投资人对个人独资企业存续期间的债务仍应承担偿还责任，但债权人在5年内未向债务人提出偿债请求的，该责任消灭。

【案例6－14】 甲是某高校的在职研究生，经济上独立于其家庭。2019年8月在工商行政管理机关注册成立了一家个人独资企业，取名为“长丰咨询有限公司”，注册资本为人民币10元。由于效益不错，后来乙与甲协议参加该个人独资企业的投资经营，并注入投资3万元人民币。

经营过程中先后共聘用工作人员10名，对此甲认为自己开办的是私人企业，并不需要为职工办理社会保险，因此没有给职工缴纳社会保险费，也没有与职工签订劳动合同。

后来该独资企业经营不善导致负债10万元。甲决定于2020年10月自行解散企业，但因为企业财产不足清偿而被债权人、企业职工诉诸人民法院。法院审理后认为，甲与乙形成事实上的合伙关系，判决责令甲、乙补充办理职工的社会保险并缴纳保险费，由甲与乙对该企业的债务承担无限连带责任。

问：

(1)该企业的设立是否合法？

(2)甲允许他人参加投资，共同经营的行为是否合法？

(3)该企业是否应当与职工签订劳动合同并为其办理社会保险？

(4)该企业的债权人在甲不能清偿债务时能否向甲的家庭求偿？

(5)甲决定自行解散企业的做法是否合法？

(6)人民法院的判决是否正确？

【分析】 (1)合法。自然人可以单独投资设立个人独资企业，设立时法律仅要求投资人申报出资额和出资方式，但并不要求须缴纳最低注册资本金。因此甲单独以10元人民币经法定工商登记程序投资设立个人独资企业的做法，符合法律规定。但个人独资企业的名称应与其责任形式相符合，投资人个人负无限责任，因此甲将其取名为“长丰咨询有限公司”违法。

(2)不合法。个人独资企业须为一个自然人单独投资设立，企业存续期间登记事项发生变更时应当在做出变更决定之日起15日内申请办理变更登记。甲如允许他人参加投资经营，必须依法办理变更登记，并改变为其他性质的企业。

(3)应当。个人独资企业招用职工的，应当依法与职工签订劳动合同，并按照国家规定参加社会保险，为职工缴纳社会保险费。

(4)不能。甲经济上独立于其家庭，且法律规定只有投资人在申请设立个人独资企业进行登记时明确以其家庭共有财产作为个人出资的，才可以依法由家庭共有财产对企业债务承担无限责任，因此债权人不能向甲的家庭求偿，而应当是由甲个人负无限责任。

(5)合法。甲作为该企业的投资人，有权决定自行解散个人独资企业。

(6)正确。就本案而言，由于乙后来加入投资经营，因此该个人独资企业事实上已转变为公民之间的合伙关系，由此，法律责任也应当由合伙人甲、乙承担。人民法院的判决是正确的。

公司、合伙企业和个人独资企业的比较见表6—1。

表6—1　公司、合伙企业和个人独资企业比较

	比较内容	公　司	合伙企业	个人独资企业
1	组织名称和对外承担责任不同	使用“有限责任公司”“股份有限公司”名称，对外承担的是有限责任	不能使用“有限责任公司”“股份有限公司”名称，对外承担无限责任	同合伙企业
2	设立人员的数量规定	有限公司1～50人(自然人、法人)；股份公司2～200人	2人以上(自然人、法人)	1个自然人
3	设立者的称谓	股东(股份公司设立时称发起人)	合伙人	投资人
4	财产权、管理权行使的依据	出资比例或一股一权(只有对外转让时股权按人头算)	合伙协议有约定依合伙协议，无协议平均	独自

续表

	比较内容	公 司	合伙企业	个人独资企业
5	会议要求	股东会决议(每年至少1次股东大会,另外还有临时会议)	无要求	无要求
6	组织机构	股东(大)会、董事会(执行董事)、监事会(监事)、经理	无要求	无要求
7	任职回避	有要求(如监事不得兼任董事、经理、财务负责人)	无要求	无要求
8	对外转让要求	1/2股东同意(有限责任公司);股份公司允许自由转让(发起人和高管有限制)	视为接纳新人伙人,应经全体合伙人同意	部分转让,可能改变企业的性质
9	除名要求	未做规定	其他合伙人一致同意可除名	无规定
10	清算要求	分破产清算与解散清算。前者由人民法院组织股东、有关机关及有关专业人员成立清算组。后者,有限责任公司由股东组成清算组,股份有限公司由股东大会组织清算组。逾期不清算的,人民法院可依债权人申请组织清算组	全体合伙人或由债权人申请人民法院指定清算人清算	自行清算或由债权人申请人民法院指定清算人清算

本章小结

1. 合伙企业,是指由两个或两个以上的民事主体,通过订立合伙协议,共同出资、共同经营、共享利润、共担风险的企业组织形式。

2. 普通合伙企业由普通合伙人组成,合伙人对合伙企业债务承担无限连带责任。有限合伙企业则包括普通合伙人和有限合伙人,前者对合伙企业债务承担无限连带责任,后者则只以其认缴的出资额为限对合伙企业债务承担责任。

3. 个人独资企业简称独资企业,是指由一个自然人投资,全部资产为投资人所有的营利性经济组织。

复习思考题

1. 我国目前合伙企业有哪几种?各有什么不同?
2. 个人独资企业的事务管理有哪些规定?
3. 简述个人独资企业与一人公司的区别?

第七章　证券法

学习目标

通过本课程的学习，使学生掌握证券法基本理论及具体的证券法律制度，并能分析实际案件；树立合法运营资本的观念。

第一节　证券法概述

一、证券的概念、特征与分类

（一）证券的概念和特征

证券是各类财产所有权或债权凭证的通称，是用来证明证券持有人有权依票面所载内容，取得相关权益的凭证。从证券的本质上看，它是一种标准化了的交易契约或合同，通过该契约或合同赋予合同持有人证券的相关权利。

证券法上的证券与其他证券相比，具有以下特征：

第一，收益性。收益性是指持有证券本身可以获得一定数额的收益，这是投资者转让资本使用权的回报。对于股票而言，投资者可以通过股价的变化进行买入、卖出来获得收益，而对于债券的持有人则是通过双方约定的利息获得相关收益。证券的权利一般体现为股权或债券，股权是一种特殊的权利，不完全等同于对公司的所有权，因为从理论上讲，股东可以对公司实施管理，而债券的权利则表现为债权。由于这种股权或债权属于证券投资者，投资者持有证券也就同时拥有取得这部分资产增值收益的权利，因此证券本身具有收益性。收益的多少通常取决于该资产增值数额的多少和证券市场的供求状况。

第二，风险性。证券的风险性是指证券持有者面临预期投资收益不能实现，甚至使本金也受到损失的可能。应该说，任何一种商业证券都具有风险性，无论是股票还是债券，区别仅在于风险的多少。2008 年爆发世界性的金融危机，正是由于银行发行的债券大量担保失效所致。在目前的经济条件下，应该说任何一种证券的风险都是很难预知的，如美国、欧洲的主权债务危机，直接为世界经济的复苏笼罩了阴影。

第三，流通性。证券的流通必须有交易所与结算机构的参与，证券持有人可按自己的需要灵活地转让证券以换取现金。一般而言，大额发行的股票或债券都能够上市流通，流通性是证券的生命力所在，保证了交易者能够随时转让股权或债权以避免风险。证券流通性的强弱，受证券期限、利率水平及计息方式以及发行者信用度、知名度等多种因素的制约。

第四，表彰权利。证券权利可以是不同的权利，以债权为例，证券所表彰的债权名为证券债权，表彰债权的证券名为债权证券。两者是一物的两个方面。

(二)证券的分类

按证券的持有目的划分，证券可以分为无价证券和有价证券两大类。

无价证券，包括活期存款单、借据、收据等，此类证券仅起到凭证作用。

有价证券是一种具有一定票面金额，证明持券人可以根据证券所载权利取得一定收入，并可自由转让和买卖的股权或债权证书。有价证券可进行以下分类：

1. 股票和债券。股票是股份公司(包括有限公司和无限公司)在筹集资本时向出资人发行的股份凭证，代表着其持有者(即股东)对股份公司的所有权。这种所有权为一种综合权利，如参加股东大会、投票表决、参与公司的重大决策。

债券是政府、金融机构、工商企业等直接向社会借债筹措资金时，向投资者发行，承诺按一定利率支付利息并按约定条件偿还本金的债权凭证。债券的本质是债的证明书。债券购买者与发行者之间是一种债权—债务关系，债券发行人即债务人，投资者(债券持有人)即债权人。

2. 设权证券和证权证券。这是依据证券形式与证券权利之间的关系划分的。设权证券是指具有创设证券权利功能的证券，证券权利原本并不存在，证券一经签发，证券权利即产生，如各类票据。证权证券是指证明证券权利的证券，譬如股份有限公司的股票其所代表的股权原先即已存在，只是通过股份的形式表现出来。

3. 记名证券和不记名证券。这是依据证券是否记名划分的。记名证券是指证券票面载有权利人的姓名或名称的证券，例如股票，通常会将股东姓名记载于公司的股东名册。记名证券可以通过背书或者其他方式转让，遗失或毁损时，并不影响证券持有人的权利。不记名证券是指证券票面不记载权利人姓名或者名称的证券，其一般以交付方式转让，证券的权利随附于证券本身，譬如各类车船票。

此外，根据是否在证券交易所挂牌交易，还可以将证券分为上市证券和非上市证券等。

《证券法》规定的证券为股票、公司债券、存托凭证和国务院依法认定的其他证券(如政府债券、投资资金份额的上市交易)，此外还规定“在中华人民共和国境外的证券发行和交易活动，扰乱中华人民共和国境内市场秩序，损害境内投资者合法权益的，依照本法有关规定处理并追究法律责任”。

二、证券法的概念与原则

(一)证券法的概念

证券法是指调整和规范证券市场的参与者在证券发行与交易以及服务、监管过程中所发生的各种关系的法律规范的总称。证券法的概念有狭义和广义之分。狭义的证券法是指《中华人民共和国证券法》(下称《证券法》)。广义的证券法除《证券法》外，还包括其他法律中有关证券管理的规定、国务院颁发的有关证券管理的行政法规、证券管理部门发布的部门规章、地方立法部门颁布的有关证券管理的地方性法规和规章等。

(二)我国证券法的发展历程

《证券法》是一部按国际惯例、由全国人民代表大会组织起草并通过的经济法律规范。1998年12月29日，第九届全国人民代表大会常务委员会第六次会议通过了《证券法》，自1999年7月1日起施行，根据2004年8月28日第十届全国人民代表大会常务委员会第十一次会议《关于修改〈中华人民共和国证券法〉的决定》第一次修正，2005年10月27日第十届全国人民代表大会常务委员会第十八次会议第一次修订，根据2013年6月29日第十二届全国人民代表大会常务委员会第三次会议《关于修改〈中华人民共和国证券法〉等十二部法律的决定》第二次修正，根据 2014 年 8 月 31 日第十二届全国人民代表大会常务委员会第十次会议《关于修改〈中华人民共和国证券法〉等五部法律的决定》第三次修正，2019 年 12 月 28 日第十三届全国人民代表大会常务委员会第十五次会议第四次修订，自 2020 年 3 月 1 日起施行。新的《证券法》共 14 章，保持了现行《证券法》的基本框架结构，由于落实注册制、删除上市条件等相关规定，法律条文由原本的 240 条精简为 226 条，新增信息披露和投资者保护专章。本次修订主要从发行制度、民事赔偿诉讼、提高违法成本等方面，对证券市场基础制度进行了系统完善。本章所指的证券仅指《证券法》认可的证券(以下简称《证券法》上的证券)。

(三)证券法的有关原则

证券活动和证券管理的原则是证券发行、交易和管理活动中必须遵守的最基本准则，它贯穿证券立法、执法和司法活动的全过程。根据我国《证券法》的规定，在证券活动和证券管理中应坚持如下原则。

1. 公开、公平、公正原则

公开原则要求证券市场具有充分的透明度，通过市场的信息公开实现信息对称，证券市场的信用基础是投资者对于市场的信心，只有对投资者完全公开信息，才能促进证券市场的健康发展，因此，要实现市场信息的公开化。公平原则要求证券市场的监管主体监管市场时不偏不倚，给予参与市场的主体完全平等的权利。公正原则要求证券监管部门在公开、公平原则的基础上，对一切被监管对象给予公正待遇。证券市场是产权经济的集中体现。而产权经济关系是社会经济活动中最基本的关系，是其他一切经济关系的基础，其基本要求就是诚实信用。公开、公平、公正是诚信原则的延伸，也是诚信原则的具体体现。

2. 诚实信用原则

诚实信用原则是指当事人在市场活动中应讲信用，不欺不诈，在追求自己利益的同时不损害他人和社会的公共利益，要求证券市场主体在从事证券活动中维持交易双方的利益以及与市场整体利益之间的平衡。诚信原则应当是“三公”原则得以实施的首要条件，是“三公”原则的核心和灵魂。试想，如果没有诚信作基础，那么“三公”原则将如何实现？证券市场作为信用交易市场，双方最基本的就是公开自身的相关信息，如果公开披露的信息是虚假的、不真实的，公开就没有意义，公平、公正也就无从谈起，市场安全也无法保证。

3. 证券业与其他金融业分业经营原则

我国《证券法》第 6 条规定：“证券业和银行业、信托业、保险业分业经营、分业管理。证券公司与银行、信托、保险业务机构分别设立。国家另有规定的除外。”新《证券法》在规定分业经营、分业管理原则的同时，规定“国家另有规定的除外”，这为混业经营留下了一定的法律空间。证券市场的繁荣发展或是银行收入的萎缩促使金融混业经营模式的出现，但基于监管和风险控制的需要，目前我国是以金融控股集团为主的混业经营模式。

4. 政府统一监管原则

《证券法》第 7 条规定：“国务院证券监督管理机构依法对全国证券市场实行集中统一监督管理。国务院证券监督管理机构根据需要可以设立派出机构，按照授权履行监督管理职责。”我国的证券行业目前由国务院直属事业单位证券业监督管理委员会(简称证监会)依法对全国证券期货业进行集中统一监督管理。

5. 国家审计监督原则

《证券法》第 8 条规定：“国家审计机关依法对证券交易场所、证券公司、证券登记结算机构、证券监督管理机构进行审计监督。”

第二节 股票的发行与交易

一、股票发行的一般理论

（一）股票发行的概念

股票发行是指发行人以筹资或实施股利分配为目的，依照法定程序向投资者或原股东发行股份或无偿提供股份的行为。股票发行一般包括股票首次发行、增发新股、配股和无偿提供股份。无偿提供股份包括公积金转增股份和可分配利润转增股份两种情形，本节的重点是股票的首次发行，即新股发行。

（二）股票的公开发行和非公开发行

股票的公开发行是指发行人通过证券经营机构向发行人以外的社会公众就发行人的股票发出的要约邀请、要约或者销售行为。股票的非公开发行是指发行人依法向特定人发行本次发行的全部股票的行为。根据我国《证券法》的规定，“特定人”即指不超过200人。非公开发行的，不得采用广告、公开劝诱和变相公开方式。

我国《证券法》第9条规定有下列情形之一的为公开发行：(1)向不特定对象发行证券；(2)向特定对象发行证券累计超过200人，但依法实施员工持股计划的员工人数不计算在内；(3)法律、行政法规规定的其他发行行为。

（三）股票发行的注册制

根据我国新《证券法》以及有关规定，将股票发行的核准制改为注册制，其中《科创板首次公开发行股票注册管理办法（试行）》（第153号令）与《创业板首次公开发行股票注册管理办法（试行）》（第167号令）分别在2019年3月1日、2020年6月1日由中国证券监督管理委员会审议通过。公开发行股票，由证交所负责对注册文件的齐备性、一致性、可理解性进行审核。如果公开发行股票但不在证交所上市交易的，其注册条件和程序由证券监管机构另行规定（第19、22条）。债券及其他证券的发行继续实行核准制（第35条）。

二、首次公开发行股票

（一）首次公开发行股票的条件

根据2018年6月6日中国证券监督管理委员会《关于修改〈首次公开发行股票并上市管理办法〉的决定》，发行人申请首次公开发行股票应当符合下列条件：

1. 发行人应当是依法设立且合法存续的股份有限公司。

2. 发行人自股份有限公司成立后，持续经营时间应当在3年以上，但经国务院批准的除外。

3. 发行人的注册资本已足额缴纳，发起人或者股东用作出资的资产的财产权转移手续已办理完毕，发行人的主要资产不存在重大权属纠纷。

4. 发行人的生产经营符合法律、行政法规和公司章程的规定，符合国家产业政策。

5. 发行人最近3年内主营业务和董事、高级管理人员没有发生重大变化，实际控制人没有发生变更。

6. 发行人的股权清晰，控股股东和受控股股东、实际控制人支配的股东持有的发行人股份不存在重大权属纠纷。

7. 发行人已经依法建立健全股东大会、董事会、监事会、独立董事、董事会秘书制度，相关机构和人员能够依法履行职责。

8. 发行人的董事、监事和高级管理人员已经了解与股票发行上市有关的法律法规，知悉上市公司及其董事、监事和高级管理人员的法定义务和责任。

《关于修改〈首次公开发行股票并上市管理办法〉的决定》第 18 条，发行人不应存在下列情况：

1. 最近 36 个月内未经法定机关核准，擅自公开或者变相公开发行过证券；或者有关违法行为虽然发生在 36 个月前，但目前仍处于持续状态。

2. 最近 36 个月内违反工商、税收、土地、环保、海关以及其他法律、行政法规，受到行政处罚，且情节严重。

3. 最近 36 个月内曾向中国证监会提出发行申请，但报送的发行申请文件有虚假记载、误导性陈述或重大遗漏；不符合发行条件以欺骗手段骗取发行核准；以不正当手段干扰中国证监会及其发行审核委员会审核工作；伪造、变造发行人或其董事、监事、高级管理人员的签字、盖章。

4. 本次报送的发行申请文件有虚假记载、误导性陈述或者重大遗漏。

5. 涉嫌犯罪被司法机关立案侦查，尚未有明确结论意见。

6. 严重损害投资者合法权益和社会公共利益的其他情形。

此外，《证券法》就有关首次公开发行股票和新股发行条件取消了发行人财务状况及持续盈利能力等营利性要求。

（二）首次公开发行股票的程序

根据《关于修改〈上市公司证券发行管理办法〉的决定》，上市公司发行新股的申请程序如下：

1. 聘请保荐人及主承销商。上市公司公开发行股票，应当由证券公司承销；非公开发行股票，如发行对象均属于原前 10 名股东的，则可以由上市公司自行销售。上市公司申请公开发行证券或者非公开发行新股，应当由保荐人保荐，并向中国证监会申报。

2. 董事会做出决议。上市公司董事会依法就下列事项做出决议并提请股东大会批准：新股发行的方案、本次募集资金使用的可行性报告、前次募集资金使用的报告、其他必须明确的事项。

3. 股东大会批准。股东大会应当就本次发行证券的种类和数量、发行方式、发行对象及向原股东配售的安排、定价方式或价格区间、募集资金用途、决议的有效期、对董事会办理本次发行具体事宜的授权以及其他必须明确的事项进行逐项表决。股东大会就发行证券事项做出决议，必须经出席会议的股东所持表决权的 2/3 以上通过。向本公司特定的股东及其关联人发行证券的，股东大会就发行方案进行表决时，关联股东应当回避。

4. 编制和提交申请文件。发行人应当按照中国证监会有关规定制作申请文件，由保荐人保荐并向中国证监会申报。保荐人应当按照中国证监会的有关规定编制和报送发行申请文件。保荐人保荐发行人发行股票并在创业板上市，应当对发行人的成长性进行尽职调查和审慎判断并出具专项意见。发行人为自主创新企业的，还应当在专项意见中说明发行人的自主创新能力。

5. 重大事项的持续关注。上市公司发行证券前发生重大事项的，应暂缓发行，并及时报告中国证监会。该事项对本次发行条件构成重大影响的，发行证券的申请应重新经过中国证监会核准后方可发行。

6. 中国证监会收到申请文件后，在5个工作日内做出是否受理的决定。中国证监会受理申请文件后，由相关职能部门对发行人的申请文件进行初审，并由创业板发行审核委员会审核。中国证监会依法对发行人的发行申请做出予以核准或者不予核准的决定，并出具相关文件。

7. 发行人应当自中国证监会核准之日起6个月内发行股票；超过6个月未发行的，核准文件失效，须重新经中国证监会核准后方可发行。发行申请核准后至股票发行结束前发生重大事项的，发行人应当暂缓或者暂停发行，并及时报告中国证监会，同时履行信息披露义务。出现不符合发行条件事项的，中国证监会撤回核准决定。

8. 股票发行申请未获核准的，发行人可自中国证监会做出不予核准决定之日起6个月后再次提出股票发行申请。

(三)股票的承销

发行人向不特定对象发行的证券，法律、行政法规规定应当由证券公司承销的，发行人应当同证券公司签订承销协议。证券承销业务采取包销或者代销方式。

1. 包销发行方式。证券包销是指证券公司将发行人的证券按照协议全部购入或者在承销期结束时将售后剩余证券全部自行购入的承销方式。由于金融机构一般都有较雄厚的资金，可以预先垫支，满足上市公司急需大量资金的需要，因此上市公司一般都愿意将其新发行的股票一次性转让给证券商包销。通过包销方式发行证券，可以避免由于证券资金没有募足而发行失败的风险。如果上市公司股票发行的数量太大，一家证券公司包销有困难，还可以由几家公司联合包销。

2. 代销发行方式。证券代销是指证券公司代发行人发售证券，在承销期结束时，将未售出的证券全部退还给发行人的承销方式。证券公司一般都有较丰富的融资经验，通过代销方式可以保证证券发行的规范性。但代销发行方式也有其缺点，对上市公司来说，虽然相对于包销发行方式代销成本较低，但整个筹款时间可能很长，从而不能使上市公司及时得到自己所需要的资金。

公开发行证券的发行人有权依法自主选择承销的证券公司。证券公司不得以不正当竞争手段招揽证券承销业务。证券公司承销证券应当同发行人签订代销或者包销协议，载明下列事项：(1)当事人的名称、住所及法定代表人姓名；(2)代销、包销证券的种类、数量、金额及发行价格；(3)代销、包销的期限及起止日期；(4)代销、包销的付款方式及日期；(5)代销、包销的费用和结算办法；(6)违约责任；(7)国务院证券监督管理机构规定的其他事项。

证券公司承销证券，应当对公开发行募集文件的真实性、准确性、完整性进行核查；发现有虚假记载、误导性陈述或者重大遗漏的，不得进行销售活动；已经销售的，必须立即停止销售活动，并采取纠正措施。向不特定对象发行的证券票面总值超过人民币5 000万元的，应当由承销团承销。承销团应当由主承销和参与承销的证券公司组成。证券的代销、包销期限最长不得超过90日。

证券公司在代销、包销期内，对所代销、包销的证券应当保证先行出售给认购人，证券公司不得为本公司预留所代销的证券和预先购入并留存所包销的证券。股票发行采取溢价发行的，其发行价格由发行人与承销的证券公司协商确定。

股票发行采用代销方式，代销期限届满，向投资者出售的股票数量未达到拟公开发行股票数量70%的，为发行失败。发行人应当按照发行价并加算银行同期存款利息返还股票认购人。公开发行股票，代销、包销期限届满，发行人应当在规定的期限内将股票发行情况报国务院证券监督管理机构备案。

三、上市公司增发股票

股票增发配售是已上市的公司通过指定投资者(如大股东或机构投资者)或全部投资者额外发行股份募集资金的融资方式,发行价格一般为发行前某一阶段的平均价的某一比例。我国《证券法》和《公司法》以及证监会于2020年1月10日审议通过的《关于修改〈上市公司证券发行管理办法〉的决定》对上市公司增发股票做了相应规定。上市公司增发股票,可以公开发行,也可非公开发行。上市公司公开增发股票的,可以分为向原股东配售股份(即"配股")和向不特定对象公开募集股份,以示与配股之别。

上市公司发行证券,必须真实、准确、完整、及时、公平地披露或者提供信息,不得有虚假记载、误导性陈述或者重大遗漏。中国证监会对上市公司证券发行的核准,不表明其对该证券的投资价值或者投资者的收益做出实质性判断或者保证。因上市公司经营与收益的变化引致的投资风险,由认购证券的投资者自行负责。

(一)上市公司增发股票的条件

上市公司增发股票的一般条件是指上市公司采用不同增发股票方式都应当具备的条件,在新修订的《上市公司证券发行管理办法》第6至第10条,这些条件有:

1. 组织机构健全,运行良好。上市公司的公司章程合法有效,股东大会、董事会、监事会和独立董事制度健全,能够依法有效履行职责;公司内部控制制度健全,能够有效保证公司运行的效率、合法合规性和财务报告的可靠性;内部控制制度的完整性、合理性、有效性不存在重大缺陷;现任董事、监事和高级管理人员具备任职资格,能够忠实和勤勉地履行职务,不存在违反《公司法》第148条、第149条规定的行为,且最近36个月内未受到过证监会的行政处罚,最近12个月内未受到过证券交易所的公开谴责;上市公司与控股股东或实际控制人的人员、资产、财务分开,机构、业务独立,能够自主经营管理;最近12个月内不存在违规对外提供担保的行为。

2. 盈利能力应具有可持续性。上市公司最近3个会计年度连续盈利。扣除非经常性损益后的净利润与扣除前的净利润相比,以低者作为计算依据;业务和盈利来源相对稳定,不存在严重依赖于控股股东、实际控制人的情形;现有主营业务或投资方向能够可持续发展,经营模式和投资计划稳健,主要产品或服务的市场前景良好,行业经营环境和市场需求不存在现实或可预见的重大不利变化;高级管理人员和核心技术人员稳定,最近12个月内未发生重大不利变化;公司重要资产、核心技术或其他重大权益的取得合法,能够持续使用,不存在现实或可预见的重大不利变化;不存在可能严重影响公司持续经营的担保、诉讼、仲裁或其他重大事项;最近24个月内曾公开发行证券的,不存在发行当年营业利润比上年下降50%以上的情形。

3. 财务状况良好。上市公司的会计基础工作规范,严格遵循国家统一会计制度的规定;最近3年及一期财务报表未被注册会计师出具保留意见、否定意见或无法表示意见的审计报告;被注册会计师出具带强调事项段的无保留意见审计报告的,所涉及的事项对发行人无重大不利影响或者在发行前重大不利影响已经消除;资产质量良好。不良资产不足以对公司财务状况造成重大不利影响;经营成果真实,现金流量正常。营业收入和成本费用的确认严格遵循国家有关企业会计准则的规定,最近3年资产减值准备计提充分合理,不存在操纵经营业绩的情形;根据证监会于2008年10月9日公布并实施的《关于修改上市公司现金分红若干规定的决定》,最近3年以现金方式累计分配的利润不少于最近3年实现的年均可分配利润的30%。该决定同时规定,上市公司可以进行中期现金分红。

4. 财务会计文件无虚假记载。上市公司不存在违反证券法律、行政法规或规章,受到证监会的行政处罚,或者受到刑事处罚的行为;不存在违反工商、税收、土地、环保等法律、行政法规或规章,受到行政处罚且情节严重,或者受到刑事处罚的行为;不存在违反国家其他法律、行政法规且情节严重的行为。

5. 募集资金的数额和使用符合规定。上市公司募集资金数额不超过项目需要量;募集资金用途符合国家产业政策和有关环境保护、土地管理等法律和行政法规的规定;除金融类企业外,本次募集资金使用项目不得为持有交易性金融资产和可供出售的金融资产、借予他人、委托理财等财务性投资,不得直接或间接投资于以买卖有价证券为主要业务的公司。投资项目实施后,不会与控股股东或实际控制人产生同业竞争或影响公司生产经营的独立性;建立募集资金专项存储制度,募集资金必须存放于公司董事会决定的专项账户。

此外,根据《上市公司证券发行管理办法》第11条,上市公司增发股票不应存在下列行为:

1. 本次发行申请文件有虚假记载、误导性陈述或重大遗漏。

2. 擅自改变前次公开发行证券募集资金的用途而未做纠正。

3. 上市公司最近12个月内受到过证券交易所的公开谴责。

4. 上市公司及其控股股东或实际控制人最近12个月内存在未履行向投资者做出的公开承诺的行为。

5. 上市公司或其现任董事、高级管理人员因涉嫌犯罪被司法机关立案侦查或涉嫌违法违规被证监会立案调查。

6. 严重损害投资者的合法权益和社会公共利益的其他情形。

在此,我们可以发现,相对于股票的首次发行而言,股票的增发条件相对较低。

(二)上市公司增发股票的程序

这是指上市公司增发股票普遍适用的程序。该程序主要有:

1. 董事会做出决议。上市公司申请发行证券,董事会应当依法就下列事项做出决议,并提请股东大会批准:本次证券发行的方案,本次募集资金使用的可行性报告,前次募集资金使用的报告,其他必须明确的事项。

2. 股东大会批准。股东大会就发行股票做出的决定,至少应当包括下列事项:本次发行证券的种类和数量,发行方式、发行对象及向原股东配售的安排,定价方式或价格区间,募集资金用途,决议的有效期,对董事会办理本次发行具体事宜的授权,其他必须明确的事项。股东大会就发行证券事项做出决议,必须经出席会议的股东所持表决权的2/3以上通过。向本公司特定的股东及其关联人发行证券的,股东大会就发行方案表决时,关联股东应当回避。上市公司就发行证券事项召开股东大会,应当提供网络或者其他方式为股东参加股东大会提供便利。

3. 由保荐人保荐。上市公司申请公开发行证券或者非公开发行新股,应当由保荐人保荐,并向中国证监会申报。保荐人应当按照中国证监会的有关规定编制和报送发行申请文件。

4. 中国证监会依照下列程序审核发行证券的申请:(1)收到申请文件后,5个工作日内决定是否受理;(2)中国证监会受理后,对申请文件进行初审;(3)发行审核委员会审核申请文件;(4)中国证监会做出核准或者不予核准的决定。

5. 自中国证监会核准发行之日起,上市公司应在6个月内发行证券;超过6个月未发行的,核准文件失效,须重新经中国证监会核准后方可发行。上市公司发行证券前发生重大事项的,应暂缓发行,并及时报告中国证监会。该事项对本次发行条件构成重大影响的,发行证券的申请应重新经过中国证监会核准。

6. 上市公司发行证券，应当由证券公司承销；非公开发行股票，发行对象均属于原前10名股东的，可以由上市公司自行销售。证券发行申请未获核准的上市公司，自中国证监会做出不予核准的决定之日起6个月后，可再次提出证券发行申请。

【案例7－1】 中国证监会于2020年4月1日受理A股份有限公司（以下简称A公司）申请公开发行股票的申报材料，该申报材料披露了以下信息：

1. A公司是由B公司与其他四家发起人共同发起设立，于2017年12月30日登记注册的股份有限公司，B公司以其拥有的金刚石生产线折股认购A公司的9 000万股（每股面值1元），其他四家发起人以现金认购1 000万股。A公司成立后，与B公司签订《技术服务协议》。该协议约定，A公司因使用B公司所有的金刚石的5项专利而向B公司每年支付使用费500万元。2018年2月A公司召开股东大会，该项关联交易经出席该次大会的股东所代表的10 000万股股权的98%获得通过。

2. A公司拟申请发行9 000万股A股，并采取向法人配售和对一般投资者上网发行相结合的方式发行。其方案部分内容如下：

（1）A公司参与选择了两家战略投资者（甲公司、乙公司）并与之订立《配售协议》，约定甲公司的持股时间为4个月，乙公司的持股时间为8个月。

（2）A公司参与选择了10家一般法人投资者并与之订立配售协议，其中，A公司与一般法人投资者丙公司在《配售协议》中约定，由丙公司以银行信贷资金100万元、募股资金100万元认购配售的股票，在参加配售时使用以丙公司法定代表人郭某个人名义开设的股票账户，丙公司持有的股票自A公司股票上市之日起即可上市流通。

（3）对法人配售的股票的发行价格拟定为8元/股，对一般投资者上网发行的发行价格拟定为8.20元/股。

问：

（1）A公司股东大会的表决程序是否有不当之处？并说明理由。

（2）A公司的股票发行方案有哪些不符合规定之处？并说明理由。

【分析】

（1）A公司股东大会对关联交易的表决程序有不当之处。根据《公司法》的规定，股份有限公司的关联股东在股东大会审议有关关联交易事项时，不应当参与投票表决，其所代表的有表决权的股份数不计入有效表决总数；股东大会决议的公告应当充分披露非关联股东的表决情况。在本案中，A公司因使用B公司所有的专利而向B公司每年支付使用费500万元属于关联交易事项，因此关联股东B公司在股东大会中不应当参与投票表决，其所代表的有表决权的股份数9 000万股不得计入有效表决总数。

（2）A公司的股票发行方案不符合规定之处如下：

①战略投资者甲公司的持股时间不符合规定。根据规定，对战略投资者配售的股票应在《配售协议》中约定持股期满后方可上市流通，该期限不得少于6个月。在本案中，A公司与甲公司在《配售协议》中约定的持股时间只有4个月。

②A公司参与对一般法人投资者的选择不符合规定。根据规定，发行人可参与对战略投资者的选择，但不参与对一般法人投资者的选择，一般法人投资者由主承销商根据公开募集文件中规定的分配原则和方法确定。

③丙公司用于认购配售股票的资金来源不符合规定。根据规定，参加配售的法人用于认购配售股票的资金，不得使用银行信贷资金或者募股资金。

④丙公司参加配售时使用的股票账户不符合规定。根据有关规定,参加配售的法人必须使用以该法人名义开设的股票账户。在本案中,丙公司在参加配售时使用了该公司法定代表人个人的股票账户。

⑤丙公司参加配售所持有的股票的上市流通时间不符合规定。根据规定,对一般法人配售的股票,自该公司股票上市之日起3个月后方可上市流通。

⑥对法人配售和对一般投资者上网发行采用两种价格不符合规定。根据规定,对法人的配售和对一般投资者的上网发行为同一次发行,必须按同一价格进行。

资料来源:中国会计视野论坛,http://bbs.esnai.com/thread-1022682-1-1.html。

四、股票的上市

申请证券上市交易,应当向证券交易所提出申请,由证券交易所依法审核同意,并由双方签订上市协议。证券交易所根据国务院授权部门的决定安排政府债券上市交易。申请股票、可转换为股票的公司债券或者法律、行政法规规定实行保荐制度的其他证券上市交易,应当聘请具有保荐资格的机构担任保荐人。

股份有限公司申请股票上市,应当符合下列条件:

1. 股票经国务院证券监督管理机构核准已公开发行。
2. 公司股本总额不少于人民币3 000万元。
3. 公开发行的股份达到公司股份总数的25%以上;公司股本总额超过人民币4亿元的,公开发行股份的比例为10%以上。
4. 公司最近3年无重大违法行为,财务会计报告无虚假记载。

证券交易所可以规定高于前款规定的上市条件,并报国务院证券监督管理机构批准。国家鼓励符合产业政策并符合上市条件的公司股票上市交易。

申请股票上市交易,应当向证券交易所报送下列文件:

1. 上市报告书。
2. 申请股票上市的股东大会决议。
3. 公司章程。
4. 公司营业执照。
5. 依法经会计师事务所审计的公司最近3年的财务会计报告。
6. 法律意见书和上市保荐书。
7. 最近一次的招股说明书。
8. 证券交易所上市规则规定的其他文件。

股票上市交易申请经证券交易所审核同意后,签订《上市协议》的公司应当在规定的期限内公告股票上市的有关文件,并将该文件置备于指定场所供公众查阅。签订《上市协议》的公司除公告前条规定的文件外,还应当公告下列事项:

1. 股票获准在证券交易所交易的日期。
2. 持有公司股份最多的前10名股东的名单和持股数额。
3. 公司的实际控制人。
4. 董事、监事、高级管理人员的姓名及其持有本公司股票和债券的情况。

五、股票的交易

与股票的发行不同，股票的交易必须符合下列条件：

首先，股票交易当事人依法买卖的股票，必须是依法发行的股票；非依法发行的股票，不得买卖。证券交易当事人买卖的股票可以采用纸面形式或者国务院证券监督管理机构规定的其他形式。

其次，依法发行的股票，法律对其转让期限有限制性规定的，在限定的期限内不得买卖。根据《公司法》和《证券法》的有关规定，涉及该限制性规定的有：

1. 发起人持有的本公司股份，自公司成立之日起1年内不得转让。公司公开发行股份前已发行的股份，自公司股票在证券交易所上市交易之日起1年内不得转让。

2. 公司董事、监事、高级管理人员在任职期间每年转让其持有的本公司股份总数不得超过规定比例（见《公司法》的有关内容）。

3. 证券交易所、证券公司和证券登记结算机构的从业人员、证券监督管理机构的工作人员以及法律、行政法规禁止参与股票交易的其他人员，在任期或者法定限期内，不得直接或者以化名、借他人名义持有、买卖股票，也不得收受他人赠送的股票。任何人在成为前款所列人员时，其原已持有的股票，必须依法转让。

4. 为股票发行出具审计报告、资产评估报告或者法律意见书等文件的证券服务机构和人员，在该股票承销期内和期满后6个月内，不得买卖该种股票。除前款规定外，为上市公司出具审计报告、资产评估报告或者法律意见书等文件的证券服务机构和人员，自接受上市公司委托之日起至上述文件公开后5日内，不得买卖该种股票。

5. 上市公司董事、监事、高级管理人员、持有上市公司股份5%以上的股东，将其持有的该公司的股票在买入后6个月内卖出，或者在卖出后6个月内又买入，由此所得收益归该公司所有，公司董事会应当收回其所得收益。但是，证券公司因包销购入售后剩余股票而持有5%以上股份的，卖出该股票不受6个月的时间限制。公司董事会不按照该规定执行的，股东有权要求董事会在30日内执行。公司董事会未在上述期限内执行的，股东有权为了公司的利益，以自己的名义直接向人民法院提起诉讼。公司董事会不按照前述规定执行的，负有责任的董事依法承担连带责任。

6. 股权分置改革后非流通股股东与流通股股东之间达成协议，非流通股股东一定期间内不转让所持有股票的。

【案例7—2】 2020年4月1日，甲上市公司（以下简称“甲公司”）因财务会计报告中做虚假记载，致使中小投资者在股票交易中遭受重大损失，被中国证监会查处。中国证监会在对甲公司的检查中还发现下列事实：

（1）甲公司多次以自己为交易对象，进行不转移所有权的自买自卖，影响甲公司股票的交易价格和成交量。

（2）2020年1月10日，甲公司董事会讨论通过对乙上市公司的收购方案，董事A第二天将该收购方案透露给自己的大学同学张某，张某根据该信息在对甲公司股票的短线操作中获利20万元。

（3）2020年2月1日，注册会计师王某接受甲公司的委托，为甲公司的年度报告出具审计报告，甲公司的年度报告于2020年3月1日公布。3月10日，王某将自己于2020年1月20日买入的甲公司股票全部卖出，获利10万元。

(4)甲公司在法定的会计账册以外另立账册。

(5)2020年6月1日，中国证监会对甲公司做出罚款100万元的决定。6月5日，投资者B在对甲公司的诉讼中胜诉，人民法院判决甲公司赔偿B的证券交易损失500万元。因甲公司财产不足以同时支付罚款和民事赔偿责任，中国证监会向甲公司提出应首先缴纳罚款。

要求：

根据以上事实和我国《公司法》《证券法》的规定，分析回答下列问题：

(1)指出本题要点(1)中甲公司的行为属于何种行为？并说明理由。

(2)董事A的行为是否符合法律规定？并说明理由。

(3)注册会计师王某的行为是否符合法律规定？并说明理由。

(4)甲公司在法定的会计账册以外另立账册的行为应承担何种法律责任？

(5)甲公司对股东提供虚假财务会计报告的行为应承担何种法律责任？

(6)如果甲公司对中国证监会的处罚决定不服，可以进行何种申诉？

(7)因甲公司提供虚假的财务会计报告，中小投资者的损失应如何处理？

(8)中国证监会的主张是否成立？并说明理由。

【分析】

(1)甲公司的行为属于操纵市场的违法行为。根据《证券法》的规定，以自己为交易对象，进行不转移所有权的自买自卖，影响证券交易价格或者证券交易量的行为属于操纵市场的行为。

(2)董事A的行为不符合法律规定。根据《证券法》的规定，知悉证券交易内幕信息的知情人员，不得买入或者卖出所持有的该公司的股票，或者泄漏该信息或者建议他人买卖该证券。在本题中，甲公司的董事A属于知悉证券交易内幕信息的知情人员，甲公司对乙上市公司的收购方案属于内幕信息。

(3)注册会计师王某的行为符合法律规定。根据《证券法》的规定，为上市公司出具审计报告、资产评估报告或者法律意见书的专业机构和人员，自接受委托之日起至文件公布后5日内，不得买卖该股票。王某买卖甲公司股票的时间均不违反法律规定。

(4)根据《公司法》的规定，公司违反规定在法定的会计账册以外另设会计账册的，责令改正，处以1万元以上10万元以下的罚款。

(5)根据《公司法》的规定，公司向股东和社会公众提供虚假的或者隐瞒重要事实的财务会计报告的，对直接负责的主管人员和其他直接责任人员处以1万元以上10万元以下的罚款。构成犯罪的，依法追究刑事责任。

(6)甲公司可以依法申请行政复议，或者依法直接向人民法院提起行政诉讼。根据《证券法》的规定，如果当事人对证券监督管理机构的行政处罚决定不服，可以依法申请行政复议，或者依法直接向人民法院提起行政诉讼。

(7)甲公司应当向投资者承担赔偿责任，甲公司负有责任的董事、监事、经理应当承担连带赔偿责任。根据《证券法》的规定，发行人、承销的证券公司公告招股说明书、财务会计报告、年度报告、中期报告、临时报告等文件，存在虚假记载、误导性陈述或者重大遗漏，致使投资者在证券交易中遭受损失的，①发行人、证券公司应当承担赔偿责任；②上述公司负有责任的董事、监事、经理应承担连带赔偿责任。

(8)中国证监会的主张不成立。根据《证券法》的规定，当事人违反《证券法》的规定，应当承担民事赔偿责任和缴纳罚金、罚款，其财产不足以同时支付的，应当首先承担民事赔偿责任。

资料来源：考试吧，http://www.exam8.com/zige/kuaiji/fudao/jjfzj/200711/70820_3.html。

六、股票的暂停上市和终止上市

上市公司丧失法律规定的上市条件的，其股票应当依法暂停上市或者终止上市。根据《证券法》规定，上市公司有下列情形之一的，由证券交易所决定暂停其股票上市交易：(1)公司股本总额、股权分布等发生变化不再具备上市条件；(2)公司不按照规定公开其财务状况，或者对财务会计报告做虚假记载，可能误导投资者；(3)公司有重大违法行为；(4)公司最近3年连续亏损；(5)证券交易所上市规则规定的其他情形。

上市公司有下列情形之一的，由证券交易所决定终止其股票上市交易：(1)公司股本总额股权分布等发生变化不再具备上市条件，在证券交易所规定的期限内仍不能达到上市条件；(2)公司不按照规定公开其财务状况，或者对财务会计报告做虚假记载，且拒绝纠正；(3)公司最近3年连续亏损，在其后1个年度内未能恢复盈利；(4)公司解散或者被宣告破产；(5)证券交易所上市规则规定的其他情形。股票终止上市的公司可以依照有关规定与证券业协会批准的证券公司签订协议，委托证券公司办理股份转让。

第三节　债券的发行与交易

一、公司债券发行的一般理论

(一)公司债券发行的概念

公司债券是指公司依照法定程序发行、约定在一定期限还本付息的有价证券。对投资人而言，与公司股票相比，公司债务的风险相对较少，但收益固定。公司债券法律制度的基本命题在于构建公司债券发行便利的融资机制和公司债债权人权益的保护机制。随着现代金融的制度创新，基于公司债券的新的金融衍生工具日趋复杂，例如上交所推进了债券质押回购业务。因公司资信的变化而可能涉及利害关系人间的利益调整是构建公司债券法律制度的核心理念，如何加强对投资人的保护，完善对相关债券中介机构的监管，将是未来的重点研究方向。

公司可以通过发行公司债券筹集资金。债券发行是发行人以借贷资金为目的，依照法律规定的程序向投资人要约发行代表一定债权和兑付条件的债券的法律行为，债券发行是证券发行的重要形式之一。目前允许发行的债券，包括依照《公司法》设立的公司发行的公司债券和其他企业发行的企业债券。

发行债券与股权融资方式相比，具有融资成本低、发行程序简单、不稀释公司股权(可转换公司债除外)等优点，但公司债券到期必须清偿，利息固定，比如某地发生的业主出逃即说明公司对外借贷对投资人而言亦具有较大的风险。加强对公司发行债券的管理，是保证投资人与企业稳定的重要措施，对宏观经济管理亦有重要意义。

(二)公司债券发行的种类

按照债券的发行对象划分，公司债券可分为公募发行和私募发行两种方式。

公募发行是指按法定手续，经证券主管机构批准在市场上公开发行债券。这种债券的投资者可以是社会上的任何人。公募债券对发行者的资质要求较高，同时又有助于提高发行者的信用度。除政府机构、地方公共团体外，一般私营企业必须符合规定、具有一定的规模才能发行公募债券。

私募发行是指面向少数特定的投资者发行债券，一般以少数关系密切的单位和个人为发行对象，投资者限定在一定的范围以内。私募发行一般多采取直接销售的方式，由于其风险较小，一般不需经过证券发行中介机构，不必向证券管理机关办理发行注册手续，可以节省承销费用和注册费用，手续比较简便。但是私募债券不能公开上市，流动性差，利率比公募债券高，发行数额一般不大。

（三）公司债券的发行特点

公司债券是指公司依照法定程序发行的，约定在一定期限还本付息的有价证券。与一般的公司债务相比，公司债券具有以下特点：

第一，标准化证券。公司债券一般不同于公司与金融机构或其他特定的债权人形成的债权、债务关系，是公司与社会公众直接形成的债权债务关系，因此通常具有固定的面值，借贷双方权利义务关系固定。

第二，可转让性。公司债券是一种可转让的债权债务关系，而一般的公司债务是依法限制转让的债权债务关系，公司债券的可转让性来自其权利的证券化。

第三，证券化债务。公司债券通过债券的方式表现，而一般的公司债务通过其他债权文书形式表现。因此，投资人所享有的债权体现为对公司债券所享有的所有权。

第四，期限性。与发行股票不同，发行公司债券有偿还期，到期必须偿还本金与利息，或者转化为公司股票（即可转债）。

二、公司债券的发行

（一）公司债券发行的条件

《证券法》中规定：公开发行证券，必须符合法律、行政法规规定的条件，并依法报经国务院证券监督管理机构或者国务院授权的部门注册。未经依法注册，任何单位和个人不得公开发行证券。证券发行注册制的具体范围、实施步骤，由国务院规定。

有下列情形之一的，为公开发行：

1. 向不特定对象发行证券。

2. 向特定对象发行证券累计超过 200 人，但依法实施员工持股计划的员工人数不计算在内。

3. 法律、行政法规规定的其他发行行为。

非公开发行证券，不得采用广告、公开劝诱和变相公开方式。

根据《证券法》第 15 条的规定，公开发行公司债券应当符合下列条件：

1. 具备健全且运行良好的组织机构。

2. 最近三年平均可分配利润足以支付公司债券一年的利息。

3. 国务院规定的其他条件。

公开发行公司债券筹集的资金，必须按照公司债券募集办法所列资金用途使用；改变资金用途，必须经债券持有人会议做出决议。公开发行公司债券筹集的资金，不得用于弥补亏损和非生产性支出。

上市公司发行可转换为股票的公司债券，除应当符合第 1 款规定的条件外，还应当遵守《证券法》第 12 条第 2 款的规定。但是，按照公司债券募集办法，上市公司通过收购本公司股份的方式进行公司债券转换的除外。

《证券法》第 17 条规定有下列情形之一的，不得再次公开发行公司债券：

1. 对已公开发行的公司债券或者其他债务有违约或者延迟支付本息的事实，仍处于继续状态。

2. 违反本法规定，改变公开发行公司债券所募资金的用途。

(二)公司债券的面值、期限和发行价格

我国公司债券每张面值100元，发行价格由发行人与保荐人通过市场询价确定。债券的期限是指在债券发行时就确定的债券还本的年限，债券的发行人到期必须偿还本金，债券持有人到期收回本金的权利得到法律的保护。公司债券按期限的长短可分为长期债券、中期债券和短期债券。长期债券期限在10年以上，短期债券期限一般在1年以内，中期债券的期限则介于两者之间。发行价格由发行人与保荐人通过市场询价协商确定。

(三)公司债券的发行程序

1. 公司内部决议

申请发行公司债券，应当由公司董事会制定方案，由股东会或股东大会对下列事项做出决议：

(1)发行债券的数量；

(2)向公司股东配售的安排；

(3)债券期限；

(4)募集资金的用途；

(5)决议的有效期；

(6)对董事会的授权事项；

(7)其他需要明确的事项。

发行公司债券募集的资金必须符合股东会或股东大会核准的用途，且符合国家产业政策。发行公司债券应当由保荐人保荐，并向中国证监会申报。保荐人应当按照中国证监会的有关规定编制和报送募集说明书和发行申请文件。

公司全体董事、监事、高级管理人员应当在债券募集说明书上签字，保证不存在虚假记载、误导性陈述或者重大遗漏，并声明承担个别和连带的法律责任。保荐人应当对债券募集说明书的内容进行尽职调查，并由相关责任人签字，确认不存在虚假记载、误导性陈述或者重大遗漏，并声明承担相应的法律责任。

2. 中介机构审核

为债券发行出具专项文件的注册会计师、资产评估人员、资信评级人员、律师及其所在机构，应当按照依法制定的业务规则、行业公认的业务标准和道德规范出具文件，并声明对所出具文件的真实性、准确性和完整性承担责任。

债券募集说明书所引用的审计报告、资产评估报告、资信评级报告，应当由有资格的证券服务机构出具，并由至少两名有从业资格的人员签署。债券募集说明书所引用的法律意见书应当由律师事务所出具，并由至少两名经办律师签署。

债券募集说明书自最后签署之日起6个月内有效。债券募集说明书不得使用超过有效期的资产评估报告或者资信评级报告。

3. 证监会审批

中国证监会依照下列程序审核发行公司债券的申请：

(1)收到申请文件后，5个工作日内决定是否受理；

(2)中国证监会受理后，对申请文件进行初审；

(3)发行审核委员会按照《中国证券监督管理委员会发行审核委员会办法》规定的特别程

序审核申请文件；

(4)中国证监会做出核准或者不予核准的决定。

4. 债券发行与公告

发行公司债券可以申请一次核准，分期发行。自中国证监会核准发行之日起，公司应在6个月内首期发行，剩余数量应当在24个月内发行完毕。超过核准文件限定的时效未发行的，须重新经中国证监会核准后方可发行。首期发行数量应当不少于总发行数量的50%，剩余各期发行的数量由公司自行确定，每期发行完毕后5个工作日内报中国证监会备案。

公司应当在发行公司债券前的2～5个工作日内，将经中国证监会核准的债券募集说明书摘要刊登在至少一种中国证监会指定的报刊，同时将其全文刊登在中国证监会指定的互联网网站。

(四)公司债券持有人的权益保护

为了有效地保护公司债券持有人的利益不受损害，《公司债券发行试点办法》规定了相应的保护措施。

1. 信用评级

公司债券的信用评级，应当委托经中国证监会认定、具有从事证券服务业务资格的资信评级机构进行。公司与资信评级机构应当约定，在债券有效存续期间资信评级机构每年至少公告一次跟踪评级报告。

2. 公司债券的担保

《公司债券发行试点办法》第11条规定，为公司债券提供担保的，应当符合下列规定：

(1)担保范围包括债券的本金及利息、违约金、损害赔偿金和实现债权的费用；

(2)以保证方式提供担保的，应当为连带责任保证，且保证人资产质量良好；

(3)设定担保的，担保财产权属应当清晰，尚未被设定担保或者采取保全措施，且担保财产的价值经有资格的资产评估机构评估不低于担保金额；

(4)符合《民法典》关于物权的规定和其他有关法律、法规的规定。

3. 公司债券的受托管理

公司应当为债券持有人聘请债券受托管理人，并订立债券受托管理协议；在债券存续期限内，由债券受托管理人依照协议的约定维护债券持有人的利益。公司应当在债券募集说明书中约定，投资者认购本期债券视作同意债券受托管理协议。债券受托管理人由本次发行的保荐人或者其他经中国证监会认可的机构担任。为本次发行提供担保的机构不得担任本次债券发行的受托管理人。债券受托管理人应当为债券持有人的最大利益行事，不得与债券持有人存在利益冲突。公司应当与债券受托管理人制定债券持有人会议规则，约定债券持有人通过债券持有人会议行使权利的范围、程序和其他重要事项。

公司应当在债券募集说明书中约定，投资者认购本期债券视作同意债券持有人会议规则。债券受托管理人具有忠实勤勉的义务，应当履行下列职责：

(1)持续关注公司和保证人的资信状况，出现可能影响债券持有人最大权益的事项时，召集债券持有人会议；

(2)公司为债券设定担保的，债券受托管理协议应当设定担保财产为信托财产，债券受托管理人应在债券发行前取得担保的权利证明或其他有关文件，并在担保期间妥善保管；

(3)在债券持续期内勤勉处理债券持有人与公司之间的谈判或者诉讼事务；

(4)预计公司不能偿还债务时，要求公司追加担保，或者依法申请法定机关采取财产保全措施；

(5)公司不能偿还债务时，受托参与整顿、和解或者破产的法律程序；

(6)债券受托管理协议约定的其他重要义务。

4. 债券持有人会议

上市公司应当与债券受托管理人制定债券持有人会议规则，约定债券持有人通过债券持有人会议行使权利的范围。有下列情况的，应当召开债券持有人会议：

(1)拟变更债券募集说明书的约定；

(2)拟变更债券受托管理人；

(3)公司不能按期支付本息；

(4)公司减资、合并、分立、解散或者申请破产；

(5)保证人或者担保物发生重大变化；

(6)发生对债券持有人权益有重大影响的事项。

在债券持有人利益的维护方面，公司债券的受托管理与债券持有人会议两项制度相辅相成，各有其独特的作用。债券持有人会议有利于协调债券投资者的立场，强化债券投资者的地位，为债券持有人提供有效的整体保护；而债券受托管理人可以弥补会议制度的不足，提高权利行使的时效和功用。

三、公司债券的交易

(一)交易公司债券上市交易的条件

根据《证券法》的规定，公司申请公司债券上市交易，应当符合下列条件：

(1)公司债券的期限为1年以上；

(2)公司债券实际发行额不少于人民币5 000万元；

(3)公司申请债券上市时应符合法定的公司债券发行条件。

上述条件既适用于普通公司债券，也适用于上市公司可转换公司债券。

(二)公司债券上市程序

1. 申请核准申请公司债券上市交易，应当向证券交易所申请核准，并报送下列文件：

(1)上市报告书；

(2)申请公司债券上市的董事会决议；

(3)公司章程；

(4)公司营业执照；

(5)公司债券募集办法；

(6)公司债券的实际发行数额；

(7)证券交易所上市规则规定的其他文件。

申请可转换为股票的公司债券上市交易，还应当报送保荐人出具的上市保荐书。

2. 安排上市。证券交易所核准公司债券上市申请之后，应当及时安排债券上市。上市的时间或日期，通常由证券交易所与申请人在签订的上市协议中确定。

3. 上市公告。公司债券上市交易申请经证券交易所审核同意后，签订上市协议的公司应当在规定的期限内公告公司债券上市文件及有关文件，并将其申请文件置备于指定场所供公众查阅。

(三)公司债券的暂停上市和终止上市

公司债券上市交易后,公司有下列情形之一的,由证券交易所决定暂停其公司债券上市交易:

(1)公司有重大违法行为;

(2)公司情况发生重大变化不再符合公司债券上市条件;

(3)公司债券所募集资金不按照核准的用途使用;

(4)未按照公司债券募集办法履行义务;

(5)公司最近两年连续亏损。

公司有上述第(1)项、第(4)项所列情形之一经查实后果严重的,或者有第(2)项、第(3)项、第(5)项所列情形之一,在限期内未能消除的,由证券交易所决定终止其公司债券上市交易。

公司解散或者被宣告破产的,由证券交易所终止其公司债券上市交易。

第四节 证券投资基金的发行与交易

一、证券投资基金的特点和种类

(一)概念和特点

证券投资基金是一种利益共享、风险共担的集合证券投资方式,即通过发行基金单位,集中投资者的资金,由基金托管人托管,由基金管理人管理和运用,从事股票、债券等金融工具投资,并将投资收益按基金投资者的投资比例分配的一种间接投资方式。本节所述基金专指"证券投资基金"。

根据证券投资基金的含义,我们可以看出其特点体现在以下几个方面:

1. 集合投资制度。证券投资基金通过从广大的投资者那里聚集大量资金,组建投资管理公司进行专业化管理和经营,最终实现基金资产的保值增值。由于此类投资方式牵涉大量的投资者的利益,因此应该受到比较严格的监管。

2. 信托投资方式。它与一般金融信托关系一样,包括基金管理人、基金托管人以及基金投资人,基金管理人负责基金日常的管理活动,通常为专业化的基金公司,基金管理人并不对每个投资者的资金都分别加以运用,而是将其集合起来,形成一笔巨额资金再加以运作。基金托管人一般是法人,通常为银行,负责管理基金同时代表投资人监管基金管理人的投资活动。基金管理人、基金托管人和基金份额持有人的权利、义务,依照《中华人民共和国证券投资基金法》(以下简称《证券投资基金法》)在基金合同中约定。

3. 证券投资工具。它发行的凭证即基金券(或受益凭证、基金单位、基金股份)与股票、债券一起构成有价证券的三大品种。在我国,基金证券主要由证监会监管。投资者通过购买基金券完成投资行为,既享有获得基金收益的权利,同时也必须承担相关投资带来的风险,基金管理人、基金托管人依照《证券投资基金法》和基金合同的约定,履行受托职责。目前,很多基金机构为了获得利润向受益者保证收益,这是一种违规行为。在我国,无论是银行业、证券公司、保险公司还是基金公司,都在一定范围内从事基金投资活动,应该说混业经营将是我国金融业未来的发展趋势。

【资料卡 7—1】

投资基金起源于1868年的英国，是在18世纪末、19世纪初产业革命的推动后产生的，尔后兴盛于美国，现在已风靡全世界。在不同的国家，投资基金的称谓有所区别，英国和我国香港地区称为“单位信托投资基金”，美国称为“共同基金”，日本则称为“证券投资信托基金”。这些不同的称谓在内涵和运作上并无太大区别。投资基金在西方国家早已成为一种重要的融资、投资手段。20世纪60年代以来，一些发展中国家积极仿效，越来越多地运用投资基金这一形式吸收国内外资金，促进本国经济的发展。在我国，随着改革中金融市场的发展，也在20世纪80年代末出现了投资基金形式，并从90年代以后得到了较快的发展，这不仅支持了我国经济建设和改革开放事业，而且也为广大投资者提供了一种新型的金融投资选择，活跃了金融市场，丰富了金融市场的内容，促进了金融市场的发展和完善。

(二)证券投资基金的种类

依据不同的标准，证券投资基金可以有不同的分类，这里主要介绍两种分类方法：

1. 契约型基金与公司型基金

契约型基金又称单位信托基金，是指把投资者、管理人、托管人三者作为基金合同的当事人，通过签订基金契约的形式，发行受益凭证而设立的一种基金。契约型基金是基于契约原理而组织起来的代理投资行为，没有基金章程，也没有董事会，而是通过基金契约规范三方当事人的行为。基金管理人负责基金的管理操作，基金投资人一般不直接监管基金，而是由基金托管人作为基金资产的名义持有人，负责保管和处置基金资产，监督基金管理人的运作。

公司型基金是按照《公司法》以公司形态组成的集合式投资方式，该基金公司以发行股份的方式募集资金，一般投资者通过购买该公司的股份，成为该公司的股东，凭其持有的股份依法享有投资收益。因此，公司型基金投资者的权利实质上是一种股权。这种基金要设立董事会与监事会，重大事项由董事会讨论决定。基金投资人可以直接监督基金运作。

2. 开放式基金与封闭式基金

这是根据基金的运作方式划分的。基金合同应当约定基金运作方式，封闭运作的基金(以下简称封闭式基金)，是指经核准的基金份额总额在基金合同期限内固定不变，基金份额可以在依法设立的证券交易场所交易，但基金份额持有人不得申请赎回的基金。开放运作的基金(以下简称开放式基金)，是指基金份额总额不固定，基金份额可以在基金合同约定的时间和场所申购或者赎回的基金，所以该类基金运作成本相对较高。采用其他运作方式的基金，其份额发售、交易、申购、赎回的办法，由国务院另行规定。

二、证券投资基金的法律关系

证券投资基金的法律关系是指证券投资基金的当事人之间因证券投资基金的发行、交易、申购与赎回、运作、信息披露、变更、终止和清算等事项而发生的权利与义务关系的总称。

(一)基金财产

基金财产是基金投资人投资而形成的财产。基金投资人因投资基金而享有相应的基金份额，基金投资人或基金份额持有人依据基金份额对基金财产享有相应的权利并承担相应的义务。

根据我国颁布的《证券投资基金法》的有关规定，基金财产独立于基金管理人、基金托管人的财产。基金管理人、基金托管人不得将基金财产归入其固有财产；基金管理人、基金托管人因基金财产的管理、运用或者其他形式而取得的财产和收益，归入基金财产；基金财产也不属于基金管理人、基金托管人依法清算、被依法撤销或者被依法宣告破产等原因清算的财产；基金财产的债权不得与基金管理人、基金托管人固有财产的债务相抵消；不同基金财产的债权债务不得互相抵销；非因基金财产承担的债务，不得强制执行基金财产。

根据《证券投资基金法》的规定，证券投资基金的基金财产应当用于下列投资：(1)上市交易的股票、债券；(2)国务院证券监督管理机构规定的其他证券品种。

但是，基金财产不得用于下列投资或者活动：

1. 承销证券。

2. 向他人贷款或者提供担保。

3. 从事承担无限责任的投资。

4. 买卖其他基金份额，但是国务院另有规定的除外。

5. 向其基金管理人、基金托管人出资或者买卖其基金管理人、基金托管人发行的股票或者债券。

6. 买卖与其基金管理人、基金托管人有控股关系的股东或者与其基金管理人、基金托管人有其他重大利害关系的公司发行的证券或者承销期内承销的证券。

7. 从事内幕交易、操纵证券交易价格及其他不正当的证券交易活动。

8. 依照法律、行政法规有关规定，由国务院证券监督管理机构规定禁止的其他活动。

(二)基金管理人与从业人员

基金管理人(基金管理公司)，是指凭借专门的知识与经验，运用所管理基金的资产，根据法律、法规及基金章程或基金契约的规定，按照科学的投资组合原理进行投资决策，谋求所管理的基金资产不断增值，并使基金持有人获取尽可能多收益的机构。

根据《证券投资基金法》第12条的规定，基金管理人由依法设立的基金管理公司担任。担任基金管理人，应当经国务院证券监督管理机构核准，核准条件包括：

1. 有符合《证券投资基金法》和《公司法》规定的章程。

2. 注册资本不低于1亿元人民币，且必须为实缴货币资本。

3. 主要股东具有从事证券经营、证券投资咨询、信托资产管理或者其他金融资产管理较好的经营业绩和良好的社会信誉，最近3年没有违法记录，注册资本不低于3亿元人民币。

4. 取得基金从业资格的人员达到法定人数。

5. 有符合要求的营业场所、安全防范设施和与基金管理业务有关的其他设施。

6. 有完善的内部稽核监控制度和风险控制制度。

7. 法律、行政法规规定的和经国务院批准的国务院证券监督管理机构规定的其他条件。

国务院证券监督管理机构应当自受理基金管理公司设立申请之日起6个月内依法定的条件和审慎监管原则审查，做出批准或者不予批准的决定，并通知申请人；不予批准的，应当说明理由。

基金管理公司设立分支机构、修改章程或者变更其他重大事项，应当报经国务院证券监督管理机构批准。国务院证券监督管理机构应当自受理申请之日起60日内做出批准或者不予批准的决定，并通知申请人；不予批准的，应当说明理由。

依据《证券投资基金管理暂行办法》的规定，基金管理人的职责主要有以下几个方面：

1. 依法募集基金，办理或者委托经国务院证券监督管理机构认定的其他机构代为办理基金份额的发售、申购、赎回和登记事宜。

2. 办理基金备案手续。

3. 对所管理的不同基金财产分别管理、分别记账，进行证券投资。

4. 按照基金合同的约定确定基金收益分配方案，及时向基金份额持有人分配收益。

5. 进行基金会计核算并编制基金财务会计报告。

6. 编制中期和年度基金报告。

7. 计算并公告基金资产净值，确定基金份额申购、赎回价格。

8. 办理与基金财产管理业务活动有关的信息披露事项。

9. 召集基金份额持有人大会。

10. 保存基金财产管理业务活动的记录、账册、报表和其他相关资料。

11. 以基金管理人名义，代表基金份额持有人利益行使诉讼权利或者实施其他法律行为。

12. 国务院证券监督管理机构规定的其他职责。

同时，基金管理人不得有下列行为：

1. 将其固有财产或者他人财产混同于基金财产从事证券投资。

2. 不公平地对待其管理的不同基金财产。

3. 利用基金财产为基金份额持有人以外的第三人牟取利益。

4. 向基金份额持有人违规承诺收益或者承担损失。

5. 依照法律、行政法规的有关规定，由国务院证券监督管理机构规定禁止的其他行为。

国务院证券监督管理机构对有下列情形之一的基金管理人，依据职权责令整顿，或者取消基金管理资格：

1. 有重大违法违规行为。

2. 不再具备《证券法》规定的从事基金管理的条件。

3. 法律、行政法规规定的其他情形。

有下列情形之一的，基金管理人职责终止：

1. 被依法取消基金管理资格。

2. 被基金份额持有人大会解任。

3. 依法解散、被依法撤销或者被依法宣告破产。

4. 基金合同约定的其他情形。

基金管理人职责终止的，基金份额持有人大会应当在6个月内选任新基金管理人；新基金管理人产生前，由国务院证券监督管理机构指定临时基金管理人。基金管理人职责终止的，应当妥善保管基金管理业务资料，及时办理基金管理业务的移交手续，新基金管理人或者临时基金管理人应当及时接收。基金管理人职责终止的，应当按照规定聘请会计师事务所对基金财产进行审计，并将审计结果予以公告，同时报国务院证券监督管理机构备案。

对于基金机构的从业人员而言，由于进行日常基金的管理，因此要求较高的职业道德。下列人员不得担任基金管理人的基金从业人员：

1. 因犯有贪污贿赂、渎职、侵犯财产罪或者破坏社会主义市场经济秩序罪，被判处刑罚的。

2. 对所任职的公司、企业因经营不善破产清算或者因违法被吊销营业执照负有个人责任的董事、监事、厂长、经理及其他高级管理人员，自该公司、企业破产清算终结或者被吊销营业执照之日起未逾5年的。

3. 个人所负债务数额较大，到期未清偿的。

4. 因违法行为被开除的基金管理人、基金托管人、证券交易所、证券公司、证券登记结算机构、期货交易所、期货经纪公司及其他机构的从业人员和国家机关工作人员。

5. 因违法行为被吊销执业证书或者被取消资格的律师、注册会计师和资产评估机构、验证机构的从业人员、投资咨询从业人员。

6. 法律、行政法规规定不得从事基金业务的其他人员。

基金管理人的经理和其他高级管理人员，应当熟悉证券投资方面的法律、行政法规，具有基金从业资格和 3 年以上与其所任职务相关的工作经历。基金管理人的经理和其他高级管理人员的选任或者改任，应当报经国务院证券监督管理机构依照《证券投资基金法》和其他有关法律、行政法规规定的任职条件审核。基金管理人的董事、监事、经理和其他从业人员，不得担任基金托管人或者其他基金管理人的任何职务，不得从事损害基金财产和基金份额持有人利益的证券交易及其他活动。

（三）基金托管人

基金托管人是投资人权益的代表，是基金资产的名义持有人或管理机构。《证券投资基金法》规定基金托管人由依法设立并取得基金托管资格的商业银行担任。托管银行一般要设立专门的基金托管部或者资产托管部。

为了保证基金资产的安全，基金应按照资产管理和保管分开的原则运作，并由专门的基金托管人保管基金资产。根据《证券投资基金法》第 26 条的规定，申请取得基金托管资格，应当具备一定条件，并经国务院证券监督管理机构和国务院银行业监督管理机构核准。这些条件是：

1. 净资产和资本充足率符合有关规定。

2. 设有专门的基金托管部门。

3. 取得基金从业资格的专职人员达到法定人数。

4. 有安全保管基金财产的条件。

5. 有安全高效的清算、交割系统。

6. 有符合要求的营业场所、安全防范设施和与基金托管业务有关的其他设施。

7. 有完善的内部稽核监控制度和风险控制制度。

8. 法律、行政法规规定的和经国务院批准的国务院证券监督管理机构、国务院银行业监督管理机构规定的其他条件。

基金托管人与基金管理人不得为同一人，不得相互出资或者持有股份。基金托管人应当履行下列职责：

1. 安全保管基金财产。

2. 按照规定开设基金财产的资金账户和证券账户。

3. 对所托管的不同基金财产分别设置账户，确保基金财产的完整与独立。

4. 保存基金托管业务活动的记录、账册、报表和其他相关资料。

5. 按照基金合同的约定，根据基金管理人的投资指令，及时办理清算、交割事宜。

6. 办理与基金托管业务活动有关的信息披露事项。

7. 对基金财务会计报告、中期和年度基金报告出具意见。

8. 复核、审查基金管理人计算的基金资产净值和基金份额申购、赎回价格。

9. 按照规定召集基金份额持有人大会。

10. 按照规定监督基金管理人的投资运作。

11. 国务院证券监督管理机构规定的其他职责。

此外,基金托管人发现基金管理人的投资指令违反法律、行政法规和其他有关规定,或者违反基金合同约定的,应当拒绝执行,立即通知基金管理人,并及时向国务院证券监督管理机构报告;基金托管人发现基金管理人依据交易程序已经生效的投资指令违反法律、行政法规和其他有关规定,或者违反基金合同约定的,应当立即通知基金管理人,并及时向国务院证券监督管理机构报告。同时,前述基金管理人不得从事的行为也适用基金托管人。

国务院证券监督管理机构和国务院银行业监督管理机构对有下列情形之一的基金托管人,依据职权责令整顿,或者取消基金托管资格:

1. 有重大违法违规行为。

2. 不再具备《证券法》规定的基金托管条件。

3. 法律、行政法规规定的其他情形。

有下列情形之一的,基金托管人职责终止:

1. 被依法取消基金托管资格。

2. 被基金份额持有人大会解任。

3. 被依法解散、被依法撤销或者被依法宣告破产。

4. 基金合同约定的其他情形。

基金托管人职责终止的,基金份额持有人大会应当在 6 个月内选任新基金托管人;新基金托管人产生前,由国务院证券监督管理机构指定临时基金托管人。同时,还应当妥善保管基金财产和基金托管业务资料,及时办理基金财产和基金托管业务的移交手续,新基金托管人或者临时基金托管人应当及时接收。最后,还应当按照规定聘请会计师事务所对基金财产进行审计,并将审计结果予以公告,同时报国务院证券监督管理机构备案。

(四)基金份额持有人

基金份额持有人是指依基金合同和招募说明书持有基金份额的自然人和法人,也就是基金的投资人。他们是基金资产的实际所有者,享有基金信息的知情权、表决权和收益权。

根据《证券投资基金法》第 70 条的规定,基金份额持有人享有下列权利:(1)分享基金财产收益;(2)参与分配清算后的剩余基金财产;(3)依法转让或者申请赎回其持有的基金份额;(4)按照规定要求召开基金份额持有人大会;(5)对基金份额持有人大会审议事项行使表决权;(6)查阅或者复制公开披露的基金信息资料;(7)对基金管理人、基金托管人、基金份额发售机构损害其合法权益的行为依法提起诉讼;(8)基金合同约定的其他权利。

但是,对于涉及整体基金管理的事宜,应当通过召开基金份额持有人大会审议决定,包括如下事项:

1. 提前终止基金合同。

2. 基金扩募或者延长基金合同期限。

3. 转换基金运作方式。

4. 提高基金管理人、基金托管人的报酬标准。

5. 更换基金管理人、基金托管人。

6. 基金合同约定的其他事项。

基金份额持有人大会由基金管理人召集;基金管理人未按规定召集或者不能召集时,由基金托管人召集。代表基金份额 10%以上的基金份额持有人就同一事项要求召开基金份额持有人大会，而基金管理人、基金托管人都不召集的，代表基金份额10%以上的基金份额持有人有权自行召集，并报国务院证券监督管理机构备案。

召开基金份额持有人大会，召集人应当至少提前30日公告基金份额持有人大会的召开时间、会议形式、审议事项、议事程序和表决方式等事项。基金份额持有人大会不得就未经公告的事项进行表决。基金份额持有人大会可以采取现场方式召开，也可以采取通信等方式召开。

每一基金份额具有一票表决权，基金份额持有人可以委托代理人出席基金份额持有人大会并行使表决权。基金份额持有人大会应当有代表50%以上基金份额的持有人参加，方可召开；大会就审议事项做出决定，应当经参加大会的基金份额持有人所持表决权的50%以上通过；但是，转换基金运作方式、更换基金管理人或者基金托管人、提前终止基金合同，应当经参加大会的基金份额持有人所持表决权的2/3以上通过。

基金份额持有人大会决定的事项，应当依法报国务院证券监督管理机构核准或者备案，并予以公告。

三、证券投资基金的募集

（一）申请募集文件，基金公司向证监会提交申请材料

基金管理人发售基金份额，募集基金，应当向国务院证券监督管理机构提出申请，并提交下列文件：(1)申请报告；(2)基金合同草案；(3)基金托管协议草案；(4)招募说明书草案；(5)基金管理人和基金托管人的资格证明文件；(6)经会计师事务所审计的基金管理人和基金托管人最近3年或者成立以来的财务会计报告；(7)律师事务所出具的法律意见书；(8)国务院证券监督管理机构规定提交的其他文件。

其中，基金合同应当包括下列内容：(1)募集基金的目的和基金名称；(2)基金管理人、基金托管人的名称和住所；(3)基金运作方式；(4)封闭式基金的基金份额总额和基金合同期限，或者开放式基金的最低募集份额总额；(5)确定基金份额发售日期、价格和费用的原则；(6)基金份额持有人、基金管理人和基金托管人的权利、义务；(7)基金份额持有人大会召集、议事及表决的程序和规则；(8)基金份额发售、交易、申购、赎回的程序、时间、地点、费用计算方式，以及给付赎回款项的时间和方式；(9)基金收益分配原则、执行方式；(10)作为基金管理人、基金托管人报酬的管理费、托管费的提取、支付方式与比例；(11)与基金财产管理、运用有关的其他费用的提取、支付方式；(12)基金财产的投资方向和投资限制；(13)基金资产净值的计算方法和公告方式；(14)基金募集未达到法定要求的处理方式；(15)基金合同解除和终止的事由、程序以及基金财产清算方式；(16)争议解决方式；(17)当事人约定的其他事项。

而基金招募说明书应当包括下列内容：(1)基金募集申请的核准文件名称和核准日期；(2)基金管理人、基金托管人的基本情况；(3)基金合同和基金托管协议的内容摘要；(4)基金份额的发售日期、价格、费用和期限；(5)基金份额的发售方式、发售机构及登记机构名称；(6)出具法律意见书的律师事务所和审计基金财产的会计师事务所的名称和住所；(7)基金管理人、基金托管人报酬及其他有关费用的提取、支付方式和比例；(8)风险警示内容；(9)国务院证券监督管理机构规定的其他内容。

（二）募集申请的核准

国务院证券监督管理机构应当自受理基金募集申请之日起6个月内依照法律、行政法规及国务院证券监督管理机构的规定和审慎监管原则审查，做出核准或者不予核准的决定并通知申请人；不予核准的，应当说明理由。

(三)进行募集发售

基金募集申请经核准后,方可发售基金份额。基金份额的发售由基金管理人负责办理;基金管理人可以委托经国务院证券监督管理机构认定的其他机构代为办理。基金管理人应当在基金份额发售的 3 日前公布招募说明书、基金合同及其他有关文件。基金管理人应当自收到核准文件之日起 6 个月内募集基金。超过 6 个月开始募集,原核准的事项未发生实质性变化的,应当报国务院证券监督管理机构备案;发生实质性变化的,应当向国务院证券监督管理机构重新提交申请。

(四)募集结束后向证监会提交备案申请和验资报告,办理备案手续

基金募集不得超过国务院证券监督管理机构核准的基金募集期限。基金募集期限自基金份额发售之日起计算。基金募集期限届满,封闭式基金募集的基金份额总额达到核准规模的 80%以上,开放式基金募集的基金份额总额超过核准的最低募集份额总额,并且基金份额持有人人数符合国务院证券监督管理机构规定的,基金管理人应当自募集期限届满之日起 10 日内聘请法定验资机构验资,自收到验资报告之日起 10 日内,向国务院证券监督管理机构提交验资报告,办理基金备案手续,并予以公告。基金募集期间募集的资金应当存入专门账户,在基金募集行为结束前,任何人不得动用。

(五)刊登基金合同生效公告

投资人缴纳认购的基金份额的款项时,基金合同成立;基金管理人依照《证券法》的规定办理基金备案手续,基金合同生效。为了保障投资者全面了解自己购买基金的运作情况,提高基金运作的透明度,在基金成立前后基金公司需要披露必要的信息。

基金募集期限届满,不能满足证券法规定的条件的,基金管理人应当承担下列责任:

1. 以其固有财产承担因募集行为而产生的债务和费用。

2. 在基金募集期限届满后 30 日内返还投资人已缴纳的款项,并加计银行同期存款利息。

四、证券投资基金上市交易

根据《证券投资基金法》的规定,封闭式基金的基金份额,经基金管理人申请,国务院证券监督管理机构核准,可以在证券交易所上市交易。国务院证券监督管理机构可以授权证券交易所依照法定条件和程序核准基金份额上市交易。

(一)证券投资基金上市交易的条件

根据《证券投资基金法》的规定,申请上市的基金必须符合下列条件:

1. 基金的募集符合《证券投资基金法》的规定。

2. 基金合同期限为 5 年以上。

3. 基金募集金额不低于 2 亿元人民币。

4. 基金持有人不少于 1 000 人。

5. 基金份额上市交易规则规定的其他条件。

(二)申请投资基金上市交易的程序

1. 提出上市交易申请。基金管理人申请基金上市,应当向证券交易所提交相应的文件。

2. 证券交易所接到基金上市申请后,应进行审查,认为符合上市条件的,将审查意见以及拟定的上市时间连同相关文件一并报国务院证券监督管理机构批准。

3. 国务院证券监督管理机构批准基金上市后,由证券交易所出具上市通知书,证券交易所还须同基金管理人或基金公司、基金托管人签订基金上市协议以及有关服务合同。

4. 上市交易。

(三)基金的终止上市

基金上市期间,有下列情形之一的,将终止上市:

1. 不再具备《证券投资基金法》规定的上市交易条件。

2. 基金合同期限届满。

3. 基金份额持有人大会决定提前终止上市交易。

4. 基金合同约定的或者基金份额上市交易规则规定的终止上市交易的其他情形。

五、基金份额的申购与赎回

开放式基金的基金份额的申购、赎回和登记,由基金管理人负责办理;基金管理人可以委托经国务院证券监督管理机构认定的其他机构代为办理。基金管理人应当在每个工作日办理基金份额的申购、赎回业务;基金合同另有约定的,按照其约定。

基金管理人应当按时支付赎回款项,但是下列情形除外:

1. 因不可抗力导致基金管理人不能支付赎回款项。

2. 证券交易场所依法决定临时停市,导致基金管理人无法计算当日基金资产净值。

3. 基金合同约定的其他特殊情形。

发生上述情形之一的,基金管理人应当在当日报国务院证券监督管理机构备案。规定的情形消失后,基金管理人应当及时支付赎回款项。

开放式基金应当保持足够的现金或者政府债券,以备支付基金份额持有人的赎回款项。基金财产中应当保持的现金或者政府债券的具体比例,由国务院证券监督管理机构规定。基金份额的申购、赎回价格,依据申购、赎回日基金份额净值加/减有关费用计算。

基金份额净值计价出现错误时,基金管理人应当立即纠正,并采取合理的措施防止损失进一步扩大。计价错误达到基金份额净值0.5%时,基金管理人应当公告,并报国务院证券监督管理机构备案。因基金份额净值计价错误造成基金份额持有人损失的,基金份额持有人有权要求基金管理人、基金托管人赔偿。

六、基金合同的变更、终止与基金财产清算

按照基金合同的约定或者基金份额持有人大会的决议,并经国务院证券监督管理机构核准,可以转换基金运作方式。封闭式基金扩募或者延长基金合同期限,应当符合下列条件,并经国务院证券监督管理机构核准:

1. 基金运营业绩良好。

2. 基金管理人最近两年内没有因违法违规行为受到行政处罚或者刑事处罚。

3. 基金份额持有人大会决议通过。

4.《证券投资基金法》规定的其他条件。

有下列情形之一的,基金合同终止:

1. 基金合同期限届满而未延期的。

2. 基金份额持有人大会决定终止的。

3. 基金管理人、基金托管人职责终止,在6个月内没有新基金管理人、新基金托管人承接的。

4. 基金合同约定的其他情形。

基金合同终止时,基金管理人应当组织清算组清算基金财产。清算组由基金管理人、基金

托管人以及相关的中介服务机构组成。清算组做出的清算报告经会计师事务所审计，律师事务所出具法律意见书后，报国务院证券监督管理机构备案并公告。清算后的剩余基金财产，应当按照基金份额持有人所持份额比例分配。

第五节　持续信息公开

一、信息披露的概述

信息披露制度，也称公示制度、公开披露制度，是证券监管机构为保障投资者利益要求上市公司必须将其自身的财务变化、经营状况等信息和资料向证券管理部门和证券交易所报告以接受其监督，并向社会公开或公告，以便使投资者充分了解情况的制度。它既包括发行前的披露，也包括上市后的持续信息公开，主要由招股说明书制度、定期报告制度和临时报告制度组成。

信息披露义务人应当真实、准确、完整、及时地披露信息，不得有虚假记载、误导性陈述或者重大遗漏。发行人、上市公司的董事、监事、高级管理人员应当忠实、勤勉地履行职责，保证披露信息的真实、准确、完整、及时、公平。信息披露文件主要包括招股说明书、募集说明书、上市公告书、定期报告和临时报告等。上市公司及其他信息披露义务人依法披露信息，应当将公告文稿和相关备查文件报送证券交易所登记，并在中国证监会指定的媒体发布。

信息披露义务人应当同时向所有投资者公开披露信息。在境内外市场发行证券及其衍生品种并上市的公司在境外市场披露的信息，应当同时在境内市场披露。在内幕信息依法披露前，任何知情人不得公开或者泄露该信息，不得利用该信息进行内幕交易。信息披露义务人在公司网站及其他媒体发布信息的时间不得先于指定媒体，不得以新闻发布或者答记者问等任何形式代替应当履行的报告、公告义务，不得以定期报告形式代替应当履行的临时报告义务。

信息披露应当接受中国证监会的监督。信息披露义务人应当将信息披露公告文稿和相关备查文件报送上市公司注册地证监局，并置备于公司住所供社会公众查阅。信息披露文件应当采用中文文本。同时采用外文文本的，信息披露义务人应当保证两种文本的内容一致。两种文本发生歧义时，以中文文本为准。中国证监会依法监督信息披露文件及公告的情况、信息披露事务管理活动，上市公司控股股东、实际控制人和信息披露义务人的行为。证券交易所应当监督上市公司及其他信息披露义务人披露信息，督促其依法及时、准确地披露信息，对证券及其衍生品种交易实行实时监控。证券交易所制定的上市规则和其他信息披露规则应当报中国证监会批准。中国证监会可以对金融、房地产等特殊行业上市公司的信息披露做出特别规定。

【资料卡 7—2】　信息披露制度产生的历史背景——英国南海股份公司审计案例

18 世纪初随着大英帝国殖民主义的扩张，海外贸易有了很大发展。英国政府在银行家的建议下，将发行中奖债券所募集到的资金于 1710 年创立了南海股份有限公司，从事盈利前景诱人的殖民地贸易。

南海公司经过 10 年的惨淡经营，1719 年政府允许中奖债券的 70%(约 1 000 万英镑)成转换南海公司股票。该年底，一方面政府扫除了殖民地贸易的障碍；另一方面，公司的董事们开始对外散布利好消息，并预测在 1720 年的圣诞节，公司可能要按面值的 60%

支付股利。1719 年中期,南海公司股价为 114 英镑,1720 年 3 月,股价劲升至 300 英镑。

1720 年 7 月公司老板布伦特以数倍于面额的价格发行可分期付款的新股,同时又将获取的现金转贷给购买股票的公众,此时南海的股价扶摇直上,股价高达 1 050 英镑,一场投机浪潮席卷全国。各种职业的人都被卷入这场漩涡。《大恐慌》一书中这样描写当时的情形:"政治家忘记了政治,律师忘记了法庭,贸易商放弃了买卖,医生丢弃了病人,店主关闭了铺子,教父离开了圣坛,甚至连高贵的夫人也忘记了高傲和虚荣。"

其实,1720 年 6 月英国国会已通过了《泡沫经济取缔法》,许多公司被解散,公众的怀疑逐渐扩展到南海公司,继股价高达 1 050 英镑后,外国投资者首先开始抛售南海的股票。1720 年 9 月 28 日公司股票下跌到 190 英镑,1720 年 12 月公司股票下跌到 124 英镑,1720 年底,政府清查公司财产,其资本已所剩无几,1720 年政府逮捕了布伦特,有的董事自杀,相应的地主和商人倒闭。

"南海公司倒闭"的消息传来,犹如晴天霹雳,惊呆了正陶醉在黄金美梦中的债权人和投资者。迫于舆论的压力,1720 年 9 月,英国议会组织了一个由 13 人参加的特别委员会,秘密查证"南海泡沫事件"。

在调查过程中,特别委员会发现该公司的会计记录严重失实,明显存在蓄意篡改数据的舞弊行为,于是特邀资深会计师查尔斯·斯内尔检查对南海公司的分公司"索布里奇商社"的会计账目。查尔斯·斯内尔商业审计实践经验丰富,理论基础扎实,在伦敦地区享有盛誉。查尔斯·斯内尔通过对南海公司账目的查询、审核,于 1721 年提交了一份对索布里奇商社的会计账簿进行检查的意见。在该份报告中,查尔斯指出了公司存在舞弊行为、会计记录严重不实等问题,但没有对公司为何编制这种虚假的会计记录表明自己的看法。

议会根据这份查账报告,将南海公司董事之一的雅各希·布伦特及其合伙人的不动产全部予以没收。其中一位叫乔治·卡斯韦尔的爵士,被关进了著名的伦敦塔监狱。

直到 1828 年,英国政府在充分认识到股份有限公司利弊的基础上,通过设立民间审计的方式,将股份公司中因所有权与经营权分离所产生的不足予以制约,才完善了这一现代化的企业制度。据此,英国政府撤销了《泡沫公司取缔法》,重新恢复了股份公司这一现代企业制度的形式。

英国的"南海泡沫事件"(South Sea Bubble)导致 1720 年《诈欺防止法》(Bubble Act of 1720)的出台,尔后《1844 年英国合股公司法》(The Joint Stock Companies Act of 1844)中关于"招股说明书"(prospectus)的规定,首次确立了强制性信息披露原则(the principle of compulsory disclosure)。

但是,当今世界信息披露制度最完善、最成熟的立法在美国。美国关于信息披露的要求最初源于 1911 年堪萨斯州的《蓝天法》(Blue Sky Law)。1929 年华尔街证券市场的大阵痛,以及阵痛前的非法投机、欺诈与操纵行为,促使了美国联邦政府《1933 年证券法》和《1934 年证券交易法》的颁布。在《1933 年证券法》中美国首次规定实行财务公开制度,这被认为是世界上最早的信息披露制度。

资料来源:搜搜百科,http://baike.soso.com/v814651.htm? ch=ch.bk.innerlink。

二、信息披露的内容

(一)首次信息披露

证券发行申请经核准,发行人应当依照法律、行政法规的规定,在证券公开发行前,公告公开发行募集文件,并将该文件置备于指定场所供公众查阅。发行证券的信息依法公开前,任何知情人不得公开或者泄露该信息。发行人不得在公告公开发行募集文件前发行证券。根据有关规定,首次信息披露主要包括招股说明书、债券募集说明书和上市公告书。

1. 招股说明书

发行人编制招股说明书应当符合中国证监会的相关规定。凡是对投资者做出投资决策有重大影响的信息,均应当在招股说明书中披露。公开发行证券的申请经中国证监会核准后,发行人应当在证券发行前公告招股说明书。

发行人的董事、监事、高级管理人员应当对招股说明书签署书面确认意见,保证所披露的信息真实、准确、完整。招股说明书应当加盖发行人公章。

发行人申请首次公开发行股票的,中国证监会受理申请文件后、发行审核委员会审核前,发行人应当将招股说明书申报稿在中国证监会网站预先披露。预先披露的招股说明书申报稿不是发行人发行股票的正式文件,不能含有价格信息,发行人不得据此发行股票。

证券发行申请经中国证监会核准后至发行结束前、发生重要事项的,发行人应当向中国证监会书面说明,并经中国证监会同意后,修改招股说明书或者做相应的补充公告。申请证券上市交易,应当按照证券交易所的规定编制上市公告书,并经证券交易所审核同意后公告。

发行人的董事、监事、高级管理人员,应当对上市公告书签署书面确认意见,保证所披露的信息真实、准确、完整。上市公告书应当加盖发行人公章。

招股说明书、上市公告书引用保荐人、证券服务机构的专业意见或者报告的,相关内容应当与保荐人、证券服务机构出具的文件内容一致,确保引用保荐人、证券服务机构的意见不会产生误导。

招股说明书的法定内容公司通过后根据《公司法》的规定,招股说明书应当附有发起人制定的公司章程,并载明下列事项:(1)发起人认购股份数;(2)每股的票面金额及发行价格;(3)无记名股票的发行总数;(4)认购人的权利、义务;(5)本次募股的起止期限及逾期未募足时认股人可撤回所认股份的说明。

2. 债券募集说明书

公司发行债券应当编制公司债券募集说明书。申请发行可转换公司债券的上市公司(以下简称发行人),应按法律规定的要求编制可转换公司债券募集说明书(以下简称募集说明书),并按要求编制募集说明书摘要,作为向中国证监会申请发行可转换公司债券的必备法律文件,经中国证监会核准后按规定披露。

凡对投资者做出投资决策有重大影响的信息,均应披露。发行人可根据实际情况,在不影响披露内容完整性的前提下做适当修改,但应在申报时做书面说明。由于商业秘密(如核心技术的保密资料、商业合同的具体内容等)等特殊原因,法律规定的某些信息确实不便披露的,发行人可向中国证监会申请豁免。在不影响信息披露的完整性和不致引起阅读不便的前提下,发行人可采用相互引证的方法,对各相关部分的内容做适当的技术处理,以避免重复和保持文字简洁。

发行人在募集说明书及其摘要中披露的所有信息应真实、准确、完整、公平、及时,尤其要确保所披露的财务会计资料有充分的依据。所引用的财务报告、盈利预测报告(如有)应由具有证券期货相关业务资格的会计师事务所审计或审核,并由两名以上具有证券期货相关业务资格的注册会计师签署。

募集说明书的有效期为3个月,自中国证监会下发核准通知之日起计算。发行人在募集说明书有效期内未能发行可转换公司债券的,应重新修订募集说明书。发行人可在特别情况下申请适当延长募集说明书的有效期限,但至多不超过1个月。

发行人申请文件核准后,在募集说明书披露前发生与申报稿不一致或应予补充披露的事项,如发生股东或董事、经理(含总裁等相当的职务)变动,出现财政税收政策、业务方向和范围的重大变动,取得或失去重大专利或特许权,以及进行新的重大投资或融资行为等,发行人应视情况在履行上市公司持续信息披露义务的前提下,及时修改募集说明书并提供补充说明材料,必要时应重新经过中国证监会核准。

经中国证监会核准后,如发行人认为还有必要修改募集说明书的,应书面说明情况,并经中国证监会同意后相应修改募集说明书及其摘要。

发行人应针对实际情况在募集说明书首页做"特别风险提示",并在"风险因素"一节详细披露。募集说明书还应满足如下一般要求:

(1)引用的数据应提供资料来源,事实应有充分、客观、公正的依据。

(2)引用的数字应采用阿拉伯数字,货币金额除特别说明外,应指人民币金额,并以元、千元或万元为单位。

(3)发行人可根据有关规定或其他需求,编制募集说明书外文译本,但应保证中、外文文本的一致性,并在外文文本上注明:"本募集说明书分别以中、英(或日、法等)文编制,在对中外文本的理解上发生歧义时,以中文文本为准。"

(4)不得刊载任何有祝贺性、广告性和恭维性的词句。

发行人应在发行前2～5个工作日内将募集说明书摘要刊登于至少一种中国证监会指定的报刊,同时将募集说明书全文刊登于中国证监会指定的网站,并将募集说明书全文文本及备查文件置备于发行人住所、拟上市证券交易所、主承销商和其他承销机构的住所,以备查阅。发行人可将募集说明书全文及摘要刊登于其他网站和报刊,但不得早于在中国证监会指定网站和报刊的披露。

在募集说明书及其摘要披露前,任何当事人不得违反规定披露与募集说明书及其摘要有关的信息,或利用这些信息谋取利益。发行人、任何中介机构或人士利用与募集说明书及其摘要有关的信息推介宣传的,应遵守中国证监会的相关规定。

发行人应在募集说明书及其摘要披露后10日内,将正式印刷的募集说明书全文文本一式5份,分别报送中国证监会及其在发行人注册地的派出机构、拟上市的证券交易所。发行人董事会及全体董事应保证募集说明书及其摘要内容的真实性、准确性、完整性,承诺其中不存在虚假记载、误导性陈述或重大遗漏,并承担相应的责任。

主承销商应受发行人委托,配合发行人编制募集说明书,并检查募集说明书的内容,确认募集说明书及其摘要不存在虚假记载、误导性陈述或重大遗漏,并承担相应的责任。发行人律师可受发行人委托参与编制募集说明书,并审阅募集说明书,确认募集说明书及其摘要不致因法律意见书和律师工作报告的内容出现虚假记载、误导性陈述或重大遗漏引致的法律风险,并承担相应的责任。

发行人律师、注册会计师、注册评估师、验资人员及其所在的中介机构等应书面同意发行人在募集说明书及其摘要中引用由其出具的专业报告或意见的内容。

3. 上市公告书

上市公司在非公开发行新股后，应当依法披露发行情况报告书。上市公告书应经证券交易所审核后公告。发行人的董事、监事、高级管理人员应当对上市公告书签署书面确认意见，保证所披露的信息真实、准确、完整。

（二）持续信息披露

1. 定期报告

上市公司应当披露的定期报告包括年度报告、中期报告和季度报告。凡是对投资者做出投资决策有重大影响的信息，均应当披露。

年度报告中的财务会计报告应当经具有证券、期货相关业务资格的会计师事务所审计。年度报告应当在每个会计年度结束之日起4个月内，中期报告应当在每个会计年度的上半年结束之日起2个月内报送并公告。年度报告应当记载以下内容：(1)公司基本情况；(2)主要会计数据和财务指标；(3)公司股票、债券发行及变动情况，报告期末股票、债券总额、股东总数，公司前十大股东持股情况；(4)持股5%以上股东、控股股东及实际控制人情况；(5)董事、监事、高级管理人员的任职情况、持股变动情况、年度报酬情况；(6)董事会报告；(7)管理层讨论与分析；(8)报告期内重大事件及对公司的影响；(9)财务会计报告和审计报告全文；(10)中国证监会规定的其他事项。

中期报告应当记载以下内容：(1)公司基本情况；(2)主要会计数据和财务指标；(3)公司股票、债券发行及变动情况、股东总数、公司前十大股东持股情况，控股股东及实际控制人发生变化的情况；(4)管理层讨论与分析；(5)报告期内重大诉讼、仲裁等重大事件及对公司的影响；(6)财务会计报告；(7)中国证监会规定的其他事项。

公司董事、高级管理人员应当对定期报告签署书面确认意见，监事会应当提出书面审核意见，说明董事会的编制和审核程序是否符合法律、行政法规和中国证监会的规定，报告的内容能否真实、准确、完整地反映上市公司的实际情况。董事、监事、高级管理人员对定期报告内容的真实性、准确性、完整性无法保证或者存在异议的，应当陈述理由和发表意见，并予以披露。

上市公司预计经营业绩发生亏损或者发生大幅变动的，应当及时预告业绩。

定期报告披露前出现业绩泄露，或者出现业绩传闻且公司证券及其衍生品种交易出现异常波动的，上市公司应当及时披露本报告期相关财务数据。定期报告中财务会计报告被出具非标准审计意见的，上市公司董事会应当针对该审计意见涉及事项做出专项说明。

定期报告中财务会计报告被出具非标准审计意见，证券交易所认为涉嫌违法的，应当提请中国证监会立案调查。上市公司未在规定期限内披露年度报告和中期报告的，中国证监会应当立即立案稽查，证券交易所应当按照股票上市规则予以处理。年度报告、中期报告和季度报告的格式及编制规则，由中国证监会另行制定。

2. 临时报告

临时报告是指在定期报告之外临时发布的报告。发生可能对上市公司证券及其衍生品种交易价格产生较大影响的重大事件，投资者尚未得知时，上市公司应当立即披露，说明事件的起因、目前的状态和可能产生的影响。这里所说的重大事件包括：

(1)公司的经营方针和经营范围的重大变化；

(2)公司的重大投资行为，公司在一年内购买、出售重大资产超过公司资产总额30%，或者公司营业用主要资产的抵押、质押、出售或者报废一次超过该资产的30%；

(3)公司订立重要合同、提供重大担保或者从事关联交易,可能对公司的资产、负债、权益和经营成果产生重要影响;

(4)公司发生重大债务和未能清偿到期重大债务的违约情况;

(5)公司发生重大亏损或者重大损失;

(6)公司生产经营的外部条件发生重大变化;

(7)公司的董事、1/3 以上监事或者经理发生变动,董事长或者经理无法履行职责;

(8)持有公司 5%以上股份的股东或者实际控制人持有股份或者控制公司的情况发生较大变化,公司的实际控制人及其控制的其他企业从事与公司相同或者相似业务的情况发生较大变化;

(9)公司分配股利、增资的计划,公司股权结构的重要变化,公司减资、合并、分立、解散及申请破产的决定,或者依法进入破产程序、被责令关闭;

(10)涉及公司的重大诉讼、仲裁,股东大会、董事会决议被依法撤销或者宣告无效;

(11)公司涉嫌犯罪被依法立案调查,公司的控股股东、实际控制人、董事、监事、高级管理人员涉嫌犯罪被依法采取强制措施;

(12)国务院证券监督管理机构规定的其他事项。

上市公司应当在最先发生的以下任一时点,及时履行重大事件的信息披露义务:

(1)董事会或者监事会就该重大事件形成决议时;

(2)有关各方就该重大事件签署意向书或者协议时;

(3)董事、监事或者高级管理人员知悉该重大事件发生并报告时。

在前文规定的时点之前出现下列情形之一的,上市公司应当及时披露相关事项的现状、可能影响事件进展的风险因素:

(1)该重大事件难以保密;

(2)该重大事件已经泄露或者市场出现传闻;

(3)公司证券及其衍生品种出现异常交易情况。

上市公司参股公司发生可能对上市公司证券及其衍生品种交易价格产生较大影响的事件的,上市公司应当履行信息披露义务。涉及上市公司的收购、合并、分立、发行股份、回购股份等行为导致上市公司股本总额、股东、实际控制人等发生重大变化的,信息披露义务人应当依法履行报告、公告义务,披露权益变动情况。

上市公司应当关注本公司证券及其衍生品种的异常交易情况及媒体关于本公司的报道。证券及其衍生品种发生异常交易或者在媒体中出现的消息可能对公司证券及其衍生品种的交易产生重大影响时,上市公司应当及时向相关各方了解真实情况,必要时应以书面方式问询。

上市公司控股股东、实际控制人及其一致行动人应当及时、准确地告知上市公司是否存在拟发生的股权转让、资产重组或者其他重大事件,并配合上市公司做好信息披露工作。公司证券及其衍生品种交易被中国证监会或者证券交易所认定为异常交易的,上市公司应当及时了解造成证券及其衍生品种交易异常波动的影响因素,并及时披露。

上市公司披露重大事件后,已披露的重大事件出现可能对上市公司证券及其衍生品种交易价格产生较大影响的进展或者变化的,应当及时披露进展或者变化情况、可能产生的影响。上市公司控股子公司发生重大事件,可能对上市公司证券及其衍生品种交易价格产生较大影响的,上市公司应当履行信息披露义务。

三、信息披露的事务管理

（一）上市公司信息披露的制度化管理

上市公司应当制定信息披露事务管理制度。信息披露事务管理制度应当包括：(1)明确上市公司应当披露的信息，确定披露标准；(2)未公开信息的传递、审核、披露流程；(3)信息披露事务管理部门及其负责人在信息披露中的职责；(4)董事和董事会、监事和监事会、高级管理人员等的报告、审议和披露的职责；(5)董事、监事、高级管理人员履行职责的记录和保管制度；(6)未公开信息的保密措施，内幕信息知情人的范围和保密责任；(7)财务管理和会计核算的内部控制及监督机制；(8)对外发布信息的申请、审核、发布流程，与投资者、证券服务机构、媒体等的信息沟通制度；(9)信息披露相关文件、资料的档案管理；(10)涉及子公司的信息披露事务管理和报告制度；(11)未按规定披露信息的责任追究机制，对违反规定人员的处理措施。

（二）上市公司董事、监事、高级管理人员的信息披露义务

上市公司信息披露事务管理制度应当经公司董事会审议通过，报注册地证监局和证券交易所备案。上市公司董事、监事、高级管理人员应当勤勉尽责，关注信息披露文件的编制情况，保证定期报告、临时报告在规定期限内披露，配合上市公司及其他信息披露义务人履行信息披露义务。

上市公司应当制定定期报告的编制、审议、披露程序。经理、财务负责人、董事会秘书等高级管理人员应当及时编制定期报告草案，提请董事会审议；董事会秘书负责送达董事审阅；董事长负责召集和主持董事会会议审议定期报告；监事会负责审核董事会编制的定期报告；董事会秘书负责组织定期报告的披露工作。

上市公司应当制定重大事件的报告、传递、审核、披露程序。董事、监事、高级管理人员知悉重大事件发生时，应当按照公司规定立即履行报告义务；董事长在接到报告后，应当立即向董事会报告，并敦促董事会秘书组织临时报告的披露工作。上市公司通过业绩说明会、分析师会议、路演、接受投资者调研等形式就公司的经营情况、财务状况及其他事件与任何机构和个人沟通的，不得提供内幕信息。

董事应当了解并持续关注公司生产经营情况、财务状况和公司已经发生的或者可能发生的重大事件及其影响，主动调查、获取决策所需要的资料。

监事应当监督公司董事、高级管理人员履行信息披露职责的行为；关注公司信息披露情况，发现信息披露存在违法违规问题的，应当调查并提出处理建议。监事会对定期报告出具的书面审核意见，应当说明编制和审核的程序是否符合法律、行政法规、中国证监会的规定，报告的内容是否能够真实、准确、完整地反映上市公司的实际情况。

高级管理人员应当及时向董事会报告有关公司经营或者财务方面出现的重大事件、已披露的事件的进展或者变化情况及其他相关信息。

（三）上市公司应当设立董事会秘书，作为公司与交易所之间的指定联络人

董事会秘书负责组织和协调公司信息披露事务，汇集上市公司应予披露的信息并报告董事会，持续关注媒体对公司的报道并主动求证报道的真实情况。董事会秘书有权参加股东大会、董事会会议、监事会会议和高级管理人员相关会议，有权了解公司的财务和经营情况，查阅涉及信息披露事宜的所有文件。

董事会秘书负责办理上市公司信息对外公布等相关事宜。除监事会公告外，上市公司披露的信息应当以董事会公告的形式发布。董事、监事、高级管理人员非经董事会书面授权，不

得对外发布上市公司未披露信息。

上市公司应当为董事会秘书履行职责提供便利条件，财务负责人应当配合董事会秘书在财务信息披露方面的相关工作。上市公司的股东、实际控制人发生以下事件时，应当主动告知上市公司董事会，并配合上市公司履行信息披露义务：(1)持有公司5%以上股份的股东或者实际控制人，其持有股份或者控制公司的情况发生较大变化；(2)法院裁决禁止控股股东转让其所持股份，任一股东所持公司5%以上股份被质押、冻结、司法拍卖、托管、设定信托或者被依法限制表决权；(3)拟对上市公司进行重大资产或者业务重组；(4)中国证监会规定的其他情形。

(四)上市公司的股东、实际控制人在信息披露中的职责

应当披露的信息依法披露前，相关信息已在媒体上传播或者公司证券及其衍生品种出现交易异常情况的，股东或者实际控制人应当及时、准确地向上市公司做出书面报告，并配合上市公司及时、准确地公告。

上市公司的股东、实际控制人不得滥用其股东权利、支配地位，不得要求上市公司向其提供内幕信息。上市公司非公开发行股票时，其控股股东、实际控制人和发行对象应当及时向上市公司提供相关信息，配合上市公司履行信息披露义务。

上市公司董事、监事、高级管理人员、持股5%以上的股东及其一致行动人、实际控制人应当及时向上市公司董事会报送上市公司关联人名单及关联关系的说明。上市公司应当履行关联交易的审议程序，并严格执行关联交易回避表决制度。交易各方不得通过隐瞒关联关系或者采取其他手段，规避上市公司的关联交易审议程序和信息披露义务。

通过接受委托或者信托等方式持有上市公司5%以上股份的股东或者实际控制人，应当及时将委托人情况告知上市公司，配合上市公司履行信息披露义务。

(五)保荐人、证券服务机构在信息披露中的职责

信息披露义务人应当向其聘用的保荐人、证券服务机构提供与执业相关的所有资料，并确保资料的真实、准确、完整，不得拒绝、隐匿、谎报。为信息披露义务人履行信息披露义务出具专项文件的保荐人和证券服务机构应当勤勉尽责、诚实守信，按照依法制定的业务规则、行业执业规范和道德准则发表专业意见，保证所出具文件的真实性、准确性和完整性。

保荐人、证券服务机构在为信息披露出具专项文件时，发现上市公司及其他信息披露义务人提供的材料有虚假记载、误导性陈述、重大遗漏或者其他重大违法行为的，应当要求其补充、纠正。信息披露义务人不予补充、纠正的，保荐人、证券服务机构应当及时向公司注册地证监局和证券交易所报告。

注册会计师应当秉承风险导向审计理念，严格执行注册会计师执业准则及相关规定，完善鉴证程序，科学选用鉴证方法和技术，充分了解被鉴证单位及其环境，审慎关注重大错报风险，获取充分、适当的证据，合理发表鉴证结论。上市公司解聘会计师事务所的，应当在董事会决议后及时通知会计师事务所，公司股东大会就解聘会计师事务所表决时，应当允许会计师事务所陈述意见。股东大会做出解聘、更换会计师事务所决议的，上市公司应当在披露时说明更换的具体原因和会计师事务所的陈述意见。

资产评估机构应当恪守职业道德，严格遵守评估准则或者其他评估规范，恰当选择评估方法，评估中提出的假设条件应当符合实际情况，对评估对象所涉及交易、收入、支出、投资等业务的合法性、未来预测的可靠性取得充分证据，充分考虑未来各种可能性发生的概率及其影响，形成合理的评估结论。

四、信息披露的监督管理和法律责任

中国证监会可以要求上市公司及其他信息披露义务人或者其董事、监事、高级管理人员对有关信息披露问题做出解释、说明或者提供相关资料，并要求上市公司提供保荐人或者证券服务机构的专业意见。

中国证监会对保荐人和证券服务机构出具的文件的真实性、准确性、完整性有疑义的，可以要求相关机构做出解释、补充，并调阅其工作底稿。上市公司及其他信息披露义务人、保荐人和证券服务机构应当及时做出回复，并配合中国证监会的检查、调查。

上市公司董事、监事、高级管理人员应当对公司信息披露的真实性、准确性、完整性、及时性、公平性负责，但有充分证据表明其已经履行勤勉尽责义务的除外。上市公司董事长、经理和董事会秘书应当对公司临时报告信息披露的真实性、准确性、完整性、及时性、公平性承担主要责任。上市公司董事长、经理、财务负责人应对公司财务报告的真实性、准确性、完整性、及时性、公平性承担主要责任。

信息披露义务人及其董事、监事、高级管理人员，上市公司的股东、实际控制人、收购人及其董事、监事、高级管理人员违反相关法律法规的，中国证监会可以采取以下监管措施：(1)责令改正；(2)监管谈话；(3)出具警示函；(4)将其违法违规、不履行公开承诺等情况记入诚信档案并公布；(5)认定为不适当人选；(6)依法可以采取的其他监管措施。

上市公司未按法律规定制定信息披露事务管理制度的，中国证监会责令改正。拒不改正的，中国证监会给予警告、罚款。具体包括：

1. 信息披露义务人未在规定期限内履行信息披露义务，或者所披露的信息有虚假记载、误导性陈述或者重大遗漏的。

2. 信息披露义务人未在规定期限内报送有关报告，或者报送的报告有虚假记载、误导性陈述或者重大遗漏的。

3. 上市公司通过隐瞒关联关系或者采取其他手段，规避信息披露、报告义务的。

上市公司股东、实际控制人未依法配合上市公司履行信息披露义务的，或者非法要求上市公司提供内幕信息的，中国证监会责令改正，给予警告、罚款。

为信息披露义务人履行信息披露义务出具专项文件的保荐人、证券服务机构及其人员，违反《证券法》、行政法规和中国证监会的规定，实施下列行为，由中国证监会依法采取责令改正、监管谈话、出具警示函、记入诚信档案等监管措施；应当给予行政处罚的，中国证监会依法处罚：

1. 任何机构和个人泄露上市公司内幕信息，或者利用内幕信息买卖证券及其衍生品种。

2. 任何机构和个人编制、传播虚假信息扰乱证券市场；媒体传播上市公司信息不真实、不客观的。

3. 在证券及其衍生品种交易活动中做出虚假陈述或者信息误导的。

涉嫌利用新闻报道以及其他传播方式敲诈勒索上市公司的，中国证监会责令改正，向有关部门发出监管建议函，由有关部门依法追究法律责任。

任何机构和个人不得非法获取、提供、传播上市公司的内幕信息，不得利用所获取的内幕信息买卖或者建议他人买卖公司证券及其衍生品种，不得在投资价值分析报告、研究报告等文件中使用内幕信息。媒体应当客观、真实地报道涉及上市公司的情况，发挥舆论监督作用。任何机构和个人不得提供、传播虚假或者误导投资者的上市公司信息。违反以上规定给投资者造成损失的,依法承担赔偿责任。

上市公司及其他信息披露义务人违反规定,情节严重的,中国证监会可以对有关责任人员采取证券市场禁入的措施。涉嫌犯罪的,依法移送司法机关,追究刑事责任。

第六节 禁止的交易行为

根据《证券法》规定,禁止的交易行为包括内幕交易行为、操纵市场行为、虚假陈述行为和欺诈客户行为。

一、内幕交易行为

内幕交易是指内幕人员和以不正当手段获取内幕信息的其他人员违反法律、法规的规定,泄露内幕信息,根据内幕信息买卖证券或者向他人提出买卖证券建议的行为。

(一)内幕信息知情人员

禁止证券交易内幕信息的知情人和非法获取内幕信息的人利用内幕信息从事证券交易活动。证券交易内幕信息的知情人包括:

1. 发行人及其董事、监事、高级管理人员;

2. 持有公司5%以上股份的股东及其董事、监事、高级管理人员,公司的实际控制人及其董事、监事、高级管理人员;

3. 发行人控股的公司及其董事、监事、高级管理人员;

4. 由于所任公司职务可以获取公司有关内幕信息的人员;

5. 上市公司收购人或者重大资产交易方及其控股股东、实际控制人、董事、监事和高级管理人员;

6. 因职务、工作可以获取内幕信息的证券交易场所、证券公司、证券登记结算机构、证券服务机构的有关人员;

7. 因职责、工作可以获取内幕信息的证券监督管理机构工作人员;

8. 因法定职责对证券的发行、交易或者对上市公司及其收购、重大资产交易进行管理可以获取内幕信息的有关主管部门、监管机构的工作人员;

9. 国务院证券监督管理机构规定的可以获取内幕信息的其他人员。

(二)内幕信息

内幕信息是指在证券交易活动中,涉及公司的经营、财务或者对该公司证券的市场价格有重大影响的尚未公开的信息。证券交易活动中,涉及发行人的经营、财务或者对该发行人证券的市场价格有重大影响的尚未公开的信息,为内幕信息。《证券法》第80条第2款、第81条第2款所列重大事件属于内幕信息。

证券交易内幕信息的知情人和非法获取内幕信息的人,在内幕信息公开前,不得买卖该公司的证券,或者泄露该信息,或者建议他人买卖该证券。持有或者通过协议、其他安排与他人共同持有公司5%以上股份的自然人、法人、非法人组织收购上市公司的股份,《证券法》另有规定的,适用其规定。

内幕交易行为给投资者造成损失的,应当依法承担赔偿责任。

二、操纵市场行为

操纵市场是指单位或个人以获取利益或者减少损失为目的，利用其资金、信息等优势或者滥用职权影响证券市场价格，制造证券市场假象，诱导或者致使投资者在不了解事实真相的情况下做出买卖证券的决定，扰乱证券市场秩序的行为。我国《证券法》禁止任何操纵证券市场的行为。内幕交易行为给投资者造成损失的，行为人应当依法承担赔偿责任。

根据《证券法》的规定，禁止任何人以下列手段操纵证券市场：

1. 单独或者通过合谋，集中资金优势、持股优势或者利用信息优势联合或者连续买卖，操纵证券交易价格或者证券交易量。

2. 与他人串通，以事先约定的时间、价格和方式相互交易证券，影响证券交易价格或者证券交易量。

3. 在自己实际控制的账户之间交易证券，影响证券交易价格或者证券交易量。

4. 以其他手段操纵证券市场。

操纵证券市场行为给投资者造成损失的，行为人应当依法承担赔偿责任。

【资料卡 7—3】“327 国债事件”

背景

“327”是“92(3)国债 06 月交收”国债期货合约的代号，对应 1992 年发行、1995 年 6 月到期兑付的 3 年期国库券，该券发行总量是 240 亿元人民币。

当时我国国债发行极难。1990 年以前，国库券一直靠行政分配的方式发行。国债的转让流通起步于 1988 年，1990 年才形成全国性的二级市场。个人投资者普遍把国债作为一种变相的长期储蓄存款，很少有进入市场交易的兴趣。

通过多次国际考察，决策者对国际金融市场有了较多的了解，感觉应当进行金融工具的创新。在当时的体制框架内和认识水平上，搞股票指数期货是不可能的，而国债的发行正在受到国家的大力鼓励。借鉴美国的经验，1992 年 12 月 28 日，上海证券交易所首次设计并试行推出了 12 个品种的期货合约。

国债期货试行的两周内，交易清淡，仅成交 19 手。1993 年 7 月 10 日，情况发生了历史性的变化。这一天，财政部颁布了《关于调整国库券发行条件的公告》(下称《公告》)。《公告》称，在通货膨胀居高不下的背景下，政府决定将参照中央银行公布的保值贴补率给予一些国债品种的保值补贴。国债收益率开始出现不确定性。国债期货市场的炒作空间扩大了。

所谓的保值贴息，指的是由于通货膨胀带来人民币贬值，从而使国债持有者的实际财富减少。为了补偿国债持有人的这项损失，财政部会拿出一部分钱作为利息的增加，称为保值贴息。从经济学的角度看，保值贴息应该与通货膨胀率的实际值相等，而在国际惯例上，大多数国家(包括现在的中国)已经取消了这一补贴。其原因在于，国债购买者在购买时，应当自行预见金融产品收益的不确定性。

事件实质基本介绍

20 世纪 90 年代中期，国家开放了国债期货交易试点，采用国际惯例，实行保证金制度，虽然大大高出了 1%的国际标准，但 2.5%的保证金制度仍然把可交易量扩大到了 40 倍，有效地提高了国债期货产品的流动性。

由于期货价格主要取决于相应现货价格预期。因此，影响现货价格的因素也就成了期货市场的炒作题材。影响1992年三年期国债现券价格的主要因素有：

(1)基础价格：92(3)现券的票面利率为9.5%，如果不计保值和贴息，到期本息之和为128.50元。

(2)保值贴补率：92(3)现券从1993年7月11日起实行保值，因而，其中1995年7月到期兑付时的保值贴补率的高低，影响着92(3)现券的实际价值。

(3)贴息问题：1993年7月1日，人民币三年期储蓄存款利率上调至12.24%，这与92(3)现券的票面利率拉出了2.74个百分点的利差，而1994年7月10日财政部发布的公告仅仅规定了92(3)等国债品种将与居民储蓄存款一样享受保值贴补，并未说明92(3)现券是否将随着储蓄利率的提高而同步调整。因此，92(3)现券是否加息成为市场一大悬念，直接影响92(3)现券的到期价值。

(4)1995年新券流通量的多寡也直接影响92(3)期券的炒作，由于上海证券交易所采用混合交收的制度，如果新券流通量大，且能成为混合交收的基础券种，那么空方将有更多的选择余地，市场将有利于空方；如果相反，则对多方有利。

这些价格的不确定因素，为92(3)国债期货的炒作提供了空间。

事件发展经过

1995年，国家宏观调控提出3年内大幅降低通货膨胀率的措施，到1994年年底、1995年年初的时段，通货膨胀率已经被控下调了2.5%左右。众所周知的是，在1991—1994年中国通货膨胀率一直居高不下的这3年里，保值贴息率一直维持在7%～8%的水平。根据这些数据，时任万国证券总经理、有中国证券教父之称的管金生预测，327国债的保值贴息率不可能上调，即使不下降，也应维持在8%的水平。按照这一计算，327国债将以132元的价格兑付。因此，当市价在147～148元波动的时候，万国证券联合辽宁国发集团，成为市场空头主力。

而另一边，当时的中国经济开发有限公司(简称中经开)隶属于财政部，它当时已经知道财政部将上调保值贴息率。因此，中经开成为多头主力。

1995年2月23日，财政部发布公告称，327国债将按148.50元兑付，空头判断彻底错误。当日，中经开率领多方借利好大肆买入，将价格推到了151.98元。随后辽国发的高岭、高原兄弟在形势对空头极其不利的情况下由空翻多，将其50万手做空单迅速平仓，反手买入50万手做多，327国债在1分钟内涨了2元。这对于万国证券是一个沉重打击：亏损60亿元人民币。管金生为了维护自身利益，在收盘前8分钟时，做出避免巨额亏损的疯狂举措：大举透支卖出国债期货，做空国债。下午4:22，在手头并没有足够保证金的前提下，空方突然发难，先以50万手把价位从151.30元轰到150元，然后把价位打到148元，最后一个730万手的巨大卖单把价位打到147.40元。而这笔730万手卖单面值1 460亿元。当日开盘的多方全部爆仓，并且由于时间仓促，多方根本没有来得及有所反应，使得这次激烈的多空绞杀终于以万国证券盈利而告终。而另一方面，以中经开为代表的多头，则出现了约40亿元的巨额亏损。

2月23日晚上10:00，上海证券交易所在经过紧急会议后宣布：23日16:22:13之后的所有交易是异常的、无效的。经过此次调整，当日国债成交额为5 400亿元，当日327品种的收盘价为违规前最后签订的一笔交易价格，即151.30元。这也就是说，当日收盘前8分钟内多头的所有卖单无效，327产品兑付价由会员协议确定。上海证券交易所的这一决定,使万国证券的尾盘操作收获瞬间化为泡影。万国亏损56亿元人民币,濒临破产。

2月24日,上海证券交易所发出《关于加强国债期货交易监管工作的紧急通知》,就国债期货交易的监管问题做出六项规定:(1)从2月24日起,对国债期货交易实行涨跌停板制度;(2)严格加强最高持仓合约限额的管理工作;(3)切实建立客户持仓限额的规定;(4)严禁会员公司之间相互借用仓位;(5)对持仓限额使用结构实行控制;(6)严格国债期货资金使用管理。同时,为了维持市场稳定,开办了协议平仓专场。

事件尾声

3月全国"两会"召开之际,全国政协委员、著名经济学家戴园晨发言,要求对万国的违规予以严肃的查处。

5月17日,中国证监会鉴于中国当时不具备开展国债期货交易的基本条件,发出《关于暂停全国范围内国债期货交易试点的紧急通知》,开市仅两年零六个月的国债期货无奈地画上了句号。中国第一个金融期货品种宣告夭折。

9月20日,国家监察部、中国证监会等部门都公布了对"327事件"的调查结果和处理决定,"这次事件是一起在国债期货市场发展过快、交易所监管不严和风险控制滞后的情况下,由上海万国证券公司、辽宁国发(集团)公司引起的国债期货风波"。决定认为,上海证券交易所对市场存在过度投机带来的风险估计严重不足,交易规则不完善,风险控制滞后,监督管理不严,致使在短短几个月内屡次发生严重违规交易引起的国债期货风波,在国内外造成极坏的影响。经过4个多月深入调查取证,监察部、中国证监会等部门根据有关法规,对有关责任人分别做出了开除公职、撤销行政领导等纪律处分和调离、免职等组织处分,涉嫌触犯刑律的移送司法机关处理,对违反规定的证券机构进行经济处罚。

1995年4月,管金生辞职。辞职2个月后,其经济犯罪问题开始败露。1995年5月19日,管金生在海南被捕,罪名为贪污、挪用公款40余万元,但并没有违反期货交易规则。

而同年8月发生的长虹转配股事件和银广夏事件使得中经开走入了下降通道。信托业务、房地产投资都不景气,而证券的承销业务又往往因为恶性竞争而变得几乎无利可图。1997年,中经开对外支付几次出现危机,78亿元债台高筑。2000年6月,中经开经由国务院批准,成为清理整顿后首批确定保留并移交中央金融工委管理的中央级信托投资公司之一。公司将实业投资剥离给中经投公司,信贷资产已委托给资产管理总部继续清收。

资料来源:MBA智库百科,https://wiki.mbalib.com/wiki/%E9%A6%96%E9%A1%B5,有删改。

三、虚假陈述行为

虚假陈述行为是指行为人在提交和公布的信息披露文件中做出的虚假记载、误导性陈述和重大遗漏的行为。这是一种违反信息披露义务的行为。

禁止国家工作人员、传播媒介从业人员和有关人员编造、传播虚假信息,扰乱证券市场。禁止证券交易所、证券公司、证券登记结算机构、证券服务机构及其从业人员,证券业协会、证券监督管理机构及其工作人员,在证券交易活动中做出虚假陈述或者信息误导。各种传播媒介传播证券市场信息必须真实、客观,禁止误导。

（一）虚假陈述行为的情形

虚假陈述行为的主体是指依法承担信息披露义务的人（见前述持续信息公开一节有关信息披露义务人的说明）；虚假陈述包括虚假记载、误导性陈述和重大遗漏以及不正当披露，具体包括以下几个方面：

（1）虚假记载，即负有信息披露义务的相关主体，在履行披露信息义务时，在公开的文件中或者通过媒体做出虚假的或能够误导市场投资者对其投资行为发生错误判断并产生重大影响的报告。

（2）重大遗漏，即信息披露义务人在信息披露文件中，未记载或者仅部分记载足以导致投资者对投资发生变化的事项。

（3）不正当披露，即程序性瑕疵，信息披露义务人未在适当期限内或者未以法定方式公开披露应当披露的信息。

根据《最高人民法院关于审理证券市场因虚假陈述引发的民事赔偿案件若干规定》的规定，构成法律上的虚假陈述行为，应当是对重大事件做出虚假陈述。所谓重大事件，应当结合《证券法》相关规定的内容认定。换言之，如果信息披露义务人的虚假陈述行为不涉及重大事件，则不构成法律上的虚假陈述行为。

（二）虚假陈述行为的归责与免责事由

根据《最高人民法院关于审理证券市场因虚假陈述引发的民事赔偿案件若干规定》的规定，信息披露义务人的归责和免责事由如下：

1. 过错推定责任

虚假信息责任主要为过错推定责任，即先推定当事人负有责任，除非有相关证据证明无责任：

（1）发起人、发行人或者上市公司对其虚假陈述给投资人造成的损失承担民事赔偿责任。发行人、上市公司负有责任的董事、监事和经理等高级管理人员对前款的损失承担连带赔偿责任。但有证据证明无过错的，应予免责。

（2）证券承销商、证券上市推荐人对虚假陈述给投资人造成的损失承担赔偿责任。但有证据证明无过错的，应予免责。

（3）负有责任的董事、监事和经理等高级管理人员对证券承销商、证券上市推荐人承担的赔偿责任负连带责任，其免责事由同前款规定。

（4）专业中介服务机构及其直接责任人违反《证券法》的规定虚假陈述，给投资人造成损失的，就其负有责任的部分承担赔偿责任。但有证据证明无过错的，应予免责。

2. 无过错责任

（1）发起人、发行人或者上市公司对其虚假陈述给投资人造成的损失承担民事赔偿责任。

（2）实际控制人操纵发行人或者上市公司违反证券法律规定，以发行人或者上市公司名义虚假陈述并给投资人造成损失的，可以由发行人或者上市公司承担赔偿责任。发行人或者上市公司承担赔偿责任后，可以向实际控制人追偿。实际控制人违反《证券法》的规定虚假陈述，给投资人造成损失的，由实际控制人承担赔偿责任。

3. 过错责任

其他做出虚假陈述行为的机构或者自然人，违反《证券法》的规定，给投资人造成损失的，也应当承担赔偿责任。

根据《最高人民法院关于审理证券市场因虚假陈述引发的民事赔偿案件若干规定》的规

定，发起人对发行人信息披露提供担保的，发起人与发行人对投资人的损失承担连带责任；证券承销商、证券上市推荐人或者专业中介服务机构，知道或者应当知道发行人或者上市公司虚假陈述，而不予纠正或者不出具保留意见的，构成共同侵权，对投资人的损失承担连带责任；发行人、上市公司证券承销商、证券上市推荐人负有责任的董事、监事和经理等高级管理人员参与虚假陈述的、知道或者应当知道虚假陈述而未明确表示以及存在其他应当对虚假陈述负有责任的情形的，应当认定为共同虚假陈述，分别与发行人、上市公司证券承销商、证券上市推荐人对投资人的损失承担连带责任。

四、欺诈客户行为

欺诈客户行为是指单位或个人在证券发行、交易及相关活动中，利用职务之便，编造、传播虚假信息或者误导投资者的行为，以及利用其作为客户代理人或顾问的身份，实施损害投资者利益的行为。

根据《证券法》规定，证券公司及其从业人员损害客户利益的欺诈行为有以下情形：

1. 违背客户的委托为其买卖证券。
2. 不在规定时间内向客户提供交易的书面确认文件。
3. 用客户所委托买卖的证券或者客户账户上的资金。
4. 未经客户的委托，擅自为客户买卖证券，或者假借客户的名义买卖证券。
5. 为牟取佣金收入诱使客户进行不必要的证券买卖。
6. 利用传播媒介或者通过其他方式提供、传播虚假或者误导投资者的信息。
7. 其他违背客户真实意思表示，损害客户利益的行为。

我国《证券法》还规定了下列准欺诈的交易行为：

1. 禁止法人非法利用他人账户从事证券交易。
2. 禁止法人出借自己或者他人的证券账户。
3. 禁止任何人挪用公款买卖证券。
4. 禁止国家工作人员、传播媒介从业人员和有关人员编造、传播虚假信息，扰乱证券市场。
5. 禁止证券交易所、证券公司、证券登记结算机构、证券服务机构及其从业人员，证券业协会、证券监督管理机构及其工作人员，在证券交易活动中做出虚假陈述或者信息误导。

国有企业和国有资产控股的企业买卖上市交易的股票，必须遵守国家有关规定。证券交易所、证券公司、证券登记结算机构、证券服务机构及其从业人员对证券交易中发现的禁止的交易行为，应当及时向证券监督管理机构报告。

第七节　证券行业主体

一、证券监督管理委员会

《证券法》中所称国务院证券监督管理机构是指中国证券监督管理委员会（简称中国证监会）。中国证券监督管理委员会是国务院直属事业单位，是全国证券期货市场的主管部门。《证券法》规定："国务院证券监督管理机构依法对证券市场实行监督管理，维护证券市场秩序，保障其合法运行。"国务院证券监督管理机构根据需要可以设立派出机构，按照授权履行监督管理职责。

【资料卡 7—14】 中国证监会成立的历史背景——深圳“8·10 事件”

1992 年 1 月，一种叫作“股票认购证”的新鲜玩意走俏上海滩。

5 月 21 日，上海证券交易所放开了仅有的 15 只上市股票的价格限制，引发股市暴涨。由于尚无涨停板限制，沪市一日涨了 105%。随后，股指连涨两日。越来越多的人开始相信：中国股市能令人一夜暴富。

8 月 10 日，深圳。“1992 股票认购证”第四次摇号。当时预发认购表 500 万张，每人凭身份证可购表 1 张，时称有“百万人争购”。不到半天的时间，抽签表全部售完，人们难以置信。秩序就在人们的质疑中开始混乱，并发生冲突。这天傍晚，数千名没有买到抽签表的股民在深南中路打出反腐败和要求公正的标语，并形成对深圳市政府和人民银行围攻的局面，酿成“8·10 事件”。深圳市政府当夜紧急协商，决定增发 50 万张新股认购兑换表，事态慢慢得到平息。

深圳股市的热浪席卷全国。被发财梦诱得如饥似渴的中国股民们终于盼来了这两天——1992 年 8 月 9 日（星期天）和 8 月 10 日（星期一）。120 万涌进深圳的股民盼望已久的新股认购抽签表发行了。

各售表门前提前 3 天就有人排队，据说有人以每天 50 元的报酬，从新疆雇用 1 500 人赶来排队；一个包裹被打开后，发现里面是 2 800 张身份证。9 日早上已有 100 万人的长龙队伍；购表者包括男女老少、本地外地、工农商学私共 120 万人。上千万张成捆的身份证特快邮递至深圳，深圳银行存、汇款就有 30 亿元。尽管下午 4:00 下了倾盆大雨，但人们“九千个雷霆也难轰”。至 8 月 9 日 21:00，500 万张新股认购抽签表全部发行完毕。但是，营私舞弊、暗中套购认购表的行为被许多群众发现。发售网点前炒卖认购表猖獗，100 元一张表已炒到 300～500 元。银行此时发布公告，将收购表回收期限延长到 8 月 11 日。许多人觉得这里有诈，因为大量认购表走后门后，购者来不及找许多身份证或还没有脱手卖掉，可见认购表发售存在的漏洞。于是，愤怒的人们奋笔写下了“下午到市政府评理”的字句……

8 月 10 日 23:00，深圳市市长助理出面，见了请愿者，宣布了市政府的五项通告，决定再增发 50 万张认购表以缓解购买压力。但是人们仍不散去……午夜 12:00，警察与示威者开始发生冲突。深圳警方拘捕了 12 名“闹事分子”。

8 月 11 日下午 2:00，新增发的 50 万张新股认购抽签表兑换券开始发售，次日全部售完，秩序良好。

8 月 11 日晚，深圳市市长郑良玉发表电视讲话：“10 日晚上有极少数不法分子利用我市发售新股抽签表供不应求和组织工作中的一些缺点，聚众闹事，严重破坏了社会治安，危害了特区的安定团结……我们每一位市民都要识大体，顾大局，珍惜特区来之不易的安定团结局面……”

“8·10”风波中股票舞弊者经历时 4 个月清查水落石出：全市 11 个金融单位共设 300 个发售点，有 10 个单位共 95 个发售点受到群众举报；从 2 900 多件（次）群众投诉中筛选出重点线索 62 件，涉及金融、监察、工商、公安等 5 个系统 20 个单位 75 人，其中处级以上干部 22 人。截止到 12 月 10 日，已清查出内部截留私买的抽签表达 105 399 张，涉及金融系统干部、职工 4 180 人。其中，金融系统内部职工私买近 6.5 万张，执勤、监管人员私买 2 万多张，给关系户购买近 2 万张。群众投诉的 62 条重点线索现已核查 57 件、涉及 68 人，属实和部分属实的 38 件，涉及 43 人。其中，处级干部 11 人，科级干部 22 人，一般干部职工 10 人；党员 23 人；属金融系统 30 人，工商系统 8 人，公安系统 4 人，企业单位 1 人。最后被公开处理的“罪大恶极”的有 9 人，其中 7 人是单位或部门的负责人。某证券部副经理截留一箱(5 000 张)抽签表私分，已被开除公职。

“8 · 10”风波后，深圳股市曾一度受重创，股价指数从 8 月 10 日的 310 点猛跌到 8 月 14 日的 285 点，跌幅为 8.1%。深指元气大伤，从此一直猛跌到 11 月 23 日的 164 点才止跌反弹。受深圳“8 · 10”风波影响，上证指数从 8 月 10 日的 964 点暴跌到 8 月 12 日的 781 点，跌幅达 19%。这在上海股市实属罕见。

1992 年 10 月底，也就是“8 · 10 事件”发生两个月后，国务院证券委员会(1998 年与中国证监会合并)成立，这是中国内地最高证券管理权力机关，负责证券市场管理，保护投资者合法权益。

资料来源：百度百科，http://baike.baidu.com/view/2904868.htm。

(一)国务院证券监督管理机构的职责

国务院证券监督管理机构在对证券市场实施监督管理中履行下列职责：

1. 依法制定有关证券市场监督管理的规章、规则，并依法审批、核准、注册，办理备案；

2. 依法监督管理证券的发行、上市、交易、登记、存管、结算等行为；

3. 依法监督管理证券发行人、证券公司、证券服务机构、证券交易场所、证券登记结算机构的证券业务活动；

4. 依法制定从事证券业务人员的行为准则，并监督实施；

5. 依法监督检查证券发行、上市、交易的信息披露；

6. 依法指导和监督证券业协会的自律管理活动；

7. 依法监测并防范、处置证券市场风险；

8. 依法开展投资者教育；

9. 依法查处证券违法行为；

10. 法律、行政法规规定的其他职责。

(二)国务院证券监督管理机构的执法权

国务院证券监督管理机构依法对证券市场实行监督管理，维护证券市场秩序，保障其合法运行。国务院证券监督管理机构在对证券市场实施监督管理中履行下列职责：

1. 现场检查证券发行人、证券公司、证券服务机构、证券交易场所、证券登记结算机构。

2. 进入涉嫌违法行为发生场所调查取证。

3. 询问当事人和与被调查事件有关的单位和个人，要求其对与被调查事件有关的事项做出说明；或者要求其按照指定的方式报送与被调查事件有关的文件和资料。

4. 查阅、复制与被调查事件有关的财产权登记、通信记录等文件和资料。

5. 查阅、复制当事人和与被调查事件有关的单位和个人的证券交易记录、登记过户记录、财务会计资料及其他相关文件和资料；对可能被转移、隐匿或者毁损的文件和资料，可以予以封存、扣押。

6. 查询当事人和与被调查事件有关的单位和个人的资金账户、证券账户、银行账户以及其他具有支付、托管、结算等功能的账户信息，可以复制有关文件和资料；对有证据证明已经或者可能转移或者隐匿违法资金、证券等涉案财产或者隐匿、伪造、毁损重要证据的，经国务院证券监督管理机构主要负责人或者其授权的其他负责人批准，可以冻结或者查封，期限为6个月；因特殊原因需要延长的，每次延长期限不得超过3个月，冻结、查封期限最长不得超过2年。

7. 在调查操纵证券市场、内幕交易等重大证券违法行为时，经国务院证券监督管理机构主要负责人或者其授权的其他负责人批准，可以限制被调查的当事人的证券买卖，但限制的期限不得超过3个月；案情复杂的，可以延长3个月。

8. 通知出境入境管理机关依法阻止涉嫌违法人员、涉嫌违法单位的主管人员和其他直接责任人员出境。

为防范证券市场风险，维护市场秩序，国务院证券监督管理机构可以采取责令改正、监管谈话、出具警示函等措施。

国务院证券监督管理机构工作人员必须忠于职守，依法办事，公正廉洁，不得利用职务便利牟取不正当利益，不得泄露所知悉的有关单位和个人的商业秘密。国务院证券监督管理机构的工作人员不得在被监管的机构中任职。国务院证券监督管理机构依法履行职责，监督检查或者调查，其监督检查、调查的人员不得少于2人，并应当出示合法证件和监督检查、调查通知书。监督检查、调查的人员少于2人或者未出示合法证件和监督检查、调查通知书的，被检查、调查的单位有权拒绝。

国务院证券监督管理机构依法履行职责，被检查、调查的单位和个人应当配合，如实提供有关文件和资料，不得拒绝、阻碍和隐瞒。国务院证券监督管理机构依法制定的规章、规则和监督管理工作制度应当公开。

国务院证券监督管理机构依据调查结果，对证券违法行为做出的处罚决定，应当公开。国务院证券监督管理机构依法履行职责，发现证券违法行为涉嫌犯罪的，应当将案件移送司法机关处理。国务院证券监督管理机构应当与国务院其他金融监督管理机构建立监督管理信息共享机制。国务院证券监督管理机构依法履行职责，监督检查或者调查时，有关部门应当予以配合。

二、证券业协会

中国证券业协会是依据《证券法》和《社会团体登记管理条例》的有关规定设立的证券业自律性组织，属于非营利性社会团体法人，接受中国证监会和国家民政部的业务指导和监督管理。中国证券业协会于1991年8月28日成立，总部设在北京。

中国证券业协会的会员分为团体会员和个人会员，团体会员为证券公司。《证券法》规定，证券公司应当加入证券业协会。个人会员只限于证券市场管理部门有关领导以及从事证券研究及业务工作的专家。

证券业协会具有下列职责：

1. 教育和组织会员遵守证券法律、行政法规。
2. 依法维护会员的合法权益，向证券监督管理机构反映会员的建议和要求。
3. 收集整理证券信息，为会员提供服务。
4. 制定会员应遵守的规则，组织会员单位的从业人员的业务培训，开展会员间的业务交流。
5. 调解会员之间、会员与客户之间发生的证券业务纠纷。
6. 组织会员研究证券业的发展、运作及有关内容。
7. 监督、检查会员行为，对违反法律、行政法规或者协会章程的，按照规定给予纪律处分。

8. 证券业协会章程规定的其他职责。

证券业协会的权力机构为全体会员组成的会员大会。证券业协会章程由会员大会制定，并报国务院证券监督管理机构备案。证券业协会设理事会。理事会成员依章程的规定由选举产生。

三、证券交易所

证券交易所是为证券集中交易提供场所和设施、组织和监督证券交易、实行自律管理的法人。证券交易所的设立和解散，由国务院决定。我国有四个证券交易所：上海证券交易所、深圳证券交易所、香港证券交易所和台湾证券交易所。

（一）证券交易所的分类

证券交易所有会员制证券交易所和公司制证券交易所两种形式。

实行会员制的证券交易所的财产积累归会员所有，其权益由会员共同享有，在其存续期间，不得将其财产积累分配给会员。会员制证券交易所对会员进行自律监管。目前，多数国家的证券交易所都实行会员制。证券交易所可以自行支配的各项费用收入，应当首先用于保证其证券交易场所和设施的正常运行并逐步改善。

公司制证券交易所是以营利为目的的公司法人。公司制证券交易所的证券商及其股东不得担任证券交易所的董事、监事或经理。

我国的证券交易所是会员制证券交易所，是不以营利为目的的法人。

（二）证券交易所的章程与组织机构

设立证券交易所必须制定章程。证券交易所章程的制定和修改必须经国务院证券监督管理机构批准。证券交易所的设立和解散由国务院决定。申请设立证券交易所应提交申请书、章程和主要业务规则草案，拟加入会员名单、理事会候选人名单，场地、设备及资金情况说明和拟任用管理人员的情况说明等文件。

证券交易所必须在其名称中标明“证券交易所”字样。其他任何单位或者个人不得使用证券交易所或者近似的名称。证券交易所的组织机构包括理事会、专门委员会与总经理。

1. 理事会。《证券法》规定，证券交易所设理事会。理事会是证券交易所的决策机构，目前每届任期 3 年。理事会的主要职责是：制定修改证券交易所的业务规则；审定总经理提出的工作计划、财务预算、决算方案；审定对会员的接纳、处分；根据需要决定专门委员会的设置等。

2. 专门委员会主要是上市委员会和监察委员会。上市委员会由 13 名委员组成(律师、注册会计师、证券交易所所在地会员和外地会员代表各 2 人；中国证券监督管理委员会和证券交易所所在地人民政府授权的机构各委派 1 人；证券交易所理事长、总经理；证券交易所其他理事 1 人，其职责主要有审批股票的上市及拟定上市规定和提出修改上市规则的建议。监察委员会由 9 名委员组成(证券交易所所在地会员 2 名、外地会员 4 名、律师和注册会计师各 1 名、理事 1 名)，每届任期 3 年。其主要职责有：监察理事、总经理等高级管理人员执行会员大会、理事会决议的情况；监察理事、总经理及其他工作人员遵守法律、法规和证券交易所章程、业务规则的情况；监察证券交易所的财务情况；等等。

3. 总经理。证券交易所设总经理 1 人，由国务院证券监督管理机构任免。总经理为证券交易所的法定代表人，主持证券交易所的日常管理工作。有《公司法》第 147 条规定的情形或者下列情形之一的，不得担任证券交易所的负责人：

(1)因违法行为或者违纪行为被解除职务的证券交易所、证券登记结算机构的负责人或者证券公司的董事、监事、高级管理人员，自被解除职务之日起未逾5年。

(2)因违法行为或者违纪行为被撤销资格的律师、注册会计师或者投资咨询机构、财务顾问机构、资信评级机构、资产评估机构、验证机构的专业人员，自被撤销资格之日起未逾5年。

(3)因违法行为或者违纪行为被开除的证券交易所、证券登记结算机构、证券服务机构、证券公司的从业人员和被开除的国家机关工作人员，不得招聘为证券交易所的从业人员。

(三)证券交易所的职责

根据《证券法》的规定，证券交易所的职责包括：

1. 证券交易所依照证券法律、行政法规制定上市规则、交易规则、会员管理规则和其他有关规则，并报国务院证券监督管理机构批准；依据《证券法》的规定，办理证券的上市、暂停上市、恢复上市或者终止上市事务。

2. 证券交易所应当为组织公平的集中交易提供保障，公布证券交易即时行情，并按交易日制作证券市场行情表，予以公布。未经证券交易所许可，任何单位和个人不得发布证券交易即时行情。

3. 因突发性事件而影响证券交易的正常进行时，证券交易所可以采取技术性停牌的措施；因不可抗力的突发性事件或者为维护证券交易的正常秩序，证券交易所可以决定临时停市。证券交易所采取技术性停牌或者决定临时停市，必须及时报告国务院证券监督管理机构。

4. 证券交易所对证券交易实行实时监控，并按照国务院证券监督管理机构的要求对异常的交易情况提出报告。证券交易所应当监督上市公司及相关信息披露义务人披露信息，督促其依法及时、准确地披露信息。证券交易所根据需要，可以限制出现重大异常交易情况的证券账户交易，并报国务院证券监督管理机构备案。

5. 筹集、管理风险基金。证券交易所应当从其收取的交易费用和会员费、席位费中提取一定比例的金额设立风险基金。风险基金由证券交易所理事会管理。风险基金提取的具体比例和使用办法，由国务院证券监督管理机构会同国务院财政部门规定。证券交易所应当将收存的风险基金存入开户银行专门账户，不得擅自使用。

6. 证券交易所可以自行支配的各项费用收入，应当首先用于保证其证券交易场所和设施的正常运行并逐步改善。实行会员制的证券交易所的财产积累归会员所有，其权益由会员共同享有，在其存续期间，不得将其财产积累分配给会员。

进入证券交易所参与集中交易的，必须是证券交易所的会员。投资者应当与证券公司签订证券交易委托协议，并在证券公司开立证券交易账户，以书面、电话以及其他方式，委托该证券公司代其买卖证券。

证券公司根据投资者的委托，按照证券交易规则提出交易申报，参与证券交易所场内的集中交易，并根据成交结果承担相应的清算交收责任；证券登记结算机构根据成交结果，按照清算交收规则，与证券公司清算交收证券和资金，并为证券公司客户办理证券的登记过户手续。

证券交易所应当为组织公平的集中交易提供保障，公布证券交易即时行情，并按交易日制作证券市场行情表，予以公布。未经证券交易所许可，任何单位和个人不得发布证券交易即时行情。证券交易所的负责人和其他从业人员在执行与证券交易有关的职务时，与其本人或者其亲属有利害关系的，应当回避。按照法定交易规则进行的交易，不得改变其交易结果。对交易中违规交易者应负的民事责任不得免除；在违规交易中所获利益，依照有关规定处理。

在证券交易所内从事证券交易的人员，违反证券交易所有关交易规则的，由证券交易所给予纪律处分；对情节严重的，撤销其资格，禁止其入场交易证券。

四、证券公司

(一)证券公司的设立

证券公司是指依照《公司法》和《证券法》规定设立的经营证券业务的有限责任公司或者股份有限公司。证券公司依法享有自主经营的权利,其合法经营不受干涉。设立证券公司,必须经国务院证券监督管理机构审查批准。未经国务院证券监督管理机构批准,任何单位和个人不得经营证券业务。

1. 设立条件

根据《证券法》的规定,设立证券公司应当具备下列条件:(1)有符合法律、行政法规规定的公司章程;(2)主要股东具有持续盈利能力,信誉良好,最近 3 年无重大违法违规记录,净资产不低于人民币 2 亿元;(3)有符合《证券法》规定的注册资本;(4)董事、监事、高级管理人员具备任职资格,从业人员具有证券从业资格;(5)有完善的风险管理与内部控制制度;(6)有合格的经营场所和业务设施;(7)法律、行政法规规定的和经国务院批准的国务院证券监督管理机构规定的其他条件。

证券公司必须在其名称中标明“证券有限责任公司”或者“证券股份有限公司”字样。

2. 设立程序

(1)申请。具备设立证券公司条件的申请人,均可向国务院证券监督管理机构提出设立申请,并报送相关申请材料。

(2)审批。国务院证券监督管理机构应当自受理证券公司设立申请之日起 6 个月内,依照法定条件和法定程序并根据审慎监管原则审查,做出批准或者不予批准的决定,并通知申请人;不予批准的,应当说明理由。

(3)设立登记。证券公司设立申请获得批准的,申请人应当在规定的期限内向公司登记机关申请设立登记,领取营业执照。证券公司应当自领取营业执照之日起 15 日内,向国务院证券监督管理机构申请经营证券业务许可证。未取得经营证券业务许可证,证券公司不得经营证券业务。

3. 有关事项的批准。证券公司设立、收购或者撤销分支机构,变更业务范围或者注册资本,变更持有 5%以上股权的股东、实际控制人,变更公司章程中的重要条款,合并、分立、变更公司形式、停业、解散、破产,必须经国务院证券监督管理机构批准。证券公司在境外设立、收购或者参股证券经营机构,必须经国务院证券监督管理机构批准。

(二)证券公司的经营管理

证券公司应当根据《公司法》和《证券法》的规定建立和完善公司法人治理结构,建立、健全管理制度和内部控制制度,实行监事会制度、信息披露制度,自觉防范和化解经营风险。

1. 资产管理

国务院证券监督管理机构应当对证券公司的净资本,净资本与负债的比例,净资本与净资产的比例,净资本与自营、承销、资产管理等业务规模的比例,负债与净资产的比例以及流动资产与流动负债的比例等风险控制指标做出规定。证券公司不得为其股东或者股东的关联人提供融资或者担保。另外,证券公司根据不同的注册资本在业务范围上存在以下区别:

经营下列业务的证券公司的注册资本最低限额为 5 000 万元:(1)证券经纪;(2)证券投资咨询;(3)与证券交易、证券投资活动有关的财务顾问。

经营下列其中一项业务的证券公司的注册资本最低限额为 1 亿元:(1)证券承销与保荐;

(2)证券自营;(3)证券资产管理;(4)其他证券业务。

经营下列业务中两项以上的证券公司的注册资本最低限额为5亿元:(1)证券承销与保荐;(2)证券自营;(3)证券资产管理;(4)其他证券业务。证券公司的注册资本应当是实缴资本。国务院证券监督管理机构根据审慎监管原则和各项业务的风险程度,可以调整注册资本最低限额,但不得少于前款规定的限额。

2. 人员管理

证券公司的高级管理人员应符合法定的任职资格。证券公司的董事、监事、高级管理人员,应当正直诚实,品行良好,熟悉证券法律、行政法规,具有履行职责所需的经营管理能力,并在任职前取得国务院证券监督管理机构核准的任职资格。

有《公司法》第146条规定的情形或者下列情形之一的,不得担任证券公司的董事、监事、高级管理人员:

(1)因违法行为或者违纪行为被解除职务的证券交易所、证券登记结算机构的负责人或者证券公司的董事、监事、高级管理人员,自被解除职务之日起未逾5年。

(2)因违法行为或者违纪行为被撤销资格的律师、注册会计师或者投资咨询机构、财务顾问机构、资信评级机构、资产评估机构、验证机构的专业人员,自被撤销资格之日起未逾5年。

3. 缴纳证券投资者保护基金、提取交易风险准备金

《证券法》规定,国家设立证券投资者保护基金。证券投资者保护基金由证券公司缴纳的资金及其他依法筹集的资金组成,其筹集、管理和使用的具体办法由国务院规定。证券公司每年从税后利润中提取交易风险准备金,用于弥补证券交易的损失,其提取的具体比例由国务院证券监督管理机构规定。

4. 健全业务管理制度

(1)证券公司不得将其自营账户借给他人使用。(2)证券公司不得将客户的交易结算资金和证券归入其自有财产。禁止任何单位或者个人以任何形式挪用客户的交易结算资金和证券。证券公司破产或者清算时,客户的交易结算资金和证券不属于其破产财产或者清算财产。非因客户本身的债务或者法律规定的其他情形,不得查封、冻结、扣划或者强制执行客户的交易结算资金和证券。(3)证券公司办理经纪业务,应当置备统一制定的证券买卖委托书,供委托人使用。(4)证券公司接受证券买卖的委托,应当如实进行交易记录。证券公司办理经纪业务,不得接受客户的全权委托而决定证券买卖、选择证券种类、决定买卖数量或者买卖价格。(5)证券交易中确认交易行为及其交易结果的对账单必须真实,并由交易经办人员以外的审核人员逐笔审核,保证账面证券余额与实际持有的证券相一致。(6)证券公司为客户买卖证券提供融资融券服务,应当按照国务院的规定并经国务院证券监督管理机构批准。(7)证券公司不得以任何方式对客户证券买卖的收益或者赔偿证券买卖的损失做出承诺。(8)证券公司及其从业人员不得未经过其依法设立的营业场所私下接受客户委托买卖证券。证券公司的从业人员在证券交易活动中,执行所属的证券公司的指令或者利用职务违反交易规则的,由所属的证券公司承担全部责任。(9)客户有关资料的保存期限不得少于20年。

(三)证券公司的监管

证券公司应当按照规定向国务院证券监督管理机构报送业务、财务等经营管理信息和资料。国务院证券监督管理机构有权要求证券公司及其股东、实际控制人在指定的期限内提供有关信息、资料。证券公司及其股东、实际控制人向国务院证券监督管理机构报送或者提供的信息、资料,必须真实、准确、完整。

国务院证券监督管理机构认为有必要时，可以委托会计师事务所、资产评估机构对证券公司的财务状况、内部控制状况、资产价值进行审计或者评估，具体办法由国务院证券监督管理机构会同有关主管部门制定。证券公司的净资本或者其他风险控制指标不符合规定的，国务院证券监督管理机构应当责令其限期改正；逾期未改正，或者其行为严重危及该证券公司的稳健运行、损害客户合法权益的，国务院证券监督管理机构可以区别情形，对其采取下列措施：(1)限制业务活动，责令暂停部分业务，停止批准新业务；(2)停止批准增设、收购营业性分支机构；(3)限制分配红利，限制向董事、监事、高级管理人员支付报酬，提供福利；(4)限制转让财产或者在财产上设定其他权利；(5)责令更换董事、监事、高级管理人员或者限制其权利；(6)责令控股股东转让股权或者限制有关股东行使股东权利；(7)撤销有关业务许可。

证券公司整改后，应当向国务院证券监督管理机构提交报告。国务院证券监督管理机构经验收，符合有关风险控制指标的，应当自验收完毕之日起 3 日内解除对其采取的前款规定的有关措施。

证券公司的股东有虚假出资、抽逃出资行为的，国务院证券监督管理机构应当责令其限期改正，并可责令其转让所持证券公司的股权。在前款规定的股东按照要求改正违法行为、转让所持证券公司的股权前，国务院证券监督管理机构可以限制其股东权利。

证券公司的董事、监事、高级管理人员未能勤勉尽责，致使证券公司存在重大违法违规行为或者重大风险的，国务院证券监督管理机构可以撤销其任职资格，并责令公司予以更换。证券公司违法经营或者出现重大风险，严重危害证券市场秩序、损害投资者利益的，国务院证券监督管理机构可以对该证券公司采取责令停业整顿，指定其他机构托管、接管或者撤销等监管措施。

在证券公司被责令停业整顿，被依法指定托管，接管或者清算期间，或者出现重大风险时，经国务院证券监督管理机构批准，可以对该证券公司直接负责的董事、监事、高级管理人员和其他直接责任人员采取以下措施：(1)通知出境管理机关依法阻止其出境；(2)申请司法机关禁止其转移、转让或者以其他方式处分财产，或者在财产上设定其他权利。

本章小结

1. 股票是股份公司在筹集资本时向出资人公开或私下发行的、用以证明出资人的股本身份和权利，并根据持有人所持有的股份数享有权益和承担义务的凭证。

2. 债券是政府、金融机构、工商企业等直接向社会借债筹措资金时，向投资者发行，承诺按一定利率支付利息并按约定条件偿还本金的债权债务凭证。

3. 投资基金是一种利益共享、风险共担的集合投资制度。投资基金集中投资者的资金，由基金托管人委托职业经理人员管理，专门从事证券投资活动。

4. 信息披露制度，也称公示制度、公开披露制度，是上市公司为保障投资者利益、接受社会公众的监督而依照法律规定必须将其自身的财务变化、经营状况等信息和资料向证券管理部门和证券交易所报告，并向社会公开或公告，以便使投资者充分了解情况的制度。

复习思考题

1. 试述我国证券的分类。
2. 什么是我国股票发行的注册制？其主要特点是什么？

3. 试述我国证券发行审核制度。
4. 简述可转换公司债的概念及其主要法律特点。
5. 试述证券法的“三公”原则。
6. 什么是股票的公开发行？股票的公开发行主要有哪几种发行方式？
7. 简述我国证券立法所规定的证券形式与其法律适用。
8. 试述证券交易的一般规则。

第八章　票据法

学习目标

通过学习，从理论、立法及法律实务三个角度，理解票据的基本特点，票据行为与票据的权利义务关系，汇票、本票与支票的相互区别。树立合法结算的观念，提升运用法律武器保护合法权益的意识，培养诚实守信的职业素养和严谨的工作作风。

第一节　票据法概述

一、票据和票据的概念

(一)票据的概念、种类及特征

票据是指以无条件支付一定金额为目的的有价证券，是具有一定格式的书面债务凭证。票据可以分为广义和狭义两种。广义的票据泛指商业活动中的各种凭证，如钞票、借据、发票、提单、仓单、保险单、股票、债券、汇票、本票和支票等。狭义的票据特指票据法上的票据，它是一方当事人承诺自己或者委托他人在见票时或确定日期向第三方无条件支付确定金额的书面有价证券。票据可分为汇票、支票、本票三种，其中，汇票、支票是付款委托，本票是付款承诺。本章所涉及内容均指狭义的票据。

票据具有如下法律特征：

(1)票据是设权证券。从本质上讲，票据的签发即出票行为不是为了证明已经存在的权利，而是为了创设一种权利，通过票据权利的创设，票据持有人拥有付款请求权和追索权。

(2)票据是要式证券。所谓要式证券，即必须具备法律规定的形式。票据法对票据上应记载的事项有明确的规定，包括绝对记载事项、相对记载事项和无效记载事项，如果欠缺绝对记载事项，票据就归于无效。出票人必须依法签发相关票据，持票人不得随意变更票据记载事项。

(3)票据是文义证券。票据主债务人应根据票据记载事项承担票据责任，出票人制作票据，应当按照法定条件在票据上签章；汇票的承兑人一旦承兑汇票，即对汇票承担第一性付款责任。

(4)票据是无因证券。这是因为票据是一种标准化证券，具有很强的流通性，可以背书转让而不必通知债务人。反之，对于持票人而言，只要向票据债务人提示票据就可行使票据权利，而票据取得的原因是否无效或有瑕疵则不会影响持票人对票据权利的行使。

(二)票据法概念及立法概况

票据法有广义与狭义之分。广义的票据法是调整票据当事人之间的权利、义务关系的法律规范的总称，既包括专门的票据法律、法规，也包括其他法律、法规中有关票据的规范，还包括相关的司法解释。狭义的票据法即形式意义上的票据法，它规定票据的种类、形式和内容，明确票据当事人之间的权利和义务关系，调整因票据而发生的各种社会关系的法律规范。

1996年1月1日施行的《中华人民共和国票据法》(以下简称《票据法》)是我国第一个全面规定票据事项的法律。它的宗旨是为了规范票据行为，保障票据活动中当事人的合法权益，维护社会经济秩序，促进社会主义市场经济的发展。其后中国人民银行组织制定的《票据管理实施办法》于1997年8月21日起颁布。《关于审理票据纠纷案件若干问题的规定》于2000年2月24日由最高人民法院审判委员会第1102次会议通过，自2000年11月21日起施行。2004年8月28日第十届全国人民代表大会常务委员会第十一次会议通过关于修改《票据法》的决定。

二、票据法律关系

(一)票据法律关系的概念和构成

票据法律关系是指票据当事人之间在票据的出票、背书、转让、承兑、追索等过程中发生的权利、义务关系。票据法律关系由主体、客体和内容三大要素构成。

1. 票据法律关系的主体

票据法律关系的主体是指票据法律关系的当事人。票据法律关系的当事人一般包括出票人、收款人、付款人、持票人、承兑人、背书人、被背书人、保证人等。汇票、本票及支票拥有不同种类的当事人。

2. 票据法律关系的客体

票据法律关系的客体是指票据法律关系的权利和义务所共同指向的对象。一般法律关系的客体包括物品、行为或者金钱。但由于票据法律关系是因支付或清偿一定的金钱而发生的法律关系，因而，其客体只能是一定数额的金钱，而不是某种物品或者行为。

(二)票据法律关系的无因性

票据无因性是指基础原因关系只存在于票据转让的直接当事人之间，票据一经转让，其原因关系对票据效力的影响力即被切断，间接当事人直接的原因关系不对票据效力产生影响。票据关系与票据原因关系的分离主要表现为：

1. 只要票据合法有效，即使相关票据原因不存在或者无效或者被撤销，持票人仍可以主张票据权利，票据债务人仍须承担票据责任。

2. 票据的权利、义务关系以票据上记载的内容为准，当票据原因关系的内容与票据所载事项矛盾时，票据关系中的权利、义务以票据文义为准。

3. 持票人只需向票据债务人证明票据背书的连续性，即可依照票据上记载的内容主张相应的票据权利，而票据债务人向持票人履行票据债务即可使票据权利消灭。

【案例8—1】 2020年1月，湖南天易公司与福建华茂发展公司签订了名为联营实质上是借贷性质的《联营合同》，约定华茂公司向天易公司借款人民币500万元，湖南交通银行衡阳某分行(以下简称交行)对该借款作担保并给天易公司出具了担保书。之后，天易公司签发了以浙江某服装厂为收款人、到期日为2020年8月底的500万元商业汇票一张，还同该厂签订了虚假的《购销合同》，将该汇票与合同一并提交给农业银行某县支行(以下简称为农行)请求承兑，双方签订了《委托承兑商业汇票协议》。天易公司告知农行拟使用贴现的方式取得资金，并承诺把该汇票的贴现款项大部分汇回该行，由该行控制使用。其后，该农行承兑了此汇票。尔后收款人浙江某服装厂持票到建设银行浙江某分行贴现，并将贴现所得现款以退货款形式退回给天易公司，后者则按《联营协议》的约定，将此款项全部借给华茂发展公司。汇票到期后农行以受天易公司等诈骗为由拒绝付款给贴现行，而当天易公司要求华茂发展公司及交行归还借款时，该行则以出借方签发汇票套取资金用于借贷不合法为由，拒绝承担保证人责任。

问：

(1)此案中哪些属于票据关系？

(2)此案中有哪几种非票据关系？

(3)农行和交行的理由能否成立？为什么？

【分析】(1)天易公司的出票、农行的承兑、浙江某服装厂向建行浙江某分行的贴现构成了本案中的汇票的出票人、收款人、承兑人、背书人及被背书人之间一系列的票据债权债务关系，即本案的票据关系。

(2)在本案中存在以下几种非票据关系：①票据原因关系。将套取的资金用于非法借贷是本案中一系列出票、承兑等票据行为的真正原因，它们在本案中是以各种合同关系体现出来的。②票据资金关系。该关系以天易公司同农行某县支行签订的《委托承兑商业汇票协议》体现出来。

(3)农行和交行的理由均不能成立。因为付款人一旦承兑，即成为确定的付款人，承担保证到期支付票款的责任，不得以资金关系抗辩善意的持票人。交行是票据基础关系的当事人，同样不得以他人的票据关系系非法作为借贷担保关系的抗辩理由。本案中，天易公司与华茂发展公司的借贷关系显然是无效的，交行应依法就其过错承担赔偿责任。

资料来源：改编自中国律师网，http://www.148com.com/html/3346/398199.html。

三、票据行为

(一)票据行为的概念

票据行为是指票据关系的当事人之间以发生、变更或终止票据关系为目的的法律行为。票据行为是一个综合性的法律概念，此行为包括出票、背书、保证、承兑、参加承兑等。其中，出票行为是其他票据行为的前提，称为基本票据行为。其他如背书、保证、承兑等是附属票据行为。另外，票据行为是以设立、变更或终止票据关系为目的的行为，具有无因性的特点。无因性是指票据行为只要具备法定形式要件，即使其基础关系(又称实质关系)因有缺陷而无效、被撤销或存在其他瑕疵，票据行为的效力仍不受影响。但是下列情形除外：

(1)与票据债务人有直接债权债务关系并且不履行约定义务的；

(2)以欺诈、偷盗或者胁迫等非法手段取得票据，或者明知有前列情形，出于恶意取得票据的；

(3)明知票据债务人与出票人或者与持票人的前手之间存在抗辩事由而取得票据的；

(4)因重大过失取得票据的；

(5)其他依法不得享有票据权利的。

【案例 8－2】

利京支行是否可对保证承兑人行使票据抗辩权

【案情简介】

澳克公司与利京公司签订了一份销售合同，结算方式为银行承兑汇票。为此，利京公司与利京支行签订了银行承兑契约，其中约定承兑申请人(利京公司)应于汇票到期 7 日前将应付票款足额交付承兑银行(利京支行)；承兑申请人到期日之前不能足额交付票款时，承兑银行对不足支付部分的票款转作逾期贷款。同日，利京公司、利京支行、澳克公司签订了一份银行承兑保证协议，约定澳克公司为利京支行与利京公司签订银行承兑契约承担连带保证责任。

其后，利京支行如约对利京公司签发了银行承兑汇票，出票人为利京公司，收款人为澳克公司，付款人为利京支行，票据记载了“不得转让”字样。利京支行予以承兑。但当澳克公司依法向利京支行提示付款时，利京支行以“与澳克公司有约定的债权债务关系、澳克公司违约”为由拒绝付款，同时将汇票扣留。

澳克公司向法院提起诉讼，请求判令利京支行对上述银行承兑汇票承担付款责任并赔偿相应损失。

【争议焦点】

利京支行是否享有票据抗辩权？

【法理点评】

根据票据行为的无因性原则，票据义务人的抗辩被切断即票据义务人不得以自己与出票人或者与持票人前手之间的抗辩事由，对抗持票人。但是，为了平衡票据的流通性与交易的安全性，我国《票据法》在采取票据无因性原则的同时，做出了例外规定，赋予了直接票据当事人的票据抗辩权，即与持票人有债权债务关系的票据债务人能够以票据基础关系所生抗辩权对抗该持票人。

本案中，利京支行拒绝付款的理由是澳克公司与其存在债权债务关系。判断利京支行所称的债权债务关系是否构成票据基础关系，是认定利京支行票据抗辩权的关键。

法律界认为，利京支行所称债权债务关系不构成票据基础关系，因此，本案不适用《票据法》第 13 条第 2 款之规定，而应适用票据行为的无因性原则，利京支行不享有票据抗辩权。

根据本案案情，本案的票据基础关系有两个：一是澳克公司与利京公司之间的买卖合同关系，这是票据法理上讲的票据原因关系；二是利京公司与利京支行之间的委托付款关系，这是票据法理上讲的票据资金关系，澳克公司对此票据资金关系承担连带保证责任，但其不是此资金关系的当事人。

综上，利京公司、利京支行、澳克公司签订了一份《银行承兑保证协议》，它是《银行承兑契约》的从合同，两个合同关系相互独立，因此，澳克公司不是票据资金关系的当事人，利京支行不得以其对利京公司的抗辩权对抗澳克公司。

资料来源：110 法律咨询网，http://www.110.com/ziliao/article-148805.html。

（二）票据行为的有效条件

票据行为必须符合法定形式，票据行为是一种要式行为，因此，票据行为必须符合法定的形式。

（1）签章

在票据上，签章是票据行为生效的一个重要条件，代表着签章人对票据所载权利、义务关系的认可。我国《票据法》规定的签章为签名、盖章或签名加盖章。

票据出票人制作票据，应当按照法定条件在票据上签章，并按照所记载的事项承担票据责任。持票人行使票据权利，应当按照法定程序在票据上签章，并出示票据。其他票据债务人在票据上签章的，按照票据所记载的事项承担票据责任。《票据法》所称票据责任，是指票据债务人向持票人支付票据金额的义务。

票据当事人可以委托其代理人在票据上签章，并应当在票据上表明其代理关系。没有代理权而以代理人名义在票据上签章的，应当由签章人承担票据责任；代理人超越代理权限的，应当就其超越权限的部分承担票据责任。无民事行为能力人或者限制民事行为能力人在票据上签章的，其签章无效，但是不影响其他签章的效力。

依照《票据法》第7条的规定，我国票据签章的方式分为三种：

①签名。指行为人亲自在票据上签署自己的姓名或名称，所签姓名应为当事人的本名。

②盖章。盖章是签名的变通方式，指票据行为人依自己的意志，通过在票据上加盖自己的印章，从而完成票据签章。

③签名加盖章。指在手书签名的同时，再行加盖印章，是一种双重的票据签章方式。行为人采取了“双重保险”的做法，有利于促进票据的流通。

根据《最高人民法院审理票据纠纷案件若干问题的规定》，票据出票人在票据上的签章不符合《票据法》以及下述规定的，该签章不具有《票据法》上的效力：

①商业汇票上的出票人的签章，为该法人或者该单位的财务专用章或者公章加其法定代表人、单位负责人或者其授权的代理人的签名或者盖章。

②银行汇票上的出票人的签章和银行承兑汇票的承兑人的签章，为该银行汇票专用章加其法定代表人或者其授权的代理人的签名或者盖章。

③银行本票上的出票人的签章，为该银行的本票专用章加其法定代表人或者其授权的代理人的签名或者盖章。

④支票上的出票人的签章，出票人为单位的，为与该单位在银行预留签章一致的财务专用章或者公章加其法定代表人或者其授权的代理人的签名或者盖章；出票人为个人的，为与该个人在银行预留签章一致的签名或者盖章。

银行汇票、银行本票的出票人以及银行承兑汇票的承兑人在票据上未加盖规定的专用章而加盖该银行的公章，支票的出票人在票据上未加盖与该单位在银行预留签章一致的财务专用章而加盖该出票人公章的，签章人应当承担票据责任。

(2)票据记载事项

票据记载事项一般分为绝对记载事项、相对记载事项、非法定记载事项。

绝对记载事项是指《票据法》明文规定必须记载，如无记载，票据即为无效的事项。由于票据种类不同，记载事项不尽相同，但各类票据必须绝对记载的内容有票据种类、票据的金额、票据收款人和出票日期。《票据法》规定，票据金额以中文大写和数字同时记载，两者必须一致，两者不一致的，票据无效。《票据法》还规定，票据金额、日期、收款人名称不得更改，更改的票据无效。在此类情形下，付款人或者代理人对此类票据付款的，应当承担责任。

相对记载事项是指某些应该记载而未记载，适用法律的有关规定而不使票据失效的事项。汇票上未记载付款日期的，可推定付款日期采取见票即付的方式，即该持票人可以在出票日后的一个月内，随时持票提示付款，付款人见到汇票后即予以付款。汇票上未记载付款地的，可推定付款人的营业场所、住所或者经常居住地为付款地。汇票上未记载出票地的，可推定出票人的营业场所、住所或者经常居住地为出票地。

非法定记载事项是指《票据法》规定由当事人任意记载的事项，但是该记载事项只在当事人之间具有民法上的效力而不具有《票据法》上的效力，如签发票据的原因或用途、该票据项下的交易合同号码、该票据项下的有关单证的名称及号码、开户银行名称及账号等。

四、票据权利与抗辩

(一)票据权利

1. 票据权利概念及种类

票据权利是指票据权利人所享有的为实现票据债权而为一定行为或要求他人为一定行为的可能性，包括付款人请求权利和追索权。

付款请求权是持票人享有的第一顺序权利，追索权是持票人享有的第二顺序权利，即汇票到期被拒绝付款或者具有《票据法》第61条第2款所列情形的，持票人请求背书人、出票人以及汇票的其他债务人支付《票据法》第70条第1款所列金额和费用的权利。追索权行使的具体情形包括：

(1)票据到期被拒绝付款的。

(2)票据被拒绝承兑的。

(3)汇票的承兑人或者付款人死亡、逃匿的。

(4)汇票的承兑人或者付款人被依法宣告破产的或者因违法被责令终止业务活动的。

2. 票据权利的取得

票据权利的取得方式也称票据权利的发生。行为人合法取得票据，即取得了票据权利。当事人取得票据包括以下两种情形：

(1)《票据法》上取得方式。包括出票取得与背书转让取得票据。

(2)依税收、继承、赠与、企业合并等非《票据法》上的方式获得票据。

对于票据权利的取得以票据的无因性为主线，当然我国的《票据法》也存在有关例外情况：

(1)票据的签发、取得和转让应当遵循诚实信用的原则，具有真实的交易关系和债权债务关系。票据的取得必须给付对价，即应当给付票据双方当事人认可的相对应的代价。

(2)因税收、继承、赠与可以依法无偿取得票据的，不受给付对价的限制。但是，所享有的票据权利不得优于其前手的权利。

(3)因欺诈、偷盗、胁迫、恶意或重大过失而取得票据的，不得享有票据权利。所谓重大过失，是指行为人因疏忽或过于自信，不仅没有遵守法律规定的较高注意义务，甚至连人们一般应当注意并能够注意的要求都未达到。《票据法》规定，如果持票人因重大过失而没有注意到票据转让人对票据没有处分权，尽管该票据是有效票据，也视为不得享有票据权利。

3. 票据权利的时效问题

票据权利时效是指持票人或追索权人对所持票据在一段法定的时间内取得对该物的所有权，在规定的时间里如果持续没有行使该权利，则丧失该权利。根据我国《票据法》规定，票据权利因在一定期限内不行使而消灭的情形有四种：

(1)持票人对出票人和承兑人的权利，自票据到期日起2年内不行使；见票即付的汇票、本票的权利，自出票日起2年内不行使，其权利归于消灭。

(2)持票人对支票出票人的权利，自出票日起6个月内不行使，其权利归于消灭。

(3)持票人对前手的追索权，在被拒绝承兑或者被拒绝付款之日起6个月内不行使，其权利归于消灭。

(4)持票人对前手的再追索权，自清偿日或者提起诉讼之日起3个月内不行使则丧失该项权利。

根据相关司法解释，第一种和第二种所指的权利，包括付款请求权和追索权；第三种和第四种所指的追索权，不包括对票据出票人的追索权。

4. 票据权利的行使与保全

票据权利的行使是指票据权利人向票据债务人提示票据，请求实现票据权利的行为，如请求承兑、提示付款、行使追索权等。持票人对票据债务人行使票据权利，应当在票据当事人的营业场所和营业时间内进行，票据当事人无营业场所的，应当在其住所进行。

票据的保全，是指票据权利人为防止其票据权利的丧失，依《票据法》规定所为的行为。如为防止付款请求权与追索权因时效而丧失，采取中断时效的行为；为防止追索权的丧失，采取作为拒绝证明的行为等。

票据权利人为防止票据权利的丧失，在票据纠纷案件审理中，对下列情形之一的票据可向法院申请采取保全措施：

(1)不履行约定义务，与票据债务人有直接债权债务关系的票据当事人所持有的票据。

(2)持票人恶意取得的票据。

(3)应付对价而未付对价的持票人持有的票据。

(4)记载有“不得转让”字样而用于贴现的票据。

(5)记载有“不得转让”字样而用于质押的票据。

(6)法律规定的其他情形的票据。

《票据法》规定，持票人对票据债务人行使票据权利，或者保全票据权利，应当在票据当事人的营业场所和营业时间内进行，票据当事人无营业场所的，应当在其住所进行。当事人因申请票据保全错误而给他人造成损失的，应当依法承担民事责任。

5. 票据权利的补救

票据权利与票据是紧密相关的，如果票据丧失，则票据权利的实现会受影响。《票据法》规定，票据丧失后的补救措施有三种：挂失止付、公示催告、普通诉讼。

(1)挂失止付

挂失止付是指失票人将丧失票据的情况通知付款人并由接受通知的付款人暂停交付的一种方法。《票据法》第 15 条规定，票据丧失，失票人可以及时通知票据的付款人挂失止付，但是未记载付款人或者无法确定付款人及其代理付款人的票据除外。该制度是我国金融法律制度中的一项重要制度，通过在票据丧失后救济票据权利人，防止因票据的丧失给权利人造成损失，对保护票据权利人的权利具有重要意义。

失票人通知票据的付款人或者代理付款人挂失止付时，应当填写挂失止付通知书并签章。挂失止付通知书应当记载下列事项：

①票据丧失的时间和事由；

②票据种类、号码、金额、出票日期、付款日期、付款人名称、收款人名称；

③挂失止付人的名称、营业场所或者住所以及联系方法。

收到挂失止付通知的付款人，应当暂停止付，否则应承担民事赔偿责任。但是，挂失止付并不是票据丧失后权利补救的必经程序，它只是失票人失票后可采取的暂时的预防票据被冒领或骗取的措施。付款人或者代理付款人收到挂失止付通知书时，应当立即暂停支付。付款人或者代理付款人自收到挂失止付通知书之日起 12 日内没有收到人民法院的止付通知书的，自第 13 日起，挂失止付通知书失效。同时，付款人或者代理付款人在收到挂失止付通知书前，已经依法向持票人付款的，不再接受挂失止付。

(2)公示催告

公示催告是指票据丧失后，由失票人向人民法院提出申请，请求人民法院以公告方法通知不确定的利害关系人限期申报权利，逾期未申报者，则权利失效，而由人民法院通过除权判决宣告所丧失的票据无效的一种制度或程序。

根据《中华人民共和国民事诉讼法》(以下简称《民事诉讼法》)第 193 条第 1 款的规定，从案件范围看，公示催告程序仅适用于可以背书转让的票据被盗、遗失或者灭失的案件以及法律规定可以申请公示催告的其他事项。不能背书转让的票据被盗、遗失或者灭失的案件以及不属于法律规定可以申请公示催告的事项，都不能适用公示催告程序。具体而言，下列情况下，人民法院应该受理：

①票据丧失后，失票人直接向人民法院申请公示催告或者提起诉讼的；

②出票人已经签章的授权补记的支票丧失后，失票人依法向人民法院申请公示催告的；

③出票人已经签章但未记载代理付款人的银行汇票丧失后，失票人依法向付款人即出票银行所在地人民法院申请公示催告的；

④超过付款提示期限的票据丧失以后，失票人申请公示催告的；

⑤失票人为行使票据所有权，向非法持有票据人请求返还票据的。

依照《民事诉讼法》第 197 条第 2 款的规定，在公示催告期间，以公示催告的票据质押、贴现，因质押、贴现而接受该票据的持票人主张票据权利的，人民法院不予支持，但公示催告期间届满以后人民法院做出除权判决以前取得该票据的除外。

可以申请公示催告的失票人，是指按照规定可以背书转让的票据在丧失票据占有以前的最后合法持票人。我国《票据法》规定，失票人应当在通知挂失止付后 3 日内，也可以在票据丧失后，依法向票据支付地即票据履行地的基层人民法院申请公示催告。公示催告的期间不得少于 60 日，涉外票据可根据情况适当延长，但最长不得超过 90 日。法院受理公示催告申请后 3 日内发出公告，自公告之日起计算。失票人通知票据付款人挂失止付后 3 日内向人民法院申请公示催告的，公示催告申请书应当载明下列内容：

①票面金额；

②出票人、持票人、背书人；

③申请的理由、事实；

④通知票据付款人或者代理付款人挂失止付的时间；

⑤付款人或者代理付款人的名称、通信地址、电话号码等。

人民法院决定受理公示催告申请，应当同时通知付款人及代理付款人停止支付，并自立案之日起 3 日内发出公告。付款人或者代理付款人收到人民法院发出的止付通知，应当立即停止支付，直至公示催告程序终结。非经发出止付通知的人民法院许可擅自解付的，不得免除票据责任。人民法院决定受理公示催告申请后发布的公告应当在全国性的报刊上登载。付款人及其代理付款人有下列情形之一的，应当自行承担责任：

①未依照《票据法》第 57 条的规定，对提示付款人的合法身份证明或者有效证件以及汇票背书的连续性履行审查义务而错误付款的；

②公示催告期间对公示催告的票据付款的；

③收到人民法院的止付通知后付款的；

④其他以恶意或者重大过失付款的。

对于伪报票据丧失的当事人，人民法院在查明事实，裁定终结公示催告或者诉讼程序后，可以参照《民事诉讼法》第 102 条的规定，追究伪报人的法律责任。

(3)普通诉讼

普通诉讼是指丧失票据的失票人向人民法院提起民事诉讼，要求法院判定付款人向其支付票据金额的活动。

票据丧失后，失票人在票据权利时效届满以前请求出票人补发票据，或者请求债务人付款，在提供相应担保的情况下因债务人拒绝付款或者出票人拒绝补发票据提起诉讼的，由被告住所地或者票据支付地人民法院管辖。

失票人因请求出票人补发票据或者请求债务人付款遭到拒绝而向人民法院提起诉讼的，被告为与失票人具有票据债权债务关系的出票人、拒绝付款的票据付款人或者承兑人。

失票人向人民法院提起诉讼的，除向人民法院说明曾经持有票据及丧失票据的情形外，还应当提供担保。担保的数额相当于票据载明的金额。

【案例 8－3】

失票救济的技巧——主张已经被吊销执照公司的印章背书属“票据上签名之伪造”

2019 年 6 月 2 日，上海某公司丧失一张银行承兑汇票，票面金额为 20 万元，到期日 2019 年 10 月 30 日。失票后，该公司及时挂失、止付并申请公示催告。在公告期内，浙江某公司持票到法院申报权利，法院遂做出裁定，终结公示催告程序。2019 年 9 月 30 日，上海公司起诉到法院，要求浙江公司返还票据，浙江公司则以已经支付对价为由拒绝返还。

经查，涉诉票据系自然人甲从出租车上拾得，未背书以 19.8 万元人民币卖给自然人乙。乙通过朋友介绍，未背书以 19.85 万元卖给上海公司。上海公司系专门从事民间票据买卖的公司，以其财务人员的个人账户给乙打款 19.85 万元，随后利用自己控制的“包装户”A 公司（因未年检已经工商机关吊销）被背书给本公司，由本公司向信用社申请贴现。信用社在委托收款时得知票据因涉诉被查封，遂将涉诉票据未背书退还给上海公司。

问：

(1)票据丧失后，取得票据的人已经转让给第三人，失票人能否要求返还票据？

(2)如何操作才能使自己的诉讼请求符合法律规定？

【分析】 (1)票据丧失后，已经背书转让给第三人，原则上失票人已经无权要求返还票据。

从票据背书栏中可以看到，上海公司的后手为 A 公司，A 公司的后手为浙江公司。浙江公司只要举证证明“不知 A 公司没有处分权，已经向 A 公司支付对价”即可免除返还责任。很显然，浙江公司是善意取得。客观地说，浙江公司财务人员也实际支付了 19.85 万元，属于支付对价，而且对自然人乙不是权利人并不知晓，因此，无论如何也不可能返还。

上海公司如果无法从票据法意义上行使票据返还请求权，当然可以从民法意义上要求自然人甲返还不当得利。问题是，“自然人甲从出租车上拾得，未背书以 19.8 万元人民币卖给自然人乙，乙通过朋友介绍，未背书以 19.85 万元卖给上海公司”的客观事实仅仅被浙江公司作为抗辩理由提出来，没有证据证明。那么，通过《民法典》上规定的权利救济途径在诉讼层面上因为证据的缺失实际是不可能实现的。同时，即便是可以救济，假设自然人甲没有偿还能力，上海公司的损失还是得不到赔偿。

(2)应当以“A 公司为票据签名之伪造，不产生背书效力，浙江公司为唯一后手”为基本切入点，使浙江公司承担举证责任，如果不能举证，就一定能够要求返还。

①“自然人甲从出租车上拾得，未背书以 19.8 万元人民币卖给自然人乙，乙通过朋友介绍，未背书以 19.85 万元卖给上海公司”的事实在没有证据证明的前提下，视为不存在，票据背书栏记载的后手应当为 A 公司。而且按照《票据法》上“其他证明方式不能对抗票据上记载内容”的基本原则，即使存在其他证据，也可以主张与涉诉票据的取得没有关系，不能对抗“失票人直接后手是 A 公司”的事实。

②A 公司经查询已经被工商机关吊销，等同于实际不存在。按照《票据法》的规定，所谓票据上签名之伪造，系指假冒出票人以外的其他票据行为（如背书、保证、承兑等）。所谓“他人”，

包括实际存在的公司、实际不存在的公司以及原来存在后来被吊销的公司等。如果主张A公司签章系“伪造”,因被伪造人A公司不存在,其背书当然没有效力,所以,该系争票据丧失后的有效背书仅仅为浙江公司。这样,浙江公司作为唯一后手和持票人,应当举证证明“支付对价,善意取得”。

③为了贴现,浙江公司已经伪造与A公司之间的“购销合同”“增值税发票”,其“交易背景”是假的。在同类诉讼中,持票人往往处于非常尴尬的境地。真实的票据取得过程没有证据证明,虚假的取得过程已经客观存在。我们只需要申请法院调取浙江公司申请贴现的资料即可查明“增值税发票”的虚假性。

案例来源:票据法律网,http://www.billlaw.net///ViewInfo.asp? id=335。

(二)票据抗辩

1. 票据抗辩的概念和种类

票据抗辩是指票据的债务人依照《票据法》的规定,对票据债权人拒绝履行义务的行为。票据抗辩是票据债务人的一种权利,是债务人保护自己的一种手段。

票据抗辩的种类:

(1)对人抗辩

所谓对人抗辩,是指特定的债务人对特定的债权人的抗辩。这种抗辩是基于当事人之间的特定关系而产生的,一般发生在票据的直接前后手之间,在间接前后手之间就不得再抗辩。对人的抗辩包括:①票据原因关系不合法,比如因放高利贷而开出汇票;②原因关系不存在或消灭,比如因合同而签发的票据合同解除;③欠缺对价,比如持票人未按约提供与票款相当的商品或劳务等;④票据债务已经清偿、抵消或免除而未载于票据上,可对直接当事人抗辩;⑤票据被盗或遗失,可对盗窃人或拾得人抗辩,其中,前三类可由特定债务人主张,后两类可由一切债务人主张。

(2)对物的抗辩

对物的抗辩是指基于票据本身的内容而发生的事由所进行的抗辩。属于对物的抗辩包括:①票据欠缺绝对记载事项的;②票据到期日未到;③票据已经依法付款;④票据经判决为无效;⑤票据因时效而消灭;⑥出票人欠缺票据行为能力;⑦票据系伪造及变造。⑧无权代理的票据行为抗辩。对物的抗辩可以对一切票据持有人进行,前五类可由所有债务人主张,后三类只能由特定债务人主张。

2. 票据抗辩的限制

票据抗辩的限制是指票据流转给直接当事人以外的其他人后,直接当事人之间的抗辩原则上被切断,即人的抗辩的切断。

我国《票据法》中对票据抗辩的限制主要表现为:

(1)票据债务人不得以自己与出票人之间的抗辩事由对抗持票人。

(2)票据债务人不得以自己与持票人前手之间的抗辩事由对抗持票人。但是如果持票人明知持票债务人与出票人之间存在抗辩事由以及票据债务人与其前债权人之间存在抗辩事由,说明持票人恶意取得票据,那么票据债务人可以主张抗辩,拒绝付款。

(3)善意、已付对价的正当持票人可以向票据上的一切债务人请求付款,不受前手权利瑕疵和前手相互间抗辩的影响。

(三)票据的伪造和变造

票据伪造和变造直接影响票据权利。我国《票据法》规定,票据上的记载事项应当真实,不得伪造、变造。伪造、变造票据上的签章和其他事项的，应当承担法律责任。

1. 票据的伪造

票据的伪造是指假冒他人名义或虚构他人的名义而进行的票据行为。票据上的伪造包括票据本身的伪造和票据上签章的伪造。前者专指出票行为；后者是指出票行为以外的其他票据行为。

票据的伪造行为在法律上不具有任何票据行为的效力。对持票人而言，出票人不承担相关票据责任。对伪造人而言，由于票据上没有以自己名义所做的签章，因此也不应承担票据责任。但是，对伪造票据引起的损失应承担民事责任，情节恶劣构成犯罪的，还应承担刑事责任。

而票据上签章的伪造，不影响票据本身的效力。也就是说，在票据上真正签章的人，仍应承担票据责任，而不得以存在伪造签章行为为由抗辩。

2. 票据的变造

票据的变造是指无权更改票据内容的人，对票据上签章以外的记载事项加以变更的行为，包括变更票据上的到期日、付款日、付款地、金额等。但是，对于签章的变造则属于伪造。

票据的变造行为，由以下条件构成：

(1)该行为人是无权变更票据事项的人。按照《票据法》的规定，只有出票人或其授权的人才有权变更所签发的票据的有关记载事项，而其他人不具有变更票据上记载事项的权利。

(2)变造的票据必须本身有效。如果票据由于自身瑕疵而无效，也就不会产生票据变造的问题。

(3)变造的事项是签章或签名以外的其他记载事项。如金额等。

票据的变造依照签章是在变造之前、之后承担责任。我国《票据法》第 14 条第 3 款规定，票据上其他记载事项被变造的，在变造之前签章的人，对原记载事项负责；在变造之后签章的人，对变造之后的记载事项负责；如果无法辨别是在票据变造之前或之后签章的，视同在变造之前签章，即对原记载事项负责，票据上有伪造、变造的签章的，不影响票据上其他真实签章的效力。

【案例 8－4】 2020 年 7 月，工商银行 A 市分行某办事处(相当于县级支行)办公室主任李某与其妻弟密谋后，利用工作上的便利，盗用该银行已于 1 年前公告作废的旧业务印鉴和银行现行票据格式凭证，签署了金额为人民币 100 万元的银行承兑汇票一张，出票人和付款人及承兑人记载为该办事处，汇票到期日为同年 12 月底，收款人为某省建筑公司，该建筑公司系李某妻弟所承包经营的企业。李某将签署的汇票交给了该公司后，该公司请求某外贸公司在票据上签署了保证，之后持票向某城市合作银行申请贴现。该合作银行扣除利息和手续费后，把贴现款 96 万元支付给了该建筑公司。汇票到期，城市合作银行向 A 市分行某办事处提示付款遭拒绝。

问：

(1)本案中有哪些票据行为？其效力如何？为什么？

(2)某市合作银行是否享有票据权利？如有，应如何行使？如没有，该如何处理？

(3)如果李某用已经作废的旧票据格式凭证(无出票人一栏)签署银行承兑汇票，在其他情节相同的情况下，对某市合作银行有何影响？

【分析】 (1)本案中的票据行为有：①李某伪造签章进行的出票和承兑行为。相对于 A 市分行某办事处的现行有效公章而言，李某使用的作废的公章应定为假公章。因此，出票和承兑行为属伪造，行为本身无效。②某外贸公司的票据保证行为，该行为有效。③建筑公司的贴现行为(背书转让)，该行为有效。虽然该公司(代表人)恶意取得票据，不得享有票据权利，但其背书签章真实,符合形式要件,且有行为能力,故有效。

(2)合作银行不知情,且给付了相当对价,为善意持票人,故享有票据权利,可以向保证人或背书人行使追索权。

(3)该汇票将因形式要件欠缺而整个无效,连保证人也因此不承担票据责任。合作银行不享有票据权利,只能依据普通民事关系追偿。

资料来源:中律网,http://www.148com.com/html/3346/398199.html。

第二节 汇 票

一、汇票的概念和种类

(一)汇票的概念

汇票是出票人签发的、委托付款人在见票时或者在指定的日期无条件支付确定的金额给付收款人或者持票人的票据。

汇票具有以下法律特征:

1. 汇票是出票人一种书面的无条件的支付命令。汇票的无条件性保证了汇票的流通性。

2. 汇票是委付证券,是由出票人委托他人(付款人)支付的票据,而本票是一种自付证券。但是,付款人在票据法律关系中并不具有强制性的付款义务。

3. 汇票是在指定到期日付款的票据。指定到期日包括见票即付、定日付款、出票后定期付款、见票后定期付款四种形式。而本票和支票一般只有见票即付。

4. 远期汇票须经承兑。承兑是汇票独有的法律行为,因为汇票是一种委托付款证券,付款人付款与否是不确定的,所以通过汇票的承兑,承兑人确定了第一性的付款义务,这是区别于本票和支票的重要特征。

(二)汇票的分类

我国《票据法》规定,汇票有不同的分类方式:

1. 根据汇票当事人的身份不同可以将汇票划分为银行汇票和商业汇票。银行汇票的出票人和付款人都是银行,具有很好的付款信誉。而商业汇票的出票人是企业或个人,付款人则可以是银行、个人或企业,一般而言,商业汇票具有一定的风险。

2. 根据汇票的付款时间的不同,可以将汇票划分为即期汇票和远期汇票。汇票上付款日期有四种记载方式:见票即付(at sight 或 on demand);见票日后定期付款(at a determinable date after sight);出票日后定期付款(at a determinable date after the date of drawing a draft);定日付款(at a fixed day)。即期汇票一般为见票即付,而见票日后定期付款、出票日后定期付款、定日付款为远期汇票。

3. 根据汇票是否附有其他单据,汇票可以分为光票和跟单汇票。光票不附带商业单据,一般用以支付账款,银行多是光票汇票的出票人;而跟单汇票指附有包括运输单据在内的商业单据的汇票,在国际贸易中信用证付款方式通常伴随着跟单汇票,因此跟单汇票多是商业汇票。

二、汇票的票据行为

(一)出票

出票是指出票人签发票据并将其交付给收款人的票据行为。出票后,汇票的出票人即承担保证汇票付款与承兑的责任。汇票的出票包括签发票据和交付两种行为。签发票据是指出票人在原始票据上记载法定事项并签章；交付是指将做成的票据交付给他人占有，在记名汇票中同时要求背书。

出票时有三种方式规定收款人：

(1)限制性抬头，即收款人姓名已经确定，这种汇票不得流通转让。

(2)指示性抬头，这种汇票由特定人指定收款人，出票后只能有限转让，指定收款人确定后一般不得转让。

(3)来人抬头，该类汇票可以通过背书转让。

我国《票据法》规定，汇票的出票人在进行出票行为时，必须与付款人具有真实的委托付款关系，并且具有支付汇票金额的可靠资金来源；汇票的出票人不得签发无对价的汇票，用以骗取银行或者其他票据当事人的资金。

1. 汇票的格式

汇票是一种要式证券，出票行为是一种要式行为。汇票的作成必须符合法定的格式。

(1)汇票的绝对应记载事项：①标明“汇票”的字样；②确定的金额；③无条件支付的委托；④付款人名称；⑤收款人名称；⑥出票日期；⑦出票人签章。上述汇票7项绝对应记载事项，若欠缺记载或记载有重大瑕疵，则票据无效。

(2)汇票的相对应记载事项：①付款日期；②付款地；③出票地。汇票的相对应记载事项是汇票上必须记载的内容，但是，相对应记载事项未在汇票上记载，并不影响汇票本身的效力，汇票仍然有效，未记载的事项通过法律的直接规定确定。我国《票据法》规定：汇票上未记载付款日期的，为见票即付；汇票上未记载付款地的，付款人的营业场所、住所或者经常居住地为付款地；汇票上未记载出票地的，出票人的营业场所、住所或者经常居住地为出票地。

(3)汇票的非法定记载事项。汇票上可以记载本法规定事项以外的其他出票事项，但是该记载事项不具有汇票上的效力，如该票据项下交易的合同号码、所附带票据、开户银行名称等。

2. 出票的效力

出票人依法完成出票行为后，即产生票据上的效力。票据关系人依完成的票据所载文义而享有票据权利、承担票据义务。

(1)对票据出票人的效力。出票人签发汇票后，即承担保证该汇票承兑和付款的责任。

(2)对票据付款人的效力。出票行为是单方行为，付款人并不因此而有付款义务，但付款人享有付款选择权，譬如在远期汇票中，一旦付款人承兑，付款人就成为汇款的主债务人，出票人则成为第二顺位的债务人。

(3)对票据收款人的效力。其使收款人享有票据法上的付款请求权和追索权。

(二)背书

持票人可以将汇票权利转让给他人或者将一定的汇票权利授予他人行使。票据权利与票据不可分，票据的转让也就是票据权利的转让。我国《票据法》规定汇票转让只能采用背书的方式。

背书是指持票人在票据背面或者粘单上记载有关事项并签章的票据行为。我国《票据法》规定，背书必须作成记名背书。持票人背书时，应当背书并交付汇票。

以背书转让的汇票，背书应当连续。持票人以背书的连续，证明其汇票权利；非经背书转让，而以其他合法方式取得汇票的，依法举证，证明其汇票权利。所谓背书连续，是指在票据转让中，转让汇票的背书人与受让汇票的被背书人在汇票上的签章依次前后衔接。

汇票被拒绝承兑、被拒绝付款或者超过付款提示期限的，不得背书转让；背书转让的，背书人应当承担汇票责任。

1. 背书记载事项

(1)应当记载事项。根据我国《票据法》规定，背书应记载背书人签章、被背书人名称和背书日期。背书未记载日期的，视为在汇票到期日前背书。在粘单上背书的，粘单上的第一记载人应在汇票和粘单的粘接处签章。

(2)可以记载事项。根据我国《票据法》的规定，汇票上可记载"不得转让"字样。背书人记载"不得转让"字样的汇票，不得转让，其后手若再背书转让的，原背书人对后手的被背书人不承担保证责任。

(3)不得记载事项。根据我国《票据法》的规定，背书不得附有条件，附有条件的，所附条件不具有汇票上的效力，但背书转让仍然有效。此外，将汇票金额的一部分转让或将汇票金额分别转让给两人以上的背书无效。

2. 关于禁止背书的记载

禁止背书是指出票人或背书人在票据上记载"不得转让"等类似文句，以禁止票据权利的转让。

(1)出票人的禁止背书。出票人在汇票上记载"不得转让"字样，汇票不得转让。如果收款人或持票人将出票人做禁止背书的汇票转让的，该转让不发生《票据法》上的效力，出票人和承兑人对受让人不承担票据责任。

我国《票据法》相关司法解释规定，对于记载"不得转让"字样的票据，其后手以此票据贴现、质押，通过贴现、质押取得票据的持票人主张票据权利的，人民法院不予支持。

(2)背书人的禁止背书。背书人可通过禁止背书的规定，对其后手以后的当事人免除承担票据责任，即可在背书时记载禁止背书。背书人在汇票上记载"不得转让"字样，汇票依然可以转让，但原背书人对除其直接后手以外的被背书人，免除对汇票承兑或付款的担保责任。因此，无论是何种禁止背书，都不利于汇票的流通。

3. 背书的效力

背书的效力是指票据因背书行为所带来的法律后果，背书主要有三种效力：

(1)对于背书人而言，背书具有担保责任的效力。我国《票据法》规定，背书人以背书转让汇票后，即承担保证其后手所持汇票承兑和付款的责任。背书人在汇票得不到承兑或者付款时，应当依法向持票人清偿法律规定的金额和费用。

(2)对于被背书人而言，背书具有权利转移的效力。背书的目的在于转移票据背后的相关权利。被背书人由背书而受让票据后，即取得票据所有权及票据上的一切权利。

另外，汇票可以设定质押；质押时应当以背书记载"质押"字样。被背书人依法实现其质权时，可以行使汇票权利。

(3)对于持票人而言，背书具有权利证明的效力。票据作为一种文义证券，只要背书是连续的，就可以推定持票人合法地拥有相应的汇票权利，即使该背书人为非权利人而背书无效时，善意取得人仍能取得票据权利。

(三)承兑

承兑是指汇票付款人承诺在汇票到期日支付汇票金额的票据行为。承兑是汇票特有的制度。因为汇票的出票人在出票时，是委托他人支付一定金额，而该付款人在出票时并未在票据上签章，因此仅根据汇票本身无法确定其票据责任。对于即期汇票而言，汇票可以立即变现因而无须承兑,但对于远期汇票而言,将来是否能得到付款就具有了不确定性,因此需要确认付款人是否愿意付款承兑制度的核心即在于确定付款人的付款义务。

1. 汇票承兑的程序

(1)提示承兑

我国《票据法》规定,定日付款或者出票后定期付款的汇票,持票人应当在汇票到期日前向付款人提示承兑。汇票未按照规定期限提示承兑的,持票人丧失对其前手的追索权。对于定日付款或者出票后定期付款的汇票,持票人应当在汇票到期日前向付款人提示承兑。见票后定期付款的汇票,持票人应当自出票日起 1 个月内提示承兑。

(2)承兑成立

①承兑时间。我国《票据法》规定,付款人对向其提示承兑的汇票,应当自收到提示承兑的汇票之日起 3 日内承兑或者拒绝承兑。如果付款人在 3 日内不做承兑与否表示的,应视作拒绝承兑,持票人可请求其作为拒绝承兑证明,向其前手行使追索权。

②接受承兑。我国《票据法》规定,付款人收到持票人提示承兑的汇票时,应当向持票人签发收到汇票的回单。回单上应当说明汇票提示承兑日期并签章。

③承兑格式。我国《票据法》规定,付款人承兑汇票的,应当在汇票正面记载"承兑"字样和承兑日期并签章;见票后定期付款的汇票,应当在承兑时记载付款日期。其中,承兑文句和承兑人签章是绝对应记载事项,缺一不可,否则承兑行为无效。而承兑日期属于相对应记载事项,如欠缺,不影响承兑行为效力,推定为以付款人收到提示承兑汇票之日起的第 3 日为承兑日期。

2. 有条件承兑

我国《票据法》规定,付款人承兑汇票,不得附有条件;承兑附有条件的,视为拒绝承兑。另外,部分承兑、变更票据记载事项的承兑都属于不单纯承兑的范围,都被看作拒绝承兑。持票人可要求作成拒绝证明,向其前手行使追索权。

3. 承兑的效力

付款人承兑汇票后,应当承担到期付款的责任:首先,汇票一旦到期,就必须向持票人无条件支付汇票上的金额。其次,承兑人不得以其与出票人之间的关系向持票人主张抗辩,拒绝支付汇票金额。最后,即使票据付款未在法定期限内被提示承兑,承兑人的票据责任也无法解除。

(四)保证

汇票保证是指汇票债务人以外的第三人,担保特定的票据债务人能够履行票据债务的票据行为。我国《票据法》规定,保证人必须是票据债务人以外的第三人,被保证人则只能是票据债务人。按照我国《票据法》的规定,保证只适用于汇票和本票。票据的保证制度加强了票据的可靠性,但是票据被保证本身也说明票据的信用存在一定的瑕疵。

1. 保证的当事人

保证的当事人为保证人与被保证人。

保证人是指票据债务人以外的,为票据债务的履行提供担保而参与票据关系中的第三人。

被保证人是指票据关系中已有的债务人,包括出票人、背书人、承兑人,他们有义务履行票据债务。当他们无法履行票据债务,则保证人有责任代为履行。

2. 保证的格式

保证记载的事项:(1)表明"保证"的字样;(2)保证人名称和住所;(3)被保证人名称;(4)保

证日期;(5)保证人签章。其中,保证文句和保证人签章属于绝对应记载事项,而其余三项属于相对应记载事项。

保证记载方法:如果是为出票人、承兑人保证的,应记载于汇票的正面;如果是为背书人保证,则应记载于汇票的背面或者粘单上。

保证是无条件的,保证附有条件的,所附条件无效,保证本身仍具有效力,保证人应向持票人承担保证责任。

3. 保证人的责任

我国《票据法》第49条规定,保证人对合法取得汇票的持票人所享有的汇票权利,承担保证责任。但是被保证人的债务因汇票记载事项欠缺而无效的除外。《票据法》第50条还规定,被保证的汇票,保证人应当与被保证人对持票人承担连带责任。汇票到期后得不到付款的,持票人有权向保证人请求付款,保证人应当足额付款。

(五)付款

付款是指付款人依据票据文义支付票据金额,以消灭票据权利义务关系的行为。

1. 付款的程序

(1)付款提示。它是指持票人在法定的日期内向付款人出示票据,行使付款请求权以保全票据权利的行为。我国《票据法》规定,见票即付的汇票,自出票日起1个月内向付款人提示付款;定日付款、出票后定期付款或者见票后定期付款的汇票,在到期日起10日内向承兑人提示付款。如果持票人未在上述法定期限内提示付款,则丧失对其前手的追索权。但是在做出说明后,承兑人或付款人仍应对持票人承担付款责任。

(2)票款支付。持票人依法提示付款的,付款人必须在当日足额付款。持票人获得付款的,应当在汇票上签收,并将汇票交给付款人。"签收"表明持票人已获得付款。

2. 付款的效力

付款人依法足额付款后,全体汇票债务人的责任解除。

(六)追索权

追索权是指持票人在汇票到期不获付款或到期前不获承兑或有其他法定原因发生时,向其前手请求偿还票据金额及其损失的权利。

1. 追索权发生的原因

(1)追索权发生的实质条件

追索权发生的实质条件包括:汇票到期被拒绝付款;汇票到期日前承兑人拒绝承兑;承兑人(或者付款人)死亡、破产或因违法而被责令中止业务活动等。发生前述情形之一的,持票人可以行使追索权。

(2)追索权发生的形式条件

持票人行使追索权时,应当提供被拒绝承兑或者被拒绝付款的有关证明。持票人提示承兑或者提示付款被拒绝的,承兑人或者付款人必须出具拒绝证明,或者出具退票理由书。未出具拒绝证明或者退票理由书的,应当承担由此产生的民事责任。

持票人因承兑人或者付款人死亡、逃匿或者其他原因,不能取得拒绝证明的,可以依法取得其他有关证明;承兑人或者付款人被人民法院依法宣告破产的,人民法院的有关司法文书具有拒绝证明的效力;承兑人或者付款人因违法被责令终止业务活动的,有关行政主管部门的处罚决定具有拒绝证明的效力。

持票人不能出示拒绝证明、退票理由书或者未按照规定期限提供其他合法证明的,丧失对其前手的追索权。但是，承兑人或者付款人仍应当对持票人承担责任。

2. 追索权的行使

持票人具备上述条件后，即可进入行使追索权的程序。

(1)原有汇票的提示。依照《票据法》的规定，持票人行使追索权，必须先向付款人提示汇票，请求承兑或者付款。持票人未按照《票据法》规定提示承兑和提示付款的，丧失对其前手的追索权。但若付款人或承兑人死亡、逃匿，或者付款人或承兑人受破产宣告或者被责令停业，或者有其他原因使持票人无从为承兑提示或付款提示，那么，持票人可以不为承兑提示或付款提示而直接向其前手行使追求权。

(2)发出追索通知。持票人应当自收到被拒绝承兑或者被拒绝付款的有关证明之日起3日内，将被拒绝事由书面通知其前手；其前手应当自收到通知之日起3日内书面通知其再前手。持票人也可以同时向各汇票债务人发出书面通知。

未按规定期限通知的，持票人仍可以行使追索权。因延期通知给其前手或者出票人造成损失的，由没有按照规定期限通知的汇票当事人，承担对该损失的赔偿责任，但是所赔偿的金额以汇票金额为限。在规定期限内将通知按照法定地址或者约定的地址邮寄的，视为已经发出通知。为行使追索权所做的书面通知，应当记明汇票的主要记载事项，并说明该汇票已被退票。

(3)确定追索对象及责任承担。汇票的出票人、背书人、承兑人和保证人对持票人承担连带责任。持票人可以不按照汇票债务人的先后顺序，对其中任何一人、数人或者全体行使追索权。持票人对汇票债务人中的一人或者数人已经追索的，对其他汇票债务人仍可以行使追索权。被追索人清偿债务后，与持票人享有同一权利。持票人为出票人的，对其前手无追索权。持票人为背书人的，对其后手无追索权。

3. 请求清偿金额

(1)追索金额

请求偿还的金额即追索金额，包括被拒绝付款的汇票金额，汇票金额自到期日或提示付款日起至清偿日止的利息，取得有关拒绝证明和发出通知书的费用。

(2)再追索的追索金额

被追索人清偿债务后，与持票人享有同一权利，可以行使再追索权，请求偿还金额，包括已清偿的全部金额，前项金额自清偿日起至再清偿日止的利息，发出通知的费用。

4. 追索权限制

持票人为出票人的，票据权利终止；持票人为背书人的，对其后手无追索权。

第三节 本票与支票

一、本票

本票是指出票人签发的，承诺自己在见票时无条件支付确定的金额给收款人或者持票人的票据。本票的出票人必须具有支付本票金额的可靠资金来源，并保证支付。

本票是由出票人约定自己付款的一种自付证券。其基本当事人有出票人和收款人，在出票人之外不存在独立的付款人。本票无须提示承兑。这些特点与汇票有一些区别。

(一)本票的记载事项

1. 本票绝对应记载的事项

本票绝对应记载的事项有：(1)表明“本票”的字样；(2)无条件支付的承诺；(3)确定的金额；(4)收款人名称；(5)出票日期；(6)出票人签章。本票上未记载前述规定事项之一的，本票无效。

2. 本票相对应记载事项

本票相对应记载事项有：(1)付款地，即本票上未记载付款的，出票人的营业场地为付款地；(2)出票地，即本票上未记载出票地的，出票人的营业场所为出票地。

(二)出票人的资格

在我国只有银行本票，无商业本票，即本票由银行签发，且为记名式本票和即期本票。银行本票是银行签发的，承诺自己在见票时无条件支付确定的金额给收款人或者持票人的票据。由于银行本票具有很强的信用，几乎不存在违约问题，因此可以视为一种准货币。如果放任银行随意发行，就很可能会引起金融市场的混乱，因此，应该加以限制。

(三)本票的付款

本票的出票人在持票人提示本票时，必须承担付款的责任。

本票付款期限最长不超过 2 个月。本票的持票人未按照规定期限提示见票的，丧失对出票人以外的前手的追索权。

(四)本票与汇票的区别

本票与汇票有很多相似点，本票的背书、保证、付款行为和追索权的行使适用有关汇票的规定。本票与汇票之间的区别有：

1. 付款期限不同。本票的付款期限自出票日起不得超过 2 个月，而汇票的付款期限无此特别限制。

2. 票据种类不同。在我国现行《票据法》中，本票仅指银行本票，而汇票包括银行汇票和商业汇票两种。

3. 出票人和背书人责任不同。汇票的出票人和背书人应负担保承兑和担保付款的责任，而本票的出票人应负绝对付款责任，背书人仅负付款的担保责任。

4. 本票是自付证券，而汇票是委付证券。汇票是出票人要求他人付款的一种委托，而本票是出票人自己付款的承诺。

5. 有无承兑不同。本票无须承兑，因为本票是自付的承诺，见票后定期付款的本票虽然应当见票，但无须出票人承兑，见票的目的是为了确定汇票的到期日。汇票除即期汇票外，均可以或应当请求承兑。

二、支票

(一)支票的概念和种类

支票是出票人委托银行或者其他金融机构见票时无条件支付一定金额给收款人或持票人的票据。开立支票存款账户，申请人必须使用其本名，并提交证明其身份的合法证件。开立支票存款账户和领用支票，应当有可靠的资信，并存入一定的资金。开立支票存款账户，申请人应当预留其本名的签名式样和印鉴。

我国《票据法》规定，按照支付票款方式，将支票分为普通支票、现金支票和转账支票。

(1)普通支票。该种类支票未印有“现金”或“转账”字样，其既可以用来支取现金，也可以用来转账。

(2)现金支票。现金支票只能用于支付现金。

(3)转账支票。转账支票只能用于转账,不得支取现金。

(二)支票的记载事项

1. 支票的绝对应记载事项

支票绝对应记载事项有:(1)表明"支票"的字样;(2)无条件支付的委托;(3)确定的金额;(4)付款人名称;(5)出票日期;(6)出票人签章。

我国《票据法》规定,支票的金额、收款人名称可以由出票人授权补记。未补记前,不得背书转让和提示付款。

2. 支票的相对应记载事项

支票相对应记载事项有:(1)付款地。未记载付款地的,以付款人营业场所为付款地。(2)出票地。未记载出票地的,以出票人的营业场所、住所或者经常居住地为出票地。

(三)支票行为的法律规定

支票的票据行为包括出票、背书、付款以及追索权的行使。这些行为均应当依法进行。

1. 禁止签发的支票

(1)支票的出票人所签发的支票金额不得超过其付款时在付款人处实有的存款金额,禁止签发空头支票。

(2)支票的出票人不得签发与其预留本名的签名式样或者印鉴不符的支票,使用支付密码的,出票人不得签发支付密码错误的支票。

签发空头支票或印章与预留印鉴不符的支票,按票面的金额对其处以 50%但不低于 1 000 元的罚款;同时处以 2%的赔偿金,用以赔偿付款人。

2. 付款人的付款责任

出票人必须按照签发的支票金额承担保证向该持票人付款的责任,出票人在付款人处的存款足以支付支票金额时,付款人应当在当日足额付款。

支票限于见票即付,不得另行记载付款日期。另行记载付款日期的,该记载无效。

持票人应当自出票日起 10 日内提示付款超过提示付款期限的,付款人可以不予付款;付款人不予付款的,出票人仍应当对持票人承担票据责任。

付款人依法支付支票金额的,对出票人不再承担受委托付款的责任,对持票人不再承担付款的责任。但是,付款人以恶意或有重大过失付款的除外。

【案例 8—5】 王某为某私营纺织厂的业主,2019 年 4 月间,在搬迁厂房和办公场所的过程中,不慎遗失空白支票格式凭证 3 张。王某未及时按中国人民银行有关票据格式凭证管理的规定报失和刊登告示。后所遗失的其中一张支票格式凭证被孙某拾到并伪刻名称为"某某建材公司"的财务章加以签署。支票的收款人处空白,金额填写为 20 万元。其后,孙某又持该伪造支票及身份证,到某商场购物,当场将该商场填写为支票的收款人。商场将该支票送银行入账时,遭到退票。经公安机关循支票格式凭证编号查实,该支票格式凭证系王某所遗失,但无任何证据显示上述骗购货物事件与王某有关;而"某某建材公司"则根本不存在。某商场起诉王某,要求其支付该支票票款或赔偿货物损失。

问:

(1)王某应否承担票据责任?

(2)某商场持有该伪造的支票是否享有票据权利?

(3)王某应承担什么责任?

【分析】 (1)王某丢失的是支票格式凭证,并非经签章的空白支票。王某因为没有在票据上签章，未进行任何票据行为，故不承担票据责任。

(2)某商场在本案的情形中不享有票据权利。因为伪造的票据为实质无效票据，直接从伪造出票的人手中取得票据，不能获得支付请求权。同时，在本案的伪造票据上，无任何真实签章，即无任何真实票据行为人承担票据义务。这一点与伪造的票据经真实的承兑或背书签章后，再流入持票人手中的情形不同。

(3)事实上，王某亦无须承担普通民事责任。因为王某丢失支票格式凭证的行为，与某商场的损失之间无任何法律上的必然因果关系。但是，王某因怠于履行经济管理关系中的义务，应受到金融主管机关的处罚。但这属于另一法律关系了。

资料来源：中律网，http://www.148com.com/html/3346/398199.html。

(四)汇票与支票的区别

1. 汇票一般主要用于外省市的单位付款，付款单位开出申请单，收款单位收到汇票解到银行，银行见票即付；而支票一般用于本地银行，只要在银行存有存款，即可开出支票。

2. 支票的出票人与付款人之间必须先有资金关系，才能签发支票，否则是违法的，而汇票的出票人与付款人之间不必先有资金关系。

三、汇票、本票与支票的法律责任

(一)刑事责任

有下列票据欺诈行为之一的，依法追究刑事责任：

(1)伪造、变造票据的；

(2)故意使用伪造、变造的票据的；

(3)签发空头支票或者故意签发与其预留的本名签名式样或者印鉴不符的支票，骗取财物的；

(4)签发无可靠资金来源的汇票、本票，骗取资金的；

(5)汇票、本票的出票人在出票时做虚假记载，骗取财物的；

(6)冒用他人的票据，或者故意使用过期或者作废的票据，骗取财物的；

(7)付款人同出票人、持票人恶意串通，实施前六项所列行为之一的。

有前条所列行为之一，情节轻微，不构成犯罪的，依照国家有关规定给予行政处罚。

金融机构工作人员在票据业务中玩忽职守，对违反《票据法》规定的票据予以承兑、付款或者保证的，给予处分；造成重大损失，构成犯罪的，依法追究刑事责任。

(二)民事责任

由于金融机构工作人员因前款行为给当事人造成损失的，由该金融机构和直接责任人员依法承担赔偿责任。

票据的付款人故意压票，拖延支付，给持票人造成损失的，依法承担赔偿责任。

依照《票据法》规定承担赔偿责任以外的其他违反《票据法》规定的行为，给他人造成损失的，应当依法承担民事责任。

(三)行政责任

票据的付款人对见票即付或者到期的票据，故意压票，拖延支付的，由金融行政管理部门处以罚款，对直接责任人员给予处分。

本章小结

1. 票据行为专指以设立票据债务为目的的行为，只包括票据签发、背书、承兑、保证、参加承兑等，不包括解除票据债务的付款、参加付款、追索等。

2. 票据权利，是指持票人向票据债务人请求支付票据金额的权利，包括付款请求权和追索权。

3. 票据行为的无因性，是指票据行为与作为其发生前提的实质性原因关系相分离，从而使票据行为的效力不再受原因关系的存废或其效力有无的影响。票据行为的这种无因性，也称票据行为的抽象性。

4. 票据伪造是指无权限的当事人假冒他人名义进行的票据行为。票据的伪造有两种情况：一是票据本身的伪造，也称狭义上的票据伪造；二是票据签名的伪造，也称广义上的票据伪造。

5. 票据变造是指无票据记载事项变更权的人，以实施票据行为为目的，变更票据上除签章以外的记载事项，从而使票据权利义务关系内容发生改变的行为。

6. 挂失止付制度是依据《票据法》的规定，对可以挂失止付的票据在票据丧失后，失票人及时通知票据的付款人，收到通知的付款人在法定期间内暂停对该票据支付的制度。

复习思考题

1. 简述证权证券与设权证券的区别及其区分的意义。
2. 简述票据关系的特点。
3. 简述票据伪造的构成要件。

第九章　劳动法

学习目标

识别劳动关系；深刻理解劳动合同，尤其是劳动合同解除的规定；了解工资制度；把握劳动争议解决的机构和程序。树立正确的就业观、择业观；提升职业道德修养。

第一节　劳动法概述

一、劳动法的概念和调整对象

劳动法是调整劳动关系以及与劳动关系密切联系的其他社会关系的法律规范的总称。

（一）劳动法的调整对象

劳动法的调整对象为：

1. 劳动关系

劳动法的主要调整对象是狭义上的劳动关系，即劳动者与用人单位之间在实现劳动过程中发生的社会关系，其特征包括以下几个方面。

(1)劳动关系的当事人是特定的，一方是劳动者，另一方是用人单位。劳动者只能是自然人，包括我国公民，同时也包括外国人、无国籍人。依法办理《外国人就业证》或《台港澳人员就业证》的外国人、无国籍人或台港澳人员在中国大陆（内地）与用人单位形成的用工关系，按劳动关系处理。外国企业常驻代表机构、台港澳地区企业在中国大陆（内地）未通过涉外就业服务单位而直接招用劳动者形成的用工关系，按雇佣关系处理。

用人单位是指使用和管理劳动者并付给其劳动报酬的单位，包括中华人民共和国境内的企业、个体经济组织、民办非企业单位、国家机关、事业单位、社会团体、居民委员会以及依法成立的会计师事务所、律师事务所等合伙组织和基金会。

企业设立的分支机构，依法取得营业执照或者登记证书的，属于用人单位；未依法取得营业执照或者登记证书的，不属于用人单位；可以受用人单位委托与劳动者订立劳动合同的自然人、家庭和农村承包经营户不属于用人单位。

(2)劳动法所调整的劳动关系产生于职业劳动、集体劳动和工业劳动过程中，非单位的个人雇佣关系和农业劳动关系、家庭成员的共同劳动关系不由劳动法调整。

劳动者与不具备合法经营资格的用人单位因用工关系发生争议时，应当将用人单位和其出资人作为共同当事人。不具备合法经营资格的用人单位借用他人营业执照经营的，还应当将出借营业执照的一方作为当事人。

劳动者与挂靠在其他单位名下的用人单位发生劳动争议的，用人单位和被挂靠单位为共同当事人。建设工程层层转包、分包给不具有用工主体资格的实际施工人，实际施工人招用的劳动者与其发生劳动争议的，最近上一层转包、分包关系中具有用工主体资格的单位和实际施工人为共同当事人。

企业停薪留职人员、未达到法定退休年龄的内退人员，与新的用人单位建立了用工关系的，可按劳动关系处理，但原用人单位已为其缴纳基本生活费或社会保险费，企业停薪留职人员、内退人员不应请求新的用人单位为其办理社会保险手续或缴纳社会保险费。企业停薪留职人员，未达到法定退休年龄的内退人员有权要求在新的用人单位享受《中华人民共和国劳动法》《中华人民共和国劳动合同法》规定的劳动报酬、劳动保护、劳动条件、工作时间、休息休假、职业危害防护、福利待遇。

劳动者与未办理营业执照、营业执照被吊销或者营业期限届满仍继续经营的用人单位发生争议的，应当将用人单位或者其出资人列为当事人。未办理营业执照、营业执照被吊销或者营业期限届满仍继续经营的用人单位，以挂靠等方式借用他人营业执照经营的，应当将用人单位和营业执照出借方列为当事人。

【案例 9—1】 2019 年 5 月，保姆甲通过普陀区保姆中介所介绍，为上海市闵行区一户人家提供家政服务。2020 年 12 月 1 日，甲在雇主家擦玻璃时，不慎失足从 5 楼摔了下去，医院诊断为：脾脏破裂、腰椎粉碎性骨折。医院立即实施手术，甲的脾脏被切除，雇主为此支付了 2 万多元的医药费。但需再做手术、支付 4 万多元的费用方可摆脱终生瘫痪的危险。甲本人无力支付，已经为其支付 2 万元医药费的雇主也表示难以为继。甲通过法律援助要求闵行区保姆中介所承担赔偿责任。由于甲只是通过保姆中介所介绍就业，不是保姆中介所委派去工作的，劳动争议仲裁委员会认为其与保姆中介所没有隶属关系，不属于劳动争议范畴。因此，甲无法进入劳动争议法律处理程序。后甲在社会帮助下解决了医药费问题。

问：家政服务雇佣关系是否属于劳动法调整的劳动关系？

【分析】 不属于。根据我国目前劳动法的有关规定，用人单位是"单位"，不是自然人，自然人之间的雇佣关系不由劳动法调整，本案也就不属于劳动争议法律处理范畴。

但并不是所有的家政服务关系均不由劳动法调整，目前社会上的家政服务关系主要有三种：

一是居民家庭直接雇佣家政服务员，居民与家政服务员形成雇佣关系；

二是家政服务公司雇佣家政服务员，与家政服务员签订劳动合同或虽未签订劳动合同，家政服务员接受家政服务公司的培训、管理，向公司上缴管理费，公司和个人依法缴纳社会保险费用，家政服务员以家政服务公司员工的名义为居民提供家政服务；

三是居民与家政服务员通过家政中介服务公司建立雇佣关系，居民与家政服务员按约定向中介服务公司支付一定中介费用。

其中第二种符合劳动关系的特点，即家政服务公司是劳动法意义上的用人单位，与家政服务员有控制管理关系。而其他两种属于雇佣关系，不由我国劳动法调整，而由民法调整。目前，我国劳动法的调整范围过窄，相信随着劳动法的不断健全和完善，其调整的劳动关系范畴会不断扩大。

【案例 9—2】 龚某是湖北来沪打工的人员，2020 年 3 月被一家个体餐馆招为厨房勤杂工，双方口头约定龚某每月的工资为 3 500 元，另餐馆每天免费提供两顿饭，如发生其余费用，餐馆概不负责。

2021年1月，由于连日加班，龚某在切肉时不小心把左手食指切断，为接指花去医药费5 000元，有人告诉龚某根据《中华人民共和国劳动法》(以下简称《劳动法》)的规定，他可以要求餐馆老板支付医药费。龚某据此找到餐馆老板，但老板不同意支付，并说：“当初我们就说好发生的其余费用餐馆概不负责，况且我们之间又没有签订书面协议，你只是个农民，根本不能适用《劳动法》，没有哪个单位会受理你的投诉。”最后，老板将龚某辞退。

问：本案是否适用《劳动法》的规定?

【分析】 本案应当适用《劳动法》的规定。可从以下方面分析：

(1)根据《劳动法》第2条第1款的规定，“在中华人民共和国境内的企业、个体经济组织和与之形成劳动关系的劳动者，适用本法。”本案中，个体餐馆属于用人单位一方，民工龚某属于劳动者一方，应当适用《劳动法》的规定。餐馆老板提出龚某是农民，不适用《劳动法》理由不成立。

(2)餐馆老板以双方没有签订书面劳动合同为由认为不适用《劳动法》的理由也不成立。根据劳动部(现已经更名为“人力资源和社会保障部”)《关于贯彻执行〈中华人民共和国劳动法〉若干问题的意见》第2条：“中国境内的企业、个体经济组织与劳动者之间，只要形成劳动关系，即劳动者事实上已成为企业、个体经济组织的成员，并为其提供有偿劳动，适用劳动法。”本案中，虽然龚某未与餐馆签订书面劳动合同，但事实上已提供了有偿劳动，因此，应当适用《劳动法》。

2. 与劳动关系密切联系的其他社会关系

具体包括：(1)管理劳动力方面的社会关系；(2)社会保险方面的社会关系；(3)工会组织关系、工会监督方面的社会关系；(4)处理劳动争议方面的社会关系；(5)劳动监督检查方面的社会关系。

(二)劳动法的主要渊源

我国劳动法的主要渊源有：

《中华人民共和国劳动法》，该法于1994年7月5日第八届全国人大常委会第八次会议通过，于1995年1月1日起正式生效。

《中华人民共和国劳动合同法》(以下简称《劳动合同法》)，由中华人民共和国第十届全国人民代表大会常务委员会第二十八次会议于2007年6月29日通过，自2008年1月1日起施行。

《中华人民共和国劳动争议调解仲裁法》，由中华人民共和国第十届全国人民代表大会常务委员会第三十一次会议于2007年12月29日通过，自2008年5月1日起施行。

2018年12月29日，第十三届全国人民代表大会常务委员会第七次会议对《中华人民共和国劳动法》做出修正。

【资料卡9—1】 《劳动合同法》与《劳动法》的关系如何?

《劳动合同法》与《劳动法》关系密切，正确把握两者的关系，需要弄清以下几点：

1. 从法律效力位阶看，《劳动合同法》和《劳动法》都是全国人大常委会制订的法律，效力相同。

2. 从法律规范的内容看，《劳动法》是一部综合性的法律，它规范的内容，除了劳动合同制度外，还包括就业促进、集体合同、工作时间和休息休假、工资、劳动安全卫生、女职工保护和未成年人特殊保护、职业培训、社会保险和福利、劳动争议、监督检查等内容。而《劳动合同法》仅就劳动合同内容予以规定，是一部有关劳动合同的单行法。

3. 从适用次序看，根据《中华人民共和国立法法》第 83 条关于“同一机关制订的法律、行政法规、地方性法规、自治条例和单行条例、规章，特别规定与一般规定不一致的，适用特别规定；新的规定与旧的规定不一致的，适用新的规定”，《劳动合同法》相对于《劳动法》是特别法，是新法，对于《劳动法》和《劳动合同法》都有规定的，适用《劳动合同法》的规定，《劳动合同法》没有规定而《劳动法》有规定的，则适用《劳动法》的相关规定。

二、我国劳动法对人的适用范围

劳动法对人的适用范围如下：

（1）在中国境内的企业、个体经济组织和与之形成劳动关系的劳动者适用《劳动法》。

“企业”指各种类型的企业，包括国有企业、集体所有制企业、中外合资企业、中外合作企业、外商独资企业、股份制企业、混合形企业、港澳台企业、私营企业、联营企业、乡镇企业等。个体经济组织是指雇工在 7 人以下的个体工商户。

在中国境内的企业、个体经济组织与劳动者之间，只要形成劳动关系，即劳动者事实上已成为企业、个体经济组织的成员，并为其提供有偿劳动，不论他们之间是否订立劳动合同都适用劳动法。

（2）国家机关、事业组织、社会团体和与之形成劳动关系的工勤人员以及非工勤人员适用《劳动法》。

实行劳动合同制度（或按规定应当实行劳动合同制度）的国家机关、事业组织、社会团体与其工勤人员之间，无论是否存在劳动合同关系均适用《劳动法》。建立劳动合同关系的非工勤人员与国家机关、事业组织、社会团体之间，也适用《劳动法》。

（3）实行企业化管理的事业组织的人员适用《劳动法》。

实行企业化管理的事业组织是指国家不再核拨经费，实行独立核算、自负盈亏的事业组织。

公务员、农村劳动者（乡镇企业职工和进城务工、经商的农民除外）、现役军人和个人雇佣关系、在中国境内享有外交特权和豁免权的外国人等不适用我国《劳动法》。

三、劳动法律关系

劳动法律关系是当事人依据劳动法律规范，在劳动过程中形成的权利、义务关系。狭义的劳动法律关系当事人包括劳动者和用人单位。广义的劳动法律关系主体还应包括工会组织和雇主组织。

（一）劳动者

1. 劳动者年龄

劳动者是具有劳动能力，以从事劳动获取合法劳动报酬的自然人。

除法律另有规定的外，劳动者的法定最低就业年龄为 16 周岁。对有可能危害未成年人健康、安全或道德的职业或工作，最低就业年龄不应低于 18 周岁，用人单位不得招用已满 16 周岁未满 18 周岁的未成年人从事过重、有毒、有害的劳动或者危险作业。违法使用童工的，将受到行政处罚，甚至是刑事制裁。

2. 劳动者权利

劳动者的劳动权利主要有：

(1)平等就业和选择职业的权利。

(2)取得劳动报酬的权利。

(3)休息休假的权利。

(4)获得劳动安全卫生保护的权利。

(5)接受职业技能培训的权利。

(6)享受社会保险和福利的权利。

(7)依法参加工会和职工民主管理的权利。

(8)提请劳动争议处理的权利。

(9)法律规定的其他劳动权利。

3. 劳动者义务

劳动者的劳动义务主要有:按时完成劳动任务,提高职业技能,执行劳动安全卫生规程,遵守劳动纪律和职业道德,爱护和保卫公共财产,保守国家秘密和用人单位商业秘密等。

(二)用人单位

用人单位是指依法使用和管理劳动者并付给其劳动报酬的单位。在我国用人单位可以是依法成立的企事业单位、国家机关和社会团体,也可以是个体经济组织。

用人单位的权利主要有:

(1)招工权,是用人单位根据本单位需要,招用职工的权利。

(2)用人权,是用人单位依照法律和合同的规定,使用和管理劳动者的权利。

(3)奖惩权,是用人单位依照法律和本单位的劳动纪律,决定对职工奖惩的权利。

(4)分配权,是用人单位在法律和合同规定的范围内,决定劳动报酬分配方面的权利。

第二节 劳动合同

一、劳动合同的概念和种类

劳动合同,是劳动者与用人单位之间确立劳动关系,明确双方权利和义务的书面协议。

劳动合同的类型分为固定期限、无固定期限和以完成一定工作任务为期限三种。签订何种类型的劳动合同,在遵守法律强制性规定的条件下,由双方协商确定。

1. 固定期限的劳动合同

它是指用人单位与劳动者约定合同终止时间的劳动合同。连续两次订立固定期限劳动合同后续订的,劳动者提出要求签订无固定期限劳动合同的,用人单位应当按照法律规定签订无固定期限劳动合同。

2. 无固定期限劳动合同

它是指用人单位与劳动者在合同书上只约定合同生效的起始日期,没有确定合同的终止日期的劳动合同。无固定期限劳动合同可持续至劳动者法定退休年龄为止,当然无固定期限劳动合同也可以依法解除、变更、终止。无固定期限劳动合同的目的在于保护劳动者的"黄金年龄",保护劳动者的职业稳定权,解决劳动合同短期化问题。

有下列情形之一的,劳动者提出或者同意续订、订立劳动合同的,除劳动者提出订立固定期限劳动合同外,用人单位应当与劳动者订立无固定期限劳动合同:

(1)劳动者在该用人单位连续工作满 10 年的。

(2)用人单位初次实行劳动合同制度或者国有企业改制重新订立劳动合同时，劳动者在该用人单位连续工作满10年且距法定退休年龄不足10年的。

(3)连续订立2次固定期限劳动合同，且劳动者没有《劳动合同法》第39条规定的过错性辞退和第40条第1项、第2项规定的非过错性辞退情形，续订劳动合同的。连续订立固定期限劳动合同的次数，自《劳动合同法》施行后续订固定期限劳动合同时开始计算。

(4)用人单位自用工之日起满1年不与劳动者订立书面劳动合同的，视为用人单位与劳动者已订立无固定期限劳动合同。

用人单位应当与劳动者签订无固定期限劳动合同而未签订的，人民法院可以视为双方之间存在无固定期限劳动合同关系，并以原劳动合同确定双方的权利和义务关系，此外，自应订立无期限劳动合同之日起向劳动者每月支付2倍的工资。

3. 以完成一定工作任务为期限的劳动合同

它是指用人单位与劳动者约定以某项工作任务的完成时间为合同期限的劳动合同，当该项工作完成后，劳动合同即告终止。该种劳动合同适用于建筑业，临时性、季节性的工作，或者由于工作性质可以采取此种合同期限的工作。

【案例9—3】 2014年2月陈某到某学校打扫卫生，双方签订了卫生保洁合同，协议期限约定为1年，协议中要求陈某每日早晚各打扫卫生1次，每月由学校支付陈某报酬800元。以后卫生保洁协议一年一签。陈某与学校均按保洁合同履行了相应义务。在协议履行期间，陈某从未参加过学校组织的任何活动。2021年2月，学校通知陈某不再雇用他了。后陈某即向当地劳动争议仲裁委员会申请仲裁，要求学校支付解除劳动合同的经济补偿金。劳动争议仲裁委员会以不属于受理范围而驳回了陈某的申请。陈某不服，又于2007年12月初以学校为被告诉至法院，要求被告支付经济补偿金1万元。法院是否会支持陈某的请求？

【分析】 不会。陈某与学校签订的卫生保洁协议书仅规定陈某为学校提供一定的劳务活动，其性质为劳务合同；学校从未将被告录用为职工，双方并未建立严密、稳定的组织管理关系，因此双方之间是劳务关系，而不是劳动关系，应按《民法典》有关规定处理。原告要求解除劳动合同的经济补偿金于法无据。法院最终判决驳回原告陈某的诉讼请求。

【资料卡9—2】 劳务合同与劳动合同的区别

劳务合同与劳动合同的主要区别在于：

1. 合同双方当事人关系不同

劳务合同中双方当事人可以是自然人，也可以是法人，没有身份、经济、组织上的从属性；劳动合同主体特定，一方是劳动者，另一方是用人单位，劳动者从属于用人单位。

2. 劳动支配权和劳动风险责任承担不同

劳务合同中劳务支配权在提供劳务者，劳动风险责任也由提供劳务者自行承担；劳动合同中劳动支配权在用人单位，劳动风险由社会、用人单位、劳动者三方承担。

3. 报酬性质和支付方式不同

劳务报酬根据劳务市场价格确定，由双方当事人约定，国家无强制性规定，支付方式一般为一次性或分批支付；劳动报酬根据劳动的数量和质量确定，由双方当事人约定，但须遵守国家最低工资等强制性规定。

4. 是否允许多重建立不同

劳务合同关系可以多重建立，一个人可以与多个主体建立劳务合同关系；而劳动合同关系具有唯一性,我国《劳动法》尚不承认双重劳动关系。

5. 法律调整不同

劳务合同关系由《民法典》调整;劳动合同关系由《劳动法》调整。实践中,由于我国实行市场经济后,如小时工、非全日制工、劳务派遣工、承包承揽工等用工形式多样化,《劳动法》适用范围的局限性,使劳务合同与劳动合同难以区别。

二、劳动合同的订立

(一)劳动合同的订立形式

订立劳动合同应当采取书面形式。劳动合同文本应当由用人单位和劳动者各执一份。

劳动合同的书面形式除劳动合同书外,还包括专项劳动协议(指作为劳动合同书补充内容的书面文件,如岗位协议书等)、用人单位依法制定的劳动规章制度等劳动合同书的附件。用人单位制定的内部规章制度与集体合同或者劳动合同约定的内容不一致,劳动者可请求优先适用合同的约定。

用人单位自用工之日起超过1个月不满1年未与劳动者订立书面劳动合同的,应当向劳动者每月支付2倍的工资。用人单位未在用工的同时订立书面劳动合同,与劳动者约定的劳动报酬不明确的,新招用的劳动者的劳动报酬应当按照企业的或者行业的集体合同规定的标准执行;没有集体合同的,用人单位应当对劳动者实行同工同酬。

【案例9—4】 某食品有限公司2019年12月31日以前实施的是旧版《员工手册》。该手册规定员工的病假工资是其基本工资的60%。2020年1月1日该公司实行新的《员工手册》,将病假工资条款修改为:当年病假累计超过10天,病假工资待遇按员工工作地政府规定的最低标准执行。

员工李女士自2019年7月28日至今一直在家休病假。2020年1月起食品公司按照新的《员工手册》扣发了李女士2020年1、2月的工资。李女士不服公司的决定,向劳动争议仲裁委员会申请仲裁。仲裁机构判定食品公司补发李女士2020年1、2月的工资差额。食品公司向法院起诉。在案件审理中,食品公司将新《员工手册》向其职工公布并已送达职工,但未经职工代表大会或工会讨论,也未征求职工意见。法院认为:用人单位制定的《员工手册》应当通过民主程序制定,并向劳动者公示后,在本单位内颁布施行。食品公司新的《员工手册》未履行相应的民主程序,所以应按照旧《员工手册》的标准向李女士支付工资。据此,判决食品公司支付李女士2020年1、2月的工资差额1 900余元。某食品有限公司的规章制度能否作为处理该案的依据?

【分析】 不能。在我国,企业依法制定的劳动规章制度具有特殊的地位和作用,作为劳动合同的附件可以作为处理劳动争议案件的依据。但并不是所有的规章制度均可以作为处理依据,规章制度能否作为处理劳动争议案件的依据须由人民法院认定。法院认定的要素有三点:一是规章制度依法制定;二是规章制度通过民主程序制定;三是已向劳动者公示。本案中,该食品公司新的《员工手册》没有经过职工代表大会或工会讨论,也没有职工民主参与,即未履行相应的民主程序,因此法院判定该规章制度不能作为处理该案的依据,支持了李女士的诉讼请求。

(二)劳动合同的条款

劳动合同的条款,一般分为必备条款和可备条款。

1. 必备条款

必备条款是法律规定劳动合同必须具备的条款，它是劳动合同生效所必须具备的条款。必备条款的不完善，会导致合同的不能成立。

必备条款包括：

(1)用人单位的名称、住所和法定代表人或者主要负责人。

(2)劳动者的姓名、住址和居民身份证或者其他有效身份证件号码。

(3)劳动合同期限。劳动合同期满后，劳动者仍在原用人单位工作，原用人单位未表示异议的，视为双方同意以原条件继续履行劳动合同。但任何一方有权提出终止劳动关系。

(4)工作内容和工作地点。

(5)工作时间和休息休假。

(6)劳动报酬。

(7)社会保险。

(8)劳动保护、劳动条件和职业危害防护。

(9)法律、法规规定应当纳入劳动合同的其他事项。

2. 可备条款

它是劳动合同的约定条款，即双方可以协商约定，也可以不约定的条款。约定条款的缺少，并不影响劳动合同的成立。

约定条款一般包括以下几类：

(1)试用期条款

劳动合同的试用期是劳动者和用人单位为相互了解、选择而约定的考察期。试用期满，被试用者即成为正式职工。

对劳动合同的试用期，《劳动合同法》做了如下规范：

①试用期的长短要求。《劳动合同法》规定：劳动合同期限为3个月以上不满1年的，试用期不得超过1个月；劳动合同期限为1年以上3年以下的，试用期不得超过2个月；3年以上固定期限和无固定期限的劳动合同，试用期不得超过6个月。

②不得约定试用期的情形。以完成一定工作任务为期限的劳动合同或者劳动合同期限不满3个月的，不得约定试用期。非全日制用工不得约定试用期。

③试用期约定的次数限制。同一用人单位与同一劳动者只能约定一次试用期。劳动者在同一用人单位调整或变更工作岗位，用人单位不得再次约定试用期。

④试用期不成立的情形。试用期包含在劳动合同期限内。劳动合同仅约定试用期的，试用期不成立，该期限为劳动合同期限。

⑤试用期内劳动权利的保障。劳动者在试用期的工资不得低于本单位相同岗位最低档工资或者劳动合同约定工资的80%，并不得低于用人单位所在地的最低工资标准。试用期内用人单位为试用者提供的劳动条件不得低于劳动法律、法规规定的标准，用人单位应为试用者缴纳社会保险费。

⑥用人单位滥用解雇权的禁止。除有证据证明劳动者不符合录用条件、有违规违纪违法行为、不能胜任工作等情形外，用人单位不得解除劳动合同。用人单位在试用期解除劳动合同的，应当向劳动者说明理由。

⑦违反试用期规定的责任。用人单位违反《劳动合同法》规定与劳动者约定的试用期无效，由劳动行政部门责令改正，违法约定的试用期已经履行的，由用人单位以劳动者试用期满

月工资为标准，按已经履行的超过法定试用期的期限向劳动者支付赔偿金。

(2)保密条款

它主要是指保守商业秘密和与知识产权相关的保密事项条款。商业秘密是指不为公众所知悉，能为权利人带来经济利益，具有实用性并经权利人采取保密措施的技术信息和经营信息。

(3)竞业限制条款

它指双方当事人在劳动合同中约定，劳动者在劳动关系存续期间或在解除、终止劳动关系后的一定期限内不得自营或者为他人经营与原用人单位有竞争关系的业务。竞业限制的期限最长不得超过2年，且在竞业限制期限内，用人单位应按月给予劳动者一定的经济补偿。竞业限制的人员法律规定限于用人单位的高级管理人员、高级技术人员和其他负有保密义务的人员。竞业限制的范围、地域、期限由用人单位与劳动者约定。竞业限制的约定不得违反法律、法规的规定。

【案例9—5】 竞业限制可以约束单位员工保守单位的秘密，用人单位需不需要在《员工手册》中约定竞业限制？

【分析】 不需要。竞业限制的人员法律规定限于用人单位的高级管理人员、高级技术人员和其他负有保密义务的人员；而《员工手册》是面向单位全体员工的，因此不需要。

(4)服务期限协议

服务期限，指法律规定的因用人单位为劳动者提供专业技术培训，双方约定的劳动者为用人单位必须服务的期间。

(5)违约金条款

违约金是用人单位与劳动者在劳动合同中约定的不履行或不完全履行劳动合同约定义务时，由违约方支付给对方的一定金额的货币。

三、劳动合同的效力

(一)劳动合同的生效

劳动合同依法成立后，即具有法律效力，对双方当事人均有约束力。劳动合同由用人单位和劳动者协商一致，并经用人单位与劳动者在劳动合同文本上签字或者盖章生效。

(二)劳动合同的无效

1. 劳动合同无效的情形

劳动合同的无效是指当事人违反法律、法规，订立的不具有法律效力的劳动合同。

劳动合同的无效包括下列情形：

(1)以欺诈、胁迫的手段或者乘人之危，使对方在违背真实意思的情况下订立或者变更劳动合同的。

(2)用人单位免除自己的法定责任、排除劳动者权利的。

(3)违反法律、行政法规强制性规定的。

对劳动合同的无效或者部分无效有争议的，由劳动争议仲裁机构或者人民法院确认。劳动合同的无效，由劳动争议仲裁委员会或者人民法院确认。劳动合同部分无效，不影响其他部分效力的，其他部分仍然有效。

2. 无效劳动合同的法律后果

无效劳动合同的法律后果有：

(1)撤销劳动合同，适用于被确认为全部无效的劳动合同。被确认为无效的劳动合同，尚未履行的不得履行，正在履行的停止履行。劳动合同被确认无效，劳动者已付出劳动的，用人单位应当向劳动者支付劳动报酬。劳动报酬的数额，参照本单位相同或者相近岗位劳动者的劳动报酬确定。

(2)修正劳动合同，适用于被确认部分无效的劳动合同及程序不合法而无效的劳动合同。

(3)赔偿损失。由于用人单位的原因订立的无效劳动合同，对劳动者造成损害的，应承担赔偿责任。

【案例 9—6】 甲公司和新招聘劳动者约定合同期内不得结婚，否则甲公司有权解除劳动合同。试分析该劳动合同的效力。

【分析】 该劳动合同中不得结婚的约定条款无效。因为它违反了《中华人民共和国民法典》《中华人民共和国人口与计划生育法》等强制性规定。但该条款的无效并不影响劳动合同其他条款的效力，其他部分仍然有效。

四、劳动合同的履行和变更

(一)劳动合同的履行

劳动合同的履行是指劳动合同的双方按照合同规定，履行各自应承担义务的行为。劳动合同的履行应当注意以下几点：

1. 用人单位应当向劳动者及时足额支付劳动报酬，否则劳动者可以依法向当地人民法院申请支付令，人民法院应当依法发出支付令。

2. 用人单位安排加班的，应当按照国家有关规定向劳动者支付加班费。用人单位应严格执行劳动定额标准，不得强迫或者变相强迫劳动者加班。

3. 劳动者拒绝用人单位管理人员违章指挥、强令冒险作业的，不视为违反劳动合同。劳动者对危害生命安全和身体健康的劳动条件，有权对用人单位提出批评、检举和控告。

4. 用人单位变更名称、法定代表人、主要负责人或者投资人等事项，不影响劳动合同的履行。

5. 用人单位发生合并或者分立等情况，原劳动合同继续有效，劳动合同由承继其权利和义务的用人单位继续履行。

(二)劳动合同的变更

劳动合同的变更，是指当事人双方对尚未履行或尚未完全履行的劳动合同，依照法律规定的条件和程序，修改或增删原劳动合同的法律行为。

用人单位与劳动者协商一致，可以变更劳动合同约定的内容。变更劳动合同，应当采用书面形式。变更后的劳动合同文本由用人单位和劳动者各执一份。

五、劳动合同的解除和终止

(一)劳动合同的解除

劳动合同的解除，指劳动合同当事人在劳动合同期限届满之前依法提前终止劳动合同关系的法律行为。它可分为协商解除、用人单位单方解除、劳动者单方解除等。

1. 双方协商解除劳动合同

用人单位与劳动者协商一致，可以解除劳动合同。劳动者与用人单位就解除或者终止劳动合同办理相关手续、支付工资报酬、加班费、经济补偿或者赔偿金等达成的协议，不违反法律、行政法规的强制性规定，且不存在欺诈、胁迫或者乘人之危情形的，应当认定有效。

2. 用人单位单方解除劳动合同

即具备法律规定的条件时，无须双方协商一致，用人单位就可以单方解除劳动合同。用人单位单方解除劳动合同，应当事先将理由通知工会。

用人单位单方解除劳动合同有3种情形：

(1)过错性解除

即在劳动者有过错性情形时，用人单位有权单方解除劳动合同。它一般适用于劳动者有严重违反法律、规章制度或者试用期内不符合录用条件的情形。过错性解除，用人单位无须支付劳动者解除劳动合同的经济补偿金。

劳动者有下列情形之一的，用人单位可以解除劳动合同：

①在适用期间被证明不符合录取条件的；

②严重违反用人单位的规章制度的；

③严重失职，营私舞弊，给用人单位造成重大损害的；

④劳动者同时与其他用人单位建立劳动关系，对完成本单位的工作任务造成严重影响，或者经用人单位提出，拒不改正的；

⑤因劳动者以欺诈、胁迫的手段或者乘人之危，使对方在违背真实意思的情况下订立或者变更劳动合同的；

⑥被依法追究刑事责任的。

【案例9—7】 李某(17岁)是甲公司招用的职工，双方订立了书面劳动合同。在试用期内，李某为发泄对公司的不满，在公司生产的饮料中放入了污物。下列表述中正确的是(　　)。

A. 李某与公司之间成立的劳动合同无效

B. 甲公司可以解除与李某的劳动合同

C. 李某与甲公司之间成立的劳动合同是可撤销的合同

D. 在试用期内，公司不能解除与李某的劳动合同

【分析】 B。

(2)非过错性解除

即劳动者本人无过错，但由于主客观原因致使劳动合同无法履行，用人单位在符合法律规定的情形下，履行法律规定的程序后有权单方解除劳动合同。

非过错性解除主要有下列情形：

①劳动者患病或者非因工负伤，医疗期满后，不能从事原工作也不能从事由用人单位另行安排的工作的；

②劳动者不能胜任工作，经过培训或者调整工作岗位，仍不能胜任工作的；

③劳动合同订立时所依据的客观情况发生重大变化，致使劳动合同无法履行，经用人单位与劳动者协商，未能就变更劳动合同内容达成协议的。

对非过错性解除劳动合同，用人单位应履行提前30日以书面形式通知劳动者本人的义务或者以额外支付劳动者一个月工资代替提前通知义务后，方可以解除劳动合同。此外，用人单位还应承担支付经济补偿金的义务。

(3)裁员

它是指用人单位为降低劳动成本，改善经营管理，因经济或技术等原因而裁减劳动者的行为。

①裁员的人数限定为：裁减人员20人以上或者裁减不足20人但占企业职工总数10%以上。

②裁员的程序为：用人单位提前30日向工会或者全体职工说明情况，听取工会或者职工

意见后，裁减人员方案经向劳动行政部门报告（注意不是批准），可以裁减人员。

③裁员的法定情形为：依照《中华人民共和国企业破产法》规定重整的；生产经营发生严重困难的；企业转产、重大技术革新或者经营方式调整，经变更劳动合同后，仍需裁减人员的；其他因劳动合同订立时所依据的客观经济情况发生重大变化，致使劳动合同无法履行的。

④用人单位裁减人员时，应当优先留用下列人员：与本单位订立较长期限的固定期限劳动合同的；与本单位订立无固定期限劳动合同的；家庭无其他就业人员，有需要抚养的老人或者未成年人的。

用人单位依法裁减人员，在 6 个月内重新招用人员的，应当通知被裁减的人员，并在同等条件下优先招用被裁减的人员。

用人单位应当依法向被裁减人员支付经济补偿金。

但劳动者有下列情形之一的，用人单位不得非过错性解除劳动合同或裁员：

①从事接触职业病危害作业的劳动者未进行离岗前职业健康检查，或者疑似职业病病人在诊断或者医学观察期间的；

②在本单位患职业病或者因工负伤并被确认丧失或者部分丧失劳动能力的；

③患病或者非因工负伤，在规定的医疗期内的；

④女职工在孕期、产期、哺乳期的；

⑤在本单位连续工作满 15 年，且距法定退休年龄不足 5 年的；

⑥法律、行政法规规定的其他情形。

【案例 9—8】 某公司欲解除与职工李某之间的劳动合同，其所提出的如下解约理由或做法中，有法律依据的是（　　）。

A. 李某经过培训仍不能胜任现工作

B. 李某不满 25 周岁而结婚，违反了公司关于男职工满 25 周岁才能结婚的规定

C. 公司因严重亏损而决定裁员，因此解除与李某的劳动合同

D. 李某非因公出车祸受伤住院，公司向李某送去 3 个月工资并通知其解除劳动合同

【分析】 AC。

3. 劳动者单方解除劳动合同

即具备法律规定的条件时，劳动者享有单方解除劳动合同的权利。具体有以下情况：

(1)预告解除

即劳动者履行预告程序后单方解除劳动合同。预告解除有两种：

①劳动者提前 30 日以书面形式通知用人单位，可以解除劳动合同；

②劳动者在试用期内提前 3 日通知用人单位，可以解除劳动合同。

(2)用人单位违法、违约的，劳动者有权单方解除劳动合同

用人单位有下列情形之一的，劳动者可以解除劳动合同：

①未按照劳动合同约定提供劳动保护或者劳动条件的；

②未及时足额支付劳动报酬的；

③未依法为劳动者缴纳社会保险费的；

④用人单位的规章制度违反法律、法规的规定，损害劳动者权益的；

⑤因用人单位以欺诈、胁迫的手段或者乘人之危，使劳动者在违背真实意思的情况下订立或者变更劳动合同而致使劳动合同无效的；

⑥法律、行政法规规定的其他情形。

(3)立即解除劳动合同

指劳动者可以立即解除劳动合同,而无须事先告知用人单位。劳动者有权立即解除劳动合同的情况有:

①用人单位有危及劳动者人身自由和人身安全情形的;

②用人单位以暴力、威胁或者非法限制人身自由的手段强迫劳动者劳动的;

③用人单位违章指挥、强令冒险作业危及劳动者人身安全的。

【案例 9—9】 某甲在一企业工作,试用期未满便想解除劳动合同,下列各项表述中正确的是(　　)。

A. 甲应当提前 30 日以口头或书面形式通知企业解除合同

B. 甲应当提前 3 日以书面形式通知企业解除合同

C. 甲提前 3 日通知用人单位,可以解除劳动合同

D. 甲在试用期内不得解除合同

【分析】 C。试用期内劳动者解除劳动合同,法律没要求必须是书面方式。

(二)劳动合同的终止

劳动合同的终止,是指符合法律规定情形时,双方当事人的劳动权利和义务不复存在。劳动合同终止不存在约定终止,只有法定终止。

1. 劳动合同终止的情形

①劳动合同期满的;

②劳动者开始依法享受基本养老保险待遇的;

③劳动者死亡,或者被人民法院宣告死亡或者宣告失踪的;

④用人单位被依法宣告破产的;

⑤用人单位被吊销营业执照、责令关闭、撤销或者用人单位决定提前解散的;

⑥法律、行政法规规定的其他情形。

2. 劳动合同终止的限制

劳动者有下列情形之一的,劳动合同到期也不得终止,应当续延至相应的情形消失时终止:

①从事接触职业病危害作业的劳动者未进行离岗前职业健康检查,或者疑似职业病病人在诊断或者医学观察期间的;

②患病或者非因工负伤,在规定的医疗期内的;

③女职工在孕期、产期、哺乳期的;

④在本单位连续工作满 15 年,且距法定退休年龄不足 5 年的;

⑤法律、行政法规规定的其他情形。

在本单位患职业病或者因工负伤并被确认丧失或者部分丧失劳动能力的劳动者的劳动合同的终止,按照国家有关工伤保险的规定执行。

(三)经济补偿金

经济补偿金,是用人单位解除或终止劳动合同时,给予劳动者的一次性货币补偿,其目的是从经济方面制约用人单位的解雇行为,并解决劳动合同短期化问题。

1. 补偿标准

按劳动者在本单位工作的年限,每满 1 年支付 1 个月工资。月工资是指该劳动者在劳动合同解除或者终止前 12 个月的平均工资。6 个月以上不满 1 年的,按 1 年计算;不满 6 个月

的，向劳动者支付半个月工资的经济补偿。

经济补偿金最高数额的限制为：劳动者月工资高于用人单位所在直辖市、设区的市级人民政府公布的本地区上年度职工月平均工资 3 倍的，向其支付经济补偿的标准按职工月平均工资 3 倍的数额支付，向其支付经济补偿的年限最高不超过 12 年。

2. 用人单位应当支付经济补偿金的法定情形

用人单位应当在下列情形下，向劳动者支付经济补偿金：

(1)双方协商解除劳动合同的。

(2)因用人单位违法、违约迫使劳动者依照《劳动合同法》第 38 条(即上文提到的劳动者单方解除劳动合同的情形)解除劳动合同的。

(3)用人单位单方解除中的非过错性解除劳动合同的。

(4)用人单位以裁员的方式解除劳动合同的。

(5)劳动合同期满时，用人单位以低于原劳动合同约定的条件要求与劳动者续订劳动合同，而劳动者不同意续订的，用人单位须向劳动者支付经济补偿金；反之，用人单位则不必向劳动者支付经济补偿金。

(6)用人单位因被依法宣告破产，被吊销营业执照、责令关闭、撤销或者用人单位决定提前解散而终止劳动合同的。

(7)法律、行政法规规定的其他情形。

经济补偿金应在劳动者离职办工作交接时支付给劳动者。施行之日存续的劳动合同在《劳动合同法》施行后解除或者终止，依法应当支付经济补偿的，经济补偿年限自《劳动合同法》施行之日起计算；《劳动合同法》施行前按照当时有关规定，用人单位应当向劳动者支付经济补偿的，按照当时有关规定执行。

用人单位有下列情形之一，迫使劳动者提出解除劳动合同的，用人单位除应当支付劳动者的劳动报酬和经济补偿外，还应支付赔偿金：

(1)以暴力、威胁或者非法限制人身自由的手段强迫劳动的。

(2)未按照劳动合同约定支付劳动报酬或者提供劳动条件的。

(3)克扣或者无故拖欠劳动者工资的。

(4)拒不支付劳动者延长工作时间工资报酬的。

(5)低于当地最低工资标准支付劳动者工资的。

六、劳务派遣

劳务派遣，是指劳务派遣单位与劳动者订立劳动合同后，由派遣单位与实际用工单位通过签订劳务派遣协议，将劳动者派遣到要派单位工作，要派单位实际使用劳动者，要派单位向劳务派遣单位支付管理费而形成的关系。

劳务派遣使得劳动力的雇佣和劳动力的使用发生分离。劳务派遣单位与劳动者建立劳动关系，但劳动者却不为劳务派遣单位提供劳动；劳动者为用工单位提供劳动，却与之没有劳动关系。

(一)劳务派遣单位

劳务派遣单位是将劳动者派遣到实际用工单位的企业法人。《劳动合同法》第 57 条对劳务派遣单位提出了以下要求：

1. 注册资本不得少于人民币 200 万元。

2. 有与开展业务相适应的固定的经营场所和设施。

3. 有符合法律、行政法规规定的劳务派遣管理制度。

4. 法律、行政法规规定的其他条件。

(二)用工单位的义务

1. 执行国家劳动标准,提供相应的劳动条件和劳动保护。

2. 告知被派遣劳动者的工作要求和劳动报酬。

3. 支付加班费、绩效奖金,提供与工作岗位相关的福利待遇。

4. 对在岗被派遣劳动者进行工作岗位所必需的培训。

5. 连续用工的,实行正常的工资调整机制。

6. 不得将被派遣劳动者再派遣到其他用人单位。

7. 不得向被派遣劳动者收取费用。

8. 用人单位不得设立劳务派遣单位向本单位或者所属单位派遣劳动者。

(三)被派遣劳动者的权利

1. 被派遣劳动者享有参加和组织工会的权利。

2. 享有与用工单位的劳动者同工同酬的权利。用工单位无同类岗位劳动者的,参照用工单位所在地相同或者相近岗位劳动者的劳动报酬确定。

3. 与劳务派遣单位解除劳动合同。

七、非全日制用工

非全日制用工,是指以小时计酬为主,劳动者在同一用人单位一般平均每日工作时间不超过4小时、每周工作时间累计不超过24小时的用工形式。在我国非全日制用工主要指“小时工”“钟点工”。

非全日制用工主要有以下特点:

1. 双方当事人可以订立口头协议。

2. 不得约定试用期。

3. 劳动者可以与一个或者一个以上用人单位订立非全日制用工合同,但后订立的劳动合同不得影响先订立的劳动合同的履行。

4. 任何一方都可以随时通知对方终止用工,用人单位不向劳动者支付经济补偿。

5. 小时计酬标准不得低于用人单位所在地人民政府规定的最低小时工资标准。

6. 劳动报酬结算支付周期最长不得超过15日。

八、集体合同

集体合同,是指用人单位与本单位职工根据法律、法规、规章的规定,就劳动报酬、工作时间、休息休假、劳动安全卫生、职业培训、保险福利等事项,通过集体协商签订的书面协议。在我国,集体合同主要是由代表劳动者的工会或职工代表与企业或事业单位签订。

(一)集体合同的特征

在我国,集体合同具有如下特征:

1. 主体上,一方是企事业工会或职工代表,另一方是企业或实行企业化管理的事业单位。单个职工不是集体合同签订的主体。

2. 内容上,集体合同以集体劳动关系中全体劳动者的最低劳动条件、劳动标准和全体职工的权利义务为主要内容，目的是协调用人单位内部劳动关系，确定劳动者的共同利益。

3. 形式上，集体合同是要式合同，我国集体合同必须报送劳动保障行政部门登记、审查、备案，方能发生法律效力。

4. 效力上，集体合同的效力高于劳动合同的效力，其效力及于企事业单位及其工会和全体职工。

（二）劳动合同与集体合同适用的关系

1. 劳动合同规定的劳动者的个人劳动条件和劳动标准不得低于集体合同的规定，否则无效。

2. 劳动合同约定不明确时，适用集体合同的规定。

3. 未订立书面劳动合同的，有集体合同的适用集体合同。

第三节　劳动基准

劳动基准法，指在《劳动法》中规定和确认一系列劳动标准，用人单位向劳动者提供的劳动条件最低也要满足这些标准。

《劳动法》对劳动关系的调节，是以劳动基准（劳动条件的最低标准）为基础的。

劳动基准法主要由规定劳动标准的各项法律制度所构成，包括工时标准、最低工资标准、职业安全卫生法等。

一、工作时间和休息休假制度

（一）工作时间

工作时间，即劳动时间，是指法律规定劳动者在一昼夜和一周内从事劳动的时间。它包括每日工作的小时数、每周工作的天数和小时数。工作时间的种类有：

1. 标准工作时间

标准工作时间又称标准工时，是指法律规定的在一般情况下普遍适用的工时制度。我国的标准工时为劳动者每日工作 8 小时，每周工作 40 小时，在 1 周（7 日）内工作 5 天。

实行计件工作的劳动者，用人单位应当根据每日工作 8 小时、每周工作 40 小时的工时制度，合理确定其劳动定额和计件报酬标准。

2. 缩短工作时间

缩短工作时间，即每日工作少于 8 小时。缩短工作日适用于：

（1）从事矿山井下、高山、有毒有害、特别繁重或过度紧张等作业的劳动者。

（2）从事夜班工作的劳动者。

（3）哺乳期内的女职工。

3. 延长工作时间

延长工作时间，即日工作时间超过 8 小时，每周工作时间超过 40 小时。

4. 不定时工作时间

不定时工作时间，指无固定工作时数限制的工时制度。其适用于工作性质和职责范围不受固定工作时间限制的劳动者，如企业中的推销人员、外勤人员，从事交通运输的工作人员等。

5. 综合计算工作时间

综合计算工作时间，指以一定时间为周期，集中安排并综合计算工作时间和休息时间的工时制度。即分别以周、月、季、年为周期综合计算工作时间，但其平均日工作时间和平均周工作时间应与法定标准工作时间基本相同。

综合计算工作日主要适用下列职工：

(1)交通、铁路、邮电、水运、航空、渔业等行业中因工作性质特殊，需连续作业的职工。

(2)地质及资源勘探、建筑、制盐、制糖、旅游等受季节和自然条件限制的行业的部分职工。

(3)其他适合实行综合计算工时工作制的职工。

(二)休息休假

1. 休息时间的种类

(1)工作日内的间歇时间。指在工作日内给予劳动者休息和用膳的时间。一般为1～2小时，最少不得少于半小时。

(2)工作日间的休息时间。即两个邻近工作日之间的休息时间。一般不少于16小时。

(3)公休日。即劳动者在1周(7日)内享有的休息日，公休假日一般为每周2日，一般安排在周六和周日休息。不能实行国家标准工时制度的企事业单位，可根据实际情况灵活安排周休息日，应当保证劳动者每周至少休息1日。

2. 休假的种类

(1)法定节假日。指法律规定用于开展纪念、庆祝活动的休息时间。

我国法定节假日包括三类：

第一类是全体公民放假的节日，包括：新年(1月1日放假1天)、春节(农历正月初一、初二、初三放假3天)、劳动节(5月1日放假1天)、国庆节(10月1日、2日、3日放假3天)、清明节(放假1天)、端午节(放假1天)和中秋节(放假1天)。

第二类是部分公民放假的节日及纪念日，包括：妇女节(3月8日妇女放假半天)、青年节(5月4日14周岁以上28周岁以下的青年放假半天)、儿童节(6月1日13周岁以下的少年儿童放假1天)、中国人民解放军建军纪念日(8月1日现役军人放假半天)。

第三类是少数民族习惯的节日，具体节日由各少数民族聚居地区的地方人民政府按照该民族习惯，规定放假日期。

(2)探亲假。指劳动者享有保留工资、工作岗位而同分居两地的父母或配偶团聚的假期。探亲假适用于在国家机关、人民团体、全民所有制企业、事业单位工作满1年的固定职工。

(3)年休假。劳动者连续工作1年以上的，享受带薪年休假。根据《劳动法》规定：工作满1年、不满10年的，可以享受5天带薪年假；工作满10年、不满20年的，可以享受10天带薪年假；工作满20年的，可以享受15天带薪年假。

(三)加班加点

加班是指劳动者在法定节日或公休日从事生产或工作。加点是指劳动者在标准工作日以外延长工作的时间。加班加点又统称为延长工作时间。

1. 一般情况

用人单位由于生产经营需要，经与工会和劳动者协商后可以延长工作时间，一般每日不得超过1小时；因特殊原因需要延长的，不得超过3小时，并且每月不得超过36小时。

2. 特殊情况

延长工作时间不受上文“一般情况”限制的有：

(1)发生自然灾害、事故或者因其他原因，威胁劳动者生命健康和财产安全，或使人民的安全健康和国家资产遭到严重威胁，需要紧急处理的。

(2)生产设备、交通运输线路、公共设施发生故障，影响生产和公共利益，必须及时抢修的。

(3)在法定节日和公休假日内工作不能间断,必须连续生产、运输或营业的。

(4)必须利用法定节日或公休假日的停产期间检修、保养设备的。

(5)为了完成国防紧急生产任务,或者完成上级在国家计划外安排的其他紧急生产任务,以及商业、供销企业在旺季完成收购、运输、加工农副产品紧急任务的。

(6)法律、行政法规规定的其他情形。

3. 加班加点的工资标准

(1)安排劳动者延长工作时间的,支付不低于工资的150%的工资报酬。

(2)休息日安排劳动者工作又不能安排补休的,支付不低于工资的200%的工资报酬。

(3)法定休假日安排劳动者工作的,支付不低于工资的300%的工资报酬。

【案例9—10】 王某的日工资为200元。2020年10月1～7日,根据政府规定放假7天,其中3天属于法定假日,4天属于前后两周的周末公休日。公司安排王某在这7天加班。根据《劳动法》的规定,公司除应向王某支付每日200元的工资外,还应当向王某支付加班费(　　)元。

A. 1 400　　B. 1 800　　C. 2 000　　D. 3 400

【分析】 C。公司应支付王某的工资报酬总共为1 360元(200×3×300%+200×4×200%),再减去7天的日基本工资1 400元,应支付王某加班费2 000元。

二、工资制度

工资,指用人单位依据国家有关规定和集体合同、劳动合同约定的标准,根据劳动者提供劳动的数量和质量,以货币形式支付给劳动者的劳动报酬。

(一)工资的形式

1. 计时工资

计时工资,指按单位时间工资标准和劳动者实际工作时间计付劳动报酬的工资形式。常见的有小时工资、日工资、月工资。

2. 计件工资

计件工资,指按照劳动者生产合格产品的数量或作业量以及预先规定的计件单价支付劳动报酬的一种工资形式。

3. 奖金

资金,指给予劳动者的超额劳动报酬和增收节支的物质奖励,有月奖、季度奖和年度奖,经常性奖金和一次性奖金,综合奖和单项奖等。

4. 津贴

津贴,指对劳动者在特殊条件下的额外劳动消耗或额外费用支出给予物质补偿的一种工资形式,主要有岗位津贴、保健性津贴、技术性津贴等。

5. 补贴

补贴,指为保障劳动者的生活水平不受特殊因素的影响而支付给劳动者的工资形式。它与劳动者的劳动没有直接联系,其发放根据主要是国家有关政策规定,如物价补贴、边远地区生活补贴等。

6. 特殊情况下的工资

特殊情况下的工资,指对非正常工作情况下的劳动者依法支付工资的一种工资形式,主要有加班加点工资,事假、病假、婚假、探亲假等工资以及履行国家和社会义务期间的工资等。

（二）工资支付保障

1. 工资应以法定货币支付，不得以实物及有价证券代替货币支付。

2. 工资应在用人单位与劳动者约定的日期支付。工资一般按月支付，至少每月支付一次，实行周、日、小时工资制的，可按周、日、小时支付。

3. 劳动者依法享受年休假、探亲假、婚假、丧假期间，以及依法参加社会活动期间，用人单位应按劳动合同规定的标准支付工资。

4. 工资应支付给劳动者本人，也可由劳动者家属或委托他人代领，用人单位可委托银行代发工资。

5. 对扣除工资金额的限制。

（1）因劳动者本人原因给用人单位造成经济损失的，经济损失的赔偿，用人单位可从劳动者本人的工资中扣除，但每月扣除金额不得超过其月工资的20%；若扣除后的余额低于当地月最低工资标准的，则应按最低工资标准支付。

（2）用人单位对劳动者违纪罚款，一般不得超过本人月工资标准的20%。

第四节 劳动争议

一、劳动争议的概念和解决方式

劳动争议又称劳动纠纷，是指劳动关系双方当事人因执行劳动法律、法规或履行劳动合同、集体合同发生的纠纷。

（一）劳动争议的范围

《中华人民共和国劳动争议调解仲裁法》（以下简称《劳动争议调解仲裁法》，该法2007年12月29日通过，自2008年5月1日起施行）规定的劳动争议具体包括：

1. 因确认劳动关系发生的争议。

2. 因订立、履行、变更、解除和终止劳动合同发生的争议。

3. 因除名、辞退和辞职、离职发生的争议。

4. 因工作时间、休息休假、社会保险、福利、培训以及劳动保护发生的争议。

5. 因劳动报酬、工伤医疗费、经济补偿或者赔偿金等发生的争议。

6. 法律、法规规定的其他劳动争议。

此外，劳动者与用人单位之间发生的下列纠纷，属于《劳动法》第79条规定的劳动争议，当事人不服劳动争议仲裁委员会做出的裁决，依法向人民法院起诉的，人民法院应当受理：

1. 劳动者与用人单位在履行劳动合同过程中发生的纠纷。

2. 劳动者与用人单位之间没有订立书面劳动合同，但已形成劳动关系（事实劳动关系）后发生的纠纷。

3. 劳动者退休后，与尚未参加社会保险统筹的原用人单位因追索养老金、医疗费、工伤保险待遇和其他社会保险费而发生的纠纷。

（二）解决方式

我国劳动争议的解决方式主要有和解、调解、仲裁和诉讼。其中和解、调解属于可经程序，仲裁和诉讼是处理劳动争议案件的必经程序。

劳动争议当事人向劳动司法机构申请处理之前，必须经劳动仲裁机构仲裁。劳动争议仲裁委员会以当事人申请仲裁的事项不属于劳动争议为由，做出不予受理的书面裁决、决定或者通知，当事人不服，依法向人民法院起诉的，人民法院应当分别情况予以处理：

1. 属于劳动争议案件的，应当受理。

2. 虽不属于劳动争议案件，但属于人民法院主管的其他案件，应当依法受理。

劳动争议仲裁委员会以当事人的仲裁申请超过60日期限为由，做出不予受理的书面裁决、决定或者通知，当事人不服，依法向人民法院起诉的，人民法院应当受理；对确已超过仲裁申请期限，又无不可抗力或者其他正当理由的，依法驳回其诉讼请求。

劳动争议仲裁委员会以申请仲裁的主体不适格为由，做出不予受理的书面裁决、决定或者通知，当事人不服，依法向人民法院起诉的，经审查，确属主体不适格的，裁定不予受理或者驳回起诉。

劳动争议仲裁委员会为纠正原仲裁裁决错误重新做出裁决，当事人不服，依法向人民法院起诉的，人民法院应当受理。

二、劳动争议的处理程序

（一）和解

劳动争议发生后，当事人可以协商（当然也可以不协商）解决，协商一致后，双方可达成和解协议，但和解协议没有必须履行的法律效力，而是由双方当事人自觉履行。

（二）调解

劳动争议发生后，当事人可以到下列调解组织申请调解：

1. 企业劳动争议调解委员会。

2. 依法设立的基层人民调解组织。

3. 在乡镇、街道设立的具有劳动争议调解职能的组织。

企业劳动争议调解委员会由职工代表和企业代表组成。职工代表由工会成员担任或者由全体职工推举产生，企业代表由企业负责人指定。企业劳动争议调解委员会主任由工会成员或者双方推举的人员担任。

当事人申请劳动争议调解可以书面申请，也可以口头申请。口头申请的，调解组织应当当场记录申请人基本情况、申请调解的争议事项、理由和时间。

经调解达成协议的，应当制作调解协议书。调解协议书由双方当事人签名或者盖章，经调解员签名并加盖调解组织印章后生效，对双方当事人具有约束力，当事人应当履行。

自劳动争议调解组织收到调解申请之日起15日内未达成调解协议的，当事人可以依法申请仲裁。达成调解协议的，一方当事人在协议约定期限内不履行调解协议的，另一方当事人可以依法申请仲裁。

因支付拖欠劳动报酬、工伤医疗费、经济补偿或者赔偿金事项达成调解协议，用人单位在协议约定期限内不履行的，劳动者可以持调解协议书依法向人民法院申请支付令。人民法院应当依法发出支付令。

（三）仲裁

1. 申请和受理

劳动争议申请仲裁的时效期间为1年。仲裁时效期间从当事人知道或者应当知道其权利被侵害之日起计算。劳动关系存续期间因拖欠劳动报酬发生争议的，劳动者申请仲裁不受1年仲裁时效期间的限制；但是，劳动关系终止的，应当自劳动关系终止之日起1年内提出。

劳动争议仲裁委员会收到仲裁申请之日起 5 日内，认为符合受理条件的，应当受理，并通知申请人；认为不符合受理条件的，应当书面通知申请人不予受理，并说明理由。对劳动争议仲裁委员会不予受理或者逾期未做出决定的，申请人可以就该劳动争议事项向人民法院提起诉讼。

2. 开庭和裁决

当事人申请劳动争议仲裁后，可以自行和解。达成和解协议的，可以撤回仲裁申请。

仲裁庭在做出裁决前，应当先行调解。调解达成协议的，仲裁庭应当制作调解书。调解书应当写明仲裁请求和当事人协议的结果。调解书经双方当事人签收后，发生法律效力。

调解不成或者调解书送达前，一方当事人反悔的，仲裁庭应当及时做出裁决。

仲裁庭裁决劳动争议案件，应当自劳动争议仲裁委员会受理仲裁申请之日起 45 日内结束。案情复杂需要延期的，经劳动争议仲裁委员会主任批准，可以延期并书面通知当事人，但是延长期限不得超过 15 日。逾期未做出仲裁裁决的，当事人可以就该劳动争议事项向人民法院提起诉讼。

仲裁庭裁决劳动争议案件时，其中一部分事实已经清楚，可以就该部分先行裁决。

裁决应当按照多数仲裁员的意见做出，少数仲裁员的不同意见应当记入笔录。仲裁庭不能形成多数意见时，裁决应当按照首席仲裁员的意见做出。对裁决持不同意见的仲裁员，可以签名，也可以不签名。

下列劳动争议，除另有规定外，仲裁裁决为终局裁决，裁决书自做出之日起发生法律效力：

(1)追索劳动报酬、工伤医疗费、经济补偿或者赔偿金，不超过当地月最低工资标准 12 个月金额的争议；

(2)因执行国家的劳动标准在工作时间、休息休假、社会保险等方面发生的争议。

当事人对仲裁裁决不服的，可以自收到仲裁裁决书之日起 15 日内向人民法院提起诉讼；期满不起诉的，裁决书发生法律效力。

当事人对发生法律效力的调解书、裁决书，应当依照规定的期限履行。一方当事人逾期不履行的，另一方当事人可以依照《中华人民共和国民事诉讼法》的有关规定向人民法院申请执行。受理申请的人民法院应当依法执行。当事人对劳动争议仲裁委员会在法定期限内未做出受理决定或仲裁裁决没有异议，或者虽有异议但仍参加劳动争议仲裁委员会开庭审理的，劳动争议仲裁委员会做出裁决书或调解书后，当事人以逾期做出受理决定或仲裁裁决违法为由，要求撤销裁决书或调解书的，人民法院不予支持。

当事人申请人民法院执行劳动争议仲裁机构做出的发生法律效力的裁决书、调解书，被申请人提出证据证明劳动争议仲裁裁决书、调解书有下列情形之一，并经审查核实的，人民法院可以裁定不予执行：

(1)裁决的事项不属于劳动争议仲裁范围，或者劳动争议仲裁机构无权仲裁的；

(2)适用法律确有错误的；

(3)仲裁员仲裁该案时，有徇私舞弊、枉法裁决行为的；

(4)人民法院认定执行该劳动争议仲裁裁决违背社会公共利益的。

人民法院在不予执行的裁定书中，应当告知当事人在收到裁定书之次日起 30 日内，可以就该劳动争议事项向人民法院起诉。

劳动人事争议仲裁委员会做出终局裁决，劳动者向人民法院申请执行，用人单位向劳动人事争议仲裁委员会所在地的中级人民法院申请撤销的，人民法院应当裁定中止执行。用人单位撤回撤销终局裁决申请或者其申请被驳回的，人民法院应当裁定恢复执行。仲裁裁决被撤销的，人民法院应当裁定终结执行。用人单位向人民法院申请撤销仲裁裁决被驳回后，又在执行程序中以相同理由提出不予执行抗辩的，人民法院不予支持。

（四）诉讼

当事人对仲裁裁决不服的，可自收到仲裁裁决书之日起15日内向人民法院提起诉讼。劳动人事争议仲裁委员会做出的同一仲裁裁决同时包含终局裁决事项和非终局裁决事项，当事人不服该仲裁裁决向人民法院提起诉讼的，应当按照非终局裁决处理。

因劳动争议仲裁委员会逾期未做出受理决定或仲裁裁决，当事人直接向人民法院提起诉讼，除仲裁中存在下列事由外，人民法院应予受理：

(1)案件正在排期的；

(2)移送管辖的；

(3)正在移送或送达延误的；

(4)等待工伤复议或诉讼、评残结论的；

(5)启动鉴定程序，或委托其他部门调查取证的；

(6)当事人确有正当理由不能按时参加仲裁活动的；

(7)其他正当事由。

当事人应向人民法院提交劳动争议仲裁委员会出具的已接受仲裁申请的凭证或《受理通知书》及尚未裁决的证明。人民法院决定受理劳动者申请的，应当在受理之日起5日内书面通知劳动争议仲裁委员会终结有关案件的仲裁。劳动争议仲裁委员会仲裁的事项不属于人民法院受理的案件范围，当事人不服，依法向人民法院起诉的，裁定不予受理或者驳回起诉。

劳动争议案件由用人单位所在地或者劳动合同履行地的基层人民法院管辖。劳动合同履行地不明确的，由用人单位所在地的基层人民法院管辖。当事人双方不服劳动争议仲裁委员会做出的同一仲裁裁决，均向同一人民法院起诉的，先起诉的一方当事人为原告，但对双方的诉讼请求，人民法院应当一并做出裁决。当事人双方就同一仲裁裁决分别向有管辖权的人民法院起诉的，后受理的人民法院应当将案件移送给先受理的人民法院。

劳动争议案件由用人单位所在地或者劳动合同履行地的基层人民法院管辖。劳动合同履行地不明确的，由用人单位所在地的基层人民法院管辖。

【案例9－11】 下列关于劳动争议的解决方式的表述中正确的是（　　）。

A. 调解原则适用于劳动仲裁和诉讼程序

B. 在劳动仲裁前必须先行调解

C. 劳动争议仲裁的裁决是终局的

D. 在当事人提起诉讼之前，必须先进行劳动仲裁

【分析】 AD。

【案例9－12】 国有某市轮胎厂发生下列纠纷：

(1)工人A因身体有病被辞退，与厂方发生争议；

(2)技术员B因未被允许参加全省轧钢行业技术员培训与厂方发生争议；

(3)助理工程师C因未晋升工程师职务与厂方发生争议；

(4)副总工程师D因工资调整与厂方发生争议。

A、B、C、D四人与厂方的争议经几次协商交涉均未能解决。

问：

(1)A、B、C、D 中哪几个人与厂方发生的争议属于《劳动争议调解仲裁法》所规定的劳动争议?

(2)劳动争议可以通过哪几种方式解决?在运用这几种方式解决问题时,不同方式相互之间是什么关系?

(3)解决劳动争议的各种方式的法律效力如何?

【分析】 (1)A、B、D 与厂方发生的争议属于《劳动争议调解仲裁法》所规定的劳动争议。

(2)四种方式。劳动争议后,当事人应当协商解决,但协商不是处理劳动争议的必经程序;不愿协商或者协商不成的,可以向本企业劳动争议调解委员会申请调解,调解也不是处理劳动争议的必经程序;调解不成的,可以向劳动争议仲裁委员会申请仲裁,当事人也可以直接向劳动争议仲裁委员会申请仲裁。仲裁是处理劳动争议的必经程序;对仲裁裁决不服的,可以向人民法院起诉,在起诉前必须先经过仲裁程序。

(3)协商与调解达成协议的,双方当事人应当自觉履行,协议没有强制执行力;对仲裁裁决无异议的,当事人必须履行。一方当事人在法定期限内不起诉又不履行仲裁裁决的,另一方当事人可以申请人民法院强制执行;劳动争议诉讼所产生的裁判,具有当然的强制执行力。

本章小结

1. 劳动法是调整劳动关系以及与劳动关系密切联系的其他社会关系的法律规范的总称。

2. 劳动合同是劳动者与用人单位之间确立劳动关系,明确双方权利和义务的书面协议。

3. 劳务派遣,指劳务派遣单位与劳动者订立劳动合同后,由派遣单位与实际用工单位通过签订劳务派遣协议,将劳动者派遣到要派单位工作,要派单位实际使用劳动者,要派单位向劳务派遣单位支付管理费而形成的关系。

4. 非全日制用工,是指以小时计酬为主,劳动者在同一用人单位一般平均每日工作时间不超过 4 小时,每周工作时间累计不超过 24 小时的用工形式。

5. 集体合同,是指用人单位与本单位职工根据法律、法规、规章的规定,就劳动报酬、工作时间、休息休假、劳动安全卫生、职业培训、保险福利等事项,通过集体协商签订的书面协议。

复习思考题

1. 劳动关系与劳务关系的区别是什么?

2. 劳务派遣用人单位和用工单位关系如何?

3. 详述劳动合同的解除。

第十章　税　法

学习目标

重点掌握增值税、消费税、企业所得税和个人所得税的主要内容，把握税收征管的主要规定。增强依法纳税的法律意识和法律责任。

第一节　税法概述

一、税收

（一）税收的概念与特征

税收是国家为了实现其职能的需要，凭借政治权力，依照法律规定的程序对满足法定课税条件的人所征收的货币或实物。

税收具有三个基本特征：(1)法定性；(2)强制性；(3)无偿性。

（二）税收的分类

税收分类是指按一定的标准，把性质不同的税种划分成不同的类别。

1. 按课税对象为标准分类

(1)流转税

流转税，指以流转额为课税对象的一类税。流转税是我国税制结构中的主体税类，目前包括增值税、消费税和关税等税种。

(2)所得税

所得税又称收益税，指以各种所得额为课税对象的一类税。所得税也是我国税制结构中的主体税类，目前包括企业所得税、个人所得税等税种。

(3)财产税

财产税，指以纳税人所拥有或支配的财产为课税对象的一类税。我国现行税制中的房产税、契税、车辆购置税和车船使用税都属于财产税。

(4)行为税

行为税，指以纳税人的某些特定行为为课税对象的一类税。我国现行税制中的印花税、屠宰税和筵席税都属于行为税。

(5)资源税

资源税，指对在我国境内从事资源开发的单位和个人征收的一类税。我国现行税制中的资源税、土地增值税、耕地占用税和城镇土地使用税都属于资源税。

这种分类通常被认为是税收最重要、最基本的分类。

2. 按税收的计算依据为标准分类

(1)从量税

从量税，指以课税对象的数量(重量、面积、件数)为依据，按固定税额计征的一类税，如我国现行的资源税、车船使用税和土地使用税等。

(2)从价税

从价税，指以课税对象的价格为依据，按一定比例计征的一类税，如我国现行的增值税、关税和各种所得税等税种。

3. 按税收与价格的关系为标准分类

(1)价内税

价内税，指税款在应税商品价格内，作为商品价格一个组成部分的一类税，如我国现行的消费税、关税等税种。

(2)价外税

价外税，指税款不在商品价格之内，不作为商品价格的一个组成部分的一类税，如我国现行的增值税(目前商品的价税合一并不能否认增值税的价外税性质)。

4. 按税收负担能否转嫁为标准分类

(1)直接税

直接税，指纳税人本身承担税负，不发生税负转嫁关系的一类税，如所得税和财产税等。

(2)间接税

间接税，指纳税人本身不是负税人，可将税负转嫁于他人的一类税。如流转税和资源税等。税负转嫁，是指纳税人缴纳税款以后，通过一定的方式将税收负担转移给他人，即税款的法定纳税人不是税款的最终负担者。

这种分类对于研究税收归属、税法实效等问题具有重要意义。

5. 按税收的管理权限为标准分类

(1)中央税

中央税，又称“国税”，是指由中央政府征收和管理使用或由地方政府征收后全部划解中央政府所有并支配使用的一类税，如我国现行的关税和消费税等。

(2)地方税

地方税，简称“地税”，是指由地方政府征收和管理使用的一类税，如我国现行的个人所得税、屠宰税和筵席税等(严格来讲，我国的地方税目前只有屠宰税和筵席税)。

(3)中央与地方共享税

中央与地方共享税，简称“共享税”，指税收的管理权和使用权属中央政府和地方政府共同拥有的一类税，如我国现行的增值税和资源税等。

这种分类方法是实行分税制财政体制的基础。

【资料卡 10－1】 税与费有什么区别?

一是征收主体不同。各级税务机关、海关等征收的一般是税;由其他机关、单位收取的一般是费。

二是无偿性不同。无偿征收的是税;有偿征收的是费。

三是专款专用要求不同。税款一般是由税务机关征收以后，统一上缴国库，纳入国家预算，由国家通过预算统一支出，不采取专款专用的原则；而收费则不同，一般具有专款专用的性质。

二、税法的概念及立法概况

税法是调整国家与纳税人之间在征纳税方面的权利及义务关系的法律规范的总称。

税法与税收存在一一对应的关系。税收的取得必须要有税法作为其依据和保障，税收活动必须严格依照税法规定的范围、标准、程序进行，税法是税收的法律依据和保障。税收具有"一税一法"的特点。

中华人民共和国成立以来，税法经历了多次重大改革。1950 年 1 月 30 日中央人民政府政务院发布了《全国税政实施细则》，意味着税制的建立；1958 年我国进行了第一次大规模税制改革，此次改制目的在于简化税制；1973 年我国进行第二次简化税制的改革；1993 年 12 月 13 日发布了《中华人民共和国增值税暂行条例》《中华人民共和国营业税暂行条例》《中华人民共和国消费税暂行条例》；2005 年 12 月 29 日第十届全国人大常委会决议自 2006 年 1 月 1 日起废止《农业税条例》；2011 年 11 月 16 日，经国务院批准，财政部、国家税务总局联合下发《营业税改增值税试点方案》；2017 年 10 月 30 日国务院第 191 次常务会议通过《关于废止〈中华人民共和国营业税暂行条例〉和修改〈中华人民共和国增值税暂行条例〉的决定》，并于 2017 年 11 月 19 日公布施行，意味着我国营业税正式退出历史舞台。

个人所得税经历了 1980 年 9 月 10 日第五届全国人民代表大会第一次修正，1999 年 8 月 30 日第九届全国人民代表大会第二次修正，2005 年 10 月 27 日第十届全国人民代表大会常务委员会第三次修正，2007 年 6 月 29 日第十届全国人民代表大会常务委员会第二十八次会议第四次修正，2007 年 12 月 29 日第十届全国人民代表大会常务委员会第三十一次会议第五次修正，2011 年 6 月 30 日第十一届全国人民代表大会常务委员会第六次修正，2018 年 8 月 31 日第十三届全国人民代表大会常务委员会第五次会议《关于修改〈中华人民共和国个人所得税法〉的决定》第七次修正，并于 2019 年 1 月 1 日起施行。

企业所得税方面，为统一待遇，2007 年 3 月 16 日第十届全国人民代表大会第五次会议通过了《企业所得税法》(自 2008 年 1 月 1 日起施行，经 2017 年、2018 年两次修改)，2007 年 11 月 28 日国务院第 197 次常务会议通过了《企业所得税法实施条例》(自 2008 年 1 月 1 日起施行)。

三、税法的构成要素

税法的构成要素是指构成税法所必需的基本要件，主要包括税法主体、征税对象、税基、税目、税率、税收减免、纳税地点、纳税时间和税法责任等。其中，税法主体、征税对象和税率是税法的基本要素。

(一)税法主体

1. 征税人，是指代表国家行使征税职责的各级税务机关和其他征收机关。因税种不同，征税机关也可能不同，如增值税的征税主体是税务机关，关税的征税主体是海关。

【案例 10－1】 地方税务局是税收法律关系中的(　　)。

A. 主体　　B. 客体　　C. 代理人　　D. 纳税人

【分析】 A。

2. 纳税人，即纳税义务人，是指一切履行纳税义务的自然人、法人和其他组织。

【资料卡 10－2】 负税人、扣缴义务人

1. 负税人是税款的最终承担者或负担者。负税人与纳税人有时一致，即纳税人所缴纳的税款是由自己负担时；有时不一致，即当税负可以转嫁时，纳税人就不是负税人。两者一致的为直接税，不一致的为间接税。每个公民基本上都是负税人，但不一定都是纳税人。

2. 扣缴义务人是法律、法规规定的负有代扣代缴、代收代缴税款义务的单位和个人，包括代扣代缴义务人和代收代缴义务人。前者指税法规定的有义务从持有的纳税人收入中，扣除其应纳税款并代为缴纳的单位或个人；后者指税法规定的有义务借助经济往来关系，向纳税人收取应纳税款并代为缴纳的单位或个人。

（二）征税对象

征税对象，即征税客体，指征税的标的物。它是确定税种的主要标志，具体分为流转额、所得额、自然资源、财产和行为五种，如增值税的征税对象是商品或劳务在生产和流通过程中的增值额。

【资料卡 10－3】 税基、征税范围和税目

1. 税基，又称计税依据，是税法规定的计算应纳税额的依据。它是征税对象量的表现。征税对象反映的是对什么征税，税基解决的是如何计量。

2. 征税范围，是指税法规定应税内容的具体区间，是征税对象的具体范围，体现了征税的广度。

3. 税目，是税法规定的征税的具体品目，是对征税对象的分类和细化。税目的确定进一步明确了征税范围，哪些项目需要纳税，哪些项目不需要纳税。不同项目的税率差别等问题只有通过确定税目才能解决。

（三）税率

税率是税法规定计算应纳税额的比率，包括定额税率、比例税率和累进税率几种基本形式。税基乘以税率就是应纳税额。

1. 定额税率

它是对征税对象每一单位规定固定税额的税率。征税对象的计量单位可以是重量、数量、面积、体积等自然单位，也可以是专门规定的复合单位。资源税、车船使用税采用该税率。

2. 比例税率

它是对同一征税对象，不论数额大小，都按同一比例征税的税率。增值税、企业所得税等采用该税率。

3. 累进税率

它是根据征税对象的数额，确定不同等级，依次递进计征的税率。其具体形式是将征税对象按数额大小划分为若干等级，针对不同等级规定由低到高的不同税率。

累进税率具体又分为全额累进税率、超额累进税率和超率累进税率三种：

(1)全额累进税率，是把征税对象的数额分为若干等级，确定不同等级的税率，征税对象的全部数额达到哪一级，就适用哪一级的税率征税。目前我国已经不采用该税率。

(2)超额累进税率，是把征税对象的数额划分为若干个等级，每一等级规定一个税率，税率依次提高，分别以征税对象数额超过前级的部分为基础计算应纳税额的税率。即每一纳税人的征税对象依其所属等级同时适用几个税率分别计算，将计算结果相加后得出应纳税款。我国个人所得税采用该税率。

【案例 10－2】 甲月工资为 8 000 元，乙月工资为 8 001 元。工资所得以每月收入额减除法定扣除费用 5 000 元后的余额为应纳税所得额。则二人的应纳税所得额分别为 3 000 元和 3 001 元。个人所得税法规定全月应纳税所得额不超过 3 000 元的，税率为 3%，超过 3 000 元不超过 12 000 元的，适用税率为 10%。试根据超额累进税率计算甲、乙的应纳税额。

【分析】 采用超额累进税率计算如下：

甲应纳税额＝3 000×3%＝90(元)

乙应纳税额＝3 000×3%＋(3 001－3 000)×10%＝90.1(元)

超额累进税率只就超过上一级的部分适用高一级的税率，可见其较为合理。

(3)超率累进税率，是按征税对象某种比例划分不同的部分，并规定相应的税率，对每一个等级分别计算税额。土地增值税采用该税率。

第二节 我国现行主要税种

一、流转税

(一)增值税

增值税，是以从事商品生产、商品流通和劳务各环节的增值为征税对象的一种税。增值额是指企业在一定期间的生产经营过程中新创造的价值。增值税可避免重复征税，解决税负不均问题。

1. 纳税人

增值税的纳税人为中国境内销售货物或者提供加工、修理修配劳务、销售服务、无形资产、不动产以及进口货物的单位和个人。增值税的纳税人分为一般纳税人和小规模纳税人。

凡生产企业或提供应税劳务的企业年销售额在 100 万元以下，或从事货物批发或零售业务销售额在 180 万元以下的企业，为小规模纳税人。小规模纳税人按简易办法计征增值税。

年应税销售额超过小规模纳税人标准，且会计核算健全的企业为增值税一般纳税人。一般纳税人实行税额抵扣制计征增值税。

2. 征税对象

增值税征税对象为纳税人在中国境内销售的货物或者提供的加工、修理修配劳务以及进口的货物。

3. 税基

增值税税基为销售货物或者提供加工、修理修配劳务以及进口货物的增值额。

4. 税率

一般纳税人税率如下：

(1)增值税一般纳税人(以下称纳税人)发生增值税应税销售行为或者进口货物，原适用16%税率的，税率调整为13%；原适用10%税率的，税率调整为9%。

(2)纳税人购进农产品，原适用10%扣除率的，扣除率调整为9%。纳税人购进用于生产或者委托加工13%税率货物的农产品，按照10%的扣除率计算进项税额。

(3)原适用16%税率且出口退税率为16%的出口货物劳务，出口退税率调整为13%；原适用10%税率且出口退税率为10%的出口货物、跨境应税行为，出口退税率调整为9%。

(4)适用13%税率的境外旅客购物离境退税物品，退税率为11%；适用9%税率的境外旅客购物离境退税物品，退税率为8%。

小规模纳税人税率为3%

【案例 10—3】 某商业零售企业为增值税小规模纳税人。2020年3月，该商业零售企业销售商品收入(含增值税)41 200元。已知该商业零售企业增值税征收率为3%。该企业3月应缴纳的增值税额为(　　)元。

A. 1 248　　B. 1 872　　C. 1 766.04　　D. 1 200

【分析】 D。对增值税小规模纳税人，实行简易办法计算应纳税额，并且对销售货物采取价税合计的方法，要分离出不含税销售额。因此，应纳税额＝含税销售额/(1＋征收率)×征收率＝31 200/(1＋3%)×3%＝1 200(元)。

5. 减免

下列项目免征增值税：

(1)农业生产者销售的自产农业产品；

(2)避孕药品和用具；

(3)古旧图书；

(4)直接用于科学研究、科学试验和教学的进口仪器、设备；

(5)外国政府、国际组织无偿援助的进口物资和设备；

(6)来料加工、来件装配和补偿贸易所需进口的设备；

(7)由残疾人组织直接进口供残疾人专用的物品；

(8)销售的自己使用过的物品。

纳税人销售额未达到财政部规定的增值税起征点的，免征增值税。

(二)消费税

消费税是以我国境内生产、委托加工和进口应税消费品的销售额、销售数量为征收对象的一种税。

1. 纳税人

消费税的纳税人为在中国境内生产、委托加工和进口法律规定的消费品的单位和个人。

2. 征税对象

消费税的征税对象为应税消费品，具体包括：(1)烟；(2)酒及酒精；(3)化妆品；(4)护肤护发品；(5)贵重首饰；(6)鞭炮、焰火；(7)汽油；(8)柴油；(9)汽车轮胎；(10)摩托车；(11)小汽车。此外还有高尔夫球以及球具、高档手表、游艇、木制一次性筷子、实木地板等。

对纳税人出口应税消费品，免征消费税；国务院另有规定的除外。

【案例 10—4】 下列各项中，应征消费税的有(　　)。

A. 烟　　B. 海飞丝洗发液　　C. 金龙客车　　D. 瓷砖地板

【分析】 AB。

3. 税基

税基为销售额或销售数量。销售额为纳税人销售应税消费品向购买方收取的全部价款和价外费用。

4. 税率

现行消费税税率有比例税率和定额税率两种。比例税率从3%至45%共设10档，对黄酒、啤酒、汽油、柴油实行从量定额征收，粮食类白酒、卷烟实行从量定额和从价定率复合征收。

纳税人兼营不同税率的货物或者应税劳务的，应当分别核算不同税率货物或者应税劳务的销售额；未分别核算的，从高适用税率。

纳税人销售不同税率货物或应税劳务，并兼营应属一并征收增值税的非应税劳务的，其非应税劳务应从高适用税率。

5. 计算

消费税的征收办法采取从价征收和从量征收两种。实行从价定率征收的，其计税依据为含消费税不含增值税的销售额。实行从量定额征收的，其计税依据为应税消费品数量。

【案例10－5】 下列关于增值税与消费税的关系表述正确的是（ ）。

A. 缴纳消费税的企业，不再缴纳增值税

B. 缴纳消费税的企业，必然要缴纳增值税

C. 缴纳增值税的企业，不再缴纳消费税

D. 缴纳增值税的企业，必然要缴纳消费税

【分析】 B。消费税是在征收增值税的基础上，对一些特定的应税消费品再征收的一种税。缴纳消费税的纳税人也是增值税的纳税人。

二、所得税

所得税是以纳税人的所得额为征税对象的税收。主要包括个人所得税、企业所得税等。

（一）个人所得税

个人所得税是以个人所得为征税对象的一种税。

1. 纳税人

个人所得税的纳税人为在中国境内有住所，或者无住所而在中国境内居住满1年的个人（居民纳税人），以及在中国境内无住所又不居住或者在境内居住不满1年但有来源于中国境内所得的个人（非居民纳税人）。

2. 征税对象

个人所得税的征税对象为应税所得，具体包括：

（1）工资、薪金所得；

（2）个体工商户的生产、经营所得；

（3）对企事业单位的承包经营、承租经营所得；

（4）劳务报酬所得；

（5）稿酬所得；

（6）特许权使用费所得；

（7）利息、股息、红利所得；

（8）财产租赁所得；

(9)财产转让所得；

(10)偶然所得；

(11)经国务院财政部门确定征税的其他所得。

3. 税基

个人所得税的计税依据是应纳税所得额，不同于收入总额，是收入总额扣除税法规定的扣除数额后的余额。如工资收入月扣除额为5 000元。

4. 税率

个人所得税根据不同的税目适用不同的税率：

(1)综合所得，适用3%～45%的超额累进税率；

(2)经营所得，适用5%～35%的超额累进税率；

(3)利息、股息、红利所得，财产租赁所得，财产转让所得和偶然所得，适用比例税率，税率为20%。

5. 应纳税所得额的计算

(1)居民个人的综合所得，以每一纳税年度的收入额减除费用6万元以及专项扣除、专项附加扣除和依法确定的其他扣除后的余额，为应纳税所得额。专项附加扣除是指个人所得税法规定的子女教育、继续教育、大病医疗、住房贷款利息或住房租金、赡养老人等专项附加扣除。

(2)非居民个人的工资、薪金所得，以每月收入额减除费用5 000元后的余额为应纳税所得额；劳务报酬所得、稿酬所得、特许权使用费所得，以每次收入额为应纳税所得额。

(3)经营所得，以每一纳税年度的收入总额减除成本、费用以及损失后的余额，为应纳税所得额。

(4)财产租赁所得，每次收入不超过4 000元的，减除费用800元；4 000元以上的，减除20%的费用，其余额为应纳税所得额。

(5)财产转让所得，以转让财产的收入额减除财产原值和合理费用后的余额，为应纳税所得额。

(6)利息、股息、红利所得和偶然所得，以每次收入额为应纳税所得额。劳务报酬所得、稿酬所得、特许权使用费所得以收入减除20%的费用后的余额为收入额。稿酬所得的收入额减按70%计算。个人将其所得对教育、扶贫、济困等公益慈善事业进行捐赠，捐赠额未超过纳税人申报的应纳税所得额30%的部分，可以从其应纳税所得额中扣除；国务院规定对公益慈善事业捐赠实行全额税前扣除的，从其规定。

【案例10－6】 2019年1月，甲一次取得工资1万元，劳动报酬所得2 000元，稿酬所得5 000元，个人负担“三险一金”4 000元，专项附加扣除3 000元，其应缴纳的个人所得税是多少？

【分析】 72元。

首先计算：应纳税所得额＝10 000(工资)＋2 000×80%(劳动报酬)＋5 000×80%×70%(稿酬)－4 000(三险一金)－5 000(免征额)－3 000(专项附加扣除)＝2 400(元)。

再次计算：应纳个人所得税税额＝2 400×3%＝72(元)

6. 税收减免

下列各项个人所得，免纳个人所得税：

(1)省级人民政府、国务院部委和中国人民解放军军以上单位，以及外国组织、国际组织颁发的科学、教育、技术、文化、卫生、体育、环境保护等方面的奖金；

(2)国债和国家发行的金融债券利息；

(3)按照国家统一规定发给的补贴、津贴；

(4)福利费、抚恤金、救济金；

(5)保险赔款；

(6)军人的转业费、复员费；

(7)按照国家统一规定发给干部、职工的安家费、退职费、退休工资、离休工资、离休生活补助费；

(8)依照我国有关法律规定应予免税的各国驻华使馆、领事馆的外交代表、领事官员和其他人员的所得；

(9)中国政府参加的国际公约、签订的协议中规定免税的所得；

(10)按照国家规定，单位为个人缴付和个人缴付的基本养老保险费、基本医疗保险费、失业保险费、住房公积金，从纳税义务人的应纳税所得额中扣除；

(11)经国务院财政部门批准免税的所得。

有下列情形之一的，经批准可以减征个人所得税：

(1)残疾、孤老人员和烈属的所得；

(2)因严重自然灾害造成重大损失的；

(3)其他经国务院财政部门批准减税的。

纳税人从中国境外取得的所得，准予其在应纳税额中扣除已在境外缴纳的个人所得税税额。但扣除额不得超过该纳税人境外所得依照我国法律规定计算的应纳税额。

【案例 10－7】 根据个人所得税法，可以免征个人所得税的奖金有(　　)。

A. 购物抽奖所获奖金

B. 省级政府颁发的科技奖奖金

C. 省级电台有奖竞猜所获奖金

D. 举报偷税行为所获奖金

【分析】 BD。省级政府颁发的科技奖奖金、举报偷税行为所获奖金可以免征个人所得税。A、C 是偶然所得，按 20%征收个人所得税。

【案例 10－8】 某民警在一次执行公务中牺牲，被公安部授予“一级英模”称号，并奖励奖金 1 万元，奖金由该民警家属代领，同时其家属还收到全国各地捐款共达 10 万元。对该民警家属的 11 万元所得应否纳税存在下列几种意见，其中正确的是(　　)。

A. 对 11 万元全额征收个人所得税

B. 对 11 万元全部免纳个人所得税

C. 对 1 万元的奖金免纳个人所得税，对 10 万元的捐款可减纳个人所得税

D. 对 11 万元减纳个人所得税

【分析】 C。公安部颁发的奖金应当免于缴纳个人所得税。10 万元的捐款属于烈属所得，经过批准后可以减征个人所得税。

7. 纳税申报

个人所得税，以所得人为纳税义务人，以支付所得的单位或者个人为扣缴义务人。

纳税义务人有下列情形之一的，应当按照规定到主管税务机关办理纳税申报：

(1)年所得 12 万元以上的；

(2)从中国境内两处或者两处以上取得工资、薪金所得的；

(3)从中国境外取得所得的；

(4)取得应纳税所得,没有扣缴义务人的;

(5)国务院规定的其他情形。

年所得12万元以上的纳税义务人,在年度终了后3个月内到主管税务机关办理纳税申报。纳税义务人办理纳税申报的地点以及其他有关事项的管理办法,由国家税务总局制定。扣缴义务人应当按照国家规定办理全员全额扣缴申报,扣缴义务人在代扣税款的次月内,向主管税务机关报送其支付所得个人的基本信息、支付所得数额、扣缴税款的具体数额和总额以及其他相关涉税信息。

(二)企业所得税

企业所得税是指中国境内的企业,就其来源于中国境内外的生产、经营所得和其他所得而征收的一种税。

1. 纳税人

在我国境内,企业和其他取得收入的组织(以下统称企业)为企业所得税的纳税人。但个人独资企业、合伙企业除外。

企业分为居民企业和非居民企业。

(1)居民企业,是指依法在中国境内成立,或者依照外国(地区)法律成立但实际管理机构在中国境内的企业。居民企业应当就其来源于中国境内、境外的所得缴纳企业所得税。

(2)非居民企业,是指依照外国(地区)法律成立且实际机构不在中国境内的企业。

如果它在中国境内设立机构、场所,应当就其所设机构、场所取得的来源于中国境内的所得,以及发生在中国境外但与其所设机构、场所有实际联系的所得,缴纳企业所得税。

如果它在中国境内未设立机构、场所,但有来源于中国境内所得,或者虽设立机构、场所但取得的所得与其所设机构、场所没有实际联系的,应当就其来源于中国境内的所得缴纳企业所得税。

2. 征税对象

企业所得税的征税对象为企业所获得的各种应税收入。

但下列收入为不征税收入:(1)财政拨款;(2)依法收取并纳入财政管理的行政事业性收费,政府性基金;(3)国务院规定的其他不征税收入。

3. 税率

企业所得税的税率为25%。

非居民企业在中国境内未设立机构、场所的,或者虽设立机构、场所但取得的所得与其所设机构、场所没有实际联系的,适用税率为20%。

4. 计算

企业所得税的计算依据是企业的应纳税所得额。企业每一纳税年度的收入总额,减除不征税收入、免税收入、各项扣除以及允许弥补的以前年度亏损后的余额,为应纳税所得额。

第三节 税收征收管理

一、税收征收管理制度概述

(一)税收征管机关

2018年2月28日,中国共产党第十九届中央委员会第三次全体会议通过了《深化党和国家机构改革方案》,该方案明确提出将省级和省级以下国税地税机构合并,具体承担所辖区域内的各项税收、非税收入征管等职责。国税地税机构合并后,实行以国家税务总局为主与省(区、市)人民政府双重领导管理体制。因此,当前我国税收征收管理机关一般是指税务机关、海关等。

1. 税务机关负责征管的税种有:(1)增值税;(2)消费税;(3)企业所得税;(4)个人所得税;(5)资源税;(6)车辆购置税;(7)城镇土地使用税;(8)耕地占用税;(9)土地增值税;(10)房产税;(11)车船税;(12)印花税;(13)契税;(14)城市维护建设税;(15)环境保护税;(16)烟叶税。

2. 海关主要负责的税种有:(1)关税;(2)船舶吨税;(3)进出口环节的增值税和消费税。

(二)税收征收管理法

1. 我国税收征收管理法

我国现行的税收征管法律法规有:《中华人民共和国税收征收管理法》(以下简称《税收征收管理法》)、《中华人民共和国税收征收管理法实施细则》,另外还有财政部、国家税务总局等部门所颁布的大量的部门规章和规范性法律文件。

2. 税收征收管理法的适用范围

凡依法由税务机关征收的各种税收的征收管理,均适用《税收征收管理法》。

耕地占用税、契税、牧业税征收管理的具体办法,由国务院另行制定。

关税及海关代征税收的征收管理,依照法律、行政法规的有关规定执行。

二、税务管理

(一)税务登记

1. 税务登记

税务登记又称纳税登记,是指纳税人在开业、歇业前或其他生产经营期间发生的重大变动,在法定期间内向主管税务机关办理书面登记的一项制度。税务登记可分为开业登记、变更登记、注销登记以及外出经营报验登记等。

(1)开业登记。从事生产、经营的纳税人自领取营业执照之日起 30 日内,持有关证件,向税务机关申报办理税务登记。税务机关应当自收到申报之日起 30 日内审核并发给税务登记证件。

(2)变更、注销登记。从事生产、经营的纳税人,税务登记内容发生变化的,自工商行政管理机关办理变更登记之日起 30 日内或者在向工商行政管理机关申请办理注销登记之前,持有关证件向税务机关申报办理变更或者注销税务登记。

(3)外出经营税务登记。从事生产、经营的纳税人到外县(市)临时从事生产、经营活动的,应当持税务登记证副本和所在地税务机关填开的外出经营活动税收管理证明,向营业地税务机关报验登记。从事生产、经营的纳税人外出经营,在同一地累计超过 180 天的,应当在营业地办理税务登记手续。

(二)账簿、凭证管理

纳税人应自领取营业执照或发生纳税义务之日起 15 日内,设置账簿。扣缴义务人应自扣缴义务发生之日起 10 日内,按照所代扣、代收的税种,分别设置代扣代缴、代收代缴税款账簿。

纳税人应当自领取税务登记证之日起 15 日内,将其财务、会计制度或者财务、会计处理办法报送主管税务机关备案。

账簿、会计凭证和报表,应当使用中文。民族自治地方可同时使用当地通用的一种民族文字。外商投资企业和外国企业可以同时使用一种外国文字。

税务机关是发票的主管机关，负责发票印制、领购、开具、取得、保管、缴销的管理和监督。增值税专用发票由国务院税务主管部门指定的企业印制；其他发票，按照国务院税务主管部门的规定，分别由省、自治区、直辖市税务局指定企业印制。

账簿、记账凭证、报表、完税凭证、发票、出口凭证以及其他有关涉税资料应当保存10年，但法律、行政法规另有规定的除外。

(三)纳税申报

纳税申报是纳税人按照法律规定的期限和内容，向征税机关提交有关纳税事项的书面报告的一项制度。

纳税义务人必须在规定的申报期限内办理纳税申报。纳税人享受减税、免税待遇的，在减税、免税期间仍应按照规定办理纳税申报。

纳税申报的方式有直接申报、邮寄申报和数据电文申报等(后两种需要税务机关批准)。

纳税申报有困难需要延期的，应在规定期限内向税务机关提出书面延期申请，经税务机关核准，在核准的期限内办理。因不可抗力，不能按期办理纳税申报的，可延期办理；但应在不可抗力情形消除后立即向税务机关报告，税务机关应当查明事实，予以核准。

三、税款征收

(一)税款征收基本制度

1. 征收方式

税款征收方式包括查账征收、查定征收、查验征收、定期定额征收和其他征收方式(代扣代缴、代收代缴、委托代征)。

2. 纳税期限

发生如下原因，县级以上税务局(分局)批准，可给予纳税人最长不得超过3个月的延缓缴纳期限：(1)因不可抗力，导致纳税人发生较大损失，正常生产经营活动受到较大影响的。(2)当期货币资金在扣除应付职工工资、社会保险费后，不足以缴纳税款的。

纳税义务人未缴或者少缴税款，如果是由于税务机关的责任导致的，税务机关在3年内可以要求其补缴税款，但不得加收滞纳金；如果是因纳税义务人计算错误等失误导致的，税务机关在3年内可以追征税款、滞纳金(未缴或者少缴税款累计数额在10万元以上的，追征期可以延长到5年)。对偷税、抗税、骗税的，追征税款没有期限的限制。

滞纳金为按日征收滞纳税款的0.5‰。

【案例10－9】 甲公司100万元税款拖欠了24天，税务机关依法加收该公司滞纳税款的滞纳金为(　　)元。

A. 11 000　　B. 12 000　　C. 13 000　　D. 14 000

【分析】 B。滞纳金＝100万元×0.5‰×24天＝12 000(元)。

3. 退税制度

纳税人超过应纳税额缴纳的税款，税务机关发现后，应当立即退还；纳税人自结算缴纳税款之日起3年内发现的，可要求退还多缴的税款并加算银行同期存款利息。

(二)税款征收保障制度

税款征收保障制度包括税收保全制度、税收强制执行制度和其他保障制度。

1. 税收保全

税务机关有根据认为纳税人有逃避纳税义务行为的，可以在规定的纳税期之前，责令限期缴纳应纳税款；在限期内发现纳税人有明显的转移、隐匿其应纳税的商品、货物以及其他财产或者应纳税收入的迹象的，税务机关可以责成纳税人提供纳税担保。如果纳税人不能提供纳税担保，经县以上税务局(分局)局长批准，税务机关可以采取下列税收保全措施：(1)书面通知纳税人开户银行或其他金融机构冻结其金额相当于应纳税款的存款。(2)扣押、查封纳税人的价值相当于应纳税款的商品、货物或者其他财产。

【案例 10－10】 根据《税收征收管理法》的规定，税务行政机关可以采取税收保全措施。税收保全措施适用于(　　)。

A. 从事生产经营的纳税人　　B. 非从事生产经营的纳税人

C. 扣缴义务人和纳税担保人　　D. 所有应履行纳税义务的纳税人

【分析】 A。实施保全措施的对象是“从事生产经营的纳税人”。

2. 强制执行

纳税人、扣缴义务人未按规定期限缴纳或者解缴税款，纳税担保人未按照规定期限缴纳所担保税款，由税务机关责令限期缴纳，逾期仍未缴纳的，经县以上税务局(分局)局长批准，税务机关可以采取下列强制执行措施：(1)书面通知其开户银行或者其他金融机构从其存款中扣缴税款。(2)扣押、查封、依法拍卖或者变卖其价值相当于应纳税款的商品、货物或者其他财产，以拍卖或者变卖所得抵缴税款。滞纳金同时强制执行，但个人及其所抚养家属维持生活必需的住房和用品，不在强制执行措施的范围之内。

【案例 10－11】 税务机关在实行税收保全措施和强制执行措施时，不在此类措施范围之内的财产或者物品是(　　)。

A. 纳税人个人所有的金银首饰

B. 纳税人个人仅有的一套住房

C. 纳税人自用的私人汽车

D. 纳税人所有的单价在 5 000 元以下的生活用品

【分析】 BD。依《税收征收管理法》第 38 条、第 40 条，个人及其所抚养家属维持生活必需的住房和用品，不在税收保全措施和强制执行措施的范围之内。机动车辆、金银饰品、古玩字画、豪华住宅或者一处以外的住房不属于个人及其所抚养家属维持生活必需的住房和用品。税务机关对单价 5 000 元以下的其他生活用品，不采取税收保全措施和强制执行措施。

【资料卡 10－4】 税收保全措施和税收强制执行措施

1. 主要相同点

(1)批准级次相同，都是由县以上税务局(分局)局长批准。

(2)个人及其所抚养家属维持生活必需的住房和用品，不在税收保全措施和强制执行措施范围之内。

2. 主要不同点

(1)被执行人范围不同。税收保全措施的使用范围只涉及从事生产经营的纳税人；强制执行措施的使用范围除涉及从事生产经营的纳税人之外，还涉及扣缴义务人、纳税担保人。所以从被执行人角度看，强制执行措施比税收保全措施的涉及面要广。

(2)执行限度有差异。税收保全措施执行限度应当以应纳税额为限；而采取税收强制执行措施时，对纳税人、扣缴义务人、纳税担保人未缴纳的滞纳金必须同时强制执行，但不包括罚款。

3. 其他税收保障制度

其他税收保障制度主要包括税收优先权制度、纳税担保制度和离境清税制度。

(1)优先权制度

税收优先于无担保债权，法律另有规定的除外；税款先于担保债权发生的，税款也优先于担保债权。

税收优先于罚款、没收违法所得。

(2)纳税担保制度

纳税担保，包括经税务机关认可的纳税保证人为纳税人提供的纳税保证，以及纳税人或者第三人以其未设置或者未全部设置担保物权的财产提供的担保。

(3)离境清税制度

欠缴税款的纳税人或其法定代表人需要出境的，应当在出境前向税务机关结清应纳税款、滞纳金或者提供担保。未结清税款、滞纳金，又不提供担保的，税务机关可以通知出境管理机关阻止其出境。

四、税务检查

(一)税务检查的事项

1. 检查纳税人和扣缴义务人的账簿、记账凭证、报表和有关资料。

2. 检查纳税人应纳税的商品、货物或者其他财产，检查扣缴义务人与代扣代缴、代收代缴税款有关的经营情况。

3. 询问或责成纳税人、扣缴义务人提供与纳税或税款的有关情况和资料。

4. 检查纳税人托运、邮寄应纳税商品、货物或者其他财产的有关单据、凭证和有关资料。

5. 经县以上税务局(分局)局长批准，凭全国统一格式的检查存款账户许可证明，查询从事生产、经营的纳税人、扣缴义务人在银行或者其他金融机构的存款账户。

(二)纳税人的义务

纳税人、扣缴义务人必须接受税务机关依法进行的税务检查，如实反映情况，提供有关资料，不得拒绝、隐瞒。

(三)税务机关的权利义务

税务检查时，税务机关有权向有关单位和个人调查纳税人、扣缴义务人和其他当事人与纳税或者代扣代缴、代收代缴税款有关的情况。税务机关调查税务违法案件时，对与案件有关的情况和资料，可以记录、录音、录像、照相和复制。

税务检查时，应当出示税务检查证和税务检查通知书，否则，被检查人有权拒绝检查。税务机关有义务为被检查人保守秘密。

五、税务争议

税务争议，指税务机关与纳税人之间因确认或实施税收法律关系而产生的纠纷。

纳税人、扣缴义务人、纳税担保人同税务机关在纳税上发生争议时，必须先依照税务机关的纳税决定缴纳或者解缴税款及滞纳金或者提供相应的担保，然后可以依法申请行政复议；对行政复议决定不服的，可以依法向人民法院起诉。

当事人对税务机关的处罚决定、强制执行措施或者税收保全措施不服的，可以依法申请行政复议，也可以依法向人民法院起诉。

当事人对税务机关的处罚决定逾期不申请行政复议也不向人民法院起诉，又不履行的，做出处罚决定的税务机关可以采取强制执行措施，或者申请人民法院强制执行。

【案例 10—12】 百汇公司成立于 1996 年，主营网站服务。在 2001 年度所得税纳税申报时，该公司与税务机关发生争议。税务机关认为，百汇公司计提的长期投资减值准备金 10 万元不得从应纳税所得额中扣除；百汇公司不同意税务机关的意见，并以此为由拒缴税款。税务机关在责令限期缴纳无效后，做出了暂停百汇公司使用发票的处罚决定。百汇公司对此处罚决定不服，于是向人民法院起诉。

问：

(1)税务机关的意见是否符合税法规定？

(2)百汇公司拒缴税款的做法是否合法？

(3)税务机关的处罚决定是否合法？

【分析】 (1)符合。纳税人计提的长期投资减值准备金，不得从应纳税所得额中扣除。

(2)违法。纳税人同税务机关在纳税上发生争议时，必须首先依照税务机关的纳税决定缴纳税款，然后才可以依法申请行政复议；对行政复议决定不服的，可以依法向人民法院起诉。

(3)合法。纳税人有违反《税收征收管理法》规定的违法行为，拒不接受税务机关处理的，税务机关可以收缴其发票或者停止向其发售发票。

六、税收法律责任

纳税人违反税法的行为与责任主要有以下几种：

(一)违反税务管理规定行为

这类行为主要有：

1. 未按照规定的期限申报办理税务登记、变更或者注销登记。

2. 未按照规定设置、保管账簿或者保管记账凭证和有关资料。

3. 未按照规定将财务、会计制度或者财务、会计处理办法和会计核算软件报送税务机关备查。

4. 未按照规定将其全部银行账号向税务机关报告。

5. 未按照规定安装、使用税控装置，或者损毁或者擅自改动税控装置。

一旦发生此类行为，由税务机关责令限期改正。逾期不改正的，可处以 2 000 元以下的罚款；情节严重的，处以 2 000 元以上 10 000 元以下的罚款。

(二)偷税、欠税、骗税、抗税行为

除追缴偷、欠、骗、抗的税款外，并处 5 倍以下罚款；构成犯罪的，由司法机关追究刑事责任。

(三)擅自决定税收的开征、停征或者减税、免税、退税、补税行为

撤销其擅自做出的决定，补征应征而未征的税款，并由上级机关追究责任人行政责任。

本章小结

1. 税收是国家为了实现其职能的需要，凭借政治权力，依照法律规定的程序对满足法定课税条件的人所征收的货币或实物。

2. 增值税是以从事商品生产、商品流通和劳务各环节的增值为征税对象的一种税。

3. 消费税是以我国境内生产、委托加工和进口应税消费品的销售额、销售数量为征收对象的一种税。

4. 个人所得税的纳税人为在中国境内有住所，或者无住所而在中国境内居住满 1 年的个人（居民纳税人），以及在中国境内无住所又不居住或者在境内居住不满 1 年但有来源于中国境内所得的个人（非居民纳税人）。

5. 企业所得税是指中国境内的企业，就其来源于中国境内外的生产、经营所得和其他所得而征收的一种税。

6. 税务登记又称纳税登记，是指纳税人在开业、歇业前或其他生产经营期间发生的重大变动，在法定期间内向主管税务机关办理书面登记的一项制度。

复习思考题

1. 简述增值税与消费税的关系。
2. 个人所得税征税对象是哪些？
3. 简述税收保全措施和强制执行措施的区别。

第十一章　市场管理法

学习目标

熟悉不正当竞争的行为；掌握生产者、销售者的产品质量义务以及消费者的权利和义务。树立维护市场经济秩序和依法维护合法权益的意识。

第一节　反不正当竞争法

一、反不正当竞争法概述

(一)不正当竞争行为

不正当竞争行为，是指经营者违反法律规定，损害其他经营者的合法权益，扰乱社会经济秩序的行为。经营者是指从事商品经营或者营利性服务的法人、其他经济组织和个人。

(二)反不正当竞争法的立法概况

反不正当竞争法是调整市场竞争过程中因规制不正当竞争行为而产生的社会关系的法律规范的总称。《中华人民共和国反不正当竞争法》(以下简称《反不正当竞争法》)于 1993 年 9 月 2 日颁布，于 1993 年 12 月 1 日起实施。其后，国家工商行政管理局针对几种特殊的不正当竞争行为，发布了相关的行政规章，包括《关于禁止公用企业限制竞争行为的若干规定》《关于禁止有奖销售活动中不正当竞争行为的若干规定》《关于禁止仿冒知名商品特有名称、包装、装潢的不正当竞争行为的若干规定》《关于禁止侵犯商业秘密行为的若干规定》《关于禁止商业贿赂行为的暂行规定》。此外，在其他法律法规中，也有涉及竞争规范的内容，如商标法、专利法、著作权法、价格法、广告法、招标投标法等。

随着我国市场经济的迅速发展，新的业态和商业模式不断涌现，原有的《反不正当竞争法》在新的领域已不再适用，为此，2017 年 11 月 4 日，第十二届全国人大常委会第三十次会议审议修订了《反不正当竞争法》；2019 年 4 月 23 日，第十三届全国人大常委会第十次会议再次修正《反不正当竞争法》。

在市场竞争中，经营者之间的不正当竞争关系及监督检查部门与市场竞争主体之间的竞争管理关系由《反不正当竞争法》调整。

二、不正当竞争行为

《反不正当竞争法》列举出 7 种行为：

（一）混淆行为

混淆行为是指经营者在市场经营活动中，以种种不实手法对自己的商品或服务做虚假表示、说明或承诺，或不当利用他人的智力劳动成果推销自己的商品或服务，使用户或者消费者产生误解，扰乱市场秩序、损害同业竞争者的利益或者消费者利益的行为。

下列行为均属于混淆行为：

1. 擅自使用与他人有一定影响的商品名称、包装、装潢等相同或者近似的标识；

2. 擅自使用他人有一定影响的企业名称（包括简称、字号等）、社会组织名称（包括简称等）、姓名（包括笔名、艺名、译名等）；

3. 擅自使用他人有一定影响的域名主体部分、网站名称、网页等；

4. 其他足以引人误认为是他人商品或者与他人存在特定联系的混淆行为。

（二）商业贿赂行为

商业贿赂是指经营者为争取交易机会，暗中给予交易对方有关人员或者其他能影响交易的相关人员财物或其他好处的行为。

经营者不得采用财物或者其他手段贿赂以谋取交易机会或者竞争优势。在账外暗中给予对方单位或者个人回扣的，以行贿论处；对方单位或者个人在账外暗中收受回扣的，以受贿论处。经营者销售或者购买商品，可以以明示方式给对方折扣，可以给中间人佣金。经营者给对方折扣、给中间人佣金的，必须如实入账。接受折扣、佣金的经营者必须如实入账。

【案例 11－1】 甲市某酒厂酿造的“蓝星”系列白酒深受当地人喜爱。甲市政府办公室发文指定该酒为“接待用酒”，要求各机关、企事业单位、社会团体在业务用餐时，饮酒应以“蓝星”系列为主。同时，酒厂公开承诺：用餐者凭市内各酒楼出具的证明，可以取得消费 100 元返还 10 元的奖励。下列关于此事的说法中不正确的是（　　）。

A. 甲市政府办公室的行为属于限制竞争行为

B. 酒厂的做法尚未构成商业贿赂行为

C. 酒厂的做法构成商业贿赂行为

D. 上级机关可以责令甲市政府改正错误

【分析】 C。商业贿赂是指经营者为争取交易机会，暗中给予交易对方有关人员和能够影响交易的其他相关人员财物或其他好处的行为。本题并非暗中给予好处。

【案例 11－2】 某经销公司购买了一批凉席，准备卖出，但凉席销路并不好。该公司经理决定用奖励的方法促销凉席，即将购买凉席的价款的 20％给予购买者。恰在此时，有一企业招待所的采购员张某来到该公司购买凉席 500 张，经双方协商，达成协议：张某所买凉席货款的 20％为该公司给张某的奖励；对于这部分“奖励”，双方均不入财务账。但该地的工商部门闻讯前来调查，认为某经销公司的行为属商业贿赂行为，没收了其非法所得，并处以相应的罚款。试问本案经销公司的行为是否属商业贿赂行为？

【分析】 属商业贿赂行为。该经销公司的“奖励”行为实际是一种账外回扣，构成了不正当竞争。所谓回扣，是指经营者销售商品时以现金、实物或者其他方式退给对方单位或者个人的一定比例的商品价款。并不是所有的回扣都构成不正当竞争行为。《反不正当竞争法》第 8 条规定：“在账外暗中给予对方单位或者个人回扣的，以行贿论处；对方单位或者个人在账外暗中收受回扣的，以受贿论处。”可见，只有在账外暗中回扣的行为，才是不正当竞争行为。而本案中某经销公司给购买凉席者的“奖励”并不入账，是一种账外回扣，是《反不正当竞争法》所禁止的不正当竞争行为。

（三）虚假宣传行为

虚假宣传行为是指经营者利用广告和其他方法，对产品的质量、性能、成分、用途、产地等所做的引人误解的不实宣传。

经营者不得利用广告和其他方法，对商品的性能、质量、功能、销售状况、用户评价、曾获荣誉等做引人误解的虚假宣传。广告的经营者不得在明知或者应知的情况下，代理、设计、制作、发布虚假广告。

【案例 11－3】 某医疗器械有限公司以"集中上课＋体验"的方式，向现场群众播放 PPT，介绍、推销由武汉某公司生产的电位治疗仪。当事人在向群众宣传的 PPT 中，声称该治疗仪具有"净化血液、改善体质""调免疫、调酸碱、调循环、调肠胃"的功能，却无法提供证据证明电位治疗仪有上述 PPT 宣传的功能及疗效。

问：某医疗器械有限公司存在哪种不正当竞争行为？

【分析】 属于虚假宣传行为。根据《反不正当竞争法》第 8 条第 1 款规定："经营者不得对其商品的性能、功能、质量、销售状况、用户评价、曾获荣誉等做虚假或者引人误解的商业宣传，欺骗、误导消费者。"本案中，某医疗器械有限公司没法证明公司宣传的治疗仪的功能和疗效，因此构成了虚假宣传的不正当竞争行为。

资料来源：腾讯网，https://new.qq.com/omn/20210203/20210203A0F11J00.html。

（四）侵犯商业秘密行为

商业秘密是指不为公众所知悉，能为权利人带来经济利益，具有实用性并经权利人采取保密措施的技术信息和经营信息等商业信息。

侵犯商业秘密行为是指以不正当手段获取、披露、使用他人商业秘密的行为。经营者不得采用下列手段侵犯商业秘密：

1. 以盗窃、贿赂、欺诈、胁迫、电子侵入或其他不正当手段获取权利人的商业秘密。

2. 披露、使用或者允许他人使用以前项手段获取的权利人的商业秘密。

3. 违反保密义务或者违反权利人有关保守商业秘密的要求，披露、使用或者允许他人使用其所掌握的商业秘密。

4. 教唆、引诱、帮助他人违反保密义务或者违反权利人有关保守商业秘密的要求，获取、披露、使用或者允许他人使用权利人的商业秘密。经营者以外的其他自然人、法人和非法人组织实施前款所列违法行为的，视为侵犯商业秘密。

第三人明知或应知上述所列违法行为，获取、使用或者披露他人的商业秘密，视为侵犯商业秘密。

【案例 11－4】 2017 年 5 月，A 公司在申请并取得专利后，决定将其研制的 S60 涡轮机（以下简称 S60 机）投入市场。同时，公司对 S60 机的设计图纸和工艺参数采取了严格的保密措施。同年 12 月，A 公司与 B 机械厂签订合同，约定由 B 厂按照 A 公司提供的图纸和工艺参数生产 S60 机，并对 A 公司提供的所有技术信息负有保密义务。

2018 年 10 月，C 公司聘请技术人员，运用"反向工程"的方法，对 S60 机进行解析、实测，按所得数据绘制了图纸。2019 年 7 月，C 公司使用 A 公司的产品说明书原文，印制"T8 型涡轮机"产品说明书并用于推销。同年 12 月，C 公司与 B 厂签订了承揽合同。

2020 年 6 月，A 公司得知 B 厂为 C 公司制造与 S60 机相同产品的情况后，以 C 公司和 B 厂为被告，向人民法院起诉。

有证据证明：B 厂为 C 公司制造的产品与 A 公司的 S60 机完全相同。C 公司自行绘制的图纸存在严重技术缺陷。生产线上使用的有C公司签章的图纸中，一部分是A公司向B厂提供的图纸的复印件。在部分图纸上，加注了以“反向工程”方法所无法取得的工艺参数。

问：

(1)A公司的哪些合法权益受到了侵犯？

(2)本案中的哪些行为侵犯了A公司的合法权益？

(3)两个被告之间在行为和责任方面的关系如何？

【分析】

(1)A公司的下列合法权益受到了侵害：

①A公司对其S60机所享有的专利权受到侵犯；

②A公司的商业秘密(S60机的设计图纸和工艺参数)受到了侵犯；

③A公司对其产品说明书享有的著作权受到了侵犯。

(2)本案中下列行为侵犯了A公司的合法权益：

①B厂违反合同约定的保密义务，泄露A公司向B厂提供的设计图纸和工艺参数，侵犯了A公司的商业秘密；

②C公司明知B厂泄露A公司商业秘密的行为，而获取并使用该商业秘密，侵犯了A公司的商业秘密；

③C公司委托B厂生产与S60机相同的产品，侵犯了A公司的专利权；

④C公司使用A公司的产品说明书原文印制“T8型涡轮机”的产品说明书，侵犯了A公司对该说明书的著作权。

(3)两个被告之间在行为和责任方面的关系如下：

①B厂泄露商业秘密的行为既违反合同约定，又侵犯了A公司的商业秘密，属于违约行为与侵权行为的竞合，如果A公司选择要求B厂承担违约责任，则B厂应当承担违约责任；同时，A公司可请求C公司承担侵犯其商业秘密的侵权责任。如果A公司选择要求B厂承担侵犯商业秘密的侵权责任，则B厂与C公司构成共同侵犯商业秘密的行为，应当承担连带责任。

②B厂与C公司共同侵犯A公司的专利权，应当承担连带责任。

③C公司应对自己侵犯A公司著作权的侵权行为承担责任。

(五)不正当有奖销售行为

不正当有奖销售是指经营者在销售商品或提供服务时，以提供奖励(包括金钱、实物、附加服务等)为名，实际上采取欺骗或者其他不当手段损害用户、消费者的利益，或者损害其他经营者合法权益的行为。

禁止以下列方式进行有奖销售：

1. 所设奖的种类、兑奖条件、奖金金额或者奖品等有奖销售信息不明确，影响兑奖。

2. 采用谎称有奖或者故意让内定人员中奖的欺骗方式进行有奖销售。

3. 抽奖式的有奖销售，最高奖的金额超过50 000元(以非现金的物品或者其他经济利益作为奖励的，按照同期市场同类商品或者服务的正常价格折算其金额)。

【案例11—5】 以下几种有奖销售的方式不符合法律规定的有(　　)。

A. 甲商场为促销，设立一等奖1名，奖金为5 000元；二等奖2名，奖金为3 000元；三等奖3名，奖金为1 000元，总奖金额为14 000元的抽奖式有奖销售

B. 丁商场宣布了一项抽奖式的有奖销售计划，但只有一个奖，奖金为60 000元，另外加送一个价值100元的充电宝。

C. 乙商场宣布了一项总奖金额为1亿元，但最高奖仅为5元的有奖销售计划

D. 丙商场有一款低档彩电一直无人问津，于是丙商场采用有奖销售的方式，宣布最高奖金为10万元，这引起消费者的抢购，最终丙商场以每台均高于高档彩电的价格把这批低档彩电销售完

【分析】 BD。抽奖式的有奖销售，最高奖的金额超过50 000元（以非现金的物品或者其他经济利益作为奖励的，按照同期市场同类商品或者服务的正常价格折算其金额）。

【案例11—6】 某公司在销售"春江天玺阁"楼盘项目时策划实施了"玺悦上新，买房抽宝马"有奖销售活动，并通过朋友圈及其开发的小程序"龙湖U享家"等平台宣传推广。经核实，宝马3系官方最低配置价格为29.39万元，可折抵10万元购房首付款；同时，当事人在没有客户抽中宝马3系首付款大奖的情况下，对外发布了"玺悦831月末冲刺季，宝马大奖新鲜出炉"的软文，以虚假的中奖结果欺骗、误导消费者。

问：某公司的有奖销售行为存在哪些违法行为？

【分析】 第一，根据《中华人民共和国反不正当竞争法》第10条的规定："抽奖式的有奖销售，最高奖的金额超过5万元"，本案中，当事人策划实施"买房抽宝马"有奖销售活动的精品为宝马3系，官方最低配置价格为29.39万元，远高于法律规定的最高奖限额，因此其销售行为构成不正当有奖销售行为。第二，当事人虚假宣传"……某业主赢得宝马首付款大奖"，违反了《反不正当竞争法》第8条的规定，因此构成了虚假宣传行为。

资料来源：腾讯网，https://new.qq.com/omn/20210203/20210203A0F11J00.html。

（六）诋毁商誉行为

诋毁商誉行为是指经营者捏造、传播虚假信息或误导性信息，损害竞争对手的商业信誉、商品声誉，从而削弱其竞争力的行为。

【案例11—7】 某电器销售公司甲与某电视机厂乙因货款纠纷而产生隔阂，甲不再经销乙的产品。当客户询问甲的营业人员是否有乙厂的电视机时，营业人员故意说道："乙厂的电视机质量不好，价格又贵，所以我们不再卖他们的产品了。"下列有关该事例的表述中正确的是（　）。

A. 甲侵犯了乙的名誉权

B. 甲的行为属于诋毁乙的商业信誉的不正当竞争行为

C. 甲的行为因未通过宣传媒介诋毁乙的商业信誉，故不构成诋毁商业信誉

D. 甲侵犯了乙的荣誉权

【分析】 B。经营者不得捏造、散布虚伪事实，损害竞争对手的商业信誉、商品声誉。A项所指的是名誉权，D项中所说到的荣誉权，都为自然人所专有，企业称为商誉权。

（七）网络不正当竞争行为

网络不正当竞争法是指经营者利用互联网技术手段，通过影响用户选择或者其他方式，妨碍、破坏其他经营者合法提供的网络产品或服务正常运行的行为。经营者利用网络从事生产经营活动，应当遵守《反不正当竞争法》的各项规定。经营者不得利用技术手段，通过影响用户选择或者其他方式，实施下列妨碍、破坏其他经营者合法提供的网络产品或者服务正常运行的行为：

1. 未经其他经营者同意，在其合法提供的网络产品或者服务中，插入链接、强制跳转目标；

2. 误导、欺骗、强迫用户修改、关闭、卸载其他经营者合法提供的网络产品或者服务；

3. 恶意对其他经营者合法提供的网络产品或者服务实施不兼容；

4. 其他妨碍、破坏其他经营者合法提供的网络产品或者服务正常运行的行为。

【案例 11—8】 赣州某公司梅州分公司为更好地拓展梅州城区的外卖业务，对上线其他外卖平台网络订餐平台的多平台商户，利用后台管理软件实施限制措施，具体限制措施有：在用餐高峰期缩小商户配送范围等手段，并通过告知要求等方式强迫入驻商户下线、关闭、卸载其他外卖平台网络订餐平台合法提供的网络服务。

问：该公司是否存在网络不正当竞争行为？

【分析】 是。根据《反不正当竞争法》第 12 条第 2 款规定：经营者不得利用技术手段，通过影响用户选择或者其他方式，实施妨碍、破坏其他经营者合法提供的网络产品或者服务正常运行的行为，其中第 2 项不正当竞争行为为“误导、欺骗、强迫用户修改、关闭、卸载其他经营者合法提供的网络产品或者服务”。本案中，该公司利用其后台管理软件实施了限制措施，构成了实施互联网新型不正当竞争行为。

资料来源：腾讯网，https://new.qq.com/omn/20210203/20210203A0F11J00.html。

三、不正当竞争行为的监督与检查

（一）监督检查部门

在我国，有权监督检查不正当竞争行为的部门主要有县级以上人民政府工商行政管理部门和法律、行政法律规定的其他部门。所谓其他部门，主要指与市场管理有关的其他行政职能部门，如质量技术监督部门、物价部门、食品卫生行政管理部门等。同时，国家鼓励、支持和保护一切组织和个人对不正当竞争行为进行社会监督。

（二）监督检查部门的职权

1. 进入涉嫌不正当竞争行为的经营场所检查；

2. 询问被调查的经营者、利害关系人及其他有关单位、个人，要求其说明有关情况或者提供与被调查行为有关的其他资料；

3. 查询、复制与涉嫌不正当竞争行为有关的协议、账簿、单据、文件、记录、业务函电和其他资料；

4. 查封、扣押与涉嫌不正当竞争行为有关的财物；

5. 查询涉嫌不正当竞争行为的经营者的银行账户。

四、不正当竞争行为的法律责任

《反不正当竞争法》第四章专章规定了违反该法的法律责任，包括民事责任、行政责任、刑事责任三种。

（一）民事责任

经营者违反《反不正当竞争法》禁止的任何违法行为，对被侵害的经营者造成损害的，应承担损害赔偿责任；并且应承担被侵害的经营者因调查该经营者侵害其合法权益的不正当竞争行为所支付的合理费用。

（二）行政责任

《反不正当竞争法》几乎对每一种不正当竞争行为都规定了制裁措施。这些行政制裁措施归纳起来有：(1)责令停止违法行为，消除影响；(2)没收违法所得；(3)罚款；(4)吊销营业执照；(5)责令改正；(6)给予行政处分。

（三）刑事责任

我国《反不正当竞争法》对下列三种行为，即商标侵权行为、销售伪劣商品行为、商业贿赂行为可以追究刑事责任。此外，广告法、价格法、招标投标法中也有刑事制裁的规定。刑法也将侵犯商业秘密犯罪作为罪行之一予以制裁。

第二节　产品质量法

一、产品质量法概述

（一）产品质量法概念及立法概况

产品质量法是调整产品质量监督管理关系和产品质量责任关系的法律规范的总称。广义的产品质量法包括所有调整产品质量及产品责任关系的法律、法规。通常所说的产品质量法是指狭义的产品质量法，即《中华人民共和国产品质量法》（以下简称《产品质量法》）。

《产品质量法》于 1993 年 2 月 22 日七届全国人大常委会第三十次会议讨论通过，自 1993 年 9 月 1 日起施行，经 2000 年、2009 年、2018 年修订。

（二）《产品质量法》的调整对象及其法律关系

在我国境内从事产品生产、销售活动的企业、其他组织和个人（包括外国人）均必须遵守《产品质量法》。《产品质量法》调整的法律关系包括以下三个方面：

1. 产品质量监督管理关系，即各级技术质量监督部门、工商行政管理部门在产品质量的监督检查、行使行政惩罚权时与市场经营主体所发生的法律关系。

2. 产品质量责任关系，即因产品质量问题引起的消费者与生产者、销售者之间的法律关系，包括因产品缺陷导致的人身、财产损害在生产者、销售者、消费者之间所产生的损害赔偿法律关系。

3. 产品质量检验、认证关系，即因中介服务所产生的中介机构与市场经营主体之间的法律关系，因产品质量检验和认证不实损害消费者利益而产生的法律关系。

【案例 11－9】 依照《产品质量法》的规定，下列属于该法所称的产品的是（　　）。

A. 芝麻油　　B. 大坝　　C. 冰毒　　D. 电力

【分析】 A。《产品质量法》规定的产品是指经过加工、制作，用于销售的产品。建设工程不属于该法规定的产品；但是，建设工程使用的建筑材料、建筑构配件和设备，属于产品。所以，大坝属于建设工程，不适用《产品质量法》的规定。但是新《产品质量法》规定“建筑工程使用的建筑材料、建筑构配件和设备，属于前款规定的产品范围的，适用本法规定”。

冰毒属于违禁品，电力不属于经过加工制作的产品，只有 A 项属于法律中规定的经过加工、制作，用于销售的产品范畴。

二、产品质量的监督

（一）产品质量行政监督

1. 产品质量行政监督

(1)产品质量行政监督部门

国家及地方各级市场监督管理局分别负责全国和本行政区域内产品质量监督工作。有关部门，如各级卫生行政部门、劳动部门、商品检验部门等，依相关法律授予各自的职权，对某些特定产品的质量进行监督管理。

(2)质量监督部门的职权

县级以上产品质量监督部门根据已经取得的违法嫌疑证据或者举报,查处涉嫌违反《产品质量法》规定的行为时,可以行使下列职权:

①对当事人涉嫌从事违反《产品质量法》的生产、销售活动的场所实施现场检查;

②向当事人的法定代表人、主要负责人和其他有关人员调查、了解与涉嫌从事违反《产品质量法》的生产、销售活动有关的情况;

③查阅、复制当事人有关的合同、发票、账簿以及其他有关资料;

④对有根据认为不符合保障人体健康和人身、财产安全的国家标准、行业标准的产品或者有其他严重质量问题的产品,以及直接用于生产、销售该项产品的原辅材料、包装物、生产工具,予以查封或者扣押。

2. 产品质量监督制度的主要内容

(1)产品质量抽查制度

抽查的重点,是可能危及人体健康和人身、财产安全的产品,影响国计民生的重要工业产品以及消费者、有关组织反映有质量问题的产品。

抽查的样品应当在待销产品中随机抽取;不得向被检查人收取检验费用,抽取样品的数量也不得超过检验的合理需要。生产者、销售者对抽查结果有异议的,可以在规定的时间内向监督抽查部门或者上级产品质量监督部门申请复检。国家监督抽查的产品,地方不得另行重复抽查;上级监督抽查的产品,下级不得另行重复抽查。

(2)质量状况信息发布制度

国务院和省、自治区、直辖市人民政府的产品质量监督部门应当定期发布其监督抽查的产品的质量状况公告。

(3)企业质量体系认证制度及产品质量认证制度

企业质量体系认证是由独立的认证机构对企业的质量保证和质量管理能力所做的综合评定,它是由企业自愿申请,由认证机构依据国家颁布的标准依法进行的(该标准与国际通用的ISO9000《质量管理与质量保证》系列标准等同)。

产品质量认证是依据产品标准和相应的技术要求,由独立的认证机构确认某一产品符合相应标准和相应技术要求的活动。对于认证合格的企业和产品,认证机构发给相应的标志和证书,企业可在产品标识、包装或广告宣传中使用。

(二)产品质量的社会监督

1. 公民个人的监督权

消费者有权查询产品质量问题,有权向产品质量监督部门及有关部门申诉。

2. 社会组织的监督权

保护消费者权益的社会组织可以就消费者反映的产品质量问题建议有关部门负责处理,支持消费者对因产品质量造成的损害向人民法院起诉。

3. 公众的检举权

任何单位和个人有权对违反《产品质量法》规定的行为,向产品质量监督部门或者其他有关部门检举,产品质量监督部门和有关部门应当为检举人保密,并按照规定给予奖励。

(三)产品质量检验、认证机构

1. 产品质量检验机构

它是指专门承担产品质量检验工作的法定技术机构。其分为两类：一类是依法设置的县级以上政府技术监督部门所属的产品质量检验所；另一类是经授权依法从事产品质量检验的机构，如由省级以上技术监督部门授权的国家级产品质量监督检验中心、产品质量监督检验站等。

2. 产品质量认证机构

我国的产品质量认证是由专门的认证委员会完成的。认证委员会在国务院标准化行政主管部门统一管理下，以独立于生产者、销售者的第三方身份开展认证活动。

3. 对产品质量检验、认证机构的基本要求

(1)从事产品质量检验、认证的社会中介机构必须依法设立，不得与行政机关和其他国家机关存在隶属关系或者其他利益关系。

(2)产品质量检验机构必须具备相应的检测条件和能力，经省级以上人民政府产品质量监督部门或者其授权的部门考核合格后，方能承担产品质量检验工作。

(3)产品质量检验、认证机构必须依法按照有关标准，客观、公正地出具检验结果或者认证证明。认证机构还应对准许使用认证标志的产品进行认证后的跟踪检查，对不符合标准的，可要求其改正；情节严重的，取消其使用认证标志的资格。

三、生产者、经营者的产品质量义务

(一)生产者的产品质量义务

生产者的义务包括作为的义务和不作为的义务。

1. 作为的义务

(1)对产品质量的要求

①不存在危及人身、财产安全的不合理危险，有国家标准、行业标准的应当符合该标准；

②具备产品应当具备的使用性能，但是对产品存在使用性能的瑕疵做出说明的除外；

③符合在产品或者其包装上注明采用的产品标准，符合以产品说明、实物样品的方式表明的质量状况。

(2)对包装及产品标识的要求

①特殊产品(如易碎、易燃、易爆的物品，有毒、有腐蚀性、有放射性的物品，其他危险物品，储运中不能倒置和有其他特殊要求的产品)的标识、包装质量必须符合相应的要求，依照规定做出警示标志或者中文警示说明。

②普通产品应有产品质量检验的合格证明，有中文标明的产品名称、生产厂的厂名和地址；根据需要标明产品规格、等级、主要成分；限期使用的产品应标明生产日期和安全使用期或者失效日期；产品本身易坏或者可能危及人身、财产安全的产品，有警示标志或者中文警示说明。

【案例 11—10】　下列产品的包装不符合《产品质量法》要求的是(　　)。

A. 某商场销售的“三星”彩电只有韩文和英文的说明书

B. 某厂生产的火腿肠没有标明厂址

C. 某厂生产的香烟上没有标明“吸烟有害身体健康”

D. 某厂生产的瓶装葡萄酒没有标明酒精度

【分析】　ABCD。

2. 不作为的义务

(1)不得生产国家明令淘汰的产品；

(2)不得伪造产地,不得伪造或者冒用他人的厂名、厂址;

(3)不得伪造或者冒用认证标志、名优标志等质量标志;

(4)不得掺杂、掺假,不得以假充真、以次充好,不得以不合格产品冒充合格产品。

【案例 11—11】 某酒厂用食用酒精勾兑制成白酒,使用本厂酿制的粮食白酒"幸福特曲"的包装及标贴向社会销售。该种勾兑制成的白酒,卫生指标符合国家标准,每瓶售价仅为"幸福特曲"的 1/4,销售状况甚好。对该厂的上述做法应如何定性?( )

A. 属于以假充真行为

B. 有关指标符合国家标准,不属于以假充真行为

C. 与"幸福特曲"差价显著,不属于以假充真行为

D. 国家允许生产代粮白酒,不属于以假充真行为

【分析】 A。以假充真是指生产者或者销售者为了牟取利润,用其他产品冒充此产品的行为。

(二)销售者的产品质量义务

1. 进货验收义务。

2. 保持产品质量的义务。销售者应保持产品质量,防止产品变质、腐烂,丧失或降低使用性能等。

3. 有关产品标识的义务。销售者应保证产品标识符合《产品质量法》对产品标识的要求,符合进货时验收的状态,不得更改、覆盖、涂抹产品标识。

4. 不得违反禁止性规范。销售者不得为下列行为:

(1)不得销售国家明令淘汰并停止销售的产品和失效、变质的产品;

(2)不得伪造产地,不得伪造或者冒用他人的厂名、厂址;

(3)不得伪造或者冒用认证标志、名优标志等质量标志;

(4)不得掺杂、掺假,不得以假充真、以次充好,不得以不合格产品冒充合格产品。

四、产品质量法律责任

产品质量责任分为民事责任、行政责任和刑事责任。

(一)民事责任

产品质量的民事责任,主要是因有缺陷产品造成损害的侵权的民事责任。

1. 销售者的瑕疵担保责任

它是指销售者违反对产品质量所做的承诺或保证所应当承担的责任。该责任为合同责任。销售者出售的产品有以下情形的,应承担责任:

(1)不具备产品应当具备的使用性能而事先未做说明的;

(2)不符合在产品或者其包装上注明采用的产品标准的;

(3)不符合以产品说明、实物样品等方式表明的质量状况的。

销售者的瑕疵担保责任的责任形式有修理、更换、退换、赔偿损失等。

销售者承担责任后,若能证明是属于生产者或供货者责任的,有权向生产者、供货者追偿。

2. 生产者、销售者的产品责任

产品责任即产品侵权损害赔偿责任,是指生产者、销售者由于产品缺陷造成消费者、使用者或者其他受害人人身、财产损害,依法应承担的损害赔偿的责任。

(1)产品责任的归责原则

生产者适用严格责任原则，销售者则适用过错责任原则。

生产者承担严格责任，指的是只要存在产品缺陷，有产品造成损害的事实，该产品的生产者就要承担产品责任，而无论生产者处于什么样的主观心理状态。

但生产者若能证明有下列情形之一的，不承担赔偿责任：

①未将产品投入流通的；

②产品投入流通时，引起损害的缺陷尚不存在的；

③将产品投入流通时的科学技术水平尚不能发现缺陷的存在的。

销售者适用过错责任原则。由于销售者的过错使产品存在缺陷，造成人身、他人财产损害的，销售者应当承担赔偿责任。但销售者如果能够证明自己没有过错，则不必承担赔偿责任。销售者不能指明缺陷产品的生产者也不能指明缺陷产品的供货者的，应当承担赔偿责任。可见这里的过错是一种推定过错，销售者负有举证责任，否则不能免除赔偿责任。

【案例 11－12】 因产品存在缺陷造成人身、缺陷产品以外的其他财产损害的，生产者不承担产品责任的情形是(　　)。

A. 产品刚生产出来后，检验过程中产品致使检验员受伤，经查，该产品存在严重缺陷

B. 手机原配充电器坏了，另外买了一个万能充电器，但在使用万能充电器充电时，手机电池爆炸，致使家居受损。经查，该手机原配充电器型号比较特殊，与一般充电器输出电压不一样

C. 产品是按国家标准组织生产并达到标准要求的

D. 产品投入流通时的科技水平尚不能发现缺陷存在的

【分析】 ABD。A 项，生产者承担工伤赔偿等责任，不承担产品责任；B 项，产品并没有质量问题；C 项，并不能免除产品责任。

【案例 11－13】 刘某伙同王某从某电扇厂仓库盗窃未经检验的轮船用小型电扇两台，两人各分得一台。刘某将电扇以 60 元的价格卖给高某。高某在使用时，被飞出的扇叶削掉半截左耳。高某以扇叶和保护网设计及制造有瑕疵为由向电扇厂提出索赔。

问：高某是否有权向电扇厂索赔？其法律依据是什么？

【分析】 无权要求赔偿。虽然电扇厂的产品存在缺陷，但《产品质量法》规定：未将产品正式投入流通的，生产者对缺陷产品造成的人身、财产损害不承担赔偿责任。

(2)损害赔偿

因产品存在缺陷造成人身、他人财产损害的，受害人可以向产品的生产者要求赔偿，也可以向产品的销售者要求赔偿。属于产品的生产者的责任，产品的销售者赔偿后，有权向产品的生产者追偿。属于产品的销售者的责任，产品的生产者赔偿后，有权向产品的销售者追偿。

①人身伤害的赔偿范围

《产品质量法》规定的人身伤害的赔偿范围与《消费者权益保护法》完全一致。具体分为以下三种情况：

第一，产品缺陷造成受害人人身伤害的，侵害人应当赔偿医疗费、治疗期间的护理费、因误工减少的收入等费用；

第二，造成残疾的，还应支付残疾者的生活自助具费、生活补助费、残疾赔偿金，由其抚养的人所必需的生活费等；

第三，造成受害人死亡的，并应当支付丧葬费、死亡赔偿金、由死者生前抚养的人所必需的生活费等。

②财产损害的赔偿范围

对于因产品缺陷造成受害人财产损失的，侵害人应当恢复原状或者折价赔偿；受害人因此遭受重大损失的，侵害人应当赔偿损失。

(3)产品责任的诉讼时效

因产品存在缺陷造成损害要求赔偿的诉讼时效期间为2年，自当事人知道或者应当知道其权益受到损害时起计算。

因产品存在缺陷造成损害要求赔偿的请求权，在造成损害的缺陷产品交付最初用户、消费者满10年丧失；但是，尚未超过明示的安全使用期的除外。

【案例11－14】 陈某到一饭店就餐，饭店服务人员韩某在给煤气炉点火时，煤气炉突然爆炸，陈某、韩某及邻座顾客吕某均被炸伤。经查，煤气炉系甲厂生产，质量存在严重缺陷。下列有关表述中正确的是(　　)。

A. 陈某既可以要求甲厂承担赔偿责任，也可以要求饭店承担赔偿责任

B. 韩某只能依劳动合同关系要求饭店赔偿损失

C. 吕某可以要求甲厂承担赔偿责任

D. 向甲厂要求赔偿的诉讼时效为1年，自身体受到伤害之日起计算

【分析】 AC。因产品存在缺陷造成人身、他人财产损害的，受害人可以向产品的生产者要求赔偿，也可以向产品的销售者要求赔偿。

(二)行政责任

1. 生产者、销售者违反《产品质量法》应当受行政处罚的行为

(1)生产、销售不符合保障人体健康，人身、财产安全的国家标准、行业标准的产品的；

(2)在产品中掺杂、掺假，以假充真，以次充好，或者以不合格产品冒充合格产品的；

(3)生产国家明令淘汰的产品、销售国家明令淘汰并停止销售的产品的；

(4)销售失效、变质产品的；伪造产地，冒用他人厂名、厂址，伪造或者冒用各种质量标志的；

(5)使用的产品标识不符合《产品质量法》规定的；

(6)拒绝接受依法监督检查产品质量的；

(7)隐匿、转移、变卖、损毁被依法查封、扣押的物品的。

2. 行政处罚的种类

行政处罚的种类包括责令停止违法行为、没收违法所得、罚款、吊销营业执照。

没收的对象除违法生产、销售的产品和违法所得外，对生产者专门用于生产假冒伪劣产品、不合格产品的原辅材料、包装物、生产工具应予没收。

罚款的幅度最高可达违法生产、销售产品货值金额的3倍。

应当承担民事赔偿责任和缴纳罚款、罚金的，其财产不足以同时支付时，先承担民事赔偿责任。

(三)刑事责任

生产、销售不符合保障人体健康和人身、财产安全的国家标准、行业标准产品，或者在产品中掺杂、掺假，以假充真、以次充好，或者以不合格产品冒充合格产品，销售失效、变质产品等行为，构成犯罪的，依法追究刑事责任。具体参见《中华人民共和国刑法》分则第三章第一节的规定。

第三节　消费者权益保护法

一、消费者权益保护法概述

(一)消费者权益保护法的概念及立法概况

消费者权益保护法是调整在保护公民消费权益过程中所产生的社会关系的法律规范的总称。

《中华人民共和国消费者权益保护法》(下称《消费者权益保护法》)于1993年10月31日颁布、1994年1月1日起施行,经2009年和2013年两次修订。2015年1月5日,国家工商行政管理总局发布了《侵害消费者权益行为处罚办法》(自2015年3月15日起施行)。为保障《消费者权益保护法》7日无理由退货规定的实施,保护消费者合法权益,促进电子商务健康发展,2017年1月6日国家工商行政管理总局发布了《网络购买商品七日无理由退货暂行办法》,自2017年3月15日起施行。

所谓消费者,是指为个人生活消费需要购买、使用商品和接受服务的自然人。从事消费活动的社会组织、企事业单位不属于《消费者权益保护法》意义上的"消费者"。

(二)消费者权益保护法的适用对象

1. 消费者为生活消费需要购买、使用商品或者接受服务的,适用《消费者权益保护法》;

2. 农民购买、使用直接用于农业生产的生产资料时,参照《消费者权益保护法》执行;

3. 经营者为消费者提供其生产、销售的商品或者提供服务,适用《消费者权益保护法》。

【案例11－15】 农民万某从某种子站购买了五种农作物良种,正常耕种后有三种农作物减产40%。经鉴定,这三种种子部分属于假良种。对此,下列选项中不正确的是(　　)。

A. 万某可以向消费者协会投诉

B. 万某只能要求种子站退还购良种款

C. 万某可以要求种子站赔偿减产损失

D. 万某可以向当地工商管理部门举报要求对种子站进行罚款

【分析】 B。

二、消费者的权利

消费者的权利是指在消费活动中,消费者依法享有的各项权利的总和。消费者享有以下9项权利。

(一)安全保障权

在购买、使用商品和接受服务时,消费者享有人身、财产安全不受损害的权利。

(二)知悉真情权

消费者享有知悉其购买、使用的商品或者接受的服务的真实情况的权利。

【案例11－16】 近半年来,庞先生发现自家住宅电话费奇高,于是便向电信部门查询。电信部门出具了长途电话明细清单。庞先生要求查看区内通话明细清单,却遭拒绝,理由是市话收费采用的是复式计次法,即电脑只记录通话次数,而不记录主叫号码、被叫号码和通话时间。

问:电信部门在市话收费中不向消费者出具明细清单是否合法?

【分析】 不合法。本案涉及消费者的知情权。

《消费者权益保护法》第8条规定:"消费者享有知悉其购买、使用的商品或者接受的服务的真实情况的权利。消费者有权根据商品或者服务的不同情况,要求经营者提供商品的价格、产地、生产者、用途、性能、规格、等级、主要成分、生产日期、有效期限、检验合格证明、使用方法说明书、售后服务,或者服务的内容、规格、费用等有关情况。"这一规定表明了消费者的知悉真情权,即消费者在购买、使用商品或者接受服务时,知悉商品真实情况和服务真实情况的权利。消费者根据自己的知悉真情权,有权要求经营者按照法律法规规定的方式表明商品或者服务的真实情况,消费者在购买、使用商品或者接受服务时,有权询问和了解商品或者服务的有关情况。在住宅电话消费中,消费者了解话费的详细情况就是行使自己在电信消费方面的知情权,电信部门有责任向消费者说明服务的一切真实情况,有义务回答消费者对收费明细内容的询问。

(三)自主选择权

消费者享有自主选择商品或服务的权利,具体包括:

(1)有权自主选择提供商品或者服务的经营者;

(2)有权自主选择商品品种或者服务方式;

(3)有权自主决定是否购买任何一种商品或是否接受任何一项服务;

(4)有权比较、鉴别和选择商品或服务。

【案例11—17】 2020年1月,在某时装店内,当地某厂的3名女工来买鞋。其中一名女工让女营业员拿出一双价值280元的女鞋试穿,试穿后觉得不理想,准备离开。这时营业员将她拦住说,不能只试穿,要么将这双鞋买了,要么得给20元的试穿费,否则不许离开店堂。无奈,另外两名女工离开时装店找到区消协投诉。区消协同志到达该店后,两名营业员仍然态度蛮横,扣住那名试鞋女工长达1个多小时。

问:时装店侵犯了女工的什么权利?

【分析】 (1)时装店侵犯了消费者的自主选择权。

《消费者权益保护法》第9条明确规定:"消费者享有自主选择商品或者服务的权利,消费者有权自主选择商品或服务的经营者,自主选择商品品种或者服务方式,自主决定购买或者不购买任何一件商品、接受或不接受任何一项服务。消费者在自主选择商品或者服务时,有权进行比较、鉴别和挑选。"消费者自主决定买与不买,可时装店却在顾客不愿购买商品时非要顾客付20元试穿费。这很显然侵犯了消费者的自主选择权。

(2)时装店侵犯了消费者的人身自由。

《消费者权益保护法》第25条规定,经营者不得侮辱、诽谤消费者,不得搜查消费者的身体及其携带的物品,不得侵犯消费者的人身自由,而本案中的时装店在消费者拒绝其无理要求后,竟强行扣留顾客,不让其离开商店。这显然侵犯了消费者的人身自由。

(四)公平交易权

公平交易权体现在两个方面:

1. 交易条件公平。即消费者在购买商品或接受服务时,有权获得质量保证、价格合理、计量正确等公平交易条件。

2. 不得强制交易。消费者有权按照真实意愿从事交易活动。

【案例11—18】 2018年3月29日,在郑州市某中专读二年级的17岁女孩张亚和同学19岁女孩袁莉莉(均为化名)一起到二七广场逛街。下午2:00,两人逛到二七路的正弘大厦附近,看到旁边的保罗国际美容美发(河南)有限公司(以下简称保罗国际)的橱窗玻璃上贴着"洗剪吹38元"的字样,便走了进去。进门后,张亚问店员剪发需要多长时间,店员回答只需1个小时。洗完头后,店员称二人的发质不好,不停地推荐护发产品,并向其出示了消费单。看到账单上只有3个项目,分别是洗剪吹38元、洗发用品60元和护发用品60元后,两人在上面签了字,开始剪发。让两个女孩没想到的是,剪完头发,已是下午6:00,所用的时间大大超出了店员此前所说的1个小时。更让她们吃惊的是,结账时,收银员报出了"每人6 000元,一共1.2万元"的天价!看见二人惊讶的表情,一名店员赶紧上前推荐说,只要办理一张该店的会员卡,就可以享受5折的优惠折扣。但是,每张会员卡至少要一次性充值9 800元,剩余的钱将存在卡里。两人身上只有区区几百元,只好掏出手机向同学求援。当晚10:30,几十名同学各自拿出几百元的生活费,凑够9 800元送到了店里,张亚和袁莉莉才得以脱身。

问:保罗国际侵犯了消费者的什么权利?

【分析】 侵犯了消费者的公平交易权。消费者在购买商品或接受服务时,有权获得质量保证、价格合理、计量正确等公平交易条件。

(五)求偿权

求偿权,即获得赔偿权,消费者因购买、使用商品或者接受服务受到人身、财产损害的,享有依法获得赔偿的权利。

享有求偿权的主体包括:(1)商品的购买者、使用者;(2)服务的接受者;(3)第三人,指消费者之外的因某种原因在事故发生现场而受到损害的人。

求偿的内容包括:(1)人身损害的赔偿,无论是生命健康还是精神方面的损害均可要求赔偿;(2)财产损害的赔偿,包括直接损失及可得利益的损失。

(六)结社权

消费者享有依法成立维护自身合法权益的社会团体的权利。如消费者协会的成立。

(七)获得相关知识权

消费者享有获得有关消费和消费者权益保护方面的知识的权利。消费知识主要是指有关商品和服务的知识;消费者权益保护知识主要是指有关消费者权益保护方面及权益受到损害时如何有效解决方面的法律知识。

(八)受尊重权

消费者在购买、使用商品和接受服务时,享有其人格尊严、民族风俗习惯得到尊重的权利。

(九)监督批评权

消费者享有监督商品和服务以及保护消费者权益工作的权利。

监督权表现在以下几个方面:

一是有权监督经营者的商品和服务,在权利受到侵害时有权提出检举或控告;

二是有权监督国家机关及工作人员,对其在保护消费者权益工作中的违法失职行为进行检举、控告;

三是表现为对消费者权益工作的批评、建议权。

三、经营者的义务

在消费法律关系中,消费者的权利就是经营者的义务。《消费者权益保护法》不仅专章规定了消费者的权利,还专章规定了经营者的义务。

(一)履行法定义务及约定义务

经营者向消费者提供商品和服务,应依照法律、法规的规定履行义务。双方有约定的,应按照约定履行义务。

(二)接受监督的义务

经营者应当听取消费者对其提供的商品或服务的意见,接受消费者的监督。

(三)保证商品和服务安全的义务

经营者应当保证其提供的商品或服务符合保障人身、财产安全的要求。

(四)提供真实信息的义务

经营者应当向消费者提供有关商品和服务的真实信息,不得做令人误解的虚假宣传。商店提供商品应明码标价。

(五)标明真实名称和标记的义务

经营者应当标明其真实名称和标记。租赁他人柜台或者场地的经营者,应当标明其真实名称和标记。

(六)出具凭证或单据的义务

经营者提供商品或者服务,应按照国家规定或商业惯例向消费者出具购货凭证或者服务单据;消费者索要购货凭证或者单据的,经营者必须出具。

(七)保证质量的义务

经营者有义务保证商品和服务的质量。

首先,经营者应当保证在正常使用商品或者接受服务的情况下其提供的商品或者服务应当具有的质量、性能、用途和有效期限;但消费者在购买该商品或者接受服务前已经知道其存在瑕疵的除外。

其次,经营者以广告、产品说明、实物样品或者其他方式表明商品或者服务的质量状况的,应当保证提供的商品或者服务的实际质量与表明的质量状况相符。

(八)履行"三包"或其他责任的义务

经营者提供商品或者服务,按照国家规定或者与消费者的约定,承担包修、包换、包退或者其他责任的,应当按照规定或者约定履行。国家对少数商品(主要是涉及大多数消费者利益及关系人身、财产安全的商品)实行"三包"。

(九)不得单方做出对消费者不利规定的义务

经营者的格式合同、通知、声明、店堂告示等含有对消费者不公平、不合理规定的,或者减轻、免除其损害消费者合法权益应当承担的民事责任的,其内容无效。

(十)不得侵犯消费者人格权的义务

经营者不得侮辱、诽谤消费者,不得搜查消费者的身体及其携带的物品,不得侵犯消费者的人身自由。

【案例 11-19】 经营者下列行为中未违反《消费者权益保护法》规定的义务的是(　　)。

A. 店堂告示"商品一旦售出概不退换"

B. 店堂告示"未成年人须由成人陪伴方可入内"

C. 顾客购买两条毛巾索要发票,经营者以"小额商品,不开发票"为由加以拒绝

D. 出售蛋类食品的价格经常变化

【分析】 D。根据《消费者权益保护法》第 26 条,经营者不得以格式合同、通知、声明、店堂告示等方式做出对消费者不公平、不合理的规定,或者减轻、免除其损害消费者合法权益应当承担的民事责任。格式合同、通知、声明、店堂告示等含有前款所列内容的,其内容无效,因此 A、B 项错误。根据第 21 条,经营者提供商品或者服务,应当按照国家有关规定或者商业惯

例向消费者出具购货凭证或者服务单据；消费者索要购货凭证或者服务单据的，经营者必须出具。开具发票与否与购物金额大小没有关系，因此C项不对。根据《消费者权益保护法》，商店提供商品应当明码标价。商品价格根据市场变化而改变并没有与法律规定不符，因此D项正确。

四、争议的解决

（一）争议解决的途径

消费者和经营者发生消费者权益争议的，可以通过下列途径解决：

1. 与经营者协商和解。

2. 请求消费者协会调解或依法成立的其他调解组织调解。消费者协会有以下7项法定职能：

（1）向消费者提供消费信息和咨询服务，引导节约资源和保护环境的消费方式，提高消费者维护自身权益的能力；

（2）参与制定有关消费者权益的法律、法规、规制和强制性标准；

（3）参与有关部门对商品和服务的监督、检查；

（4）就有关消费者合法权益的问题，向有关行政部门反映、查询、提出建议；

（5）受理消费者的投诉，并调查、调解投诉事项；

（6）投诉事项涉及商品和服务质量问题的，可以提请具备资格的鉴定人鉴定，鉴定人应当告知鉴定意见；

（7）对损害消费者合法权益的行为，通过大众传播媒介予以揭露、批评。

3. 向有关行政部门申诉。消费者可根据具体情况，向不同的行政职能部门，如物价部门、工商行政管理部门等提出申诉。

4. 提请仲裁。前提是双方必须订有书面仲裁协议（或书面仲裁条款）。

5. 向人民法院提起诉讼。

（二）几项特定规则

1. 销售者的先行赔付义务

消费者在购买、使用商品时，其合法权益受到损害的，可以向销售者要求赔偿。销售者赔偿后，属于生产者的责任或者属于向销售者提供商品的其他销售者的责任的，销售者有权向生产者或者其他销售者追偿。

2. 生产者与销售者的连带责任

消费者或者其他受害人因商品缺陷造成人身、财产损害的，可以向销售者要求赔偿，也可以向生产者要求赔偿。属于生产者责任的，销售者赔偿后，有权向生产者追偿。属于销售者责任的，生产者赔偿后，有权向销售者追偿。

3. 营业执照持有人与租借人的赔偿责任

出租、出借营业执照或租用、借用他人营业执照是违反工商行政管理法规的行为。《消费者权益保护法》规定，使用他人营业执照的违法经营者提供商品或者服务，损害消费者合法权益的，消费者可向其要求赔偿，也可以向营业执照的持有人要求赔偿。

4. 展销会举办者、柜台出租者的特殊责任

消费者在展销会、租赁柜台购买商品或者接受服务，其合法权益受到损害的，可以向销售者或服务者要求赔偿。展销会结束或者柜台租赁期满后，也可以向展销会的举办者、柜台的出

租者要求赔偿。展销会的举办者、柜台的出租者赔偿后，有权向销售者或者服务者追偿。

5. 虚假广告的广告主与广告经营者的责任

当消费者因虚假广告而购买、使用商品或者接受服务时，若合法权益受到损害，可以向利用虚假广告提供商品或服务的经营者要求赔偿。广告的经营者发布虚假广告的，消费者可以请求行政主管部门予以惩处。广告的经营者不能提供经营者的真实名称、地址的，应当承担赔偿责任。

五、违反消费者权益保护法的法律责任

（一）民事责任

1. 一般规定

经营者提供商品或者服务有下列情形之一的，除另有规定外，应当承担民事责任：

（1）商品存在缺陷的；

（2）不具备商品应当具备的使用性能而出售时未做说明的；

（3）不符合在商品或者其包装上注明采用的商品标准的；

（4）不符合商品说明、实物样品等方式表明的质量状况的；

（5）生产国家明令淘汰的商品或者销售失效、变质的商品的；

（6）销售的商品数量不足的；

（7）服务的内容和费用违反约定的；

（8）对消费者提出的修理、重作、更换、退货、补足商品数量、退还货款和服务费用或者赔偿损失的要求，故意拖延或者无理拒绝的；

（9）法律、法规规定的其他损害消费者权益的情形。

当侵犯消费者权益的行为同时符合《消费者权益保护法》和《民法典》等普通民事法律的民事责任要件时，消费者有权选择适用《消费者权益保护法》请求保护。

2. 特殊规定

（1）“三包”责任

对国家规定或者经营者与消费者约定包修、包换、包退的商品，经营者应当负责修理、更换或者退货。在保修期内两次修理仍不能正常使用的，经营者应当负责更换或者退货。对于“三包”的大件商品，消费者要求经营者修理、更换、退货的，经营者应当承担运输等合理费用。

（2）邮购商品的民事责任

经营者以邮购方式提供商品的，应当按照约定提供；未按照约定提供的，应当按照消费者的要求履行约定或者退回货款，并应当承担消费者必须支付的合理费用。

（3）预收款方式提供商品或服务的责任

经营者以预收款方式提供商品或服务的，应当按照约定提供。未按照约定提供的，应依照消费者的要求履行约定或者退回预付款；并应当承担预付款的利息、消费者必须支付的合理费用。

（4）商品认定为不合格的退货责任

消费者购买的商品，依法经有关行政部门认定为不合格的，消费者可以要求退货，经营者应当负责退货。

【案例 11－20】 消费者李某在购物中心购买了一台音响设备，依法经有关行政部门认定为不合格商品，李某找到购物中心要求退货。下列处理方法中正确的是（　　）。

A. 该购物中心认为可以通过更换使李某得到合格产品，因而拒绝退货

B. 该购物中心认为该产品经过修理能达到合格，因而拒绝退货

C. 该购物中心应按照消费者的要求无条件负责退货

D. 该购物中心可以依法选择修理、更换、退货中的任一方式

【分析】 C。根据《消费者权益保护法》第54条："依法经有关行政部门认定为不合格的商品，消费者要求退货的，经营者应当负责退货。"

3. 因提供商品或服务造成人身伤害、人格受损、财产损失的民事责任及赔偿范围

(1)人身伤害的民事责任

经营者提供商品或服务，造成消费者人身伤害的，应承担下列责任：

①造成消费者或者其他受害人人身伤害的，应当支付医疗费、治疗期间的护理费、因误工减少的收入等费用；

②造成残疾的，除上述费用外，还应支付残疾者生活自助具费、生活补助费、残疾赔偿金以及由其抚养的人所必需的生活费等费用；

③造成消费者或其他受害人死亡的，应当支付丧葬费、死亡赔偿金以及由死者生前抚养的人所必需的生活费用。

(2)侵犯消费者人格尊严、人身自由的民事责任

经营者侵犯消费者人格尊严、人身自由的，应当停止侵害、恢复名誉、消除影响、赔礼道歉，并赔偿损失。经营者有侮辱诽谤、限制人身自由等侵害消费者或其他受害人人身权益的行为，造成严重精神损害的，受害人可以要求精神损害赔偿。

(3)财产损害的民事责任

经营者提供商品或者服务，造成消费者财产损害的，应当以修理、重作、更换、退货、补足商品数量、退还货款和服务费用或者赔偿损失等方式承担民事责任。同时，《消费者权益保护法》承认并尊重消费者与经营者的自由订约权。当双方对财产损害的补偿有约定的，可按照约定履行。

4. 对欺诈行为的惩罚性规定

经营者提供商品或者服务有欺诈行为的，应当按照消费者的要求增加赔偿其受到的损失，增加赔偿的金额为消费者购买商品的价格或者接受服务的费用的1倍。

(二)行政责任

1. 应承担行政责任的情形

有下列情形之一的，经营者应承担行政责任：

(1)提供的商品或者服务不符合保障人身、财产安全要求的；

(2)在商品中掺杂、掺假，以假充真，以次充好，或者以不合格商品冒充合格商品的；

(3)生产国家明令淘汰的商品或者销售失效、变质的商品的；

(4)伪造商品的产地，伪造或者冒用他人的厂名、厂址，伪造或者冒用认证标志、名优标志等质量标志的；

(5)销售的商品应当检验、检疫而未检验、检疫或者伪造检验、检疫结果的；

(6)对商品或者服务做引人误解的虚假宣传的；

(7)拒绝或者拖延对缺陷商品或者服务停止生产销售，采取警示、召回、无害化处理、销毁等消除危险措施的；

(8)对消费者提出的修理、重作、更换、退货、补足商品数量、退还货款和服务费用或者赔偿

损失的要求，故意拖延或者无理拒绝的；

(9)侵害消费者人格尊严、侵犯消费者人身自由或者侵害消费者姓名、肖像、隐私等个人信息得到保护的权利的；

(10)法律、法规规定的对损害消费者权益应当予以处罚的其他情形。

2. 行政处罚机关和处罚方式

(1)处罚机关

对上述10种情形，若相关法律、法规(如《产品质量法》《食品卫生法》《广告法》《价格法》等)对处罚机关和处罚方式有规定的，应依照其规定执行；若法律、法规没有规定的，由工商行政管理部门处罚。

(2)处罚方式

处罚方式有责令改正、警告、没收违法所得、罚款，还可对情节严重者责令停业整顿，吊销营业执照。

(3)行政复议

经营者对行政处罚不服的，可自收到处罚决定之日起15日内向上一级机关申请复议，对复议决定仍不服的，可以向人民法院提起诉讼。

(三)刑事责任

违反《消费者权益保护法》，构成犯罪的行为包括：

(1)经营者提供商品或者服务，造成消费者或其他受害人受伤、残疾、死亡的；

(2)以暴力、威胁等方法阻碍有关行政部门工作人员依法履行职务的；

(3)国家机关工作人员玩忽职守或者包庇经营者侵害消费者合法权益的。

对这些行为，应根据情节依法追究刑事责任。

第四节 反垄断法

一、反垄断法的概念

反垄断法有广义与狭义之分。广义的反垄断法是指通过规范垄断和限制竞争行为调整企业和企业联合组织相互间竞争关系的法律规范的总和。狭义的反垄断法即指国家特设的反垄断法典。美国1890年颁布了世界上第一部反垄断法《谢尔曼法》，之后大多数市场经济国家都制订有适合本国国情的反垄断法，我国于2008年8月1日出台了《中华人民共和国反垄断法》(以下简称《反垄断法》)。这部法律的目的在于维护市场竞争机制，使市场机制能够正常地发挥作用，相关资源得到优化配置，最终实现市场效率的最大化。应该说，反垄断法的诞生是资本主义发展到一定阶段为解决市场经济的天然矛盾而形成的外部干涉力。

【案例11－21】 反垄断"第一案"的里程碑警示

2008年8月1日，北京4家防伪企业将国家质检总局诉至北京市第一中级人民法院，认为国家质检总局在推广"中国产品质量电子监管网"的过程中，违反了《反垄断法》和《反不正当竞争法》，属行政违法，涉嫌行政垄断。该案可能成为《反垄断法》实施后第一件提起诉讼的案件。

对此，应当毫无疑问的是，随着《反垄断法》的实施，以及市场各界对垄断危害性认识的加深和进步，及其市场主体对市场公平竞争环境的需求，社会对行政与市场关系，及其行政与市场管理方式的合法性与合理性，将会呈现出越来越高的诉求。而这种与具体企业切身利益有着密切关系的诉求，也会因为法制的逐步健全，像上述案件一样，转化为对行政权力运行过程的规范性监督。因而从此角度讲，国家质检总局这次被诉，其中也许有着某些不可多得的“里程碑”含义。

首先，由我国计划经济向市场经济转轨的“新兴加转轨”以及经济转轨动力，主要由行政权力的经济阶段性特征所决定，或许会因为行政权力本身对市场经济规律的认识缺陷，或许会因为受计划经济思路的痕迹影响，更甚至于因为目前行政管理与经济活动之间的利益关系存在。应该说，现有这样的行政与市场多种的交叉关系，在结果上，都可能会使行政权力在进行具体市场监管时，表现出缺位、错位、越位的权力“时期”弊病。对此，就以上述国家质检总局的“中国产品质量电子监管网”推广过程为例，也许国家质检总局的初衷是出于建网的心情急切，也可能是由于对某种具体产品质量的相信与青睐，因而在推广过程中，自觉或不自觉地流露出了一种行政倾向。殊不知，正是因为这种完全可能是出于行政善意的倾向，由于其中与质检总局有着某种可能的利益关系，并没有经过具备市场公信的程序的认定，因此，如此的行政“推广”在结果上，就会令市场其他相关产品失去本应该有的公平竞争机会，可以说，在性质上这的确是一种排斥、限制竞争的不公正行为。

此外，在行政与市场关系上，尤其是在市场反垄断管理上，应该说行政管理就应定位于“裁判员”的角色，行政监管职责就是要提供公平竞争的制度环境，以及保证市场公平竞争秩序。以上述的国家质检总局“推广”事例来说，行政应该以公平的竞争程序，并以这种为市场公认并具公信的竞争程序为平台，完全可以，也应该让相关企业产品通过各自竞争并由市场决定谁才是真正的“最优”产品，并且值得“推广”。而与此对照，国家质检总局这次之所以会引起相关企业不满，并被诉至法院，其中很可能就是质检总局在此问题上，将本应由市场竞争解决的问题错作行政可以决定的问题。可以说，如果背后不存在相关企业所指的利益关系，那至少也可以说是一种因行政认识错误而引发的越位与错位的表现。

在市场经济推进进程中，行政监管的目标与出发点应该是促进市场公平竞争与保护消费者利益；否则，就可能与市场经济规律要求背道而驰。

资料来源：中国网，http://www.china.com.cn/review/txt/2008??08/04/content_16125009.htm。

二、反垄断法的规制对象

西方国家无论是采用法典式还是采用非法典式，都对反垄断法的调整对象做出了明确的回答和描述。反垄断法的规制对象主要有两种理论思路：结构主义与行为主义。结构主义出现较早，但是随着反垄断工作的深入，政府慢慢意识到，垄断行为是影响市场效率的罪魁祸首，因此综观各国反垄断法，都开始由结构主义转向行为主义。

结构主义的主要代表学派是哈佛学派，结构主义是指为了控制拥有垄断结构的企业滥用垄断状态而进行相关规范的垄断控制制度。

行为主义的主要代表学派是芝加哥学派。该学派仅规范占市场支配地位企业的市场行为，但并不关心行业的相关垄断结构。该学派认为，具有垄断地位的企业只有实施了垄断行为才有可能对市场效率产生影响。

从1890年美国《谢尔曼法》颁布至今，世界各国几乎都制定了反垄断法，哈佛学派将市场结构作为市场效率的决定因素，进而意图使立法者意识到规制单纯的垄断状态的重要性；而芝加哥学派认为市场结构过于单一，因此纷繁复杂的市场行为才是关键所在，同时反对政府对经济的过度干预，主张由市场机制运作而形成的垄断状态并不违法，只有当其行为明显阻碍竞争时，才予以规制。

三、反垄断法的适用除外

适用除外制度又称例外制度，是指国家为了保护整个国民经济的健康发展，在反垄断法等有关法规中规定的对某些行业或企业垄断行为不适用垄断禁止政策的法律制度。在某些特殊的事业部门和经济领域中，垄断似乎比竞争更有效率，纯粹的竞争未必能够适应经济健康有效的发展，合理适当地允许垄断结构的存在，反而会提高行业效率，促进行业发展。反垄断法适用除外的对象主要是指公益事业（如铁路、邮电、军工等部门），此类部门要求大规模的固定资本投资，企业若能证明合并能提高效率，可豁免相关反垄断审查。例如，《反垄断法》第 28 条规定，经营者能够证明该集中对竞争产生的有利影响明显大于不利影响，或者符合社会公共利益的，国务院反垄断执法机构可以做出对经营者集中不予禁止的决定；另外，《反垄断法》第 15 条规定，经营者能够证明所达成的协议属于下列情形之一的，可以免除反垄断的限制：

（1）为改进技术、研究开发新产品的；

（2）为提高产品质量、降低成本、提高效率，统一产品规格、标准或者实行专业化分工的；

（3）为提高中小经营者经营效率，增强中小经营者竞争力的；

（4）为实现节约能源、保护环境、救灾救助等社会公共利益的；

（5）因经济不景气，为缓解销售量严重下降或者生产明显过剩的；

（6）为保障对外贸易和对外经济合作中的正当利益的；

（7）法律和国务院规定的其他情形。

总而言之，只有在反垄断法中建立合理的适用除外制度，才能真正提高反垄断的效率，保障反垄断达到预期的目的，防止其滥用。

四、垄断协议

垄断协议是指两个或者两个以上的经营者（包括行业协会等经营者团体），通过协议或者其他协同一致的行为，实施排除、限制竞争的行为。一般而言，包括实施固定价格、划分市场、限制产量、排挤其他竞争对手等行为。垄断协议包括横向垄断协议与纵向垄断协议。

1. 横向垄断协议

横向垄断协议是指具有竞争关系的经营者之间达成的协议，包括下列情况：

（1）固定或者变更商品价格；

（2）限制商品的生产数量或者销售数量；

（3）分割销售市场或者原材料采购市场；

（4）限制购买新技术、新设备或者限制开发新技术、新产品；

（5）联合抵制交易；

（6）国务院反垄断执法机构认定的其他垄断协议。

2. 纵向垄断协议

纵向垄断协议是指经营者与交易相对人达成下列垄断协议，具体包括：

（1）固定向第三人转售商品的价格；

（2）限定向第三人转售商品的最低价格；

（3）国务院反垄断执法机构认定的其他垄断协议。

市场经济是丰富多彩的，垄断协议既有负面影响，也可能带来效益、收益，此时就需要衡量其整体市场效率。若垄断协议能够提高市场效率，经营者若同时能证明所达成的协议不会严重限制相关市场的竞争，并且能够使消费者分享由此产生的利益，则可以豁免垄断禁止。

五、禁止滥用市场支配地位

实践中，企业往往可以通过各种方式取得垄断地位：在自然垄断的情况下，企业数量的增加反而会导致市场效率的降低；在行政垄断的情况下，国家授权一个企业在某个行业享有独家经营的权利，这个享有特权的企业自然就是一个垄断企业；此外，企业也可以通过知识产权（如专利、版权等）取得市场支配地位。我国《反垄断法》第 18 条规定，认定经营者具有市场支配地位，应当依据下列因素：

（1）该经营者在相关市场的市场份额，以及相关市场的竞争状况；

（2）该经营者控制销售市场或者原材料采购市场的能力；

（3）该经营者的财力和技术条件；

（4）其他经营者对该经营者在交易上的依赖程度；

（5）其他经营者进入相关市场的难易程度；

（6）与认定该经营者市场支配地位有关的其他因素。

关于市场份额的规定，各国立法差别不大，我国《反垄断法》第 19 条规定，有下列情形之一的，可以推定经营者具有市场支配地位：

（1）一个经营者在相关市场的市场份额达到 1/2 的；

（2）两个经营者在相关市场的市场份额合计达到 2/3 的；

（3）三个经营者在相关市场的市场份额合计达到 3/4 的。

同时，有第（2）项、第（3）项规定的情形，其中有的经营者市场份额不足 1/10 的，不应当推定该经营者具有市场支配地位。当然，被推定具有市场支配地位的经营者，有证据证明不具有市场支配地位的，不应当认定其具有市场支配地位。

对于拥有支配地位的经营者，禁止从事下列滥用市场支配地位的行为：

（1）以不公平的高价销售商品或者以不公平的低价购买商品；

（2）没有正当理由，以低于成本的价格销售商品；

（3）没有正当理由，拒绝与交易相对人交易；

（4）没有正当理由，限定交易相对人只能与其交易或者只能与其指定的经营者交易；

（5）没有正当理由搭售商品，或者在交易时附加其他不合理的交易条件；

（6）没有正当理由，对条件相同的交易相对人在交易价格等交易条件上实行差别待遇；

（7）国务院反垄断执法机构认定的其他滥用市场支配地位的行为。

六、经营者集中

经济学家亚当·斯密曾经说过，生产同类产品的企业很少聚集在一起，如果它们聚集在一起，其目的便是商讨如何对付消费者。因此，反垄断法有必要适当限制企业的合并或准合并行为。我国《反垄断法》规定，经营者集中是指下列情形：

（1）经营者合并；

（2）经营者通过取得股权或者资产的方式，取得对其他经营者的控制权；

（3）经营者通过合同等方式取得对其他经营者的控制权或者能够对其他经营者施加决定

性影响。

通常,对于经营者集中的行为,需经过有关当局的审查。审查经营者集中,应当考虑下列因素:

(1)参与集中的经营者在相关市场的市场份额及其对市场的控制力;

(2)相关市场的市场集中度;

(3)经营者集中对市场进入、技术进步的影响;

(4)经营者集中对消费者和其他有关经营者的影响;

(5)经营者集中对国民经济发展的影响;

(6)国务院反垄断执法机构认为应当考虑的影响市场竞争的其他因素。

经营者集中具有或者可能具有排除、限制竞争效果的,国务院反垄断执法机构应当做出禁止经营者集中的决定。但是,经营者能够证明该集中对竞争产生的有利影响明显大于不利影响,或者符合社会公共利益的,国务院反垄断执法机构可以做出对经营者集中不予禁止的决定。另外,《反垄断法》第22条规定,经营者集中有下列情形之一的,可以不向国务院反垄断执法机构申报:

(1)参与集中的一个经营者拥有其他每个经营者50%以上有表决权的股份或者资产的;

(2)参与集中的每个经营者50%以上有表决权的股份或者资产被同一个未参与集中的经营者拥有的。

对不予禁止的经营者集中,国务院反垄断执法机构可以决定附加减少集中对竞争产生不利影响的限制性条件。国务院反垄断执法机构应当将禁止经营者集中的决定或者对经营者集中附加限制性条件的决定及时向社会公布。对外资并购境内企业或者以其他方式参与经营者集中,涉及国家安全的,除进行经营者集中审查外,还应当按照国家有关规定进行国家安全审查。

【案例11—22】 可口可乐公司收购汇源公司案

2008年9月18日,商务部收到可口可乐公司收购中国汇源公司的经营者集中反垄断申报材料。经申报方补充,申报材料达到了《反垄断法》第23条规定的要求,11月20日商务部对此项集中予以立案审查,12月20日决定在初步审查基础上实施进一步审查。

商务部依据《反垄断法》的相关规定,从市场份额及市场控制力、市场集中度、集中对市场进入和技术进步的影响、集中对消费者和其他有关经营者的影响及品牌对果汁饮料市场竞争产生的影响等几个方面对此项集中进行了审查。审查工作严格遵循相关法律法规的规定。审查过程中,充分听取了有关方面的意见。

经审查,商务部认定:此项集中将对竞争产生不利影响。集中完成后可口可乐公司可能利用其在碳酸软饮料市场的支配地位,搭售、捆绑销售果汁饮料,或者设定其他排他性的交易条件,集中限制果汁饮料市场竞争,导致消费者被迫接受更高价格、更少种类的产品;同时,由于既有品牌对市场进入的限制作用,潜在竞争难以消除该等限制竞争效果;此外,集中还挤压了国内中小型果汁企业生存空间,给中国果汁饮料市场竞争格局造成不良影响。

为了减少集中对竞争产生的不利影响,商务部与可口可乐公司就附加限制性条件进行了商谈,要求申报方提出可行的解决方案。可口可乐公司对商务部提出的问题表述了自己的意见,提出初步解决方案及其修改方案。经过评估,商务部认为修改方案仍不能有效减少此项集中对竞争产生的不利影响。据此,根据《反垄断法》第28条,商务部做出禁止此项集中的决定。

反垄断审查的目的是保护市场公平竞争,维护消费者利益和社会公共利益。自2008年8月1日《反垄断法》实施以来,商务部收到40起经营者集中申报,依照法律规定立案审查了29

起，已审结24起，其中无条件批准23起，对于1起具有排除、限制竞争效果的集中，商务部与申报方商谈，申报方提出了减少排除限制竞争的解决方案并做出承诺，商务部附加了减少集中对竞争不利影响的限制性条件批准了该集中。

资料来源：商务部新闻办公室。

七、行政垄断

行政垄断是指政府及其所属部门滥用行政权力限制竞争的行为。实际上，不管在国内还是国外，行政权力作为一种自上而下的社会管理权力，对竞争的损害十分严重。因此，我们在研究反垄断问题时，就不能把目光仅仅投向企业的限制竞争行为，而还应当注意政府的行为，防止它们滥用行政权力，限制竞争。

行政垄断在我国当前主要表现为行业垄断和地方保护主义。行业垄断是指行政机关和法律、法规授权的具有管理公共事务职能的组织滥用行政权力，以设定歧视性资质要求、评审标准或者不依法发布信息等方式，排斥或者限制外地经营者参加本地的招标投标活动。地方保护主义一般表现为行政机关和法律、法规授权的具有管理公共事务职能的组织滥用行政权力，采取与本地经营者不平等待遇等方式，排斥或者限制外地经营者在本地投资或者设立分支机构。

我国《反垄断法》第33条规定，行政机关和法律、法规授权的具有管理公共事务职能的组织不得滥用行政权力，实施下列行为，妨碍商品在地区之间的自由流通：

(1)对外地商品设定歧视性收费项目、实行歧视性收费标准，或者规定歧视性价格；

(2)对外地商品规定与本地同类商品不同的技术要求、检验标准，或者对外地商品采取重复检验、重复认证等歧视性技术措施，限制外地商品进入本地市场；

(3)采取专门针对外地商品的行政许可，限制外地商品进入本地市场；

(4)设置关卡或者采取其他手段，阻碍外地商品进入或者本地商品运出；

(5)妨碍商品在地区之间自由流通的其他行为。

行政性限制竞争行为不仅严重损害了消费者的利益，而且严重损害了企业的利益。此外，滥用行政权力的行为还为某些政府官员以权谋私和权钱交易提供了机会，在一定程度上引发了所谓的寻租行为，对市场竞争破坏更大。

本章小结

1. 限制竞争行为是指妨碍甚至完全阻止、排除市场主体进行竞争的协议和行为。

2. 不正当竞争行为，是指经营者在市场竞争中，采取非法的或者有悖于公认的商业道德的手段和方式，与其他经营者相竞争的行为。

3. 消费者，是指为个人生活消费需要购买、使用商品和接受服务的自然人。

复习思考题

1. 不正当竞争行为有哪些？
2. 生产者和销售者的产品质量义务有哪些？
3. 简述反垄断法的立法思路。
4. 消费者有哪些权利？
5. 发生消费者权益争议，应该如何解决？

第十二章 电子商务法

学习目标

了解电子商务法的内涵，熟悉电子商务法律关系以及电子商务合同订立与履行，把握电子商务主体的法律责任。增强创业意识；树立合法经营的理念。

第一节 电子商务法概述

一、电子商务的概念

随着互联网的普及，电子商务作为新型的商务活动，得到迅猛发展。电子商务打破了传统商务在时间和地域上的限制，不仅给人们带来了更多的商业机遇，而且也改变了人们的生活及工作方式。人们从不同角度界定电子商务，形成了广义上和狭义上的电子商务。

广义电子商务（Electronic Business，EB），包括所有利用电子手段进行的商务贸易活动。狭义电子商务（Electronic Commerce，EC），是指通过网络技术等现代信息技术而开展的各类商务活动，包括实物货物贸易、数字化产品贸易和服务等。

人们更多地从狭义的角度定义电子商务。本书所指的电子商务是狭义的电子商务，它是指通过互联网等信息网络销售商品或者提供服务的经营活动。

二、电子商务法的概念及立法概况

（一）电子商务法的概念

电子商务是广泛采用新型信息技术或网络技术并将这些技术应用于商业领域后的结果。商业行为在互联网环境下形成的独立的调整对象产生新的部门法——电子商务法。电子商务法作为独立的法律体系，其调整电子商务交易活动中发生的各种社会关系。由于电子商务存在广义与狭义之分，电子商务法也分为广义的电子商务法和狭义的电子商务法。

广义的电子商务法，是与广义的电子商务概念相对应的，是指所有调整以数据电信方式进行的商事活动的法律规范。狭义的电子商务法是指调整以数据电文为交易手段而形成的因交易形式所引起的商事关系的规范体系。从目前国际与国内电子商务及电子商务立法实践来看，多偏重于从狭义角度理解和使用电子商务法的概念，为此，本书亦采用狭义电子商务法的概念。

金融类产品和服务利用信息网络提供新闻信息、音/视频节目、出版以及文化产品等内容方面的服务，不适用《电子商务法》。

（二）我国电子商务法的立法概况

20世纪80年代，我国就开始了计算机与网络的立法工作，陆续出台了《中华人民共和国计算机信息系统安全保护条例（征求意见稿）》《计算机软件保护条例》《中华人民共和国计算机信息网络国际联网管理暂行规定》《中国互联网络域名注册暂行管理办法》等规范性法律文件，为电子商务建立了基础。2004年，我国第一部真正意义上的电子商务法，即《中华人民共和国电子签名法》（以下简称《电子签名法》）颁布后，我国明显加快了电子商务立法进程，陆续颁布和出台了《电子认证服务管理办法》《电子认证服务密码管理办法》《关于促进中华人民共和国银行卡产业发展的若干意见》《电子支付指引（第一号）》《互联网电子邮件服务管理办法》《国务院办公厅关于加快电子商务发展的若干意见》和《电子商务发展"十一五"规划》等规范性法律文件，初步形成了以中央政策为导向、以全国人大立法为基础、以部门规章为主干、以行业规范为支撑、以地方法规建设为补充的立体化电子商务法律建设体系。2013年9月，中央批准十二届全国人大常委会立法规划，电子商务法列为立法项目，由全国人大财政经济委员会负责牵头起草；2013年12月，全国人大财政经济委员会牵头组织成立由国务院12个部门参加的电子商务法起草组。经过近三年的调研、论证，形成电子商务法草案；2016年4月，电子商务法起草领导小组会议讨论并原则同意草案。此后，将草案发到各省市区人大财经委，广泛听取当地有关部门、企业、专家，特别是全国人大代表、地方人大代表的意见，根据各地意见对草案进行了修改、完善；2016年7月，全国人大财政经济委员会召开第49次全体会议，审议并原则通过草案，之后又根据委员意见进行了修改。2016年12月，《中华人民共和国电子商务法（草案）》提请十二届全国人大常委会第二十五次会议审议。草案分总则、电子商务经营主体、电子商务交易与服务、电子商务交易保障、跨境电子商务、监督管理、法律责任和附则，共8个章节94条。2017年10月，十二届全国人大常委会第三十次会议对草案进行了第二次审议；2018年6月，十三届全国人大常委会第三次会议对草案进行了第三次审议；2018年8月31日，十三届全国人大常委会第五次会议审议通过了《中华人民共和国电子商务法》（下称《电子商务法》）。

第二节　电子商务法律关系

一、电子商务法律关系的概念

电子商务法律关系是指由各种相关的电子商务法律规范所确认的电子商务活动中的当事人之间具有权利义务内容的经济关系。电子商务法律关系的构成要素包括电子商务法律关系主体、电子商务法律关系客体和电子商务法律关系内容。电子商务法律关系必须同时具备这三个基本要素，缺一不可。变更其中的任何要素，均会对电子商务法律关系产生影响。

二、电子商务法律关系的主体

电子商务法律关系的主体是指电子商务的各方参与者，是指享有权利、承担义务的当事人。在一个电子商务法律关系中一般存在两个或两个以上的主体，其中权利的享有者称为权利主体，义务的承担者称为义务主体，但一般情况下，当事人都是双重身份。电子商务法律关系的主要主体包括电子商务交易者、电子商务服务提供者、电子商务认证机构和电子商务监管者。

1. 电子商务交易者

电子商务交易是指通过网络进行的商业活动，其最基本的主体就是电子商务交易者。电子商务交易者是电子商务交易中直接交易商品或服务的各方，即商品或服务的提供者和消费者，也就是商品或服务的卖方和买方当事人。电子商务法律的重要任务就是确保电子商务交易各方身份的真实性与合法性。

2. 电子商务服务提供者

在电子商务交易中，商品交换的买卖双方是通过数据传输的形式协商的，双方互不碰面，因此交易的实现必有第三方的参与。电子商务服务提供者在买卖双方的交易中发挥重要的作用，缺少了这些服务机构，电子商务活动就无法真正开展，因此，电子商务提供者也是电子商务法律关系中不可或缺的主体之一。常见的电子商务提供者包括网络服务提供商(ISP)、网络接入提供商(IAP)、在线服务提供商(OSP)、应用服务提供商(ASP)和网络内容提供商(ICP)。

3. 电子商务认证机构

电子商务认证机构是在开放性的电子商务中为交易双方提供验证的第三方机构，由一个或多个用户信任的、具有权威性质的组织实体管理。电子商务认证机构主要证明数据电文中电子签名人的身份及其信用状况，为用户的电子签名颁发数字证书，从而提升交易双方的信任度，实现交易目的。电子商务认证机构不仅要对电子商务的交易双方负责，还要对整个电子商务的交易秩序负责。

4. 电子商务监管者

作为管理者，政府需要加强对电子商务的有效监管，履行监管者的责任，以保证电子商务健康、有序发展。当前我国政府相关部门在对电子商务监管时应做到联合监管、网络监管、透明监管、服务监管和依法监管。

三、电子商务法律关系的客体

电子商务法律关系的客体，是指电子商务法律关系主体享有的权利和承担的义务所指向的对象。在电子商务法律关系主体之间，为达到一定的商务目的而形成了相应的法律关系，这种目的就是电子商务法律关系的客体。商务法律关系的客体具体包括实体商品、数字化商品和网上服务。

1. 实体商品

在现实生活中的任何有形商品或物品，包括动产和不动产，均可通过电子商务交易，只不过有的商品的交易还需要辅以传统方式完成。这些商品均可成为电子商务法律关系的客体。

2. 数字化商品

可以在网络中进行物流传递的商品包括数字化商品、信息商品等。消费者可以通过网络直接下载数字化商品或信息，如电子书刊、软件和游戏等。这种数字化产品和信息的交易可以通过网络完成信息流、资金流和物流的全过程。

3. 网上服务

网上服务行为是通过网络向消费者提供某种信息或服务，如网上旅游服务、网上法律咨询、网上远程教育等在线行为。

四、电子商务法律关系的内容

电子商务法律关系的内容是指电子商务交易中当事人享有的权利和承担的义务。不同的电子商务法律关系主体享有的权利和承担的义务是各不相同的。

（一）电子商务交易双方当事人的权利和义务

电子商务交易双方之间的法律关系实质上表现为双方当事人的权利和义务。买卖双方的权利和义务是对等的。卖方的义务就是买方的权利；反之亦然。

1. 电子商务销售和服务企业的义务

在电子商务条件下，卖方应当承担三项义务：

（1）按照合同的规定提交标的物及单据。提交标的物和单据是电子商务中卖方的一项主要义务。为划清双方的责任，应当明确规定标的物交付的时间、地点和方法。合同中对标的物的交付时间、地点和方法未做明确规定的，应按照《民法典》有关合同的规定或国际公约的规定办理。

（2）对标的物的权利承担担保义务。与传统的买卖交易相同，卖方仍然应当是标的物的所有人或经营管理人，以保证将标的物的所有权或经营管理权转移给买方。卖方应保障对其所出售的标的物享有合法的权利，承担保障标的物的权力不被第三人追索的义务，以保护买方的权益。如果第三人提出对标的物的权利，并向买方提出收回该物时，卖方有义务证明第三人无权追索，必要时应当参加诉讼，出庭作证。

（3）对标的物的质量承担担保义务。卖方应保证标的物质量符合规定。卖方交付的标的物的质量应符合国家规定的质量标准或双方约定的质量标准，不应存在不符合质量标准的瑕疵，也不应出现与广告不符的情况。卖方在网络上出售有瑕疵的物品的，应当向买方说明。卖方隐瞒标的物的瑕疵的，卖方应承担责任。买方明知标的物有瑕疵而购买的，卖方对瑕疵不负责任。

2. 电子商务消费者的义务

在电子商务条件下，买方同样应当承担三项义务：

（1）买方应承担按照网络交易规定方式支付价款的义务。由于电子商务的特殊性，网络购买一般没有时间、地点的限制，支付价款通常采用信用卡、智能卡、电子钱包或电子支付等方式，这与传统的支付方式是有区别的。但在电子交易合同中，应明确规定采用哪种支付方式。

（2）买方应承担按照合同规定的时间、地点和方式接受标的物的义务。由买方自提标的物的，买方应在卖方通知的时间内到预定的地点提取。由卖方代为托运的，买方应按照承运人通知的期限提取。由卖方运送的，买方应做好接受标的物的准备，及时接受标的物。买方迟延接受时，应负迟延责任。

（3）买方应当承担对标的物验收的义务。买方接受标的物后，应及时验收。规定有验收期限的，对表面瑕疵应在规定的期限内提出。发现标的物的表面瑕疵时，应立即通知卖方，瑕疵由卖方负责。买方不及时验收，事后又提出表面瑕疵的，卖方不负责任。对隐蔽瑕疵和卖方故意隐瞒的瑕疵，买方发现后，应立即通知卖方，追究卖方的责任。

3. 对交易双方不履行合同义务的救济

卖方不履行合同义务主要指卖方不交付标的物/单据或交付迟延；交付的标的物不符合合同规定以及第三者对交付的标的物存在权利或权利主张等。当发生上述违约行为时，买方可以选择以下救济方法：

（1）要求继续履行合同义务，交付替代物、对标的物进行修理、补救。

（2）减免支付价款。

（3）对迟延或不履行合同义务要求损失赔偿。

(4)解除合同,并要求损害赔偿。

买方不履行合同义务,包括买方不按合同规定支付货款和不按规定收取货物,在这种情况下,卖方可选择以下救济方法:

(1)要求买方支付价款、收取货物或履行其他义务,并为此可以规定一段合理额外的延长期限,以便买方履行义务。

(2)损害赔偿,要求买方支付合同价格与转售价之间的差额。

(3)解除合同。

【案例 12-1】 电子商务法律关系的要素有(　　)。

A. 主体　　B. 客体　　C. 内容　　D. 关联

【分析】 ABC。

(二)电子商务服务提供者的法律地位

电子商务服务提供者在电子商务交易中扮演着介绍、促成和组织者的角色。这一角色决定了电子商务服务提供者既不是买方的卖方,也不是卖方的买方,而是交易的中间人,它是按照法律的规定、买卖双方委托业务的范围和具体要求进行业务活动的。电子商务服务提供者资格的取得,根据《中华人民共和国计算机信息网络国际联网管理暂行规定》第 8 条,必须具备以下 4 个条件:

(1)是依法设立的企业法人或者事业法人。

(2)具有相应的计算机信息网络、装备以及相应的技术人员和管理人员。

(3)具有健全的安全保密管理制度和技术保护措施。

(4)符合法律和国务院规定的其他条件。

电子商务服务提供者应当认真负责地执行买卖双方委托的任务,并积极协助双方当事人成交。网络中心在介绍、联系活动时要诚实、公正、守信用,不得弄虚作假、招摇撞骗,否则须承担赔偿损失等法律责任。

买卖双方之间各自因违约而产生的违约责任风险应由违约方承担,而不应由电子商务提供者承担。因买卖双方的责任而产生的对社会第三人(包括广大消费者)的产品质量责任和其他经济(民事)、行政、刑事责任也概不应由电子商务服务提供商承担。

(三)认证机构在电子商务中的法律地位

电子商务认证服务机构扮演着一个买卖双方签约、履约的监督管理的角色,买卖双方有义务接受其监督管理。在整个电子商务交易过程中,认证机构有着不可替代的地位和作用。

1. 认证机构的权利

电子商务法律关系中,认证机构的权利包括:收取服务费的权利,即最基本的合同权利;要求证书所有者提交有关信息并保证这些信息的真实性的权利;中止、废止或撤销证书的权利,即有权根据证书所有者的请求或根据情势中止、废止或撤销证书;损失赔偿请求权,即由于证书所有者的过失给自己造成损失的,有权要求其赔偿损失。

2. 认证机构的义务

在电子商务法律关系中,认证机构的义务包括:颁发电子签名认证证书的义务;使用安全、可靠的信息系统保存证书及证书信息的义务,即认证机构有义务安全、妥善地保管证书所有者的证书的私钥、有关个人身份方面的信息,以免这些信息丢失或被他人截获、盗用;及时发布有关证书信息的义务,即按照约定或法定的要求,将那些必须发布的证书信息及时发布,以便使潜在的信赖人可以及时查询;及时中止、撤销、恢复证书的义务,即按照证书所有者的请求或根据情势及时将因私钥丢失、遗忘等原因暂时不能使用的证书予以中止，将因私钥被他人盗用或丢失而无法继续使用的证书予以撤销，或将已经暂时中止的证书及时恢复使用的义务；及时通知的义务；损失赔偿的义务。

【案例 12－2】 刘某在 Q 商家的网站上浏览产品，其欲购买该商家的笔记本电脑，在后续的交易过程中，刘某发现其自己的信用卡被盗用，随后及时报案，避免了更大的损失。刘某认为认证机构没能保管好个人信息造成信息泄露，认证机构应承担法律赔偿责任。

问：认证机构是否必须承担法律赔偿责任？

【分析】 不一定必须承担责任。我国《电子商务签名法》采取电子认证服务者过错责任原则，电子签名人或电子签名依赖方依据电子认证服务提供的电子签名认证服务从事民事活动遭受损失，电子认证服务提供者不能证明自己无过错的，应承担法律责任。

第三节　电子商务合同

一、电子商务合同的概念

电子商务合同(Electronic Commerce Contract)是平等民事主体之间以数据电文形式，通过电子信息网络达成的设立、变更、终止民事权利义务关系的电子协议。电子合同属于民事合同的范畴，是平等主体的自然人、法人及其他组织之间通过电子手段设立、变更、终止民事权利义务关系的电子协议。

二、电子商务合同的特征

电子商务合同的主要特征包括以下几点：

1. 电子商务合同内容的易改动性和易消失性

电子合同以磁性介质保存，即合同内容等信息记录在计算机硬盘或软盘等磁性介质中。若不对电子合同的信息采取加密和安全保护措施，其内容极易被截取、改动和伪造、删除。

2. 电子商务合同的订立以网络为基础

电子合同的要约和承诺均是合同双方当事人通过电子数据的传递完成的，当事人多数情况下是不见面的，一方电子数据的发出即为要约，另一方电子数据的回送即为承诺。

3. 电子商务合同的易保存性和复制性

由于数据电文可以十分方便地在计算机存储介质中存取，因此，电子合同的保存和复制十分方便，并且复制件可以与原件完全一致，具有同样的法律效力。

4. 电子商务合同生效的独特性

由于电子合同的载体是电信号或磁介质，其表现形式是数据电文，合同内容记录在计算机硬盘或软盘等磁性介质上，因此，合同的生效只能采用电子签名方式。

三、电子商务合同的订立

电子商务合同以数据电文的形式呈现，其订立过程采用电子方式，即通过互联网的方式缔结合同，虽然与传统合同签订方式不同，但电子商务合同订立的过程依旧遵循《民法典》中规定的订立过程，即要约和承诺的达成。具体见第三章第二节。

【案例 12－3】 一刚上小学二年级的男童，在某购物网站以他父亲李某的身份证号码注册了客户信息，并且订购了一台价值1 000元的小型打印机。但是当该网站将货物送到李某家中时，曾经学过一些法律知识的李某却以“其子未满8周岁，是无民事行为能力人”为由，拒绝接收打印机并拒付货款。由此交易双方产生了纠纷。

问：电子合同是否有效？

【分析】 本案中是李某未满8周岁的男孩在网络上订立了买卖合同。根据我国《民法典》的规定，对于一个未满8周岁的儿童来说，他是无民事行为能力者。无民事行为能力人订立的合同无效，所以李某拒付货款的行为本来也无可厚非。但是，由于孩童是以其父的身份证登录客户信息，如果网站有充分的证据证明其已经尽到了必要的注意义务，那么完全无视网站利益受到侵害的事实则有失公平。另外，李某作为其子的监护人和其身份证的合法持有人，没有尽到相应的管教义务和保管义务，导致其子滥用其身份证登录注册，应当对合同无效给网站造成的损失承担赔偿责任。所以，应该认定购物网站有权要求李某承担货物的往返运费和其他交易费用。

资料来源：https://www.66law.cn/laws/52796.aspx。

四、电子商务合同的履行

(一)电子商务合同履行的基本方式

从我国目前电子商务的运行情况看，其合同基本上有三种履行方式：第一种是在线付款、在线交货。此类合同的标的是信息产品，如计算机软件、音乐、音像产品的下载。第二种是在线付款、离线交货。第三种是离线付款、离线交货。后两种合同的标的可以是信息产品也可以是非信息产品。信息产品既可以选择离线交货的方式，也可以选择在线下载的方式。

(二)电子商务合同履行的地点

不同的履行方式决定其履行地点不同，主要包括以下几种情况。

1. 合同标的物的交付地点

(1)以数字化信息形式的交付。电子商务合同与数据电文的发送、接收时间的确定方式是一致的，即以信息系统作为其参照标准。从交付完成的标准看，则是“提交并保持有效的复制件给对方支配”，其最终落脚点是让信息使用人能有效支配合同项下的电子信息。

(2)以有形介质为载体的信息的交付。当交易的信息的载体是有形介质时，必须按合同的约定履行。当事人就合同的内容没有约定或约定不明确的，应首先达成补充协议：不能达成补充协议的，按交易习惯确定。仍然不能确定的，按照我国《民法典》的相关规定履行。

2. 对合同标的物的接收及价款的支付地点

(1)接收标的物的地点。如果合同标的物是电子化的交付，则交付地点是由买方指定的信息处理系统。如果电子合同标的物是有形化的交付，则买方应在合同约定或法律规定的履行交付的地点接收该标的物。因此，买方有使其信息处理系统处于可接受卖方履行交付的义务并给予卖方适当的通知。如果由于买方信息系统的原因使卖方无法履行其义务或不适当履行其义务，则卖方可以免责。

(2)价款的支付。价款的支付可以采用网上电子支付的形式，也可以采用传统的方式支付价款。目前各大银行都开展了网上/手机银行业务，通过电子资金划拨方式可以很便利、快速地完成网上/手机支付。买方按照卖方提供的账号，通过计算机向银行文件转账系统发出指令，银行在核实买方的客户身份后，即可从买方账户上划拨相应资金至卖方账户。

3. 电子商务合同成立的时间及地点

(1)电子商务合同成立的时间

合同成立的时间由承诺实际生效的时间决定。承诺的生效时间就是合同的生效时间。

(2)电子合同成立的地点

根据我国《民法典》规定:“承诺生效的地点为合同成立的地点。采用数据电文形式订立合同的,收件人的主营业地为合同成立的地点;没有主营业地的,其经常居住地为合同成立的地点。当事人另有约定的,按照其约定。”主营业地一般为其在工商行政管理机关的登记注册地。由于合同的成立地点有可能成为确定法院管辖权及选择法律的适用等问题的重要因素,因此,明确电子合同成立的地点非常重要。

第四节 电子商务主体的法律责任

《电子商务法》中明确规定了电子商务主体,主要包括电子商务经营者、电子商务平台经营者,其中有违反相关法律规定的,应承担相应的法律责任。

一、电子商务经营者的法律责任

电子商务经营者在销售商品或者提供服务时,有不履行合同义务或者履行合同义务不符合约定,或者造成他人损害的行为,应依法承担民事责任。电子商务经营者未取得相关行政许可从事经营活动,销售、提供法律、行政法规禁止交易的商品、服务,或者为按规定要求提供有关电子商务数据信息的,电子商务平台经营者采取集中交易方式或者标准化合约交易的,依照有关法律、行政法规的规定处罚。

电子商务经营者出现下列行为之一的:

(1)未在首页显著位置公示营业执照信息、行政许可信息、属于不需要办理市场主体登记情形等信息,或者上述信息的链接标识的;

(2)未在首页显著位置持续公示终止电子商务的有关信息的;

(3)未明示用户信息查询、更正、删除以及用户注销的方式、程序,或者对用户信息查询、更正、删除以及用户注销设置不合理条件的。

由市场监督管理部门责令限期改正,可以处 1 万元以下的罚款,对违反前款规定的平台内经营者未采取必要措施的,由市场监督管理部门责令限期改正,可以处 2 万元以上 10 万元以下的罚款。

电子商务经营者违规提供搜索结果,或者违规搭售商品、服务的,由市场监督管理部门责令限期改正,没收违法所得,可以并处 5 万元以上 20 万元以下的罚款;情节严重的,并处 20 万元以上 50 万元以下的罚款。

电子商务经营者违反《电子商务法》第 21 条规定,未向消费者明示押金退还的方式、程序,对押金退还设置不合理条件,或者不及时退还押金的,由有关主管部门责令限期改正,可以处 5 万元以上 20 万元以下的罚款;情节严重的,处 20 万元以上 50 万元以下的罚款。

电子商务经营者有电商法规定的违法行为的,依照有关法律、行政法规的规定记入信用档案,并予以公示。

二、电子商务平台经营者的法律责任

电子商务平台经营出现下列行为之一的,由有关主管部门责令限期改正;逾期不改正的,

处2万元以上10万元以下的罚款;情节严重的,责令停业整顿,并处10万元以上50万元以下的罚款;法律、行政法规对前款规定的违法行为的处罚另有规定的,依照其规定。

(1)不履行《电子商务法》第27条规定的核验、登记义务的;

(2)不按照《电子商务法》第28条规定,向市场监督管理部门、税务部门报送有关信息的;

(3)不按照《电子商务法》第29条规定,对违法情形采取必要的处置措施,或者未向有关主管部门报告的;

(4)不履行《电子商务法》第31条规定的商品和服务信息、交易信息保存义务的。

【案例12—4】 黄某系货拉拉App的注册司机,该App的营运方为货拉拉公司。黄某在货拉拉App上接单后,驾驶车辆(搭载乘客王某等两人)在行驶途中发生交通事故,造成王某等人受伤,其后,交管部门认定该起事故系因黄某未按操作规范安全驾驶,应由其负事故的全部责任。王某遂将黄某和货拉拉公司诉至法院,要求黄某赔偿其医疗费、误工费等损失,并由货拉拉公司承担连带赔偿责任。

问:货拉拉公司是否需要承担责任?

【分析】 需要。《电子商务法》第38条第2款规定:"对关系消费者生命健康的商品或者服务,电子商务平台经营者对平台内经营者的资质资格未尽到审核义务,或者对消费者未尽到安全保障义务,造成消费者损害的,依法承担相应的责任。"

资料来源:节选于https://www.sohu.com/a/395627416_812382。

电子商务平台经营者违反《电子商务法》规定,有下列行为之一的,由市场监督管理部门责令限期改正,可以处2万元以上10万元以下的罚款;情节严重的,处10万元以上50万元以下的罚款。

(1)未在首页显著位置持续公示平台服务协议、交易规则信息或者上述信息的链接标识的;

(2)修改交易规则未在首页显著位置公开征求意见,未按照规定的时间提前公示修改内容,或者阻止平台内经营者退出的;

(3)未以显著方式区分标记自营业务和平台内经营者开展的业务的;

(4)未为消费者提供对平台内销售的商品或者提供的服务进行评价的途径,或者擅自删除消费者的评价的。

电子商务平台经营者出现对平台内经营者在平台内的交易、交易价格或者与其他经营者的交易等进行不合理限制或者附加不合理条件,向平台内经营者收取不合理费用的或对平台内经营者侵害消费者合法权益行为未采取必要措施,对平台内经营者未尽到资质资格审核义务,或者对消费者未尽到安全保障义务的行为,由市场监督管理部门责令限期改正,可以处5万元以上50万元以下的罚款;情节严重的,处50万元以上200万元以下的罚款。

电子商务平台经营者对平台内经营者实施侵犯知识产权行为未依法采取必要措施的,由有关知识产权行政部门责令限期改正;逾期不改正的,处5万元以上50万元以下的罚款;情节严重的,处50万元以上200万元以下的罚款。

【案例12—5】 中国建筑出版公司(下称"出版公司")向寻梦公司发函,告知其经营的拼多多平台上存在大量销售低价盗版书籍的情况,要求寻梦公司限期对所涉商家采取删除侵权链接、关闭违法商家账户等措施。寻梦公司表示其收函后即要求出版公司补充被控侵权商品链接,在出版公司提供后的次日,寻梦公司对所涉商品进行下架处理。出版公司认为寻梦公司经营的拼多多平台没有设置便捷的投诉渠道,并且,寻梦公司在接到侵权告知函后未能及时采取必要措施，且未能主动删除涉案产品链接，遂诉至法院要求寻梦公司对损害的扩大部分承担连带责任。

问：寻梦公司是否需要承担连带责任？

【分析】 不需要。《电子商务法》第 42 条规定，知识产权权利人认为其知识产权受到侵害的，有权通知电子商务平台经营者采取删除、屏蔽、断开链接、终止交易和服务等必要措施。通知应当包括构成侵权的初步证据。电子商务平台经营者接到通知后，应当及时采取必要措施，并将该通知转送平台内经营者；未及时采取必要措施的，对损害的扩大部分与平台内经营者承担连带责任。

资料来源：节选于 https://www.sohu.com/a/395627416_812382。

本章小结

1. 广义的电子商务是指所有利用电子手段进行的商务贸易活动。狭义的电子商务是指通过网络技术等现代信息技术而开展的各类商务活动，包括实物货物贸易、数字化产品贸易和服务等。

2. 电子商务法律关系的主体是指电子商务的各方参与者，包括电子商务交易者、电子商务服务提供者、电子商务认证机构和电子商务监管者。

3. 电子商务法律关系的客体是指电子商务法律关系主体享有的权利和承担的义务所指向的对象，包括实体商品、数字化商品和网上服务。

4. 在电子商务条件下，卖方应当承担三项义务：按照合同的规定提交标的物及单据、对标的物的权利承担担保义务、对标的物的质量承担担保义务。

5. 在电子商务条件下，买方应当承担三项义务：按照网络交易规定方式支付价款的义务，按照合同规定的时间、地点和方式接受标的物的义务，对标的物验收的义务。

6. 电子商务合同是平等民事主体之间以数据电文形式，通过电子信息网络达成的设立、变更、终止民事权利义务关系的电子协议。

复习思考题

1. 简述电子商务的概念。
2. 简述电子商务合同的特征。
3. 简述认证机构的权利与义务。
4. 简述电子合同的成立和生效的法律规定。
5. 简述电子商务平台经营者的法律责任。

第十三章　经济纠纷解决法律制度

学习目标

把握仲裁的适用范围、仲裁协议的效力以及仲裁程序；掌握民事诉讼基本制度、诉讼管辖以及法院审判的程序。树立依法解决经济纠纷的理念。

第一节　仲裁法

一、仲裁法概述

（一）仲裁的概念与特点

仲裁，指发生争议的双方当事人，根据其在争议发生前或争议发生后所达成的仲裁协议，自愿将该争议提交中立的第三者裁判的争议解决制度。

仲裁具有以下特点：

1. 自愿性。是否将发生在双方当事人之间的纠纷提交仲裁，交予哪个仲裁机构仲裁，仲裁庭如何组成，由谁组成，以及仲裁的审理方式、开庭形式等都是由当事人自愿协商确定的。

2. 专业性。民商事纠纷所涉知识领域缤纷复杂，有些问题技术性强，故需仲裁员具有相关的专业知识。

3. 保密性。仲裁以不公开审理为原则，仲裁员及仲裁秘书人员负有保密义务。

4. 快捷性。仲裁实行一裁终局制，仲裁裁决一经仲裁庭做出即发生法律效力。

5. 经济性。时间上的快捷性使得仲裁所需费用相对减少，并且仲裁无须多审级收费，使得仲裁费往往低于诉讼费。

6. 独立性。仲裁机构独立于行政机构和其他机构，仲裁机构之间也无隶属关系。在仲裁过程中，仲裁庭独立仲裁，不受任何行政机关、社会团体和个人的干涉，亦不受仲裁机构的干涉。

（二）仲裁法立法概况

《中华人民共和国仲裁法》（以下简称《仲裁法》）于 1994 年 8 月 31 日全国人大常委会第九次会议通过，自 1995 年 9 月 1 日起施行（经 2009 年、2017 年两次修订）。

（三）《仲裁法》规定的仲裁适用范围

《仲裁法》适用于解决平等主体的公民、法人和其他组织之间发生的合同纠纷和其他财产权益纠纷，如运输合同、租赁合同等。

但下列纠纷不能仲裁或者不能依据《仲裁法》仲裁：

1. 婚姻、收养、监护、抚养、继承纠纷。

2. 依法应当由行政机关处理的行政争议。

3. 劳动争议和农业承包合同纠纷的仲裁，劳动争议的仲裁适用《中华人民共和国劳动争议调解仲裁法》。

此外，我国《仲裁法》中用以解决民事合同纠纷的一些原则、制度有不实行地域管辖、级别管辖等规定，难以适用承包合同纠纷的仲裁，因此《仲裁法》也没有将农业承包合同的仲裁列入其调整范围。

【案例 12－1】 根据我国《仲裁法》的规定，平等主体的公民、法人和其他组织之间发生的合同纠纷和其他财产纠纷，可以仲裁解决。下列各项中，符合我国《仲裁法》规定，可以申请仲裁解决的是（　　）。

A. 甲与其任职单位的劳动合同争议

B. 甲、乙两人的继承遗产纠纷

C. 甲企业与银行签订的流动资金贷款合同纠纷

D. 甲与村民委员会签订的土地承包合同纠纷

【分析】 C。

（四）仲裁法的基本制度

1. 协议仲裁制度

当事人采用仲裁方式解决纠纷，应当由双方自愿达成仲裁协议。没有仲裁协议，一方申请仲裁的，仲裁委员会不予受理。

2. 或裁或审制度

仲裁和审判如果选择其一，就不得选择另外一个。有效的仲裁协议可排除法院的管辖权，只有在没有仲裁协议或者仲裁协议无效，或者当事人放弃仲裁协议的情况下，法院才可以行使管辖权。

3. 一裁终局制度

仲裁庭做出的仲裁裁决为终局裁决。裁决做出后，当事人就同一纠纷再申请仲裁或者向人民法院起诉的，仲裁机构或人民法院不予受理。

【案例 12－2】 A、B 双方签订合同，解决争议的条款约定：发生争议由 A 方所在地的仲裁机构解决。发生争议，做出裁决之后，B 方对裁决结果不服，再次申请 A 方所在地的仲裁机构重新仲裁，并且向法院起诉。

问：B 再次申请仲裁并且向法院起诉是否符合法律规定？

【分析】 不符合。因为仲裁实行一裁终局制度。

4. 回避制度

仲裁员有下列情形之一的，必须回避，当事人也有权提出回避申请：

（1）是本案当事人或者当事人、代理人的近亲属；

（2）与本案有利害关系；

（3）与本案当事人、代理人有其他关系，可能影响公正仲裁的；

（4）私自会见当事人、代理人，或者接受当事人、代理人的请客送礼的。

仲裁员是否回避，由仲裁委员会主任决定；仲裁委员会主任担任仲裁员的，由仲裁委员会集体决定。

仲裁员因回避不能履行职责的，应当依照《仲裁法》的规定重新选定或者指定仲裁员。重新选定或者指定仲裁员后，当事人可以请求已执行的仲裁程序重新开始，但是否准许，由仲裁庭决定。仲裁庭也可以自行决定已执行的仲裁程序是否重新开始。

二、仲裁机构

(一)仲裁委员会

1. 仲裁委员会的设立

仲裁委员会可以在省级政府所在地的市设立,也可以根据需要在地级市设立。仲裁委员会由可以设立仲裁委员会的市的人民政府组织有关部门和商会统一组建,并经省级司法行政部门登记。仲裁委员会独立于行政机关,与行政机关没有隶属关系。仲裁委员会之间也没有隶属关系。

2. 仲裁委员会应具备的条件

(1)有自己的名称、住所和章程。仲裁委员会名称前须一律冠以仲裁委员会所在市的地名,如北京仲裁委员会、上海仲裁委员会等。

(2)有必要的财产。

(3)有仲裁委员会的组成人员。

仲裁委员会由主任 1 人、副主任 2~4 人和委员 7~11 人组成。仲裁委员会的主任、副主任和委员由法律、经济贸易专家和有实际工作经验的人员担任。仲裁委员会的组成人员中,法律、经济贸易专家不得少于 2/3。

(4)有聘任的仲裁员。

仲裁员应当符合下列条件之一:

①从事仲裁工作满 8 年;

②从事律师工作满 8 年;

③曾任审判员满 8 年;

④从事法律研究、教学工作并具有高级职称;

⑤具有法律知识、从事经济贸易等专业工作并具有高级职称或者具有同等专业水平。

公务员及参照实行公务员制度的机关工作人员符合上述规定的条件,并经所在单位同意,可以受聘为仲裁员,但不得因从事仲裁工作而影响本职工作。

(二)仲裁协会

1. 仲裁协会的性质

中国仲裁协会是社会团体法人,是仲裁委员会的自律性组织。

2. 仲裁协会的组成

中国仲裁协会实行会员制,各仲裁委员会是中国仲裁协会的法定会员。中国仲裁协会以团体会员为主,也可以接纳个人会员。

3. 仲裁协会的职责

指导、协调仲裁委员会的工作;监督仲裁委员会及其组成人员、仲裁员。

三、仲裁协议

仲裁协议,指双方当事人自愿将他们之间已经发生或者可能发生的争议提交仲裁解决的书面协议。在民商事仲裁中,仲裁协议是仲裁的前提,没有仲裁协议,就不能仲裁。

仲裁协议主要包括以下三种类型:仲裁条款、仲裁协议书、其他有关书面文件中包含的仲裁协议。

（一）仲裁协议的内容

仲裁协议应当具有下列内容：(1)请求仲裁的意思表示；(2)有仲裁事项；(3)有选定的仲裁委员会。

（二）仲裁协议的效力

仲裁协议依法成立，即具有法律约束力。仲裁协议独立存在，合同的变更、解除、终止或者无效，不影响仲裁协议的效力。

1. 对双方当事人的法律效力——约束双方当事人对纠纷解决方式的选择权

仲裁协议一经有效成立，发生纠纷后，当事人只能通过向仲裁协议中所确定的仲裁机构申请仲裁的方式解决该纠纷，而丧失了就该纠纷向法院提起诉讼的权利。

2. 对法院的法律效力——排除法院的司法管辖权

当事人达成仲裁协议，一方向人民法院起诉的，人民法院不予受理，但仲裁协议无效的除外。

当事人达成仲裁协议，一方向人民法院起诉未声明有仲裁协议的，人民法院受理后，另一方在首次开庭前提交仲裁协议的，人民法院应当驳回起诉，但仲裁协议无效的除外。

【案例 12－3】 当事人双方达成仲裁协议，一方向人民法院起诉未声明有仲裁协议，人民法院受理后，另一方在特定的期间内提交仲裁协议的，人民法院应该驳回起诉，否则视为放弃仲裁协议，人民法院应该继续审理，该提交的期间为（　　）。

A. 一方起诉的同时　　B. 人民法院受理后

C. 首次开庭前　　D. 一审判决前

【分析】 C。当事人达成仲裁协议，一方向人民法院起诉未声明有仲裁协议，人民法院受理后，另一方在首次开庭前提交仲裁协议的，人民法院应当驳回起诉，但仲裁协议无效的除外；另一方在首次开庭前未对人民法院受理该案提出异议，视为放弃仲裁协议，人民法院应当继续审理。

3. 对仲裁机构的法律效力——授予仲裁机构仲裁管辖权并限定仲裁的范围

没有仲裁协议，一方申请仲裁的，仲裁委员会不予受理。并且仲裁庭只能仲裁当事人在仲裁协议中约定的争议事项，而对仲裁协议约定范围以外的其他争议无权仲裁。

（三）仲裁协议无效的法定情形

1. 以口头方式订立的仲裁协议无效。

2. 约定的仲裁事项超出法律规定的仲裁范围，仲裁协议无效。例如，约定对婚姻问题仲裁的协议无效。

3. 无民事行为能力人或者限制民事行为能力人订立的仲裁协议无效。

4. 一方采取胁迫手段，迫使对方订立仲裁协议的，该仲裁协议无效。

5. 仲裁协议对仲裁事项没有约定或约定不明确，或者仲裁协议对仲裁委员会没有约定或者约定不明确，当事人对此又达不成补充协议的，仲裁协议无效。

（四）仲裁协议的失效

仲裁协议的失效，是指一项有效的仲裁协议因特定事由的发生而丧失其原有的法律效力。

仲裁协议的失效不同于仲裁协议的无效，根本区别在于：前者是原本有效的仲裁协议在特定条件下失去了其效力，而后者是该仲裁协议自始就没有法律效力。

仲裁协议失效的情形如下：

(1)仲裁协议约定的提交仲裁的争议事项得到最终解决后，该仲裁协议因此失效。例如，《仲裁法》第 9 条规定，裁决做出后，当事人就同一纠纷再申请仲裁或者向人民法院起诉的，仲裁委员会或者人民法院不予受理。仲裁委员会不予受理的原因在于仲裁协议失效。

(2)因当事人协议放弃已签订的仲裁协议,而使该仲裁协议失效。当事人协议放弃仲裁协议的具体表现为:

①双方当事人通过达成书面协议,明示放弃了原本有效的仲裁协议。

②双方当事人通过达成书面协议,变更了纠纷解决方式。如双方当事人一致同意以和解方式解决纠纷,从而使仲裁协议失效。

③双方当事人通过默示行为变更了原有的纠纷解决方式,使仲裁协议失效。例如,双方当事人达成了仲裁协议,一方当事人向人民法院起诉而未声明有仲裁协议,人民法院受理后,对方当事人未提出异议并应诉答辩的,应视为放弃仲裁协议。

(3)附期限的仲裁协议因期限届满而失效。例如,仲裁协议约定,该仲裁协议在签订后的1年内有效,则1年后仲裁协议失效。

(4)基于仲裁协议,仲裁庭做出的仲裁裁决被法院裁定撤销或不予执行,该仲裁协议失效。

四、仲裁程序

(一)申请和受理

1. 申请

申请仲裁应当符合下列条件:(1)存在有效的仲裁协议;(2)有具体的仲裁请求和事实、理由;(3)属于仲裁委员会的受理范围。

2. 受理

仲裁委员会收到仲裁申请书之日起5日内,经审查认为符合受理条件的,应当受理,并通知当事人;认为不符合受理条件的,应当书面通知当事人不予受理,并说明不予受理的理由。

如果仲裁委员会在审查中发现仲裁申请书有欠缺,应当让申请人予以完备;如果认为仲裁协议需要补充,也应当让当事人补充协议。当事人弥补仲裁申请书的欠缺或者补充仲裁协议后,仲裁委员会自其递交经完备的仲裁申请书或者补充仲裁协议之日起5日内予以受理。

(二)仲裁庭的组成

仲裁委员会受理仲裁案件后,应按程序组成仲裁庭审理和裁决案件。因此,仲裁庭是行使仲裁权的主体。

1. 仲裁庭的组成形式

仲裁庭可以由3名仲裁员或者1名仲裁员组成。由3名仲裁员组成的,设首席仲裁员。

(1)合议仲裁庭

合议仲裁庭是指由3名仲裁员组成的仲裁庭。它应设首席仲裁员,首席仲裁员是合议仲裁庭的主持者,与其他仲裁员有同等的权利,但在裁决不能形成多数意见时,仲裁裁决则应当按照首席仲裁员的意见做出。

(2)独任仲裁庭

独任仲裁庭是指由1名仲裁员组成的仲裁庭。

2. 仲裁庭的组成程序

(1)约定仲裁庭的组成形式

当事人收到仲裁委员会的仲裁规则和仲裁员名册后,应约定仲裁庭的组成形式,并在仲裁规则规定的期间内加以确定。超出期限的,则由仲裁委员会主任指定。

当事人既可以约定由3名仲裁员组成合议仲裁庭,也可以约定由1名仲裁员组成独任仲裁庭。

(2)确定仲裁员

当事人约定由3名仲裁员组成仲裁庭的,应当各自选定或者各自委托仲裁委员会主任指定1名仲裁员,第三名仲裁员由当事人共同选定或者共同委托仲裁委员会主任指定,第三名仲裁员是首席仲裁员。

当事人约定由1名仲裁员成立仲裁庭的,应当由当事人共同选定或者共同委托仲裁委员会主任指定该独任仲裁员。当事人没有在仲裁规则规定的期限内选定仲裁员的,由仲裁委员会主任指定。

仲裁庭组成后,仲裁委员会应当将仲裁庭的组成情况书面通知当事人。

(三)开庭和裁决

1. 开庭

仲裁应当开庭进行。当事人协议不开庭的,仲裁庭可以根据仲裁申请书、答辩书以及其他材料做出裁决。开庭审理,是指在仲裁庭的主持下,在双方当事人和其他仲裁参与人的参加下,按照法定程序审理案件并做出判决的方式。

仲裁应不公开进行。当事人协议公开的,可以公开,但涉及国家秘密的除外。不公开进行,是指仲裁庭在审理案件时不对社会公开,不允许群众旁听,也不允许新闻记者采访和报道。

当事人申请仲裁后,可以自行和解,也可以撤回仲裁申请。当事人达成和解协议,撤回仲裁申请后反悔的,还可以根据仲裁协议申请仲裁。

2. 调解

仲裁庭在做出裁决前,可以先行调解(当然也可以不调解)。当事人自愿调解的,仲裁庭应当调解;调解不成的,应当及时做出裁决;调解达成协议的,仲裁庭应当制作调解书或者根据协议的结果制作裁决书。调解书与裁决书具有同等法律效力。调解书经双方当事人签收后,即发生法律效力。

3. 裁决

仲裁裁决的做出,标志着当事人之间纠纷的最终解决。

仲裁裁决书由仲裁员签名,加盖仲裁委员会印章。对仲裁裁决持不同意见的仲裁员,可以签名,也可以不签名。

裁决书自做出之日起发生法律效力。仲裁裁决的效力体现在四个方面:(1)当事人不得就已经裁决的事项再行申请仲裁,也不得就此提起诉讼;(2)仲裁机构不得随意变更已生效的仲裁裁决;(3)其他任何机关或个人均不得变更仲裁裁决;(4)仲裁裁决具有执行力,一方不履行,另外一方可申请法院强制执行(注意:仲裁机构没有强制执行的权力)。

五、申请撤销仲裁裁决

申请撤销仲裁裁决,是指对符合法定应予撤销情形的仲裁裁决,经由当事人提出申请,人民法院组成合议庭审查核实,裁定撤销仲裁裁决的行为。

(一)申请撤销仲裁裁决的理由

有下列情形之一的,当事人可以申请撤销仲裁裁决:

1. 没有仲裁协议。

2. 仲裁的事项不属于仲裁协议的范围或者仲裁委员会无权仲裁。

3. 仲裁庭的组成或者仲裁的程序违反法定程序。

4. 仲裁裁决所依据的证据是伪造的。

5. 对方当事人隐瞒了足以影响公正裁决的证据。

6. 仲裁员在仲裁该案时有索贿受贿、徇私舞弊、枉法裁决的行为。

除上述几项外，如果仲裁裁决违背社会公共利益，人民法院也应当裁定撤销该仲裁裁决。

(二)撤销仲裁裁决申请的处理

当事人申请撤销裁决的，应当自收到裁决书之日起6个月内提出。

人民法院应当在受理撤销裁决申请之日起2个月内做出撤销裁决或者驳回申请的裁定。

对当事人撤销仲裁裁决的申请，人民法院应当组成合议庭审查核实。

人民法院受理撤销裁决的申请后，认为可以由仲裁庭重新仲裁的，通知仲裁庭在一定期限内重新仲裁，并裁定中止撤销程序。仲裁庭拒绝重新仲裁的，人民法院应当裁定恢复撤销程序。

六、仲裁裁决的不予执行

(一)不予执行的理由

人民法院收到当事人的执行申请后，应当及时按照仲裁裁决予以执行。但有下列情形的，可以请求人民法院不予执行该仲裁裁决：

1. 当事人在合同中没有仲裁条款或者事后没有达成书面仲裁协议的。
2. 裁决的事项不属于仲裁协议的范围或者仲裁机构无权仲裁的。
3. 仲裁庭的组成或者仲裁的程序违反法定程序的。
4. 认定事实的主要证据不足的。
5. 适用法律确有错误的。
6. 仲裁员在仲裁该案时有索贿受贿、徇私舞弊、枉法裁决行为的。

(二)不予执行的效果

人民法院组成合议庭审查核实后，裁定不予执行，并将此裁定送达双方当事人和仲裁委员会。如果人民法院发现仲裁机构做出的调解书确有错误，也应当不予执行。

仲裁裁决被人民法院依法裁定不予执行的，当事人不能申请人民法院再审。就该纠纷双方当事人可以重新达成仲裁协议，并依据该仲裁协议申请仲裁，也可以向人民法院提起诉讼。

【资料卡12—1】 不予执行仲裁裁决和撤销仲裁裁决的区别

不予执行仲裁裁决和撤销仲裁裁决都是人民法院对仲裁行使司法监督权的体现，都是在符合法律规定的特定情形下对仲裁裁决的否定。但两者也有不同之处，具体表现在：

1. 提出请求的当事人不同

有权提出撤销仲裁裁决申请的当事人可以是仲裁案件中的任何一方当事人，不论其是仲裁裁决确定的权利人还是义务人；而有权提出不予执行仲裁裁决的当事人，只能是被申请执行仲裁裁决的一方当事人。

2. 提出请求的期限不同

当事人请求撤销仲裁裁决的，应当自收到仲裁裁决书之日起6个月内向人民法院提出；而当事人申请不予执行仲裁裁决则是在对方当事人申请执行仲裁裁决之后，法院对是否执行仲裁裁决做出裁定之前。

3. 管辖法院不同

当事人申请撤销仲裁裁决，应当向仲裁委员会所在地的中级人民法院提出，而当事人申请不予执行仲裁裁决，只能向申请执行人所提出执行申请的法院提出。

4. 法定理由不同

我国《仲裁法》第 58 条关于申请撤销仲裁裁决理由的第 4 项和第 5 项分别是：裁决所依据的证据是伪造的，对方当事人隐瞒了足以影响公正裁决的证据的。而申请不予执行仲裁裁决理由的第 4 项和第 5 项分别是：认定事实的主要证据不足的、适用法律确有错误的。此外，人民法院还可以违背社会公共利益为由撤销仲裁裁决。法定理由的不同表明，人民法院在审查撤销仲裁裁决时，侧重审查仲裁裁决的事实认定；而在审查不予执行仲裁裁决时，既审查仲裁裁决所认定的事实，又审查仲裁裁决所适用的法律。

5. 法律程序不同

在撤销仲裁裁决的程序中，法院认为可以由仲裁庭重新仲裁的，应通知仲裁庭在一定期限内重新仲裁；而在不予执行仲裁裁决的程序中，法院不可要求仲裁庭重新仲裁。

第二节　民事诉讼法

一、民事诉讼的概念、特征及立法概况

民事诉讼是指法院在当事人和其他诉讼参与人的参加下，以审理、判决、执行等方式解决民事纠纷的活动，以及由这些活动产生的各种诉讼关系的总和。

民事诉讼具有以下特征：

1. 公权性

民事诉讼是以司法方式解决平等主体之间的纠纷，是由法院代表国家行使审判权解决民事争议。

2. 强制性

只要原告起诉符合民事诉讼法规定的条件，无论被告是否愿意，诉讼均会发生。当事人不自动履行生效裁判所确定的义务，法院可以依法强制执行。

3. 程序性

民事诉讼是依法定程序进行的诉讼活动，无论是法院还是当事人和其他诉讼参与人，都需要按照设定的程序实施诉讼行为，违反诉讼程序常常会引起一定的法律后果。

《中华人民共和国民事诉讼法》（下称《民事诉讼法》）于 1991 年 4 月 9 日第七届全国人民代表大会第四次会议通过，经 2007 年、2012 年、2017 年三次修正。

二、民事诉讼基本制度

（一）合议制度

合议制，指由若干名审判人员组成合议庭审理民事案件的制度。

按合议制组成的审判组织，称为合议庭。合议庭由 3 个以上的单数的审判人员组成。审判人员包括审判员和人民陪审员，其中审判员是必不可少的。

（二）回避制度

回避制度，是指为了保证案件的公正审判，而要求与案件有一定的利害关系的审判人员或

其他有关人员不得参与本案的审理活动或诉讼活动的审判制度。

该项制度的基本内容有：

1. 回避的对象

适用回避的人员包括审判人员、书记员、翻译人员、鉴定人、勘验人员等。

2. 回避的情形

具有下列情形之一的，应予以回避：

(1)审判人员或其他人员是本案当事人或当事人、诉讼代理人的近亲属。

(2)审判人员或其他人员与本案有利害关系。

(3)与本案当事人有其他关系，可能影响对案件的公正审理。

3. 回避的程序

(1)回避的提出。可以是当事人提出申请，也可以是审判人员或其他人员主动自行提出。回避应当在案件开始审理时提出，回避事由在案件开始审理后知道的，可以在法庭辩论终结前提出。提出回避申请应当说明理由。

(2)回避的决定。回避提出后，是否准许申请，由法院决定。具体程序为：审判人员的回避，由法院院长决定；其他人员的回避，由审判长决定。法院对当事人提出的回避申请，应当在申请提出3日内，以口头或书面形式做出决定。申请人对决定不服的，可以在接到决定时申请复议一次。

4. 回避的法律后果

在当事人提出回避申请到法院做出是否同意申请的决定期间，除案件需要采取紧急措施的外，被申请回避的人员应暂停执行有关本案的职务。

法院决定同意申请人回避申请的，被申请回避人退出本案的审判或诉讼；法院决定驳回回避申请而当事人申请复议的，复议期间，被申请回避的人员不停止参与本案的审判或诉讼。

(三)公开审判制度

公开审判制度，是指人民法院审理民事案件，除法律规定的情况外，审判过程及结果应当向群众、向社会公开。所谓向群众公开，是指允许群众旁听案件审判过程(主要是庭审过程和宣判过程)；所谓向社会公开，是指允许新闻记者采访庭审过程，允许其报道案件审理过程，将案件向社会披露。

但下列案件不公开审判：

(1)涉及国家秘密的案件，包括党的秘密、政府的秘密和军队的秘密。

(2)涉及个人隐私的案件。

(3)离婚案件、涉及商业秘密的案件，当事人申请不公开审理的，可以不公开审理。

无论是公开审理的案件还是不公开审理的案件，宣判一律公开。

(四)两审终审制度

两审终审制度，是指一个民事案件经过两级人民法院审判后即告终结的制度。

依两审终审制度，一般的民事诉讼案件，当事人不服一审人民法院的判决、允许上诉的裁定，可上诉至二审人民法院，二审人民法院对案件所做的判决、裁定为生效判决、裁定，当事人不得再上诉。

最高人民法院所做的一审判决、裁定，为终审判决、裁定，当事人不得上诉。

适用特别程序、督促程序、公示催告程序和企业法人破产还债程序审理的案件，实行一审终审。

（五）经济组织参加诉讼制度

在民事诉讼中，经济组织参加诉讼活动，应由经济组织的代表人代表经济组织参加诉讼活动。

法人的正职负责人是法人的法定代表人。没有正职负责人的，由主持工作的副职负责人担任法定代理人。设有董事会的法人，以董事长为法定代表人；没有董事长的法人，经董事会授权的负责人可作为法人的法定代表人。不具备法人资格的其他组织，以其主要负责人为代表人。在诉讼中，法人的法定代表人更换的，由新的法定代表人继续进行诉讼，并应向人民法院提交新的法定代表人身份证明书。原法定代表人进行的诉讼行为有效。

法人非依法设立的分支机构，或者虽依法设立，但没有领取营业执照的分支机构，以设立该分支机构的法人为当事人。法人或者其他组织的工作人员因职务行为或者授权行为发生的诉讼，该法人或其组织为当事人。法人或者其他组织应登记而未登记即以法人或者其他组织名义进行民事活动，或者他人冒用法人、其他组织名义进行民事活动，或者法人或者其他组织依法终止后仍以其名义进行民事活动的，以直接责任人为当事人。企业法人合并的，因合并前的民事活动发生的纠纷，以合并后的企业为当事人；企业法人分立的，因分立前的民事活动发生的纠纷，以分立后的企业为共同诉讼人。企业法人未经清算即被撤销，有清算组织的，以该清算组织为当事人；没有清算组织的，以做出撤销决定的机构为当事人。

个体工商户、个人合伙或私营企业挂靠集体企业并以集体企业的名义从事生产经营活动的，在诉讼中，该个体工商户、个人合伙或私营企业与其挂靠的集体企业为共同诉讼人。个体工商户、农村承包经营户、合伙组织雇用的人员在进行雇用合同规定的生产经营活动中造成他人损害的，其雇主是当事人。在诉讼中，个体工商户以营业执照上登记的业主为当事人；有字号的，应在法律文书中注明登记的字号。营业执照上登记的业主与实际经营者不一致的，以业主和实际经营者为共同诉讼人。

个人合伙的全体合伙人在诉讼中为共同诉讼人。个人合伙有依法核准登记的字号的，应在法律文书中注明登记的字号。全体合伙人可以推选代表人；被推选的代表人，应由全体合伙人出具推选书。

当事人之间的纠纷经仲裁机构仲裁或者经人民调解委员会调解，当事人不服仲裁或调解向人民法院提起诉讼的，应以对方当事人为被告。

借用业务介绍信、合同专用章、盖章的空白合同书或者银行账户的，出借单位和借用人为共同诉讼人。因保证合同纠纷提起的诉讼，债权人向保证人和被保证人一并主张权利的，人民法院应当将保证人和被保证人列为共同被告；债权人仅起诉保证人的，除保证合同明确约定保证人承担连带责任的外，人民法院应当通知被保证人作为共同被告参加诉讼；债权人仅起诉被保证人的，可只列被保证人为被告。

三、民事诉讼的管辖

民事诉讼的管辖，是指各级法院之间和同级法院之间受理第一审民事案件的分工和权限。它是在法院内部具体确定特定的民事案件由哪个法院行使民事审判权的一项制度。诉讼管辖按照不同标准可以分为级别管辖、地域管辖、专属管辖、协议管辖等。

（一）级别管辖

级别管辖，是指按照一定的标准划分上下级法院之间受理第一审民事案件的分工和权限。我国法院分为4级：基层人民法院、中级人民法院、高级人民法院、最高人民法院。

1. 基层人民法院（指县级、不设区的市级、市辖区的法院）管辖除上级人民法院管辖外的所有第一审民事、经济纠纷案件。我国绝大多数第一审民事案件由基层人民法院管辖。

2. 中级人民法院管辖重大涉外案件、在本辖区有重大影响的案件、专利纠纷案件、最高人民法院确定由中级人民法院管辖的案件。

3. 高级人民法院管辖在本辖区内有重大影响的第一审民事案件。

4. 最高人民法院管辖两类案件：一是在全国有重大影响的案件；二是认为应当由本院审理的案件。

我国除设立地方法院外，还设有军事法院、海事法院等专门法院。这些专门法院也受理一定范围的民事纠纷。

（二）地域管辖

地域管辖，是指按照各法院的辖区和民事案件的隶属关系划分诉讼管辖。各级人民法院的辖区和各级行政区划一致。地域管辖又分为一般地域管辖和特殊地域管辖。

1. 一般地域管辖

一般地域管辖是指以当事人的所在地与法院的隶属关系确定诉讼管辖。

通常采取“原告就被告”的原则，即到被告所在地法院起诉。

被告所在地对作为公民的个人被告而言，是指其住所地，即户籍所在地。如果经常居住地（居住满1年）与户籍所在地不一致的，以经常居住地为住所。

对作为法人或其他组织的被告而言，是指其主要办事机构所在地或主要营业地。

2. 特殊地域管辖

特殊地域管辖是指以被告住所地、诉讼标的所在地、法律事实所在地为标准确定的管辖。主要包括：

（1）一般合同纠纷案件，由被告住所地或合同履行地人民法院管辖。

（2）保险合同纠纷案件，由被告住所地或保险标的物所在地人民法院管辖。

（3）票据纠纷案件，由被告住所地或票据支付地人民法院管辖。

（4）运输合同纠纷案件，由被告住所地或运输始发地、目的地人民法院管辖。

（5）侵权行为纠纷案件，由被告住所地或侵权行为地人民法院管辖。

（6）交通事故损害赔偿纠纷案件，由被告住所地或事故发生地、车辆或船舶最先到达地、航空器最先降落地人民法院管辖。

（7）对没有办事机构的公民合伙、合伙型联营体提起的诉讼，由被告注册登记地人民法院管辖。没有注册登记，几个被告又不在同一辖区的，被告住所地的人民法院都有管辖权。

（8）因合同纠纷提起的诉讼，如果合同没有实际履行，当事人双方住所地又都不在合同约定的履行地的，应由被告住所地人民法院管辖。

（9）购销合同的双方当事人在合同中对交货地点有约定的，以约定的交货地点为合同履行地；没有约定的，依交货方式确定合同履行地；采用送货方式的，以货物送达地为合同履行地；采用自提方式的，以提货地为合同履行地；代办托运或按木材、煤炭送货办法送货的，以货物发运地为合同履行地。购销合同的实际履行地点与合同中约定的交货地点不一致的，以实际履行地点为合同履行地。

（10）加工承揽合同，以加工行为地为合同履行地，但合同中对履行地有约定的除外。

（11）财产租赁合同、融资租赁合同以租赁物使用地为合同履行地，但合同中对履行地有约定的除外。

（12）补偿贸易合同，以接受投资一方主要义务履行地为合同履行地。

【案例 12—4】 上海的甲公司卖给杭州的乙公司一批货物，约定货物从南京发出，运送到苏州，后来发生纠纷而提起诉讼，甲公司起诉乙公司时可以选择的人民法院有(　　)。

A. 上海的人民法院　B. 杭州的人民法院

C. 南京的人民法院　D. 苏州的人民法院

【分析】 BCD。

(三)专属管辖

专属管辖是法律规定案件必须由特定法院管辖，其他法院无权管辖，当事人也不得协议变更受理法院。主要包括：

(1)因不动产纠纷提起的诉讼，由不动产所在地人民法院管辖。

(2)因港口作业中发生的纠纷提起的诉讼，由港口所在地人民法院管辖。

(3)因继承遗产纠纷提起的诉讼，由被继承人死亡时住所地或主要遗产所在地人民法院管辖。

【案例 12—5】 因不动产纠纷提起的诉讼，有权管辖的人民法院是(　　)。

A. 合同签订地人民法院　B. 原告住所地人民法院

C. 被告住所地人民法院　D. 不动产所在地人民法院

【分析】 D。

(四)协议管辖

协议管辖，又称合意管辖或约定管辖，是指双方当事人在民事纠纷发生之前或之后，以书面方式约定特定案件的管辖法院。

非涉外诉讼中的协议管辖须具备以下条件：

(1)协议管辖只适用于合同纠纷，当事人对合同以外的其他民事、经济纠纷不得协议管辖。

(2)协议管辖仅适用于合同纠纷中的第一审案件，对二审案件当事人不得以协议方式选择管辖法院。

(3)协议管辖是要式行为，必须采用书面形式。

(4)当事人只能在法律规定的范围内选择其中一个。法律规定的可供当事人选择的法院是原告住所地、被告住所地、合同签订地、合同履行地、标的物所在地的法院。不允许超出这个范围之外选择，在此范围内选择两个及两个以上也是无效的。

(5)当事人选择法院时，不得违反级别管辖和专属管辖的规定。当事人在协议时只能变更第一审的地域管辖，不得变更级别管辖，不得将依法由基层法院管辖的诉讼约定由中级人民法院乃至高级人民法院管辖，否则会造成审级关系的混乱。

此外还有共同管辖、选择管辖与合并管辖等。

【资料卡 12—2】 主管与管辖

法院在民事诉讼中的主管，是指法院受理民事案件的权限范围。确定民事诉讼的主管，也就是划定法院在民事诉讼中的受案范围，明确哪些纠纷属于法院民事审判权的范围，哪些纠纷不属于民事审判权的范围，从而解决法院和其他国家机关、社会组织在解决民事纠纷上的分工和权限问题。

主管只划定了民事审判权作用的范围，只解决了哪些纠纷可以作为民事诉讼受理，而未解决具体由哪个法院来受理这一纠纷。我国的法院有 4 级，除最高人民法院外，每一级都有许多个，因此，在解决了某一纠纷属于法院民事诉讼受案范围的问题后，接着就需要对属于法院民事诉讼受案范围的纠纷做进一步划分，将它们具体分配到各个法院。这意味着需要做两次分配:第一次分配发生在不同级别的法院之间,通过分配明确4级法院各自受理一审民事案件的分工和权限;第二次分配是在第一次基础上进行的,也是在同级法院之间进行的,任务是将通过第一次分配划归本级法院受理的一审民事案件进一步分配到同一级中的各个具体法院。管辖制度正是通过这样的分配具体落实民事审判权。

主管与管辖是民事诉讼中具有密切联系的两个概念。主管先于管辖发生,它是确定管辖的前提与基础,只有首先确定某一纠纷属于民事诉讼受案范围后,才有必要通过管辖将它具体分配到某个法院,而管辖则是对属于法院民事诉讼主管范围案件的具体落实,确定由哪个法院具体行使审判权。

四、民事证据

(一)民事证据的概念

民事证据,是指在民事诉讼中能够证明案件真实情况的各种资料。民事证据是民事诉讼中法院认定案件事实做出裁判的根据。

证据必须与要证明的案件事实具有关联性,并且符合法律规定的要求,具有其合法性。

(二)民事证据的种类

1. 书证

书证,是指以文字、符号、图形等形式所记载的内容或表达的思想证明案件事实的证据。例如各种书面文件或纸面文字材料,如合同文本、各种信函、电报、传真、图纸、图表、文件等。但书证内容的物质载体并不限于纸面材料,非纸类的物质也可成为载体,如木、竹、石、金属等。

2. 物证

物证,是指能够以其外部特征,物质属性、所处位置以及状态证明案件真实情况的各种客观存在的物品、物质或痕迹。

3. 视听资料

视听资料,是指利用录音、录像等技术手段反映的声音、图像以及电子计算机储存的数据证明案件事实的证据。常见的视听资料有录像带,录音带,胶卷,储存于软盘、光盘、硬盘中的电脑数据等。

4. 证人证言

证人是指了解案件情况并向法院或当事人提供证词的人。证言是指证人将其了解的案件事实向法院所做的陈述或证词。以下几类人不能作为证人:

(1)不能正确表达意志的人,不能作为证人。待证事项与其年龄、智力状况或者精神健康状况不相适应的无民事行为能力人和限制民事行为能力人,不能作为证人。

(2)代理人不能在一个案件中既作代理人又作证人。

(3)审判员、陪审员、书记员、鉴定人员、翻译人员和参与民事诉讼的检察人员不能在自己参与的案件中作为证人。

5. 当事人陈述

当事人陈述,是指当事人在诉讼中就本案的事实向法院所做的陈述。当事人对自己的主张,只有本人陈述而不能提出其他相关证据的,其主张不予支持。但对方当事人认可的除外。

6. 鉴定结论

鉴定结论是鉴定人依据科学知识对案件中的有关专门性问题所做的分析、鉴别和判断。

7. 勘验笔录

它是指人民法院指派的勘验人员对案件的诉讼标的物和有关证据，经过现场勘验、调查所做的记录。

五、民事裁判

（一）民事裁判的概念

人民法院在审理民事案件的过程中，根据案件的事实和国家的法律，针对审理案件过程中发生的各种问题按法定程序所做的处理，通常称为民事裁判。

民事裁判有广义和狭义之分。广义的民事裁判包括人民法院的判决、裁定和决定等，还包括人民法院认可的调解协议。狭义的民事裁判仅指人民法院做出的判决和裁定。

（二）民事裁判的种类

1. 判决

判决，是指人民法院按照法律规定的程序，经对案件审理，就案件实体的权利和义务问题所做的判定。民事判决必须采用书面形式做出，称为判决书。

2. 裁定

裁定，是指人民法院在审理民事案件时，对所发生的程序上应解决的事项所做的判定。民事裁定也可以采取口头形式，口头裁定必须由书记员记入笔录。

裁定适用于下列范围：

(1)不予受理；

(2)对管辖权有异议的；

(3)驳回起诉；

(4)财产保全和先予执行；

(5)准许或不准许撤诉；

(6)中止或者终结诉讼；

(7)补正判决书中的笔误；

(8)中止或者终结执行；

(9)不予执行仲裁裁决；

(10)不予执行公证机关赋予强制执行效力的债权文书；

(11)其他需要裁定解决的事项。

【资料卡 12—3】 裁定与判决的区别

1. 适用的事项不同

裁定解决的是诉讼过程中的程序性问题，目的是使人民法院有效地指挥诉讼，推进诉讼进程。判决解决的是当事人双方争执的权利和义务问题，使当事人之间的争议得以解决。

2. 做出的依据不同

裁定根据的事实是程序性事实，依据的法律是《民事诉讼法》，可以在诉讼过程中的任何阶段做出。判决根据的事实是人民法院认定的民事法律关系发生、变更和消灭的事实，依据的法律是民法、商法等实体法，判决只能在案件审理的最后阶段做出。

3. 形式不同

裁定可以采取口头形式或者书面形式，而判决必须采取书面形式。

4. 上诉范围、上诉期限不同

只有不予受理的、对管辖权有异议的和驳回起诉的裁定可以上诉，并且须在裁定做出后10日内上诉，其他裁定一经做出，立即生效；而判决允许上诉的范围比较广泛，地方各级法院做出的第一审判决，在判决做出后15日内准许上诉。

5. 决定

民事决定，是指人民法院为适应诉讼上的需要，依法处理诉讼中发生和发现的某些特殊事项所采用的处理、裁定。

民事决定有书面和口头两种形式，但法院对妨害民事诉讼行为实施人处以罚款和采取拘留措施的，必须采取书面形式。口头决定的，书记员应记入笔录。

人民法院对处理下列事项采用决定：

(1)对妨害民事诉讼秩序的行为采取强制措施时；

(2)解决有关当事人对法庭组成人员申请回避的问题时；

(3)对公民申请缓交、减交或者免交诉讼费用，是否准许时；

(4)对当事人因不可抗力或其他正当理由而延误诉讼提出申请，顺延诉讼期限，是否准许时；

(5)在审判监督程序中，上级人民法院对下级人民法院已经生效的判决、裁定发现确有错误，有权做出提审或指令下级人民法院再审时。

【资料卡12—4】 民事决定的特点

民事决定有以下几个特点：

1. 所解决的事项具有紧迫性，如不及时解决，民事诉讼就难以进行，如申请回避问题直接关系到法庭的组成，需及时解决。

2. 所解决的事项具有特殊性，有的既不属于实体问题，也不属于诉讼程序问题，但与诉讼程序有联系。如妨害民事诉讼行为，就属于在诉讼过程中发生的特殊问题。

3. 所决定的事项具有立即执行的法律效力，不准提起上诉，只允许向做出决定的法院申请复议一次，且在复议期间不停止决定的执行。

六、民事诉讼程序

(一)第一审程序

第一审程序是指人民法院审理当事人起诉案件所适用的程序。通常包括下面几个阶段：

1. 起诉和受理

起诉是指公民、法人和其他组织在其民事权益受到侵害或与他人发生争议时，向人民法院提起诉讼，请求人民法院通过审判予以司法保护的行为。

起诉必须同时具备下列条件：

(1)原告是与本案有直接利害关系的公民、法人和其他组织。

(2)有明确的被告。

(3)有具体的诉讼请求和事实、理由。

(4)属于人民法院受理民事诉讼的范围和受诉人民法院管辖。

人民法院收到起诉状或者口头起诉，经审查，认为符合起诉条件的，应当在7日内立案，并在立案之日起5日内将起诉状副本发送被告，被告在收到之日起15日内提出答辩状(即被告和被上诉人针对起诉的事实和理由或上诉的请求和理由进行回答和辩解的文书)。认为不符合起诉条件的，应当在7日内裁定不予受理；原告对裁定不服的，可以提起上诉。

【案例12—6】 甲把乙告上法院，要求乙赔礼道歉，理由为乙经过甲面前时瞪了甲一眼。法院觉得无理取闹，没有受理。

问：法院的做法正确吗?

【分析】 不正确，法院应当受理。因为本案满足起诉所必须同时具备的条件，因此法院必须受理。甲告乙的理由为"乙经过甲面前时瞪了甲一眼"，该理由也是"有具体的诉讼请求和事实、理由"。当然这个理由是否得到法院的支持，那是审理后的结论，但法院事先必须受理。

2. 审理前的准备

指人民法院接受原告起诉并决定立案受理后，在开庭审理之前，由承办案件的审判员依法所做的各项准备工作。审理前的准备工作主要有：

(1)送达起诉状副本和提出答辩状。

(2)告知当事人诉讼权利义务及合议庭组成人员。

(3)审阅诉讼材料，调查收集必要的证据。

(4)当事人的追加。在审理前的准备工作中，如果人民法院发现应当参加诉讼的当事人没有参加诉讼，应当通知其参加诉讼，或者由当事人向人民法院申请追加。

3. 开庭审理

开庭审理包括庭审准备、法庭调查、法庭辩论、评议和宣判等阶段。

(1)庭审准备

开庭审理前，书记员应当查明当事人以及其他诉讼参与人是否到庭，然后宣布法庭纪律。正式开庭时，由审判长核对当事人，宣布有关诉讼权利和义务，询问当事人是否提出回避申请等。

(2)法庭调查

即在法庭上通过展示与案件有关的所有证据，全面调查案件事实。包括以下程序：①当事人陈述；②证人出庭作证；③出示书证、物证和视听资料；④宣读鉴定结论；⑤宣读勘验笔录。

(3)法庭辩论

在审判人员主持下，双方当事人及其诉讼代理人充分行使自己的辩论权，在法庭上就有争议的事实和法律问题进行辩驳和论证。

(4)评议和宣判

即由合议庭的人员在法庭调查和法庭辩论的基础上，认定案件事实，确定适用的法律，最后宣告案件的审理结果。评议后，根据案件情况，当庭宣判或者定期宣判。定期宣判的，应在10日内向当事人发送判决书；当庭宣判的，应在宣判后立即发给判决书。

(二)第二审程序

第二审程序，指当事人不服生效的第一审裁判而在法定期间内向上一级人民法院提起上诉而引起的诉讼程序，是第二审人民法院审理上诉案件所适用的程序。

我国实行两审终审制，当事人不服地方人民法院第一审判决的，有权在判决书送达之日起15日内向上一级人民法院提起上诉。当事人不服地方人民法院第一审裁定的，有权在裁定书送达之日起10内向上一级人民法院提起上诉。

二审法院审理上诉案件,按下列情况分别处理:

(1)原判决事实认定清楚,适用法律正确的,判决驳回上诉,维持原判。

(2)原判决事实认定清楚,但适用法律错误的,依法改判。

(3)原判决事实认定错误,或者原判决认定事实不清、证据不足的,可以发回原审人民法院重审,或查清事实后改判。

(4)原判决违反法定程序,可能影响案件正确判决的,可以裁定撤销原判决,发回原审人民法院重审。

第二审的判决、裁定是终审的判决、裁定,一经送达当事人,即发生法律效力,当事人不得再行上诉或就同一诉讼标的,以同一事实和理由重新起诉。对发回原审人民法院重审的案件的判决、裁定可以上诉。

【资料卡12—5】 第一审程序和第二审程序的区别

第一审诉讼程序与第二审诉讼程序虽然都属于诉讼案件的审判程序,但毕竟是两种不同的诉讼程序,其主要区别如下:

1. 审级不同

第一诉讼程序是案件在第一审人民法院审理适用的程序;而第二审诉讼程序是案件在二审法院审理的程序,它是一审案件受诉法院的上一级法院在审理上诉案件时适用的程序。

2. 审判组织不同

一审法院适用第一审诉讼程序审理民事案件的组织形式有两种,即合议制和独任制。实行合议制的,合议庭可以由审判员组成,也可以由审判员和陪审员共同组成;而二审法院适用第二审诉讼程序审理上诉案件只能采取合议制,并且合议庭必须由审判员组成,不能有陪审员参加。

3. 审理的对象不同

第一审诉讼程序是以原告的起诉状和被告的答辩状为基点展开的,审理的对象是双方当事人之间的民事权益争议;而第二审诉讼程序是以一审裁判为基点,对当事人上诉请求的有关事实和适用的法律进行审查,审理对象是一审法院的裁判。

4. 审理的方式不同

适用第一审诉讼程序审理民事诉讼案件,法院只能采取开庭审理的方式;而适用第二审诉讼程序审理民事上诉案件,法院可以根据案件事实是否已经清楚等实际情况,选择采取开庭审理或者径行判决的方式。

5. 裁判的效力不同

适用第一审诉讼程序审结后的判决,在上诉期间,是未发生法律效力的裁判;适用第二审诉讼程序审结后的裁判,是发生法律效力的裁判,当事人不得提起上诉。

(三)审判监督程序

审判监督程序即再审程序,是指对已经发生法律效力的判决、裁定、调解书,人民法院认为确有错误,对案件再行审理的程序。

审判监督程序只是纠正生效裁判错误的法定程序，它不是案件审理的必经程序，也不是诉讼的独立审级。

1. 提起审判监督程序的情况

审判监督程序的提起，通常包括以下情况：

(1)各级法院院长对本院已经发生法律效力的判决、裁定，发现确有错误，认为需要再审的，应当提交审判委员会讨论决定。

(2)最高法院对地方各级法院已经发生法律效力的判决、裁定，上级法院对下级法院已经发生法律效力的判决、裁定，发现确有错误的，有权提审或者指令下级法院再审。

(3)当事人对已经发生法律效力的判决、裁定，认为有错误的，可以向原审法院或者上一级法院申请再审，但不停止判决、裁定的执行。当事人申请再审，应当在判决、裁定发生法律效力后 2 年内提出。

(4)检察院提出抗诉的案件，法院应当再审。

2. 审判监督案件所适用的程序

人民法院审理再审案件适用的程序取决于生效裁判的情况。如果生效裁判是由第一审法院做出的，按照第一审诉讼程序审理；如果生效裁判是由第二审法院做出的，按照第二审诉讼程序审理。同时，依照再审程序审理案件的法院，不仅包括原审法院，而且包括原审法院的上级法院和最高法院。

（四）执行程序

执行程序，是人民法院依据已经发生法律效力的判决、裁定及其他法律文书的内容，强制义务人履行义务的程序。

对发生法律效力的判决、裁定、调解书和其他应由人民法院执行的法律文书，当事人必须履行。一方拒绝履行的，对方当事人可以向人民法院申请执行。申请执行的期限从法律文书规定履行期间的最后一日起计算，双方或者一方当事人是公民的为 1 年，双方是法人或者其他组织的为 6 个月。

基层人民法院、中级人民法院根据需要，可以设立执行机构——执行庭。执行庭的成员主要是执行员和书记员，采取重大措施时，应有司法警察参加。

【资料卡 12－7】　经济仲裁和经济诉讼的主要区别

项　目	经济仲裁	经济诉讼
法律依据	《仲裁法》	《民事诉讼法》
适用范围	平等主体的合同纠纷和其他财产纠纷，但不适用人身关系的纠纷	平等主体的财产关系的民事纠纷和人身关系的民事纠纷
机构及性质	仲裁机构(民间)	人民法院(官方)
受理机构	当事人双方书面协议约定的仲裁机构	各级人民法院内部进行分工
设立地点	省会城市及设区的城市	县、市、省、中央所在地
受理时间	5 日	7 日
审理程序	一裁终局	两审终审

续表

项　目	经济仲裁	经济诉讼
对审理人员的选择	当事人有选择权	当事人无选择权
监督程序	当事人可以向仲裁机构所在地的中级人民法院申请撤销(自裁决书生效之日起6个月)	当事人申请再审(2年内) 法院决定再审 检察院抗诉再审
执行	一方当事人不履行的，另一方当事人可以向人民法院申请执行，仲裁机构自己不能执行	一方当事人不履行的，另一方当事人可以向人民法院申请执行(1年或6个月)，法院自己可以执行

本章小结

1. 仲裁指发生争议的双方当事人，根据其在争议发生前或争议发生后所达成的仲裁协议，自愿将该争议提交中立的第三者裁判的争议解决制度。

2. 仲裁协议指双方当事人自愿将他们之间已经发生或者可能发生的争议提交仲裁解决的书面协议。

3. 民事诉讼指法院在当事人和其他诉讼参与人的参加下，以审理、判决、执行等方式解决民事纠纷的活动，以及由这些活动产生的各种诉讼关系的总和。

4. 合议制指由若干名审判人员组成合议庭审理民事案件的制度。

5. 回避制度指为了保证案件的公正审判，而要求与案件有一定的利害关系的审判人员或其他有关人员，不得参与本案的审理活动或诉讼活动的审判制度。

6. 民事诉讼中的管辖指各级法院之间和同级法院之间受理第一审民事案件的分工和权限。

7. 民事证据指在民事诉讼中能够证明案件真实情况的各种资料。

复习思考题

1. 简述仲裁的范围与仲裁协议的效力。

2. 详述民事诉讼管辖的规定。

参考资料

1. 中国法制出版社:《中华人民共和国民法典(实用版)》,中国法制出版社 2021 年版。

2. 法律出版社法规中心:《民法典及相关司法解释汇编(2021)》,法律出版社 2021 年版。

3. 杜月秋、孙政:《民法典条文对照与重点解读》,法律出版社 2021 年版。

4. 全国人大常委会办公厅:《中华人民共和国民法典》,中国民主法制出版社 2020 年版。

5. 赵威:《经济法》,中国人民大学出版社 2021 年版。

6. 杨紫烜:《经济法》,北京大学出版社 2015 年版。

7. 张守文:《经济法学》,北京大学出版社 2018 年版。

8. 李曙光:《经济法学案例研究指导》,中国政法大学出版社 2020 年版。

9. 王晓红、张秋华:《经济法概论》,中国人民大学出版社 2021 年版。

10. 柯新华:《经济法原理与实务》,上海财经大学出版社 2021 年版。

11. 刘泽海、薛建兰:《经济法》,南京大学出版社 2020 年版。

12. 马兆瑞:《经济法》,中国人民大学出版社 2020 年版。

13. 法规应用研究中心:《劳动法一本通》,中国法制出版社 2021 年版。

14. 黎建飞:《劳动法与社会保障法》,北京大学出版社 2019 年版。

15. 程延园、王甫希:《劳动法与劳动争议处理》,中国人民大学出版社 2020 年版。

16. 张志京:《劳动法学》,复旦大学出版社 2020 年版。

17. 法规应用研究中心:《产品质量法、食品安全法、消费者权益保护法一本通》,中国法制出版社 2019 年版。

18. 吴景明:《中华人民共和国电子商务法》,中国法制出版社 2019 年版。

19. 吴汉东:《知识产权法学》,北京大学出版社 2019 年版。

20. 王迁:《知识产权法教程》,中国人民大学出版社 2021 年版。

21. 郭禾:《知识产权法》,中国人民大学出版社 2021 年版。

22. 中国法制出版社:《公司法及司法解释汇编:典型案例・关联规定》,中国法制出版社 2021 年版。

23. 刘俊海:《公司法学》,北京大学出版社 2020 年版。

24. 甘培忠、周淳、周游:《企业与公司法学》,北京大学出版社 2020 年版。

25. 殷洁:《经济法》,法律出版社 2019 年版。

26. 徐嫣、侯宽纪:《实用经济法》,上海交通大学出版社 2015 年版。

27. 魏俊、朱福娟:《经济法概论》,法律出版社 2019 年版。

28. 中国注册会计师协会:《2021 年注册会计师全国统一考试辅导教材:税法》,中国财政经济出版社 2021 年版。